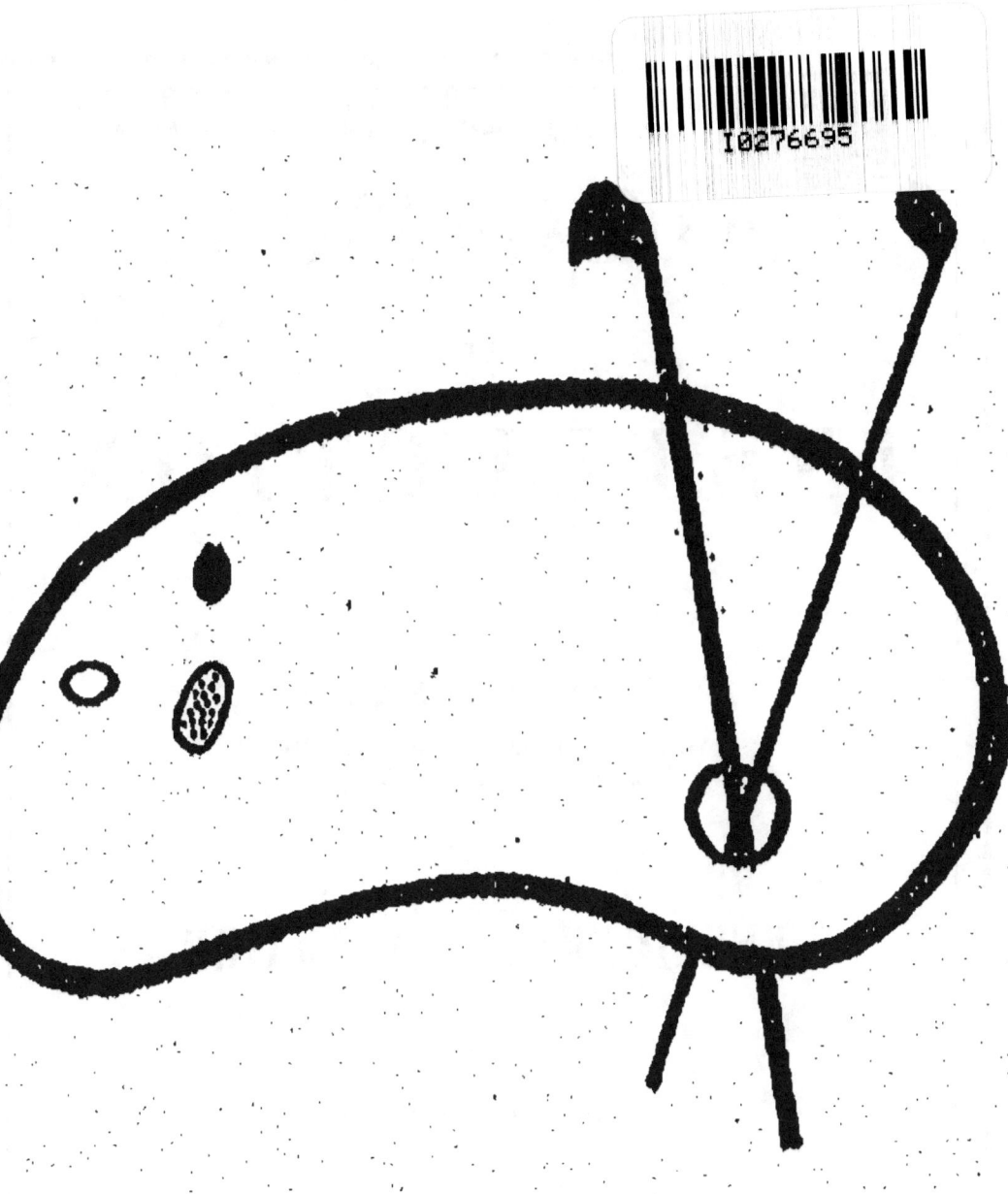

COUVERTURE SUPÉRIEURE ET INFÉRIEURE
EN COULEUR

ÉDUCATION
ET
INSTRUCTION

PAR

Oct. GRÉARD
Vice-Recteur de l'Académie de Paris
Membre de l'Académie française

ENSEIGNEMENT PRIMAIRE

DEUXIÈME ÉDITION

PARIS
LIBRAIRIE HACHETTE ET Cie
79, BOULEVARD SAINT-GERMAIN, 79

1889

Librairie HACHETTE et Cⁱᵉ, boulevard Saint-Germain, 79, à Paris

ÉTUDES LITTÉRAIRES, FORMAT IN-8

ADAM (C.) : *Essai sur le jugement esthétique*. 1 vol. 5 fr.

AULARD, professeur au lycée Janson de Sailly : *L'éloquence parlementaire pendant la révolution française : Les orateurs de la Législative et de la Convention*. 2 vol. 15 fr.

BELJAME (A.), maître de conférences à la Faculté des lettres de Paris : *Le public et les hommes de lettres en Angleterre au XVIIIᵉ siècle*. 1 vol.

BOURCIEZ (E.), maître de conférences à la Faculté des lettres de Bordeaux : *Les mœurs polies et la littérature de cour sous Henri II*. 1 vol. 6 fr.

BOURGOIN : *Valentin Conrart, premier secrétaire perpétuel de l'Académie française, et son temps*. 1 vol. 5 fr.

BRÉAL (Michel), de l'Institut : *Mélanges de mythologie et de linguistique*. 1 vol. 7 fr. 50

BRUNEL (L.) : *Les philosophes et l'Académie française au XVIIIᵉ siècle*. 1 vol. 6 fr.

COUAT, doyen de la Faculté des lettres de Bordeaux : *La poésie alexandrine sous les trois premiers Ptolémées*. 1 vol. 7 fr. 50

CROISET (A.), maître de conférences à la Faculté des lettres de Paris : *La poésie de Pindare et les lois du lyrisme grec*. 1 vol. 7 fr. 50

CROISET (M.), professeur à la Faculté des lettres de Montpellier : *La vie et les œuvres de Lucien*. 1 vol. 7 fr. 50

DENIS (J.), doyen de la Faculté des lettres de Caen : *La comédie grecque*. 2 vol. 15 fr.

DONCIEUX (G.) : *Un jésuite homme de lettres au XVIIᵉ siècle : le père Bouhours*. 1 v. 7 fr. 50

DOSSON (S.), professeur à la Faculté des lettres de Clermont-Ferrand : *Étude sur Quinte-Curce, sa vie et son œuvre*. 1 vol. 9 fr.

DU CAMP (Maxime), de l'Académie française : *Souvenirs littéraires*. 2 vol. 15 fr.

EICHTHAL (d') : *Mélanges de critique biblique*. 1 vol. 7 fr. 50

ESCHYLE : *L'Orestie*, traduite en vers par M. P. Mesnard. 1 vol. 2 fr.

FAGUET (E.) : *La tragédie française au XVIᵉ siècle (1550-1600)*. 1 vol. 5 fr.

HAURÉAU (B.), de l'Institut : *Les œuvres de Hugues de Saint-Victor*. 1 vol. fr.

HENRY (C.) : *Un érudit, homme du monde, homme d'Église, homme de cour (1630-1721)*. 1 vol. 4 fr.

HILD (J.), professeur à la Faculté des lettres de Poitiers : *Étude sur les démons dans la littérature et la religion des Grecs*. 1 v. 6 fr.

JORET, professeur à la Faculté des lettres d'Aix : *Des rapports intellectuels et littéraires de la France avec l'Allemagne avant 1789*. Brochure. 2 fr.

LARROUMET, maître de conférences à la Faculté des lettres de Paris : *Marivaux, sa vie et ses œuvres*. 1 vol. 7 fr. 50

LEGRELLE (A.) : *Holberg considéré comme imitateur de Molière*. 1 vol. 6 fr.

LUCAIN : *La Pharsale*, traduite en vers français par M. Domogeot. 1 vol. 7 fr. 50

MERLET (G.) : *Tableau de la littérature française (1800-1815)*. 3 vol. :
  1ʳᵉ PARTIE : *Mouvement religieux, philosophique et politique*. 8 fr.
  2ᵉ PARTIE : *Le roman et l'histoire*. 7 fr. 50
  3ᵉ PARTIE : *La critique et l'éloquence*. 7 fr. 50

OURSEL (P.) : *Les essais de lord Macaulay, Étude critique*. 1 vol. 6 fr.

PELLISSIER (G.) : *La vie et les œuvres de Du Bartas*. 1 vol. 6 fr.

PETIT DE JULLEVILLE (L.), professeur à la Faculté des lettres de Paris : *Histoire du théâtre en France : les mystères*. 2 vol. 15 fr.

PLESSIS (Fr.) : *Études critiques sur Properce et ses élégies*. 1 vol. 7 fr. 50

QUICHERAT (L.) : *Mélanges de philologie*. 1 vol. 6 fr.

SOULIÉ : *Recherches sur Molière*. 1 vol. 3 fr.

SOURIAU, maître de conférences à la Faculté des lettres de Caen : *De la convention dans la tragédie classique et dans le drame romantique*. 1 vol. 6 fr.

THIAUCOURT (C.), maître de conférences à la Faculté des lettres de Nancy : *Essai sur les traités philosophiques de Cicéron et leurs sources grecques*. 1 vol. 6 fr.
— *Le Catilina de Salluste*. 1 vol. 3 fr.

TICKNOR : *Histoire de la littérature espagnole*, traduction de M. J. Magnabal. 3 vol. 27 fr.

URI (J.) : *Un cercle savant au XVIIᵉ siècle : François Guyet (1575-1655)*. 1 vol. 6 fr.

ÉDUCATION
ET
INSTRUCTION

ENSEIGNEMENT PRIMAIRE

OUVRAGES DU MÊME AUTEUR

EN VENTE A LA LIBRAIRIE HACHETTE ET Cie

De la morale de Plutarque ; 4° édition. 1 vol.
    Ouvrage couronné par l'Académie française.

L'éducation des femmes par les femmes. Études et portraits : 2° édition. 1 vol.

Éducation et instruction. 4 vol. :
    Enseignement primaire. 1 vol.
    Enseignement secondaire. 2 vol.
    Enseignement supérieur. 1 vol.
    Chaque ouvrage se vend séparément.

Prix de chaque volume, broché : 3 fr. 50.

ÉDUCATION
ET
INSTRUCTION

PAR

Oct. GRÉARD

Vice-Recteur de l'Académie de Paris
Membre de l'Académie française

ENSEIGNEMENT PRIMAIRE

DEUXIÈME ÉDITION

PARIS
LIBRAIRIE HACHETTE ET Cⁱᵉ
79, BOULEVARD SAINT-GERMAIN, 79

1889

Droits de propriété et de traduction réservés

PRÉFACE.

Les études réunies dans ces quatre volumes ont toutes été déjà publiées plusieurs fois séparément sous des formes diverses. Quelques-unes sont d'hier. D'autres remontent à près de vingt ans : elles ont été mises à jour par quelques indications sommaires ; mais nous n'en avons modifié ni le caractère ni le fond, et nous leur laissons leur date. On y trouvera un certain nombre de chiffres et de faits ; ils nous ont servi à établir les conclusions auxquelles nous voulions aboutir et ils sont de l'histoire : en remontant dans le passé, que de fois n'avons-nous pas éprouvé le regret de ne pas avoir, faute de documents précis, une base d'observation assez ferme ! Mais dans les trois ordres d'enseignement, qui nous occupent ici presque à part égale, ce que nous nous attachons surtout à mettre en lumière, ce sont les questions de direction intellectuelle et morale, les questions de méthode. L'instruction proprement dite a fait de notre temps d'incontestables progrès. Le danger est qu'on s'en contente et qu'on sacrifie l'esprit aux connaissances. Dans les discussions de programmes, on oublie trop souvent ce qui en est la fin, ce qui en doit être l'âme : l'éducation. Nous ne méconnaissons aucune des nécessités de l'enseignement moderne. Il faut savoir, beaucoup savoir aujourd'hui pour prendre rang et compter. Mais ce qui vaudra toujours le mieux dans l'homme, c'est l'homme. Le développement de l'intelligence et la formation du caractère, tel est l'objet commun de ces études. Si nous avions à en résumer la pensée en un mot, nous leur donnerions pour épigraphe : de l'éducation, de l'éducation et encore de l'éducation.

1887.

L'ÉDUCATION DE LA PREMIÈRE ENFANCE

LES SALLES D'ASILE OU ÉCOLES MATERNELLES

I

1867-1875.

Depuis quelques années, l'opinion publique s'est éprise de l'institution à laquelle Frœbel a donné son nom et qu'a p... arisée l'appellation poétique de *Jardins d'enfants*.

D'où cette appellation est-elle venue? S'il faut en croire certains fervents de la méthode, c'est une des prescriptions de Frœbel, qu'à la classe destinée à recevoir les enfants doivent toujours être annexés des préaux plantés, propres à servir de thème à des leçons d'observation sur les productions de la nature. Cette sorte de frais décor, cet enseignement distribué en plein air, au milieu des fleurs, forme pour l'imagination un riant tableau. On ne s'est pas demandé si les jours de l'année où le brouillard, la pluie, le froid, le soleil même ne permet pas de donner la leçon dans le jardin ne sont pas bien nombreux en tous pays, et s'il est praticable de maintenir ces troupeaux d'enfants de deux à six ans patiemment groupés autour d'un parterre. On a même oublié que, si deux ans avant sa mort, le maître avait ouvert un jardin d'enfants à Marienthal, dans un petit château, au milieu d'un site admirable, sa première école avait été la grange de Blankenburg. Pour justifier l'interprétation, il a suffi que le système parût fournir aux enfants le moyen de retrouver dans leur cour de récréation les couleurs, les aspects, les formes, sur lesquels Frœbel exerçait leurs sens et leur raison. N'était-ce pas un de ses axiomes pédagogiques que « si la nature tout entière nous apprend à reconnaître le bien et le mal, nulle part elle ne le fait d'une façon plus vivante, plus tranquille et plus évidente que dans le monde des plantes et des fleurs » ?

D'autres ont cherché la définition de l'institution dans les procédés d'enseignement qui en caractérisent l'esprit. Point de livre, point de leçon; rien qui exprime une idée de contrainte, qui ait le caractère de la tâche, de ce qui s'appelait dans la langue latine, alors qu'elle était en usage dans nos écoles, du nom de *pensum*, mot triste et rebutant surtout dans l'acception française qu'il a prise aujourd'hui. Les exercices se partagent en quatre séries ou groupes, représentant tous un mode d'activité aimable : 1er groupe : mouvements rythmiques, marches, jeux accompagnés de chants; 2e groupe : culture des jardinets; 3e groupe : gymnastique de l'œil et de la main; 4e groupe : causeries, poésies et chants. De ces groupes, le 3e est celui qui donne l'idée la plus sensible de la méthode. C'est sous la forme d'un *don* que Frœbel présente à ses élèves ce qui doit servir à l'éducation de leurs sens. Ce nom gracieux prépare tout d'abord l'enfant à recevoir les éléments du travail avec plaisir. On en augmente l'attrait par une sorte de surprise. Les six *dons* qui forment la gradation de l'enseignement sont successivement tirés de la boîte qui les enferme, au fur et à mesure que la classe est devenue capable d'en pratiquer le jeu. Ainsi s'établit, entre la maîtresse et les élèves, comme un courant de confiance affectueuse. Frœbel a voulu que les facultés des enfants, cultivées avec tendresse, s'épanouissent sous ce rayon de gaieté, comme la fleur qui s'ouvre sous les effluves d'un soleil de printemps.

Et telle est bien, en effet, dans son intention philosophique ainsi qu'au sens pittoresque du mot, la pensée de Frœbel. Il se regardait comme un jardinier cultivant des plantes humaines. De là le nom de jardinières qu'il donnait aux femmes qu'il associait à son œuvre. De là surtout cette bonne humeur vivifiante dont sont pénétrés ses moindres préceptes. Toutes les manifestations intellectuelles de l'enfant représentent à ses yeux les premiers germes de l'activité dont le développement ne saurait être pris de trop loin pour préparer et former l'homme.

Rien de plus touchant que la bonhomie grave avec laquelle il dirigeait lui-même l'application de ses procédés les plus enfantins. Voici comment un disciple enthousiaste, M. Rudolf Benfey, le représente en action dans son école. « Pendant que nous causions, dit-il, arriva une joyeuse troupe d'enfants, et Frœbel se prépara à les rejoindre. J'allais donc pour la première fois assister à ces jeux dont j'avais lu tant de descriptions. Le vieux maître se plaça dans le cercle qui venait de se former, et six à sept jardinières lui aidèrent à conduire la bande enfantine. Le jeu qui me frappa le plus fut celui du *Petit Lapin*. Le chœur chante cette question : *Mon petit lapin a-t-il du chagrin ?*

et trois ou quatre enfants vont caresser le pauvre petit lapin qui laissait tristement pendre ses oreilles; soudain il les redresse, c'est-à-dire que les petites mains s'ouvrent bien grandes et se secouent de droite et de gauche; la tête de l'enfant se relève, il se met à sauter, tandis que les autres semblent enchantés comme si leurs caresses avaient vraiment guéri un pauvre petit lapin malade. Du reste Frœbel avait une influence si puissante sur les enfants, que dans ces jeux ils semblaient remplis de sa pensée; lui-même y prenait part avec une conviction qui entraînait jardinières et élèves. Un jour où les mouvements auraient été exécutés sans que l'âme même de l'enfant fût captivée n'était pas possible; toutes les facultés devaient y être absorbées. Ensuite vint le *Pigeonnier*, et rien n'était plus charmant à voir que la joyeuse vivacité avec laquelle les enfants s'envolèrent, les ailes bien étendues, pour rentrer bientôt gaiement. Puis ce fut le tour du *Chat et de la Souris*, et l'animation atteignit son comble; alors Frœbel intervint pour arrêter ce jeu qui devenait trop vif; il le fit suivre de jeux plus tranquilles, les *Pilons du Moulin*, une marche où les balles de couleur furent distribuées, ce qui fit une charmante diversion. Enfin, à la requête des enfants, on exécuta encore deux autres jeux. Quand l'heure du départ sonna, Frœbel accompagna ses petits amis jusqu'au seuil de sa demeure. »

Toutefois ce n'est là que l'originalité extérieure de la méthode; le sens véritable en est plus profond. Frœbel n'a nulle part recueilli et codifié ses principes; mais pour les retrouver il suffit d'étudier l'enfant.

L'enfant naît avec le goût d'observer et de connaître. La vie intérieure n'étant pas encore éveillée en lui, il appartient tout entier aux phénomènes du monde qui l'entoure : tous ses sens sont ouverts; tous les objets que son regard ou que sa main rencontre l'attirent, l'attachent, le ravissent. Sa faculté d'attention s'épuise vite, mais elle se renouvelle sans cesse; encore, encore, est le mot expressif qu'il répète incessamment à ceux qui lui racontent une histoire. Pour peu qu'on manie avec habileté, disons mieux, avec bonté, les délicats ressorts de son intelligence, on peut lui faire suivre le fil d'une petite démonstration; dès qu'il est arrêté, il interroge, et de question en question il arrive à pénétrer, dans la mesure de ses forces, le fond des choses. — A cette curiosité toujours prête, l'enfant joint le besoin de l'activité. Ce n'est pas assez qu'on lui montre; il faut qu'il touche, qu'il s'approprie. Voyez-le dans ses jeux : « les jeux des enfants, dit Montaigne, ne sont pas jeux, et les fault juger en eulx comme leurs plus sérieuses actions »; ils briseront l'objet qui les amuse, pour en connaître le secret. — L'enfant ne détruit d'ailleurs le plus souvent que pour essayer de reconstruire. Il fait, défait, refait, et ses créations sont parfois merveilleuses de rectitude et de grâce : il est naturellement géomètre et artiste. — Enfin le dernier trait qui le caractérise, c'est qu'il n'aime pas à se sentir perdu dans la foule. Il veut avoir sa place à lui, son occupation à lui, son maître à lui. Admirable ressource, pour celui qui de ce sentiment saura faire sortir la première et naïve idée de la responsabilité morale.

C'est sur l'ensemble de ces données psychologiques que Frœbel a fondé sa méthode. Toutes les dispositions matérielles de la classe où il rassemble ses élèves, ainsi que la série des exercices auxquels il les applique, en portent la marque.

Installer l'enfant devant une table commune, mais

avec son siège propre, de façon qu'il se sente maître de son petit domaine; exciter tout d'abord sa bonne volonté par la promesse d'un jeu intéressant; développer successivement sous ses yeux les merveilles des *dons*; — lui apprendre en premier lieu, d'après les objets sensibles exposés à son regard, balles de laine teintes et solides géométriques, à distinguer la couleur, la forme, la matière, les diverses parties d'un corps, de façon à l'habituer à *voir*, c'est-à-dire à saisir les aspects, la figure, les ressemblances, les différences, les rapports des choses; — lui mettre à son tour les objets en main, et lui montrer à faire avec les balles de laine teintes des rapprochements de couleur agréables à l'œil, à figurer, avec des allumettes réunies par des boules de liège, des carrés, des angles, des triangles, à dresser des cubes en forme de croix, de pyramides, etc.; — puis, soit à l'aide de bandes de papier colorié, pliées en divers sens, croisées les unes dans les autres, tressées comme un tisserand ferait une toile, soit avec le crayon, l'exercer à reproduire, à créer des dessins représentant toutes les formes géométriques, en sorte qu'à l'habitude de l'observation s'ajoute peu à peu la faculté de l'invention; enfin, tandis que sa main est occupée de concert avec son intelligence, et que son besoin d'activité est satisfait, profiter de cet effort d'attention pour fixer, dans son esprit, par des questions appropriées, quelques notions précises sur les caractères et les usages des formes, en les rattachant à quelque grande idée d'ordre général simple et féconde[1], entremêler la leçon pratique d'observations morales, puisées surtout dans les inci-

---

[1] « Frœbel, dit M. H. Bormann, directeur de l'École normale des Institutrices de Berlin, après une visite à Marienthal, Frœbel ne permet jamais aux enfants de détruire la construction qu'ils viennent de faire pour en exécuter une nouvelle; il les oblige au contraire à faire naître les nouvelles formes de choses qu'ils ont créées, et par là il arrête d'abord la

dents de la classe ; telle est, en quelques mots, dans sa progression naturelle et dans son développement normal, la méthode Frœbel. C'est par ces procédés que la maîtresse s'empare des sens de l'enfant, les rectifie, les discipline, et finalement les emploie à lui faire saisir, sans autre peine que celle d'une observation appliquée avec suite, les éléments des connaissances, en même temps que pour jeter dans sa conscience les assises du sens moral.

Ces principes si rationnels étaient-ils absolument nouveaux? Nul doute que Frœbel les ait lui-même en partie reconstitués. Tour à tour intendant, commis forestier, employé au cadastre, secrétaire particulier d'un grand propriétaire, architecte, instituteur, soldat, c'est à l'enseignement, « sa vocation et la véritable signification de sa vie », qu'il était finalement revenu pour s'y fixer; et au milieu de ces occupations diverses son existence n'avait cessé d'être une vie d'étude et de contemplation. Naturellement rêveur et enclin au mysticisme, mais en même temps très pénétré du sens réel des choses, certaines vérités pédagogiques lui étaient apparues comme dans un trait de lumière. A Burgdorf[1], un jour, en se promenant, il avait vu des enfants jouer à la balle, et tout un système en avait jailli dans son esprit. Le jeu était la première manifestation de

précipitation et oblige à la circonspection et à la patience, puis il inspire le respect de ce qui existe, et enseigne de bonne heure à vouloir non pas tirer le progrès d'une ruine, mais à le faire sortir avec ordre de ce qui existe. »

1. C'est en 1836, à Burgdorf, que Frœbel conçut le projet de réformer l'éducation de la première enfance. Peu après il s'établit à Blankenburg, près de Kolthau; et là, aidé de sa femme, il réunissait pendant quelques heures un certain nombre d'enfants du voisinage. Ce qui était une petite étude d'expérimentation devint peu à peu un établissement normal. C'est en 1840, le jour anniversaire du troisième centenaire de l'invention de l'imprimerie (28 juin), qu'il le consacra sous le nom de « Jardin d'enfants »

l'activité de l'enfant : la balle, dont la forme sphérique est le symbole de l'unité, devait être pour l'enfant le premier jouet; de la balle il passerait au cube, premier symbole de la diversité dans l'unité, puis à la poupée, symbole de la vie. C'est ainsi qu'il allait par le monde, l'œil toujours ouvert sur lui-même et sur les autres, s'ingéniant, se rectifiant et peu à peu créant sa méthode. Mais il n'ignorait pas que le point de départ de toute sa doctrine était le livre de Comenius, que son premier maître, Gruner, lui avait mis entre les mains. Il savait que les principes qu'il avait appliqués à Blankenburg étaient ceux sur lesquels Pestalozzi faisait reposer son enseignement[1]. Le temps que je passai à Yverdon, disait-il, a été pour moi une époque décisive : il n'était point de questions dont je n'espérasse trouver la solution auprès de Pestalozzi. » Et antérieurement à Pestalozzi, J.-J. Rousseau n'avait-il pas, lui aussi et le premier, prêché le même évangile, suivant le mot de Michelet, lorsqu'il écrivait : « Les sens sont les premiers instruments de nos connaissances : avant d'apprendre à l'enfant à lire, il faut lui apprendre à voir »? Bernardin de Saint-Pierre ne demandait-il pas que « les premières leçons fussent données à l'enfant non dans une ville, mais à la campagne, non dans une église, mais sous le ciel, non d'après les livres, mais d'après les fleurs et les fruits »? « Je désire fort, disait Rollin cinquante ans auparavant, qu'on apprenne aux enfants mille choses curieuses pour la nature et les arts, ce qui regarde les métaux, les minéraux, les plantes, les arbres, les fourmis, les abeilles, etc. : tout cela se fait sous forme

---

1. « La base de l'instruction élémentaire de Pestalozzi est l'intuition, dit un de ses disciples ; il la regarde comme le fondement général de nos connaissances et le moyen le plus propre à développer les forces de l'esprit humain d'une manière naturelle : il cherche à former le jugement de l'enfant en parlant à ses yeux. »

d'étude : c'est en se jouant, en conversant, en se promenant. » « Je voudrais, écrivait Cl. Fleury dans le même esprit, que la première église où l'on porte un enfant fût la plus belle, la plus claire, la plus magnifique, qu'on l'instruisît plus volontiers dans un beau jardin, ou à la vue d'une belle campagne, par un beau temps et quand il serait lui-même dans la plus belle humeur. » Enfin, en remontant plus haut encore, ne retrouverait-on pas dans les maîtres de Port-Royal, dans Rabelais et dans Montaigne, ces ennemis « de la science livresque », l'observation marquée comme le point de départ de toute éducation[1]?

II

On serait étonné dès lors que la méthode prescrite dans nos premiers établissements d'instruction fût restée étrangère à une direction dont la pédagogie française a tant contribué à mettre les principes en lumière. En est-il réellement ainsi?

C'est de 1771 que date l'origine des salles d'asile en France. Leur berceau fut une petite commune des Vosges, le Ban-de-la-Roche. C'est là que le pasteur Oberlin fonda la première des *écoles à tricoter*, ainsi nommées parce que les enfants qui y étaient recueillis et auxquels on apprenait la prière, la lecture, le chant, le dessin et le calcul, étaient, en outre, occupés au tra-

---

1. Il serait injuste de ne pas citer ici Ch. Fourier, qui, dans son *Éducation harmonienne* (section troisième, conférence-notice), développe les mêmes principes sous une forme parfois étrange, mais avec un sens profond des besoins de l'éducation de la *basse enfance*.

vail manuel[1]. En 1801 Mme de Pastoret entreprenait de fonder à Paris une *salle d'hospitalité*, c'est-à-dire un établissement « où seraient reçus et élevés des enfants que leurs parents, retenus tout le jour hors de chez eux par les obligations de leur travail, laissaient plus ou moins à l'abandon ». Une sœur et une femme de ménage furent installées rue de Miroménil dans deux pièces spacieuses, pourvues de lits, et l'expérience commença heureusement; mais c'était, à vrai dire, une crèche plutôt qu'une salle d'asile. Cependant l'idée avait traversé le détroit. En 1816 Robert Owens avait fondé dans son usine de New-Lanark une école de jeunes enfants dont la garde était confiée à un simple ouvrier, James Buchanan. D'une instruction bornée, mais intelligent et généreux, Buchanan avait trouvé dans son bon sens et dans son cœur toute une discipline d'éducation. Tel fut son succès que Brougham l'appela à Londres, où il créa les écoles enfantines (*infants' schools*). En 1825 M. de Gérando, qui avait visité ces écoles, en ayant parlé avec admiration dans le salon de Mme Gautier-Delessert, Mme de Pastoret résolut de reprendre l'idée dont elle avait ébauché l'application en 1801. De concert avec l'abbé Desgenettes, elle forma un comité de dames dont elle fut la première présidente, et Mme Mallet la trésorière. Le comité eut bientôt réuni un fonds de 5000 francs; l'hospice des Ménages lui concéda un local rue du Bac, et le 1er avril 1826; la première salle d'asile était ouverte sous le nom de *salle d'essai* : avant la fin de l'année, quatre-vingts enfants, garçons et filles, de deux à six ans, y étaient réunis.

---

1. Oberlin, né à Strasbourg le 31 août 1740, mourut au Ban-de-la-Roche, le 1er juin 1827. — Frœbel, né le 21 avril 1782 à Oberweissbach, en Thuringe, est mort à Marienthal, dans le grand-duché de Saxe-Meiningen, le 21 juin 1852.

C'est alors que M. Cochin, maire du XII° arrondissement, douloureusement éprouvé par des malheurs de famille, apporta au comité l'appui de son dévouement. Il décida Mme Millet à aller sur place visiter les écoles enfantines d'Angleterre; il y alla lui-même, revint en France avec une traduction des manuels Buchanan, et, à son retour, le comité créa rue des Martyrs une salle d'asile établie d'après les principes des *infants' schools*. La même année (1828), il fondait sur ses propres ressources, rue Saint-Hippolyte, un asile modèle auquel, par une juste gratitude, l'ordonnance royale du 22 mars 1831 donna son nom. Un cours normal destiné à former le personnel enseignant y était annexé; Mme Millet en conserva la direction pendant dix ans. Cependant l'institution n'avait encore que le caractère d'une œuvre de charité. Le législateur du 28 juin 1833 la classa dans la hiérarchie des établissements d'éducation primaire. « En première ligne, — disait la circulaire du 4 juillet 1833, interprétative de la loi, — en première ligne se présentent les écoles les plus élémentaires de toutes, celles qui sont connues sous le nom de salles d'asile et où sont reçus les petits enfants de l'âge de deux ans à l'âge de six ou sept ans, trop jeunes encore pour fréquenter les écoles primaires proprement dites, et que leurs parents, pauvres et occupés, ne savent comment garder chez eux. La faculté de commencer l'éducation dès les premières années de la vie est un des grands et inappréciables bienfaits qui ont suivi l'organisation générale de notre enseignement. L'ordonnance du 22 décembre 1837 consacrait cette reconnaissance[1]. » En 1828 on ne comptait à Paris que 3 salles d'asile; il y en avait 4 en 1829, 6 en 1830, 8 en 1832, 10 en 1833, 15 en 1834, 22 en 1835, 24 en 1836.

---

1. Toutefois ce n'est que par voie d'arrêtés, d'ordonnances ou de dé-

Le nombre des enfants qui les fréquentaient était, en 1830, de 900 à peine; en 1836 il s'élevait à 3600. Le premier budget, celui de la *salle d'essai* de la rue du Bac, avait été de 5800 francs; en 1836 les crédits exclusivement consacrés aux frais de l'éducation des enfants dépassaient 75 000 francs, et, d'accord avec la Ville, l'administration des hospices avait pris à sa charge toutes les dépenses de loyer[1].

En même temps les règles qui devaient présider à l'enseignement étaient posées, et des comités de dames étaient organisés pour en surveiller l'application[2]. En 1847 M. de Salvandy créait rue Neuve-Saint-Paul « la maison provisoire d'études, destinée à compléter l'instruction des personnes qui désiraient se vouer à la direction ou à l'inspection des salles d'asile[3] », et auquel Mme Pape-Carpantier devait pendant vingt-sept ans consacrer avec tant d'autorité son talent et son zèle. Enfin, en 1855, le décret et le règlement des 21 et 22 mars 1855, ramassant tout le fruit de l'expérience commune, achevaient de déterminer avec précision les programmes et la méthode[4].

crois que tout ce qui concerne les salles d'asile a été réglé jusqu'ici. La loi du 30 octobre 1886 est la première qui les comprenne au nombre et en tête des établissements d'instruction primaire. (Art. 1.)

1. A la fin de 1835, la statistique établissait qu'il y avait en France 102 salles d'asile, réparties dans 38 départements : le département de Seine-et-Oise en comptait 13, la Gironde 10, le Bas-Rhin 9, le Rhône 5, la Seine-Inférieure et le Pas-de-Calais, 4, etc. — En 1837 (Rapport au roi du 22 décembre) on en comptait 800, qui ne recevaient pas moins de 23 000 enfants.

2. Ordonnance du 22 décembre 1837, art. 18 à 20.

3. Voir la circulaire du 20 août 1847 et l'arrêté du 28 avril 1848. — C'est cette maison qui, transférée plus tard rue des Ursulines, prit le nom de Cours pratique des salles d'asile.

4. Aux termes des décrets et règlements (décret du 21 mars 1855, art. 2; règlement du 22 mars 1855, art. 8 à 10), l'enseignement des salles d'asile comprend les éléments de l'instruction religieuse, de la lecture, de l'écriture, du calcul verbal et du dessin linéaire; des connaissances usuelles à la portée des enfants; des ouvrages manuels appropriés à leur âge; des

« Les connaissances usuelles, est-il écrit article 13 du règlement, comprennent la division du temps, les saisons, les couleurs, les sons, les formes, la matière et l'usage des objets familiers aux enfants, des notions sur les animaux, sur les plantes, sur les industries simples, sur les éléments ;... en un mot, toutes les notions élémentaires propres à former le jugement des enfants[1]. »

L'instruction ministérielle du 16 juin 1855, mettant en lumière une fois de plus le lien qui, dans la pensée du législateur, rattachait la salle d'asile à l'école, disait :

chants religieux; des exercices moraux et des exercices corporels. — Le décret du 2 août 1881 a modifié ces prescriptions ainsi qu'il suit : Art. 1 et 2. Les écoles maternelles (salles d'asile) sont des établissements d'éducation où les enfants des deux sexes reçoivent les soins que réclame leur développement physique, intellectuel et moral. L'enseignement comprend: 1° les premiers principes d'éducation morale ; des connaissances sur les objets usuels; les premiers éléments du dessin, de l'écriture et de la lecture; des exercices de langage; des notions d'histoire naturelle et de géographie; des récits à la portée des enfants ; 2° des exercices manuels; 3° le chant et les mouvements synoptiques gradués.

1. Puisque nous avons rappelé les traditions françaises, on nous permettra de citer de nouveau Cl. Fleury (1683) : « Comme les premiers objets dont les enfants sont frappés sont le dedans d'une maison, ses diverses parties, les domestiques et les services différents, les meubles et les ustensiles de ménage, il n'y a qu'à surveiller curiosité naturelle pour leur apprendre agréablement l'usage de toutes ces choses et leur faire entendre, autant qu'ils en sont capables, les raisons solides qui les ont fait inventer, leur faisant voir les incommodités dont ils sont les remèdes. On les accoutumerait ainsi à admirer la bonté de Dieu... et à faire des réflexions sur tout ce qui se présente, qui est le principe de toutes les études. Car on se trompe fort quand on s'imagine qu'il faut aller chercher bien loin de quoi instruire les enfants. Ils ne vivront ni en l'air, ni parmi les astres, moins encore parmi les espaces imaginaires; ils vivront sur la terre, dans ce bas monde, tel qu'il est aujourd'hui.... A mesure que l'âge avancerait, on leur en dirait davantage, et on ferait en sorte de les instruire passablement des arts qui répandent la commodité de la vie, leur faisant voir travailler et leur expliquant chaque chose avec soin. On leur ferait donc voir, ou dans la maison ou ailleurs, comment on fait le pain, la toile, les étoffes; ils verraient travailler les tailleurs, les tapissiers, les menuisiers, les charpentiers, les maçons et tous les ouvriers qui servent au bâtiment, etc. » (*Du choix et de la conduite des études*, chap. XXIII). On trouverait la même direction judicieuse et pratique dans Fénelon (*De l'éducation des filles*, chap. III).

« Quand toutes les salles d'asile donneront le salutaire exemple de la méthode régulière et rationnelle par laquelle le jugement est exercé, l'intelligence éveillée, le sens moral affermi, toutes les facultés mises en jeu, les écoles primaires elles-mêmes participeront des résultats qui se seront manifestés au-dessous d'elles ; au développement des premières correspondra nécessairement l'élévation des secondes. Comment admettre qu'en regard des excellents procédés usités dans l'asile, la routine et l'imperfection des méthodes puissent se perpétuer dans l'école? Le progrès de l'une est donc le point de départ et la cause la plus active du progrès de l'autre; et c'est en ce sens que, selon les termes de la circulaire du 31 octobre 1854, les salles d'asile doivent être considérées désormais comme la base de tout notre système d'enseignement primaire. »

Enfin les procédés auxquels l'instruction fait allusion étaient minutieusement décrits dans le *Manuel des salles d'asile*[1]. « On peut avec une simple feuille de papier, écrivait M. Cochin, figurer des lignes, des angles, des triangles et des polygones. On plie une feuille de papier en deux; le pli forme une ligne droite. La même feuille se plie de manière à former à volonté des angles droits, aigus ou obtus. Avec une feuille de papier pliée à angle droit, on fait comprendre l'usage de l'équerre. On lui donne aussi et successivement la forme d'un triangle, d'un carré, d'un rectangle, d'un losange, d'un trapèze, des divers polygones, et l'on a soin d'indiquer les divers caractères qui forment la définition de ces figures et les distinguent les unes des autres. Quant aux lignes courbes et aux surfaces curvilignes, on peut aussi les tracer, soit sur la planche

---

1. Commencé en 1820, le *Manuel des salles d'asile* parut en 1833, trois ans avant que Frœbel eût fondé son premier établissement. (Voir plus haut, page 7, note 1.)

noire, soit sur le papier, et familiariser les enfants, tant avec ces opérations de tracé qu'avec leurs résultats. On peut également placer sous leurs yeux la figure des solides en bois ou en carton, pour leur en donner une idée exacte.... » Effacez de ces directions, adressées d'ailleurs exclusivement aux maîtres, quelques mots d'un caractère trop technique; y a-t-il dans les procédés de Frœbel quelque chose qu'elles ne contiennent?

L'agrément et la tendresse n'y manquaient point non plus. « J'ai vu en Angleterre, écrivait Mme Millet, donner de graves leçons; j'ai constamment fait mes efforts pour qu'en France l'enseignement des salles d'asile fût substantiel et varié, sans être approfondi et fatigant. Le génie de la salle d'asile, répétait-elle après M. Cochin, se trouve dans le cœur des mères.... On peut l'imiter en l'étudiant. Nulle part on n'y doit rencontrer le pédagogue ni le docteur; partout, au contraire, il faut trouver une saine et philosophique intuition jointe à l'affection, au dévouement et à l'héroïsme qui caractérise l'amour maternel. » « L'esprit maternel, ajoutait plus tard Mme Pape-Carpantier, est tellement en effet le caractère général, profond, de cette éducation des petits enfants, qu'involontairement et comme d'instinct, le nom en arrive sur les lèvres à propos de tout ce qui s'y rapporte : soins maternels, sollicitude maternelle, douceur, patience, autorité maternelles, leçons maternelles.... Qu'est-ce donc que ce foyer d'enseignement où la mère se multiplie sous tant de formes, sinon l'école maternelle?[1] » Et c'est le nom qu'en 1848 lui avait donné M. Carnot[2].

---

1. Chose assez étrange et qui ne s'explique que par l'insuffisance du personnel féminin, les salles d'asile, aux termes de l'ordonnance du 22 décembre 1837 (art. 5), pouvaient être dirigées par des hommes! « Toutefois une femme y était toujours préposée. »

2. Arrêté du 28 avril : « Les salles d'asile, improprement qualifiées

Ce caractère d'aimable aisance est plus frappant encore, lorsqu'on se reporte, à travers la tradition française, aux enseignements d'Oberlin. La première auxiliaire d'Oberlin avait été Sara Bauzet, et il raconte lui-même avec candeur dans ses *Règlements* comment il s'était acquis son concours : « Depuis que j'exerce mes fonctions, dit-il, l'éducation négligée de tant d'enfants dans ma vaste paroisse m'a toujours causé bien du chagrin ; c'est un fardeau qui pesait sur mon cœur. Je fis toujours des tentatives pour acheter ou pour bâtir une maison, afin d'en faire une maison d'éducation, mais tout fut en vain. J'apprends enfin, c'était en hiver 1769, que Sara Bauzet de Belmont, qui avait été en condition chez mon devancier Stuber, y avait appris à tricoter très proprement (chose alors fort rare au Ban-de-la-Roche), que de son propre mouvement elle enseignait à tricoter aux enfants de son village, mais que son père voyait cela de mauvais œil à cause du sacrifice de temps. Cette nouvelle me causa un véritable ravissement. J'allai tout de suite trouver le père et je fis un accord avec lui pour que sa fille entrât chez moi comme institutrice. » Sara Bauzet mourut à vingt-neuf ans. Ce fut alors à Salomé Winter, sa digne compagne, bientôt secondée par une autre femme non moins dévouée, Louise Scheppler, qu'Oberlin confia la surveillance de ses *écoles à tricoter*. Le matin, la leçon était faite dans la classe. Le soir, dès que la saison le permettait, elle se donnait à travers champs. Les maîtresses avaient le nom de *conductrices*. Chemin faisant, on apprenait aux enfants le nom et les vertus des

établissements charitables par l'ordonnance du 22 décembre 1837, sont des établissements d'instruction publique. Ces établissements porteront désormais le nom d'*écoles maternelles*. » — Le décret de 1855 rétablit la dénomination de salles d'asile, qui a de nouveau été remplacée par celle d'écoles maternelles. (Décret du 2 août 1881, art. 1.)

plantes ; on les faisait observer, réfléchir, raisonner, à propos des phénomènes les plus simples de la nature ; on ouvrait leur intelligence à la première notion des grandes lois de la vie universelle, leur cœur à l'amour du prochain et au respect de Dieu. La promenade sagement réglée fortifiait la santé ; l'ordre qui y régnait habituait les caractères à la discipline, et l'enfant rentrait avec une provision de forces, de souvenirs utiles et de bons sentiments.

La simplicité des moyens n'excluait pas d'ailleurs, chez Oberlin, la portée des vues. Lui aussi, il voulait faire des hommes. Son plan d'éducation primaire embrassait trois degrés : l'école des commençants, l'école moyenne et l'école des adolescents. Il conduisait les adolescents aussi loin que le comportait l'enseignement de son temps : langue, histoire, éléments des sciences et des arts, histoire naturelle — surtout la botanique, — comptabilité, chant. L'école moyenne représentait l'école primaire proprement dite. Le programme de l'école des commençants est particulièrement intéressant. Oberlin le résumait ainsi : « Apprendre aux enfants : 1° à déposer les mauvaises habitudes ; 2° à acquérir l'habitude de l'obéissance, de la sincérité, de la débonnaireté, du bon ordre, de la bienfaisance, etc. ; 3° à connaître les lettres minuscules ; 4° à épeler sans livres ; 5° à bien prononcer les syllabes et les mots difficiles ; 6° à la dénomination française juste des choses qu'on leur montre ; 7° les premières notions de la morale et de la religion. » Tels étaient les débuts de l'enseignement dans les *écoles à tricoter*. Mais cette première classe comprenait elle-même trois séries d'études progressives ; et au sortir de la troisième, c'est-à-dire pour entrer dans l'école moyenne, l'enfant devait savoir « lire couramment, écrire lisiblement, additionner, soustraire, multiplier, diviser, tout cela sur le tableau noir ». Ne retrouve-t-on pas dans ce programme quelque chose de l'imagination naïve de l'abbé de Saint-Pierre et de la méthodique raison de Rollin? Les classes dirigées avec ce charme si simple et ce sens si pratique ne méritaient-elles pas les premières, à bien des égards, le nom de *Jardins d'enfants*?

III

Si telles sont l'origine et la règle de notre enseignement, d'où vient que les résultats en sont généralement si insuffisants et que, sur huit à dix mille enfants que la salle d'asile, à Paris, fournit annuellement à l'école, il en est cinq à six cents à peine qui y apportent ce qui doit en être le bienfait : la première éducation des sens et du raisonnement?

Des causes diverses permettent de l'expliquer.

La plus importante doit être cherchée peut-être dans le succès même de l'institution. Certains établissements, et des meilleurs, reçoivent jusqu'à 250, 300, 400 enfants. De telles agglomérations exigent des vaisseaux de classe immenses. Il faut que les maîtresses emplissent de leur voix ces vastes salles. Le claquoir et le sifflet peuvent suppléer à leur organe pour imposer le silence, régler les marches et les exercices d'ensemble. Mais il s'agit de parler, de chanter, de faire la leçon, une leçon suivie, dans ces espaces sonôres, et devant ce flot toujours plus ou moins mouvant et murmurant. Les règlements, sans doute, prescrivent qu'une maîtresse ne soit jamais seule, afin que l'une surveille, pendant que l'autre enseigne. Pour être partagée, la fatigue n'en reste pas moins, dans ces conditions, au-dessus des forces humaines. Les plus robustes y perdent la santé ; nous en avons plus d'un exemple.

Ces déplorables conditions sont aujourd'hui, il est vrai, devenues rares. Mais là où les dimensions des locaux se prêtent mieux à l'enseignement, une autre difficulté matérielle en rend le succès presque impossible. L'enseignement doit embrasser à la fois tous les enfants, les plus jeunes et les plus âgés, les vétérans de six ans et les nouveaux de deux ans, ceux qui sont à la veille de passer à l'école et ceux qui, le matin, n'avaient pas encore quitté les bras de leurs mères. Pour arriver à toucher ce petit auditoire, quelle devra être la direction de la leçon? Il faudra tour à tour élever le ton et l'abaisser, chercher les accès divers de ces intelligences si diverses, atteindre surtout le cœur, provoquer sans tumulte des réponses communes, multiplier les questions individuelles, répandre sur le sujet traité, à force de tact et de ressources, le mouvement et la vie. Quelques-unes de nos plus anciennes maîtresses y réussissent. C'est chez elles le fruit d'une expérience consommée ; c'est aussi l'effet d'un dévouement que les années renouvellent et semblent rajeunir : elles ont le secret de l'enseignement de la salle d'asile, parce qu'elles en ont l'âme. Mais ces dons de nature sont le propre d'une élite, et ce n'est pas sur les exceptions, toujours peu nombreuses, qu'il est sage de se régler.

Entrez dans une salle d'asile, même dans une de celles qui sont convenablement dirigées : vous y trouverez des enfants propres, polis, silencieux autant que le comporte leur âge. Mais examinez leur attitude : ils ne savent sur qui ils doivent porter les yeux, sur la maîtresse qui parle ou sur celle qui surveille. Leur regard, de quelque façon qu'il se fixe, est à la fois tendu et vague. Si une question est posée, les plus grands, les moniteurs, répondent; quelques-uns des plus jeunes, les mieux doués, profitent tant bien que mal de la réponse qu'ils ont comprise, et la répètent; les autres, ouvrant la bouche, reproduisent le mot; mais il est évident que ce mot ne leur dit rien : il y a là un effort sans profit.

La maîtresse elle-même, sentant bien qu'elle en touche à peine quelques-uns dans la masse, est froide et languissante. Elle fait la leçon comme les enfants l'écoutent. Qu'il s'agisse d'un récit d'histoire ou de l'exposition de quelques-unes de ces connaissances usuelles qui ont pris le nom de « leçons de choses », — se perdant bientôt dans une phraséologie dépourvue pour elle, aussi bien que pour les enfants, de nouveauté et d'intérêt, elle en arrive, après quelque temps d'expérience sans succès, à remplir comme elle peut les heures de la journée, suivant les prescriptions du règlement; mais, à la vérité, elle n'utilise pas ces premières et si précieuses années.

Ce qui nuit au progrès plus encore peut-être que l'absolue disproportion d'âge et d'intelligence des élèves réunis dans une même classe, c'est que leur rôle y est presque purement passif. A part la leçon d'écriture, où l'enfant fait usage de ses doigts — et quel usage ! — toutes les leçons de la journée se bornent pour lui à écouter. Le matériel est disposé en vue de cette discipline. On sait qu'il se compose d'une estrade formée de gradins — cinq au moins, dix au plus — remplissant le fond de la salle, et de trois rangées de bancs fixés le long des parois latérales. Les enfants sont tour à tour assis sur ces gradins ou sur ces bancs, serrés les uns contre les autres, le plus souvent les mains tendues derrière le dos, la tête en avant, sans appui. Lorsqu'ils sont appelés à écrire, on leur remet une ardoise, qu'ils doivent tenir sur leurs genoux. Dans tous les établissements d'instruction publique, on a, depuis quelques années, corrigé, même pour des enfants d'un âge plus avancé, cette disposition si funeste à la santé; on a garni les gradins d'un dossier et d'un support qui, lorsqu'ils travaillent, leur sert de tablette. Combien cet aménagement ne serait-il pas plus nécessaire encore dans les salles d'asile! L'une des supériorités incontestables de la méthode Frœbel est assurément l'organisation à laquelle elle se prête, disons mieux, à laquelle elle oblige.

Telles sont les principales causes qui nous semblent rendre raison de la regrettable médiocrité des résultats de l'enseignement de nos salles d'asile.

Hâtons-nous de le dire, aucune d'elles n'est irrémédiable.

IV

En attendant la revision des règlements, il suffit, pour mieux faire, de se mieux diriger d'après l'esprit qui les a inspirés.

C'est la voie où nous sommes entrés. Aucun des établissements récemment construits ne comprend plus de cent vingt-cinq à cent cinquante places. En outre, les bonnes maîtresses, se partageant la tâche avec intelligence, s'occupent plus particulièrement, l'une des enfants de deux à quatre ans, l'autre, des enfants de cinq à six ans[1]. Enfin, au point de vue de la disposition matérielle, déjà, dans quelques classes, les petites tables fournies pour le repas des enfants servent de tables d'exercices, les bancs latéraux sont garnis de dossiers; et rien n'empêche que pour commencer la réforme dont nous étudions les moyens, on adapte aux gradins, tant qu'ils seront conservés, quelque appareil qui les approprie davantage aux exigences de la santé

---

1. Ces diverses mesures ont été sanctionnées par les règlements de 1881 et de 1882 : « Dans les écoles maternelles publiques, les enfants sont divisés en deux sections, suivant leur âge et le développement de leur intelligence. » (Décret du 2 août 1881, art. 12.) — « Aucune école maternelle publique ne devra recevoir plus de cent cinquante enfants, à moins d'une autorisation spéciale de l'autorité académique. — « Dans toutes les écoles maternelles publiques, les enfants, quel que soit leur nombre, sont divisés en deux sections, conformément aux prescriptions du décret du 2 août 1881; chaque section, si le nombre des élèves l'exige, peut être subdivisée en groupes dont chacun est confié à une des maîtresses attachées à l'école. » — « Le classement des enfants sera fait chaque année par la directrice, à l'époque de la rentrée des écoles primaires, sous le contrôle de l'inspectrice et, à son défaut, de l'inspecteur primaire. » (Arrêté du 28 juillet 1882, art. 1 à 3.)

et de l'enseignement, sans nuire aux facilités de circulation qui sont une des conditions essentielles de la vie des salles d'asile[1].

En persévérant dans ces améliorations conformes aux principes des programmes du 22 décembre 1837 et du 22 mars 1855, nous pouvons obtenir d'aussi bons résultats que les *Jardins d'enfants*, peut-être de meilleurs.

La méthode Fræbel prête, en effet, à certaines exagérations, comme toute conception systématique. Les exercices gradués des six dons sont excellents, pourvu qu'on n'en pousse pas trop loin l'application exclusive. A l'Exposition universelle de Vienne (1873), divers établissements de l'Allemagne avaient exposé comme produit du travail des *Jardins d'enfants* de véritables merveilles de constructions — chaises, paniers, fleurs, vases, objets de toutes sortes — agencées à l'aide de baguettes, de bandes de papier colorié, de terre glaise. Ou ces constructions charmantes étaient l'œuvre des enfants, et alors, en vérité, ils étaient, dès ce moment, en possession d'un métier; ou bien, comme il est plus vraisemblable, les travaux avaient été perfectionnés par les maîtresses, et leur perfection même était l'indice d'une préoccupation fâcheuse. On se rendait mieux compte encore de ces raffinements de travail devant la vitrine qui contenait un spécimen des épreuves imposées aux élèves des écoles normales des *Jardins d'en-*

---

[1]. Dans un certain nombre de salles d'asile nouvelles on a purement et simplement adopté l'organisation des classes de l'école proprement dite, c'est-à-dire deux séries de rangs de table à deux ou trois places sur un plan uni; et l'enseignement collectif, qui est la seule raison d'être du gradin, bien loin d'en souffrir, y a trouvé plus d'aisance, la maîtresse pouvant se porter sur tous les points où son action est nécessaire. Nous avons pu observer ces résultats notamment dans l'établissement si intelligemment dirigé, rue de Madame, par Mlle Beauparlant.

fants. Il y avait là des fleurs en papier qui rappelaient le *chef-d'œuvre* de nos anciennes corporations. Les exercices Frœbel, très propres à occuper l'ingénieuse activité de l'enfant, ne sont profitables qu'à la condition de rester des exercices préparatoires à l'étude des éléments qui sont le fondement de toute éducation.

Une exagération d'un autre genre est à craindre dans les procédés que Frœbel recommande, je veux parler de l'abus du vocabulaire géométrique. En apprenant aux enfants à distinguer les formes des corps, on est naturellement amené à leur parler le langage créé pour la définition de ces corps. Or s'il est possible, s'il est bon qu'un enfant retienne, avec la vue de l'image, le mot qui désigne un point, une ligne, un angle, un carré, un cube, une base, un côté, une arête, un sommet, il y a de grandes chances pour qu'on ne fasse qu'embarrasser sa langue et son cerveau, en lui parlant de triangle rectangle, de triangle isocèle, de pentagone, d'hexagone, de parallélogramme, de parallélépipède, etc. Et c'est là, on ne peut se le dissimuler, d'après les livres qui ont cours, c'est à cet excès que risque de conduire une indiscrète application de la méthode [1].

Ce qui est plus dangereux encore que l'abus du vocabulaire scientifique, c'est la prédominance de l'esprit que cette forme d'enseignement suppose. L'humanité

---

[1] Cet abus, si contraire à l'esprit français, a parfois gagné en France les meilleurs esprits : « La ligne courbe, dit Mme Pape-Carpantier, représente le cours de la vie pratique, toute de nécessité, de rapports avec nos proches, nos semblables, ou pleine de ménagements pour autrui, de concessions réciproques, de sacrifices mutuels. La ligne droite représente la vie théorique, l'idéal, l'idée indépendante, absolue. » (*Le secret des grains de sable, ou le dessin expliqué par la nature*, 1863.)

qui respire tout entière dans chacun de ces petits êtres vit aussi de sentiments; les définitions géométriques ne sauraient lui suffire. Gardons-nous de dessécher, chez l'enfant, ces sources de l'émotion morale, si vives, si fraîches, si pures, qu'il faut féconder en les dirigeant, bien loin de les tarir. Le P. Girard raconte que, dans une visite à l'école d'Yverdon, « il fit à Pestalozzi l'observation que les mathématiques exerçaient chez lui un empire dont il redoutait les résultats. Là-dessus, ajoute-t-il, Pestalozzi me répondit vivement, à sa manière : « C'est que je veux que mes élèves ne « croient rien que ce qui pourra leur être démontré « comme deux et deux font quatre ». Ma réponse fut dans le même genre : « En ce cas, si j'avais trente fils, « je ne vous en confierais pas un, car il vous serait « impossible de lui démontrer, comme deux et deux « font quatre, que je suis son père et que j'ai à lui « commander ». Ceci amena une explication sur l'exagération qui lui était échappée, ce qui n'était pas rare chez cet homme de génie et de feu, et nous finîmes par nous entendre. » Comme le P. Girard et comme Pestalozzi lui-même, Frœbel conciliait dans sa méthode le développement du sens moral avec l'éducation des sens ; mais, la nouveauté relative de ses prescriptions consistant surtout dans la préconisation de l'emploi des solides et des figures, certains disciples, plus zélés qu'éclairés, ont altéré sa doctrine en forçant les principes sur lesquels elle repose, ou du moins en s'attachant trop à quelques-uns d'entre eux.

La méthode française nous permet d'échapper à ces excès. Elle prescrit l'examen des couleurs et des formes et l'exercice des constructions géométriques, comme premier moyen d'éducation, en même temps que comme distraction profitable à l'intelligence de l'enfant; mais elle ne s'y conforme pas; elle fait la part de la culture des sentiments; elle sait aussi que le temps presse, que les enfants qu'on nous donne ne tarderont pas à nous échapper; elle se préoccupe donc — pour les enfants du second degré, pour les enfants de cinq à six ans — de l'étude des premiers principes de la lecture, de l'écriture et du calcul, comme du prolongement normal, pour ainsi dire, des exercices préliminaires d'observation et d'invention systématisés par Frœbel, comme du but que doit atteindre la salle d'asile pour être une efficace préparation à l'école.

V

Est-ce aller trop loin, comme, il y a quelques années, on a paru le craindre? Nous ne le pensons pas.

« Les salles d'asile, disait M. Cochin, sont à la fois des maisons d'hospitalité et des maisons d'éducation; elles concourent au bien-être et à l'instruction de l'enfance. » C'est le caractère que leur avait reconnu la circulaire du 4 juillet 1833. Elle établissait « qu'indépendamment des avantages de sûreté et de salubrité qu'elles offraient pour les petits enfants, si souvent et si dangereusement délaissés dans les classes pauvres, les salles d'asile avaient le mérite de leur faire contracter, dès l'entrée dans la vie, des habitudes d'ordre, de discipline, d'occupation régulière, qui sont un commencement de moralité »; et en même temps « ces enfants, ajoutait M. Guizot, reçoivent des notions élémentaires qui les disposent à suivre avec plus de fruit l'enseignement que d'autres établissements leur fourniront plus tard ». Aux termes du règlement du 9 avril 1836, si « cette modeste instruction ne devait pas dépasser les éléments de la lecture, de l'écriture et du calcul, elle était formellement indiquée comme devant se joindre aux petits ouvrages propres à exercer la main des enfants », et l'ordonnance du 22 décembre 1837 consacrait cette prescription [1]. Le décret du 21 mars 1855, qui est aujourd'hui notre loi, n'a fait que confirmer les programmes en usage en y introduisant les notions du système métrique et du dessin linéaire [2].

1. « Les salles d'asile ou écoles du premier âge, sont des établissements charitables où les enfants des deux sexes pourront être admis jusqu'à l'âge de six ans accomplis, pour recevoir les soins de surveillance maternelle et de première éducation que leur âge réclame. Il y aura dans les salles d'asile des exercices qui comprendront nécessairement les premiers principes de l'instruction religieuse et les notions élémentaires de la lecture, de l'écriture et du calcul verbal. On pourra y joindre des chants instructifs et moraux, des travaux d'aiguille et tous les ouvrages de main. » (Art. 1.) — Les livres-guides à mettre entre les mains des maîtresses étaient choisis par le Conseil royal de l'instruction publique. (Voir l'arrêté du 30 décembre 1836.)

2. En voici le détail : L'enseignement de la lecture comprend : les voyelles et les consonnes, les syllabes de deux ou trois lettres, les mots de deux syllabes. — L'enseignement de l'écriture se borne à l'imitation des lettres sur l'ardoise. — L'enseignement du calcul comprend la connaissance des nombres simples, leur représentation par des chiffres arabes, l'addition et la soustraction enseignées à l'aide du boulier-compteur, la table de multiplication apprise de mémoire à l'aide des chants, l'explication des poids et mesures donnée à l'aide de solides ou de tableaux. — L'enseignement du dessin linéaire comprend la formation, sur le tableau et les ardoises, des plus simples figures géométriques et de petits dessins au trait. — Les connaissances usuelles comprennent la division du temps, les saisons, les couleurs, les sons, les formes, la matière et l'usage des objets familiers aux enfants, des notions sur les animaux, sur les plantes, sur les industries simples, sur les éléments, sur la forme de la terre, sur les principales divisions, les noms des principaux États de l'Europe avec leurs capitales, les noms des départements de la France avec leurs chefs-lieux et toutes les notions élémentaires propres à former le jugement des enfants. — Les travaux manuels consistent en travaux de couture, de tricot, parfilage et autres appropriés aux localités. — Le chant comprend les premiers principes de la musique vocale. » (Arrêté du 22 mars 1855, art. 8 à 15.)

Voici d'autre part les nouveaux programmes, tels que les a déterminés

On a notamment critiqué, dans ces derniers temps, l'addition du dessin linéaire comme matière d'un caractère trop élevé. Mais le dessin est-il autre chose dans ses linéaments élémentaires qu'un premier exer-

le décret du 2 août 1881 : « Les connaissances sur les objets usuels comportent des explications très élémentaires sur le vêtement, l'habitation et l'alimentation, sur les couleurs et les formes, sur la division du temps, les saisons, etc. — Les exercices de langage ont pour but d'habituer les enfants à parler et à rendre compte de ce qu'ils ont vu et compris. Les morceaux de poésie qu'on leur fait apprendre seront courts et simples. — L'enseignement du dessin comprend : 1° des combinaisons de lignes au moyen de lattes, bâtonnets, etc.; 2° la représentation sur l'ardoise de ces combinaisons et de dessins faciles faits par la maîtresse au tableau quadrillé; 3° la reproduction sur l'ardoise des objets usuels les plus simples. — La lecture et l'écriture seront, autant que possible, enseignées simultanément. Les exercices doivent toujours être collectifs. — L'enseignement du calcul comprend : 1° l'étude de la formation des nombres de 1 à 10; 2° l'étude de la formation des dizaines de 10 à 100; 3° les quatre opérations, sous la forme la plus élémentaire, appliquées d'abord à la première dizaine; 4° la représentation des nombres par les chiffres; 5° des applications très simples du système métrique (mètre, litres, monnaie). Cet enseignement sera donné au moyen d'objets mis entre les mains des enfants, tels que lattes, bâtonnets, cubes, etc. Les enfants seront exercés au calcul mental sur toutes les combinaisons de nombres qu'ils auront faites. — Les éléments d'histoire naturelle comprennent la désignation des parties principales du corps humain, des notions sur les animaux les plus connus, les voyageurs et les minéraux usuels. Cet enseignement est donné à l'aide d'objets réels et de collections formées autant que possible par les enfants et les maîtresses. — L'enseignement de la géographie est descriptif; il s'appuie sur l'observation des lieux où vit l'enfant. Il comprend : 1° l'orientation (points cardinaux); 2° des notions sur la terre et les eaux; 3° quelques indications sur les fleuves, les montagnes et les principales villes de France. — Les récits porteront principalement : 1° sur les grands faits de l'histoire nationale; 2° sur des leçons de choses. — Les exercices manuels consisteront en tressage, tissage, pliage, petits ouvrages de tricot. — Les travaux de couture et tous autres travaux de nature à fatiguer les enfants sont interdits. — L'enseignement du chant comprend : les exercices d'intonation et de mesure les plus simples, les chants à l'unisson et à deux parties qui accompagnent les jeux gymnastiques et les évolutions. Les chants seront appropriés à l'étendue de la voix des enfants. Pour ces exercices, les directrices se serviront du diapason. — Les exercices gymnastiques seront gradués de manière à favoriser le développement physique de l'enfant. Ils se composeront de mouvements, de marches, d'évolutions et de jeux dirigés par la maîtresse. — Les leçons ne devront jamais durer plus d'un quart d'heure ou vingt minutes; elles seront toujours séparées par des chants, des exercices gymnastiques, des marches ou des évolutions. » (Art. 13 à 23.)

cice rationnel d'écriture? Une lettre est une figure de convention qui ne rappelle à l'enfant rien de ce qui l'entoure, tandis qu'il n'a qu'à jeter les yeux autour de lui pour voir une ligne, un angle, un carré, un cercle; et dès que sa petite main a pris l'habitude de tracer exactement ces images simples dont il se rend compte, il arrive vite à reproduire ces autres images, un peu plus compliquées, de l'*a*, du *b*, du *c*, dont, à la leçon de lecture, on lui a enseigné l'énonciation et le sens[1]. Pour prendre un autre exemple, le calcul mental, qui paraît chose si abstraite, conséquemment si difficile pour l'enfant qu'on y applique de prime saut, ne devient-il pas l'exercice le plus aisé en même temps que le plus fortifiant pour son intelligence naissante; s'il a été préparé comme il convient? « En quelque étude que ce puisse être, a dit J.-J. Rousseau, sans l'idée nette des choses représentées, les signes représentants ne sont rien. » Un 2, un 3, un 5, n'est qu'une forme d'écriture hiéroglyphique pour celui, quel qu'il soit, sous les yeux duquel on place tout d'abord ces chiffres sans explication préalable. Mais si l'enfant a commencé par voir dénombrer des objets réels — fiches, cailloux, jetons, — si surtout il les a maniés et dénombrés lui-même — et sous ce rapport l'appareil du boulier-compteur, qui reste entre les mains de la maîtresse, ne vaudra jamais un jeu de fiches mis à la disposition de l'enfant, — si, dis-je, il est habitué à opérer, sur ces quantités d'objets réels, des additions et des retranchements, un

---

[1] « Une des plus utiles améliorations que M. Pestalozzi ait apportées dans l'instruction, disait en 1888 M. Frédéric Cuvier, c'est l'usage de faire tracer aux élèves des figures. La connaissance des formes est une des plus à sa portée; elle est en harmonie avec ses sens, avec son entendement et peut seule véritablement faire la matière de leçons amusantes. Cette pratique se lie naturellement avec celle de l'écriture, qui n'est qu'une sorte de dessin. » (*Projet d'organisation des écoles primaires*, ch. ii, § 3.)

exercice de calcul mental lui étant proposé, son esprit se reportera immédiatement aux quantités qu'il a touchées et modifiées, et il résoudra la question abstraite d'après les opérations concrètes qu'il aura faites; pour lui, calculer de cette façon, ce sera encore *voir*.

En conduisant l'enseignement des salles d'asile jusqu'à ces résultats, notre méthode est donc plus logique que la méthode Frœbel, et elle peut être plus féconde, si elle est bien appliquée. Empruntons à Frœbel ce que ses principes ont de philosophique, ses procédés de charmant[1]; approprions-nous ce que son organisation matérielle a de sensé. Mais rappelons-nous que nous avons moins à faire autrement que nous ne faisons, qu'à faire mieux d'après nos propres règles; qu'il s'agit avant tout de donner à l'enfant la petite part d'activité raisonnée qui est l'attrait en même temps que l'aiguillon de l'étude. A tout âge, mais à cet âge plus qu'à tout autre, l'esprit se lasse et se détache d'un enseignement où l'oreille seule est intéressée. « Mme Pestalozzi, écrit Fröhlich dans ses *Souvenirs*, me raconta une fois que son fils avait atteint déjà depuis longtemps le moment où il eût dû aller à l'école sans que son père songeât à l'y envoyer. Pestalozzi répondait toujours : « Il suffit qu'il écoute et qu'il regarde : « c'est la nature qui fait tout. » Et tandis que le père laissait faire la nature, se disant : « Mon fils ne sait

---

[1] M. Cochin avait donné, non sans grâce, avant Frœbel, le modèle des procédés à suivre pour les leçons de choses : « Il faut, dit-il, apporter un oiseau, faire connaître ses goûts, ses habitudes, parler de ses voyages d'hiver et d'été, de sa nourriture, de son attention pour ses petits, de la couleur de son plumage, de l'usage dont ce plumage est susceptible, soit comme ornement, soit comme objet de commerce et de consommation. Un autre jour, on prendra une plante, une pierre, une petite machine, une pièce de monnaie; on parlera des caractères et de l'usage de chacune de ces choses d'une manière intelligible pour l'enfance. »

rien, je suis bien tranquille », la mère apprenait elle-même secrètement à l'enfant à lire et à écrire, se disant, elle aussi sans doute, dans son bon sens, que ses leçons n'avaient pas nui au travail de la nature.

VI

Dès aujourd'hui, dans tous les établissements où nous avons introduit les procédés de Fræbel, adaptés aux prescriptions de la méthode française, l'effet a été marqué sur l'intelligence des élèves, comme sur le zèle des maîtresses.

Il faut bien le dire, le sentiment du devoir s'était un peu affaibli dans le personnel des salles d'asile, sauf chez un certain nombre de directrices qui sont l'honneur de l'ancienne école. On abrégeait la durée des exercices; on différait l'heure de l'entrée, on devançait celle de la sortie; on composait avec les règlements pour se ménager les loisirs qui n'étaient pas absolument interdits. Or la raison de ces défaillances, c'était, en grande partie, la difficulté d'arriver à des résultats. Partout où la méthode Fræbel a pu être sagement fondue avec nos programmes, chaque maîtresse ayant sa tâche propre, l'une avec les enfants plus jeunes, l'autre avec les plus âgés, l'ardeur s'est ranimée. On a préparé son enseignement; on a envisagé le but à atteindre; en un mot, on a retrouvé l'intérêt; et du jour où l'intérêt est rentré dans une classe, on peut être sûr que les leçons porteront leurs fruits.

Les élèves, de leur côté, ont profité davantage, par cela seul qu'ils étaient, non plus occupés, mais occupés d'une façon mieux appropriée à leurs aptitudes. Car on ne s'y trompera pas, l'objet d'un enseignement ainsi dirigé n'est pas de provoquer le labeur. Loin de là : il a simplement pour effet de mettre en œuvre les ressources d'utile activité que l'enfant porte en soi. Le désœuvrement lui pèse. Des exercices heureusement choisis, habilement variés, coupés d'ailleurs par des intervalles de repos ou des mouvements gymnastiques, le distraient en même temps qu'ils l'instruisent. Dans ces conditions, tout lui devient agréable et doux. Satisfait de lui-même, il se donne à la maîtresse; il n'est pas jusqu'aux petites leçons de morale familière qui ne trouvent en lui un accès plus facile, une conscience plus nette, un cœur plus ouvert. On peut espérer dès lors qu'il sortira de la salle d'asile en possession de ses petites facultés, grâce à l'habitude prise de l'observation et du raisonnement, presque assuré ainsi d'échapper aux premières difficultés de l'étude proprement dite, à ces dégoûts qui sont l'écueil de l'école, et qui, le plus souvent, ne tiennent qu'à l'impossibilité de suivre un enseignement [1].

1. « Une bonne santé, dit excellemment l'Instruction jointe à l'arrêté du 28 juin 1882 réglant l'organisation pédagogique des écoles maternelles, — l'ouïe, la vue, le toucher déjà exercés par une suite graduée de ces petits jeux et de ces petites expériences propres à faire l'éducation des sens; des idées enfantines, mais nettes et claires sur les premiers éléments de ce qui sera plus tard l'instruction primaire; un commencement d'habitudes et de dispositions sur lesquelles l'école puisse s'appuyer pour donner plus tard un enseignement régulier; le goût de la gymnastique, du chant, du dessin, des images, des récits; l'empressement à écouter, à voir, à observer, à imiter, à questionner, à répondre; une certaine faculté d'attention entretenue par la docilité, la confiance et la bonne humeur; l'intelligence éveillée enfin et l'âme ouverte à toutes les bonnes impressions morales : tels doivent être les effets et les résultats de ces premières années passées à l'école maternelle. »

C'est une remarque courante parmi les éducateurs qu'aussitôt qu'un enfant est maître de son alphabet, il est sauvé. Cela ne signifie pas seulement qu'avec l'intelligence de l'alphabet l'enfant tient en main la clef de tout le reste. Cela veut dire qu'il est capable d'attention, d'analyse, conséquemment de progrès. Quel bénéfice, s'il pouvait, dès le premier jour, donner aux matières fondamentales de l'enseignement primaire les longs mois de la première année d'école absorbés d'ordinaire par l'initiation à la lecture, initiation d'autant plus laborieuse presque toujours qu'elle a été plus retardée; quel bénéfice surtout pour l'éducation, qui profiterait de ce que l'instruction proprement dite laisserait d'aisance dans le cadre des programmes à remplir!

L'ÉCOLE

1868.

Si les premiers enseignements de la salle d'asile peuvent être une heureuse préparation à l'école, c'est à l'école que se fonde la véritable éducation de l'enfant ; c'est l'école qui décide du développement de ses facultés intellectuelles et morales : aussi ce qu'il y apprend vaut-il moins, quel qu'en soit le prix, que la façon dont il l'apprend.

I

En 1808 l'enseignement mutuel n'avait pas encore complètement cessé d'être en usage dans les écoles de Paris.

On sait quel en était le principe. Bell, qui l'avait importé en Europe en 1798, le définissait avec une précision naïve « la méthode au moyen de laquelle une école tout entière peut s'instruire elle-même, sous la surveillance d'un seul maître ». Hamel plus justement le faisait consister « dans la réciprocité de l'enseignement entre les écoliers, le plus capable servant de maître à celui qui l'est le moins [1] ».

On sait aussi sous quels auspices il fut introduit à Paris, au début de la Restauration [2]. Il était connu en France dès le dix-septième siècle. Mme de Maintenon le faisait pratiquer à Saint-Cyr. Rollin le mentionne comme un expédient utile. Cinquante ans avant que Bell l'eût rapporté des Indes, Herbault l'avait appliqué aux enfants de l'hospice de la Pitié (1747). Plus tard le chevalier Paulet l'avait expérimenté avec succès à Vincennes (1774) dans une sorte d'orphelinat pensionné par Louis XVI, et l'abbé Gaultier en avait transporté l'usage à Londres pendant la Révolution (1792) [3]. Mais c'est Lancaster qui le premier, en 1801, l'avait réduit en système, et c'est sous le nom de « méthode Lancastrienne » qu'en 1815 le système avait pris pied.

Adopté par le parti libéral, il avait du même coup rencontré l'opposition du parti contraire. Les noms de Royer-Collard, de Guizot, de J.-B. Say, de Mérimée, de Laisné, du duc Decazes, du duc Pasquier, du comte de Chabrol, du comte de Laborde, les sentiments hautement conservateurs des membres de la *Société pour l'instruction élémentaire* « formée pour assembler et répandre les lumières propres à procurer à la classe

---

1. *L'Enseignement mutuel*, par Joseph Hamel, 1818.
2. *Plan d'éducation pour les enfants pauvres, d'après les deux méthodes combinées du docteur Bell et de M. Lancaster*, par le comte Alexandre de Laborde, membre de l'Institut, chap. 1. — Cf. préface, Paris, 1815.
3. Voir le Mémoire de François de Neufchâteau sur la *Méthode pratique pour apprendre à lire aux enfants dans les écoles primaires* (an VII), le rapport de G. Cuvier sur *l'Instruction publique en Hollande* (1811), le *Projet d'organisation pour les écoles primaires* de F. Cuvier (1815) et le décret de Carnot (27 Avril 1815).

inférieure du peuple le genre d'éducation intellectuelle et morale le plus approprié à ses besoins », ne paraissaient pas des garanties suffisantes. On reprochait à la méthode Lancastrienne sa provenance étrangère et le patronage qu'elle avait trouvé sous l'Empire auprès de Carnot. On l'accusait d'ébranler les bases de l'ordre social, en déléguant à des enfants un pouvoir qui ne devait appartenir qu'à des hommes. Le gouvernement lui-même s'était entremis, sans succès, « pour rassurer les personnes raisonnables et les bons esprits [1] ». L'enseignement mutuel était devenu une question politique; c'était le terrain sur lequel les passions se livraient bataille. Suivant l'opinion, on tenait pour ou contre, comme s'il se fût agi d'un article de la Charte.

« Je vois les partisans des progrès de l'ignorance lever contre lui leurs cornes menaçantes, écrivait l'un de ses promoteurs les plus résolus; ils considèrent que l'instruction est dangereuse; c'est elle qui, selon eux, a causé la révolution en France[2]. » En 1816 Louis XVIII avait, au témoignage de Cuvier, ajouté de sa main au

---

1. *Moniteur officiel*, 4 août 1816.
2. *Plan d'éducation* déjà cité, chap. xiv. — Cf. Chap. ii. « Je les vois, dit ailleurs le comte de Laborde, chasser dans la rue mes pauvres enfants, et les traiter comme le commis de Chatam dans la jolie scène de Shakespeare. « *Smith* : Le commis de Chatam ! Il sait lire, écrire et compter. — *Cade* : Oh ! l'horreur ! — *Smith* : Nous l'avons surpris composant des exemples pour des enfants. — *Cade* : Ah ! le coquin ! — *Smith* : Il a dans sa poche un livre avec des lettres rouges. — *Cade* : Oh ! alors c'est un conspirateur. — *Smith* : Ce n'est pas tout, il sait faire des contrats et des placets. — *Cade* : Ma foi, tant pis ! Est-il vrai, malheureux, que la coutume soit d'écrire ton nom, ou bien n'as-tu pas plutôt une marque qui te distingue comme tous les honnêtes marchands ? — *Le commis* : Dieu merci, messieurs, j'ai été assez bien élevé pour savoir écrire mon nom. — *Tous ensemble* : Il a tout avoué ! Ah ! le traître ! Qu'on l'emmène ! ah ! le coquin ! — *Cade* : Qu'on l'emmène, dis-je, et pendez-le sur-le-champ avec sa plume et son écritoire autour du cou. » (*Henri VI*, acte IV, scène ii.)

projet de l'ordonnance du 29 février qu'un fonds de 50 000 francs serait chaque année prélevé sur sa cassette « pour être employé : soit à faire composer ou imprimer des ouvrages propres à l'instruction populaire, soit à établir temporairement des écoles modèles dans les pays où les bonnes méthodes n'avaient point encore pénétré, soit à récompenser les maîtres qui se seraient le plus distingués par l'emploi de ces méthodes[1] ». En 1820 les ultras de la Chambre demandèrent la suppression de cette dotation. « Que l'on me cite, s'écriait M. Cornet d'Incourt, un seul ennemi de la religion et de la monarchie qui ne soit pas un partisan fanatique de l'enseignement mutuel, et je cesse de demander sa suppression. » Le crédit fut maintenu. L'année suivante, M. de Laborde ayant proposé de le doubler, la violence du débat amena à la tribune Royer-Collard et le fit, suivant son expression, « aller au fond des choses ». « Il y a, dit-il, des personnes d'ailleurs respectables qui croient que l'ignorance est bonne; qu'elle dispose les classes inférieures au respect et à la soumission, qu'elle les rend plus faciles à gouverner, en un mot qu'elle est un principe d'ordre. » Et comme quelques voix à droite protestaient qu'on ne disait pas cela : « Si je ne l'entends pas dire en ce moment, poursuivit Royer-Collard, je l'ai souvent lu, et, quand j'entends ces choses ou que je les lis, je suis tenté de me demander s'il y a deux espèces humaines ». La Chambre repoussa l'augmentation demandée par M. de Laborde, mais elle vota les 50 000 francs.

Ce qui était au fond des choses, en effet, c'était la question de la diffusion plus ou moins rapide de l'in-

---

1. Art. 35.

struction populaire. Étendre les bienfaits de l'éducation et en abréger les difficultés, tel était le but que se proposait manifestement la Société qui avait pris sous sa protection la méthode nouvelle.

II

Deux modes d'enseignement régnaient à cette époque dans les écoles : le mode dit simultané et le mode individuel. Le mode simultané, celui d'après lequel les enfants, partagés en classes, reçoivent la leçon tous ensemble de la bouche du maître, était suivi dans les écoles dirigées par les associations religieuses, qui disposaient du personnel nécessaire. Le mode individuel, celui qui oblige l'instituteur à s'occuper de chaque enfant tour à tour et isolément, était le régime commun à la plupart des autres établissements, où le manque de maîtres auxiliaires ne permettait pas de constituer des groupes d'élèves aptes à suivre les mêmes leçons. Or le maître, si diligent qu'il fût, ne pouvait être tout à tous. Quelques enfants seulement profitaient de ses soins ; les autres s'engourdissaient dans la paresse. C'est à ceux-là qu'il s'agissait d'appliquer le bénéfice de la méthode de Bell et de Lancaster. Elle fournissait à l'instituteur le moyen de multiplier sa direction personnelle en lui donnant comme coadjuteurs ses meilleurs élèves ; et pour opérer avec ces jeunes maîtres ce qu'on appelait « une œuvre de réparation sociale », les novateurs ardents, ceux dont la foi ne connaît pas les obstacles, ne demandaient que deux ans : « En deux ans d'étude, disait le

Guide des fondateurs, les moniteurs les moins intelligents arrivent à terminer leur cours et à le bien posséder[1] ».

Aux espérances dont se flattaient les enthousiastes s'ajoutaient pour les esprits froids des avantages immédiats et palpables. « S'il fallait prouver par un exemple la différence qu'il y a, sous les rapports économiques, entre la méthode simultanée et la méthode mutuelle, lisons-nous encore dans le *Guide*, il suffirait de remarquer que l'instruction élémentaire de 50 000 enfants, qui en ont besoin à Paris, coûterait deux millions sept cent vingt-neuf mille francs de plus par l'ancien que par le nouveau procédé[2]. » Et il n'était pas question de Paris seulement. On avait en vue la France entière; on constatait « qu'il n'y avait pas moins de trois millions d'enfants à enseigner et qu'il y aurait plus de quarante-cinq millions à dépenser, si l'on s'obstinait à la routine[3] », tandis qu'avec quelques milliers de francs le problème du progrès universel pouvait être résolu. Les calculs étaient faits. Un local de 150 pieds de long sur 30 de large, propre à contenir deux mille élèves, mille garçons et mille filles, — local qu'on pouvait aménager, meubler, pourvoir du premier fonds de livres, cartes, ardoises, etc., à raison de 46 000 francs; un budget annuel de 10 000 francs au plus — 5000 francs à chaque école ; — 500 francs pour le bois, 500 pour le renouvellement du matériel fongible, 600 francs

---

1. *Guide des fondateurs et des maîtres pour l'établissement et la direction des écoles élémentaires de l'un et l'autre sexe, basée sur l'enseignement mutuel, avec des gravures et des tableaux.* Paris, 1816. — Cf. *Précis de la méthode d'enseignement mutuel pour les nouvelles écoles élémentaires*, par M. Nyon, membre de la Société d'enseignement élémentaire. Paris, 1816.
2. *Ibid.*
3. Rapport de M. Jomard, membre de la *Société pour l'instruction élémentaire*, février 1816.

pour les gratifications à distribuer aux moniteurs et 400 francs de faux frais : on n'en demandait pas davantage pour fonder deux écoles normales, et, en moins de quatre mois, un enfant façonné à la méthode pouvait monter une école de deux cent cinquante à trois cents élèves. L'expérience, G. Cuvier l'attestait, avait parfaitement réussi en Hollande[1]. En Angleterre elle avait été appliquée avec succès à des collèges d'enseignement secondaire, à Édimbourg notamment, « où le français, le latin, l'histoire et les hautes mathématiques, enseignés par ces procédés, ne coûtaient pas plus d'un shilling par semaine, c'est-à-dire environ deux guinées pour l'année[2] ». Pour les écoles, il n'en devait même pas coûter autant, à beaucoup près : dans les communes où la gratuité ne serait pas établie, on imposerait simplement aux familles une contribution d'un petit écu (5 à 6 francs) par an et par tête d'enfant. « Et, au bout de douze ans, la génération des pauvres tout entière, en France, serait élevée;

---

[1] « On n'a eu besoin pour former les maîtres, disait G. Cuvier, ni de classes normales, ni de séminaires, ni d'aucun des moyens dispendieux ou compliqués imaginés en d'autres pays. C'est dans les écoles primaires elles-mêmes que se forment les maîtres d'écoles primaires et sans exiger aucuns frais particuliers. La *Société du Bien public* a le mérite d'avoir imaginé ce moyen simple et efficace qui accorde à ses meilleurs élèves des places gratuites et leur permet de rester dans les écoles deux ou trois années de plus que les autres, à la condition de se livrer à l'enseignement. Ces deux ou trois ans de plus d'études s'emploient à approfondir les principes des connaissances; ensuite les jeunes gens deviennent aides de leurs maîtres et montrent aux plus petits enfants; ils passent à la fonction de sous-maîtres, et, comme les surveillants de canton sont constamment témoins de leur zèle et de leur succès, ils les recommandent selon leur mérite pour les places de maîtres qui viennent à vaquer. C'est en 1806 qu'on a employé cette marche pour la première fois dans les écoles de pauvres d'Amsterdam, et l'on en a déjà obtenu un premier maître, huit premiers sous-maîtres et tous les adjoints actuellement en fonction. Plusieurs instituteurs en sont sortis pour être placés dans d'autres villes ou villages. » *Rapport sur les établissements d'instruction publique en Hollande.*

[2] *Guide des fondateurs*, déjà cité. — Cf. *Nouveau système d'éducation pour les écoles primaires*, par le comte Charles de Lasteyrie.

nulle part il n'existerait plus un seul individu inférieur à un autre dans les éléments si importants de l'instruction[1]. » On ne pouvait faire plus de bien à moins de frais.

L'application du principe de la mutualité à l'enseignement se rattachait d'ailleurs, dans les imaginations séduites, aux sentiments de l'ordre le plus élevé. On se plaisait à voir les enfants se partager le pain de la science et s'évangéliser, pour ainsi dire, les uns les autres. On pensait aussi les accoutumer à obéir, en les exerçant à commander. On espérait même leur inculquer les principes de l'équité, en les habituant à rendre entre eux la justice. A certains jours, dans des circonstances graves, la classe était érigée en tribunal. Le coupable était traduit devant les moniteurs. La cause était instruite, plaidée, jugée en due forme, et les journaux d'éducation s'emparaient du jugement pour le proposer à l'admiration publique[2]. Tout cela se faisait

---

1. *Journal d'éducation* publié par la *Société pour l'instruction élémentaire*, I, p. 17. — Cf. comte de Laborde, *Plan d'éducation*, etc., chap. XIII.

2. Voici, entre beaucoup d'autres exemples, quelques lignes d'un article du *Journal d'éducation*, relatif à un de ces jugements qui eut en son temps un grand éclat :

« ... Le 21 février dernier (1817), après l'heure de l'école du soir, une rixe s'éleva dans la rue, entre les nommés Baron et Fauchet, tous deux élèves de l'école de la rue du Petit-Musc, dirigée par M. Cambier. Baron, terrassé par Fauchet, eut le bras cassé. Il fut relevé par un passant et porté chez ses parents. Le lendemain, cet événement étant connu dans l'école, M. Cambier, pour se conformer aux règles de la méthode, annonce à ses élèves que le jury des moniteurs va être formé et qu'il s'occupera sur-le-champ d'examiner la conduite de Fauchet et de le juger.

« Le jury se trouva composé des élèves : Jodin, président; Maillard, Charles Fauchoux, Defrance et Bertrand, rapporteur.

« Aussitôt le rapporteur se rend chez les parents de Baron et chez ceux de Fauchet, pour recevoir leurs dépositions, d'après lesquelles il a fait un rapport au jury qui s'est assemblé, et en présence de l'accusé. On entend les témoins à charge et à décharge, et il paraît résulter de leurs déclarations que Fauchet a été l'agresseur et qu'il s'est adressé, pour le

sérieusement; et très sérieusement aussi on admettait
que ces pratiques contribueraient à introduire dans la

maltraiter, à un enfant beaucoup plus faible que lui; mais, toutefois, qu'il n'a point eu l'intention de lui casser le bras. On voit avec plaisir, dans cette singulière enquête, le Président du jury demander, à chaque témoin qui dit avoir vu la rixe, pourquoi il n'a point séparé les combattants, et lui en faire des reproches.

« Lorsque ces petits débats sont terminés, le rapporteur Bertrand fait très gravement son réquisitoire, que nos lecteurs liront sans doute avec autant de surprise que de plaisir.

« Messieurs, dit-il, j'espère que vous ne douterez pas qu'il ne soit très sensible pour moi d'être dans la nécessité de prononcer contre un de mes camarades, et de vous engager à le punir de la faute que j'ai eu l'honneur de vous soumettre; mais il y va de l'intérêt de tous à ce qu'un pareil scandale ne se réitère pas.

« Attendu que Fauchet est un mauvais sujet qui vagabonde du matin au soir; qu'il ne sait pas ses prières; qu'il n'a jamais su un mot d'évangile ni de catéchisme, que toutes sortes de punitions lui ont été infligées à ce sujet; qu'il y a toujours été insensible; que, d'ailleurs, il n'a pas pu prouver qu'il n'était pas l'agresseur; je conclus à ce qu'il soit chassé de l'école; que MM. les membres du bureau de charité du comité cantonal et le commissaire de police soient instruits de la manière indigne dont il s'est conduit envers un de ses camarades beaucoup plus faible que lui. »

« Le jury s'est retiré, après ces conclusions, pour délibérer, et il est rentré au bout d'un quart d'heure. Le président Jodin a lu à l'accusé le jugement par lequel les jurés venaient de le condamner, à l'unanimité, à ne plus fréquenter l'école. S'étant acquitté de cette tâche avec une modération et une décence vraiment remarquables, le petit président a adressé au pauvre condamné une très grave exhortation pour l'engager à changer de conduite et à devenir un bon sujet; puis il s'est efforcé de démontrer de son mieux à l'auditoire les dangers que l'on court à polissonner dans les rues. A coup sûr cette éloquence enfantine et ces remontrances faites par un camarade, un égal, ont plus de poids, plus d'influence sur l'esprit de toute une école que tout ce que pourrait faire ou dire le maître le plus habile. Le malheureux Fauchet a éclaté en sanglots et a fait paraître toutes les marques du plus profond repentir; mais il n'était plus temps, il fallait que le jugement fût exécuté. Les juges et l'auditoire, vivement touchés, versaient tous des larmes. Ils entourent le condamné en pleurant, s'efforcent de le consoler, de lui donner du courage; ils l'embrassent tous en lui disant adieu. D'un mouvement spontané, on demande à ouvrir le tronc de l'école; tout l'argent qui y est enfermé est offert au pauvre Fauchet, qui s'éloigne enfin le cœur gros, la poitrine gonflée et dans un état digne de pitié.

« S'il existait encore quelques personnes qui pussent croire que la morale fût étrangère aux écoles perfectionnées, nous leur demanderions ce qu'elles pensent de cette anecdote. Pour le condamné, pour les juges, pour les témoins, que d'heureuses conséquences ne doit pas avoir une semblable leçon ! Mais en examinant les détails mêmes du fait que nous venons de rapporter, ne voit-on pas, dans toute la conduite de ces enfants, les fruits d'une éducation morale et intellectuelle bien com-

société les mœurs de la bonne et vraie fraternité¹. En France, les esprits généreux ne doutent jamais de l'efficacité des réformes dont ils souhaitent le succès. Nous jetons d'un seul coup notre cœur et notre raison du côté où nous entraînent nos désirs et nos espérances. C'était une légende courante qu'à Londres, sur plus de cent mille enfants qui avaient passé par les écoles de Bell ou de Lancaster, pas un n'avait été traduit devant les tribunaux ou dénoncé pour une faute grave à l'opinion publique. On racontait que, dans le comté de Westmoreland, il ne s'était pas produit une exécution capitale depuis trente-six ans; qu'en 1805 le registre des prisons en Écosse portait une page blanche, et que les exemples des conversions opérées dans les familles par les enfants n'étaient pas rares. Une propagande active répandait ces faits avec passion. Dans les campagnes, elle excitait la générosité des donateurs : « Si le seigneur du lieu ne pouvait prêter une dépendance de son château, une grange, louée par le Conseil municipal, une étable même qu'on nettoierait suffirait pour commencer »; en même temps elle s'adressait à l'intérêt bien entendu des parents : « à un quart de lieue d'ici, leur disait-on, il y a une école où votre fils en quatre ans saura écrire, lire et compter sans qu'il vous en coûte un sou et où il recevra même des gratifications s'il devient moniteur ; ce qui fait que, s'il est soldat, il pourra devenir officier; s'il est domestique, commis; maçon, entrepreneur ». A Paris, l'enseignement mutuel

mencée, et le germe des qualités qui forment les bons citoyens et les hommes de bien? Que faudrait-il penser de ceux qui, connaissant ces résultats, seraient encore ennemis de la méthode qui les donne? — Cf. comte de Laborde, *Plan d'éducation*, etc., chap. xi.

1. « L'institution des écoles mutuelles est sans contredit une chose remarquable et dont les bons effets se feront sentir tôt ou tard sur le bonheur public. » F. Cuvier, *Projet d'organisation pour les écoles primaires*.

avait sa classe normale dans les bâtiments de l'ancien collège de Lisieux, ses écoles modèles dont le nombre, en deux ans, avait été, sous l'administration de Royer-Collard, élevé à 17, ses règlements statutaires, son Conseil d'honneur[1]. 30 000 hommes en suivaient les leçons dans les écoles régimentaires. Les hôtels du faubourg Saint-Germain lui étaient ouverts. Le *Moniteur officiel* enregistrait ses triomphes. L'origine première en était recherchée jusque dans la Bible et chez les Grecs. En 1818 l'Académie française le proposait comme sujet de concours pour le prix de poésie.

Mais de toutes les causes qui contribuèrent à en vulgariser les pratiques, il n'en est point peut-être qui ait eu plus de prise sur les esprits que le mécanisme même de son organisation. C'était, en effet, un spectacle saisissant, au premier aspect, que ces longs et vastes vaisseaux qui contenaient une école entière, comme les plus anciennes générations de nos maîtres se souviennent encore d'en avoir vu à la Halle-aux-Draps[2]. Au milieu de la salle, remplissant toute la largeur, des rangées de tables de 15 ou 20 places chacune, portant à l'une de leurs extrémités, celle de droite, le pupitre du moniteur et la planchette des

---

1. Voir les règlements préfectoraux des 16 avril et 16 septembre 1816. Aux termes d'un arrêté du 3 novembre 1815, un Conseil avait été formé pour surveiller la propagation de la méthode. Il comptait parmi ses membres MM. le duc de Doudeauville, le duc de la Rochefoucauld-Liancourt, le comte Pastoret, le baron de Gérando, le comte de Laborde, le comte de Lasteyrie, le baron Delessert, le vicomte Mathieu de Montmorency, de Ménardière, Jomard et l'abbé Gaultier.

2. L'école mutuelle de la Halle-aux-Draps n'est pas cependant la première qui ait été fondée. Six autres l'avaient précédée : celle de la rue Popincourt, établie dans une salle du couvent de Saint-Ambroise ; celle de Mme la duchesse de Duras, installée à l'origine dans une pièce de l'hôtel même de Mme de Duras, puis rue Carpentier, près Saint-Sulpice ; celle de la rue des Billettes, fondée par l'Église protestante ; celle de M. Delessert, rue du Coq-Saint-Jean ; enfin les écoles de Saint-Joseph et de Sainte-Élisabeth.

modèles d'écriture, surmontée elle-même d'une tige ou télégraphe, qui servait à assurer, par des inscriptions d'une lecture facile, la régularité des mouvements ; — sur les côtés, tout le long des parois, des séries de demi-cercles autour desquels se répartissaient les groupes ; — devant chaque cercle, sur les murs, à hauteur du regard, un tableau noir où se faisaient les exercices de calcul et auquel étaient suspendus les tableaux de lecture et de grammaire avec la baguette dont s'armait le moniteur pour diriger la leçon ; — au fond, sur une haute estrade, accessible par des degrés et entourée d'une balustrade, la chaire du maître, qui, s'aidant tour à tour du bâton ou du sifflet, réglait, comme un capitaine sur le pont de son navire, toute la manœuvre de l'enseignement[1].

Dans ce cadre solennel tout se passait avec solennité. Les mouvements, transmis par le moniteur général avec une mimique expressive, étaient exécutés par la troupe des enfants avec une ponctuelle exactitude. La préparation aux exercices avait sa tactique comme l'exercice et presque plus que l'exercice lui-même : on passait des groupes aux bancs, de la lecture à l'écriture, de l'écriture au calcul, non seulement en ordre, mais en mesure; les moindres préliminaires com-

---

[1]. « Une classe d'enseignement mutuel doit avoir la forme d'un carré long, d'une longueur à peu près double de sa largeur.... Dans une salle d'une vingtaine de mètres de longueur, le plafond devra être élevé de 5 à 6 mètres, pour qu'elle puisse contenir la masse d'air nécessaire à la respiration des élèves. Le maximum des mesures de l'estrade doit être environ de 0 m. 65 c. de hauteur, 5 mètres de longueur et 2 mètres de largeur. » *Manuel des écoles élémentaires d'enseignement mutuel*, contenant des directions pour l'enseignement de toutes les facultés de l'instruction primaire élémentaire, à l'usage des fondateurs, des inspecteurs et des directeurs d'école, par *M. Sarazin*, professeur du cours spécial d'enseignement mutuel fondé par la ville de Paris ; ouvrage adopté par la Société pour l'instruction élémentaire et approuvé par le Conseil royal de l'Instruction publique, 3ᵉ édition, 1839.

portaient une série d'attitudes minutieusement ordonnées [1].

1. Voici, par exemple, comment on procédait à la leçon d'écriture :

OBJET DES COMMANDEMENTS	COMMANDEMENTS	EXÉCUTION DES COMMANDEMENTS
Pour faire monter les moniteurs d'écriture sur les bancs.	*Moniteurs d'écriture!* et un coup de sonnette.	Les moniteurs d'écriture et leurs adjoints viennent monter sur les bancs, près des télégraphes ; ils se tournent vers l'extrémité des tables qui leur est opposée, et tournent du même côté les numéros des classes.
Pour faire tourner les élèves vers le côté où ils doivent marcher.	*Attention!* et ensuite mouvement de la main de droite à gauche.	Au mot *Attention!* les élèves regardent le moniteur général ; au mouvement de la main, ils font un quart de tour.
Pour faire entrer dans les bancs et former les classes d'écriture.	*En classe d'écriture!* et un coup de sonnette.	Les élèves, les mains au dos, marchent en ordre, conduits par les moniteurs de groupe ; ils quittent la ligne les uns et les autres, pour entrer dans leurs classes respectives d'écriture, par l'extrémité opposée aux télégraphes.
Pour faire cesser la marche et obtenir le silence.	Un coup de sifflet.	
Pour faire tourner les élèves vers l'estrade.	Un coup de sonnette.	Les élèves se tournent comme il est dit ; les moniteurs descendent des bancs, et en même temps tournent vers l'estrade les numéros des télégraphes.
Pour les faire préparer à entrer dans les bancs.	Les bras étendus horizontalement, le droit en avant, le gauche en arrière.	Les élèves, en se tournant vers leurs moniteurs de classe, portent la main droite sur la table qui est derrière eux, et la gauche sur celle de devant, sans cesser de regarder le moniteur général.
Pour faire entrer dans les bancs et asseoir.	La main droite portée de bas en haut.	Ils se soulèvent un peu et entrent dans les bancs ; les moniteurs s'asseyent.
Pour faire mettre les mains au dos.	Les deux mains horizontales et ensuite portées au dos.	Les élèves sortent les mains devant eux, puis derrière ; ils restent ainsi pendant l'appel.
Pour commander l'appel aux moniteurs.	*Moniteurs!* et un coup de sonnette.	Au mot *Moniteurs!* les moniteurs se lèvent, et, au coup de sonnette, ils vont prendre les listes d'appel, munies de crayons, et suspendues à la muraille en face des télégraphes ; ils notent les élèves présents, sans les appeler, sans parler. L'appel terminé, ils se tournent vers l'estrade. Pendant l'appel, les moniteurs adjoints ou les premiers élèves font la distribution des cahiers et des modèles.

ENSEIGNEMENT PRIMAIRE.

Cette mise en scène ne satisfaisait pas seulement les yeux; l'amour-propre des familles et des enfants y trouvait son compte. L'enseignement mutuel ne pouvait se soutenir qu'à la condition que l'autorité fût partagée entre un grand nombre de mains. De là les diverses catégories de moniteurs et leur hiérarchie savante. Il y avait les moniteurs généraux, qui étaient le plus souvent au nombre de quatre; les moniteurs particuliers, dont le cadre était indéterminé; et comme chaque exercice, écriture, lecture, arithmétique, avait

Suite de la note de la page précédente.

OBJET DES COMMANDEMENTS	COMMANDEMENTS	EXÉCUTION DES COMMANDEMENTS
Pour faire rendre compte de l'appel.	Coup de sonnette.	Ils vont à l'estrade avec leurs listes, et disent au maître, qui l'inscrit sur-le-champ dans son registre, le résultat des appels: telle classe, tant de présents, tant d'absents, total tant; puis ils remettent les listes où ils les ont prises, et reviennent s'asseoir à leurs places.
Pour faire préparer à nettoyer l'ardoise.	Main droite à la bouche et la gauche à hauteur de ceinture.	Les élèves portent la main droite à la bouche, mouillent un peu le bout de leurs doigts, et portent en même temps la main gauche sur l'ardoise.
Pour faire nettoyer l'ardoise.	Main droite agitée horizontalement.	Les élèves passent leurs doigts sur l'ardoise.
Pour faire cesser le nettoiement.	Coup de sonnette.	Ils portent leurs mains sur leurs genoux.
Pour faire distribuer les crayons et les plumes.	*Moniteurs!* et un coup de sonnette.	Au mot *Moniteurs!* les moniteurs se lèvent, prennent les crayons ou les plumes, selon la classe, passent dans les rangs devant les élèves, et déposent un crayon ou une plume dans la rainure, à côté de chaque élève; puis ils s'arrêtent au bout des bancs en se retournant vers les télégraphes.
Pour faire revenir les moniteurs à leurs places.	Coup de sonnette.	Les moniteurs reviennent au pas, en formant une ligne. Arrivés à leurs places, ils s'y asseyent (a).
	La leçon commence	

(a) *Manuel des écoles élémentaires*, p. 24.

son moniteur particulier, il était bien rare qu'un enfant intelligent ne fût pas appelé quelque part à tenir le bâton. Il y avait les moniteurs adjoints ou occasionnels, dont le rôle consistait à remplacer les titulaires empêchés. Il y avait les conducteurs, qui étaient comme les sous-officiers des moniteurs. Il y avait enfin les tuteurs, c'est-à-dire les enfants attachés à tels ou tels de leurs camarades plus jeunes à titre de mentors.

Le plus humble de ces dignitaires était investi de privilèges bien en vue. La place des moniteurs généraux était sur l'estrade, où ils entouraient le maître, comme des satellites leur planète. Les moniteurs particuliers siégeaient au bout des tables, au pupitre d'honneur, d'où ils exerçaient la surveillance et faisaient jouer les télégraphes. Les conducteurs présidaient à la sortie de l'école et pourvoyaient à ce que chacun rentrât tranquillement dans sa demeure; défense leur était faite de frapper ou même de menacer les indisciplinés, mais ils étaient chargés de noter les incidents et, le lendemain, ils faisaient leur rapport[1]. Un ordre absolu présidait à l'accomplissement de toutes ces fonctions. Aucun déplacement, aucune marche ne pouvait avoir lieu sans qu'un chef quelconque, moniteur général, moniteur particulier, conducteur ou tuteur, prît la tête de la colonne, la main posée sur le premier du rang et tenant, pour ainsi dire, la chaîne de sa petite escouade.

L'esprit d'ordre plaît en France, surtout lorsqu'il s'accommode à des cadres où les plus humbles trouvent

[1]. Dans l'esprit primitif de la méthode, l'autorité du moniteur était absolue. « Le jeune maître, dit F. Cuvier qui avait vu fonctionner le système à Londres, est non seulement chargé de diriger les leçons, mais il est encore chargé d'infliger des punitions à ceux qui ne remplissent pas leurs devoirs. »

leur place de commandement. Une institution devient aisément populaire, pour peu qu'elle réponde à ce besoin, mêlé de faiblesse, qui est un des traits de notre génie national. On était naturellement porté à attribuer à l'appareil tout extérieur de l'école mutuelle une efficacité souveraine. Au fond, quelle était l'action de la méthode sur les enfants ? Dans quelle mesure contribuait-elle à l'éducation de l'intelligence et du caractère ?

III

Le grand ressort de l'école mutuelle, c'était le moniteur. Le plus grand nombre des élèves ne connaissaient pas d'autre maître. C'est par lui que l'instituteur voyait, parlait, agissait. La grande affaire était donc d'avoir des moniteurs. L'école ne s'ouvrait à tout le monde qu'à dix heures. De huit à dix heures il y avait classe de moniteurs. Malheureusement la classe des moniteurs était soumise aux mêmes règles que les autres. On ne se préoccupait pas de maintenir chez l'enfant l'équilibre du développement des facultés ; on tirait parti de ses dispositions dominantes : les moniteurs étaient partagés en groupes qui avaient eux-mêmes leur moniteur ; tel dirigeait les exercices de grammaire, tel autre les exercices de calcul[1] : le travail était

1. Voir les règlements du Comité central pour la classe des moniteurs, 29 avril, 29 octobre et 26 novembre 1835. — Plus tard, il est vrai, dans la pratique des bonnes écoles, ces règlements furent modifiés, et chaque moniteur dut suivre les exercices d'un groupe dans toutes les matières de l'enseignement.

divisé, morcelé, spécialisé; la parole du maître, la seule qui soit vivifiante, touchait chaque élève un instant tour à tour, jamais tous ensemble ou très rarement. Il s'agissait moins d'apprendre à fond et pour soi que d'apprendre vite et pour les autres. Bien plus, une grande partie des deux heures de la classe était consacrée à réciter la *théorie* des mouvements; il fallait avant tout dresser au métier.

Quels maîtres une telle préparation devait-elle produire? Enseigner, c'est apprendre deux fois, a-t-on dit avec justesse, mais à la condition que celui qui enseigne soit en mesure de raisonner ce qu'il a appris. Pour porter la lumière dans l'intelligence d'autrui, il faut d'abord l'avoir faite en soi-même : ce qui suppose l'action réfléchie et persévérante d'un esprit relativement formé. De la classe où ils venaient de siéger comme élèves, les moniteurs passaient, maîtres improvisés, dans la classe des enfants qu'ils avaient à endoctriner. Il ne leur était même pas permis de s'aider d'un livre; l'enseignement par les livres était proscrit; à l'origine il n'y en avait qu'un seul pour toute l'école. Que pouvaient-ils faire autre chose que de transmettre fidèlement la lettre de la leçon qu'ils avaient reçue? Aussi ne leur demandait-on que d'appliquer exactement les *procédés*. Nous ne créons pas le mot. Il était essentiellement de la langue de l'école mutuelle. Chaque matière avait ses *procédés*. Les tableaux de grammaire et de calcul qui servaient à l'enseignement du groupe contenaient des séries de questions toutes faites, avec des séries parallèles de réponses[1]. Le moniteur n'avait qu'à suivre l'ordre. Son mérite se mesurait au plus ou moins de volubilité avec lequel il déroulait son

---

1. Voir la leçon de grammaire, *Manuel des écoles élémentaires* déjà cité, p. 33.

chapelet. Bien souvent il s'y embrouillait; on ne l'ignorait point. « Pour peu qu'on ait l'habitude des écoles, disait le Manuel, on voit que les moniteurs sont souvent portés à altérer les *procédés*, faute de se rappeler ce qu'ils doivent faire[1]. » Mais on ne trouvait d'autre remède que de leur faire répéter la manœuvre. Grâce à Dieu, on se fait aujourd'hui de la pédagogie une idée moins rudimentaire. L'enseignement est un art en même temps qu'une science : un art dont la souplesse doit se prêter aux besoins les plus imprévus et diriger l'élève en le suivant. Il n'y a de résultats réels qu'à ce prix, et il n'y a que le maître qui soit capable de es obtenir.

Si, sauf les exceptions toujours rares des natures précoces et de la vocation, l'on ne pouvait attendre du moniteur qu'un enseignement superficiel et sans portée, à plus forte raison n'était-il guère possible de lui demander cette étude psychologique des caractères, qui seule permet d'exercer sur le développement moral de l'enfant une action féconde.

On admirait beaucoup l'organisation matérielle de l'école mutuelle, ses marches réglées, son animation silencieuse. La première fois que M. de Laborde visita l'établissement de Farnham, qui lui avait été indiqué comme un des établissements modèles de l'Angleterre, il eut une impression de trouble. « Le mouvement général qui avait lieu dans les groupes, le bourdonnement de toutes ces petites voix ressemblait assez au bruit des machines dans une filature de coton[1]. » L'oreille s'y faisait vite appa-

1. *Plan d'éducation*, p. 138.

remment; car plus tard il n'était plus frappé que de l'harmonieux ensemble des classes. « Voyez, répétait-on après lui avec une complaisance d'ailleurs justifiée par les faits, comme le moindre geste est saisi. Le plus léger coup de sonnette ou de sifflet produit un effet magique. Dans les marches, où chacun s'avance, la casquette au dos nouée par une ficelle comme le soldat en campagne, personne ne tourne la tête, et l'on n'entend qu'un bruit sourd produit par la cadence des pas [1]. »

Ces ordres donnés et exécutés à la muette assouplissaient assurément les élèves à l'obéissance. En avaient-ils la véritable intelligence, celle qui résulte du sentiment d'un devoir bien compris? Et si les marches qui coupaient tous les exercices d'enseignement étaient d'excellentes leçons d'ordre en même temps que d'utiles délassements de gymnastique, ne leur concédait-on pas bien du temps et de la place dans des journées de travail déjà si courtes, la classe des moniteurs réduisant à quatre heures la durée des classes ordinaires?

Nous n'oublions pas que ces moyens d'action étaient rattachés à un système de discipline morale qui avait pour base l'emploi des récompenses honorifiques et l'exercice de l'autorité. C'est l'un des titres des fondateurs des écoles mutuelles à la reconnaissance publique d'avoir proscrit les peines corporelles, férules et fouets, qui étaient encore en usage, et l'on ne saurait trop leur savoir gré d'avoir cherché à remplacer

---

1. *Manuel des écoles élémentaires* déjà cité, p. 91. — « Cinq cents élèves, renfermés dans la même classe, obéissent à vingt maîtres différents, dit F. Cuvier des écoles de Londres, et le calme le plus profond règne au milieu de ce peuple d'enfants, malgré l'usage établi de faire passer les élèves de leurs bancs au milieu de la classe et de les renvoyer à leurs bancs, suivant l'espèce de leçon qu'ils doivent prendre. » (*Projet d'organisation pour les classes primaires.*)

dans le cœur des élèves le sentiment de la crainte par le sentiment de l'honneur, ou, comme disait M. de Laborde, le sentiment de la honte bien administrée. Mais, à trop tendre certains ressorts, on court le risque de les fausser. Si les austères satisfactions de la conscience, dont il est si rare que l'homme lui-même se contente, ne sauraient suffire à l'enfant, est-il prudent de l'habituer à recevoir, pour prix de ses moindres mérites, une récompense qui le distingue à tous les yeux, hors de l'école comme à l'école ? Que dire de la plus haute de toutes, de l'exercice de l'autorité ? Il y avait bien de la chimère à croire qu'après la classe moniteurs et élèves se rapprochaient et se confondaient dans leurs jeux sans passion ni ressentiment, chacun n'ayant plus ni le souci ni même le souvenir de sa situation respective[1]. Dans la classe même, les choses se passaient-elles toujours avec une irréprochable correction ?

On comptait sur la vigilance de l'instituteur pour empêcher les abus ; et l'on ne considérait pas que cette vigilance avait à s'exercer sur des centaines d'enfants. Qu'il arrivât à prévenir ou à réprimer certains écarts, soit ; pouvait-il se flatter d'assurer dans tous les groupes une direction éclairée ? La plupart n'étaient dans leur école que des intendants ; le mot est d'un partisan de la méthode. Et puis, eussent-ils été tous dévoués, ils avaient leur classe à eux, la classe des moniteurs ; c'était assez, quelquefois trop pour leurs forces : après avoir enseigné le matin,

---

1. « Il ne faut pas croire que cette police des enfants entre eux en fasse des délateurs ou des tyrans les uns envers les autres, s'écriait M. de Laborde avec une touchante illusion. Qu'auraient-ils besoin de se dénoncer ? Ils se voient ; de se soustraire à l'autorité ? Ils se gouvernent ; de s'aider ou de se nuire ? Ils se jugent. Le travail est pour eux un jeu, la science une lutte, l'autorité une récompense. »

ils s'en remettaient le reste de la journée au zèle de leurs jeunes auxiliaires. Les patrons du système pensaient d'autre part échapper au péril des enivrements en faisant passer tour à tour entre les mains de tous les enfants la baguette du commandement. Ils aimaient à se les représenter « en quelque sorte enchaînés l'un dans l'autre et participant à la fois de la dépendance et de l'autorité ». Ils oubliaient que l'habitude de la dépendance s'efface volontiers, tandis que celle de l'autorité, une fois prise, se perd difficilement. Jusque dans la famille, ces ministres du maître, comme ils se laissaient appeler, devenaient de petits despotes; les parents se plaignaient de leurs habitudes impératives et de leur ton de domination[1]. Faire du commandement par les enfants la base d'un système d'éducation, c'est s'exposer à pervertir les volontés que l'on veut discipliner. La vie morale, celle qui forme les caractères, ne peut, comme la vie intellectuelle, venir que du maître, parce que lui seul en possède la règle.

IV

Tels étaient les défauts inhérents au mode d'instruction et d'éducation de l'école mutuelle; défauts qui, entre les mains des maîtres inexpérimentés, n'étaient pas de nature à s'atténuer[2]. Ceux qui en avaient le plus noblement servi la cause ne s'y trompaient pas. Ils ne faisaient de l'enseignement mutuel ni une doctrine ni une

---

1. Voir le *Manuel général de l'éducation primaire*, t. X, p. 132.
2. Voir les Instructions ministérielles des 11 décembre 1817 et 1ᵉʳ juillet 1819.

science; ce n'était, à leurs yeux, qu'un mécanisme ingénieux[1]. Nous sommes loin de méconnaître d'ailleurs les services qu'il a rendus à son heure et dans sa mesure[2]. Il a permis de multiplier les établissements d'instruction primaire, rapidement et économiquement, dans un temps où le personnel enseignant et les crédits nécessaires pour le rétribuer étaient insuffisants. Plus de 1500 établissements avaient été créés en France de 1816 à 1820, et le nombre des enfants qui les fréquentaient s'était élevé de 165 000 à 1 123 000; si, de 1820 à 1828, la réaction politique avait arrêté ce développement et « enveloppé les écoles mutuelles, suivant l'expression de M. de Gérando, d'une sorte de sombre hiver, l'esprit de progrès avait repris après 1830 et entraîné vers les classes monitoriales quatre millions de garçons et de filles ». L'enseignement mutuel a concouru aussi à révéler leur vocation à des jeunes gens d'élite dont les écoles normales ont fait plus tard des maîtres. Enfin et surtout il a provoqué un mouvement d'opinion qui, en aucun temps peut-être — je n'en excepte pas même le nôtre, — n'a été aussi vif ni aussi profond.

« L'éducation populaire, disait-on, est aujourd'hui à

---

1. Voir, entre autres appréciations, celle du comte de Laborde (*Journal d'éducation*, I, p. 110). — Cf. le Rapport de M. de Salvandy au roi en 1843.
2. Voir sur les améliorations successives du système, dans le Bulletin de la *Société pour l'instruction élémentaire* (avril 1840), le *Rapport sur la troisième édition du Manuel des écoles élémentaires d'enseignement mutuel* par M. Boulay de la Meurthe, et un mémoire du même auteur (juin 1840), intitulé *Coup d'œil sur la situation de l'instruction primaire en France*. Voir aussi et surtout dans les *Souvenirs de l'Hôtel de Ville de Paris (1848-1852)*, par M. Ch. Merruau, ancien secrétaire général de la préfecture de la Seine, les chapitres II et III du livre IV. Il n'est que juste de rappeler avec honneur les noms de Mlle Sauvan et de M. Sarazin qui, pendant trente ans, ont consacré à l'application de la méthode le zèle le plus intelligent.

la mode, comme l'ont été le vaccin et l'abolition de la traite. On ne veut plus de domestique qui ne sache lire et écrire.... Et qui pourrait s'en plaindre? Combien d'excellents serviteurs n'a-t-on pas regretté de ne pouvoir tirer de leur état pour les faire intendants d'une maison, régisseurs d'une terre? Que de braves gens sont morts soldats qui auraient pu aspirer au commandement? Tout cela parce qu'il leur manquait les premiers éléments de l'instruction, qui ne peuvent s'acquérir que dans l'enfance.... Dira-t-on que ceux qui savent lire de bons livres peuvent en lire de mauvais? Sans doute. Mais, à l'âge où les mauvais livres tomberont entre leurs mains, ils connaîtront déjà les bons et ils auront des principes assez arrêtés pour ne pas céder à une mauvaise influence.... Il est encore sans doute quelques individus dont la délicatesse ne peut consentir à voir les classes inférieures partager les avantages que donnent la naissance et la fortune, qui croient que la pensée s'avilit en se prodiguant, et que le respect pour leurs personnes pourrait diminuer en raison de l'intelligence de ceux qui les approchent. — Que voulez-vous que nous fassions, s'écrieront-ils, d'un domestique qui, au lieu de dormir dans l'antichambre et de ne penser à rien, ce qui est une fort bonne façon de penser, lira le rapport du ministre des finances?... — Je répondrai que, loin que l'instruction soit nuisible au caractère des hommes, elle les forme; loin qu'elle rende les différentes professions plus fâcheuses, elle en diminue le tourment et l'humiliation; car elle fait vivre au milieu de gens plus sensés et meilleurs.... » Tel est le langage que le comte de Laborde et ses amis tenaient publiquement en 1815[1]; et dans leurs visées touchantes ils concluaient que, « vingt ans passés,

---

1. *Plan d'éducation*, etc., chap. XIV, p. 93 et suiv

l'Europe présenterait un phénomène de civilisation, de vertu, de puissance, au delà de ce dont on aurait cru les hommes capables [1] ».

Mais les moyens d'action n'étaient pas en rapport avec cette ferveur de sentiment. Il ne suffisait pas d'établir une école dans une grange ou une étable, même « en peignant sur la porte les armes de France, les fleurs de lis, si bien placées près de la demeure du pauvre »; ce n'était pas assez de grouper devant des tableaux des milliers d'élèves appelés de tous les points de la ville ou du canton. Si en 1834, dans la grande enquête prescrite par M. Guizot, on constatait avec tristesse, presque avec honte, le déplorable état de l'instruction primaire, c'est qu'on avait trop aisément pris son parti d'installer des classes dans des réduits qui avaient jusque-là servi de chenils[2]. Et quant à la valeur de l'éducation, il faut bien le reconnaître, la masse des enfants sortait de l'école mutuelle, façonnée à certaines habitudes de discipline et sachant ce qui

---

1. Le bien accompli par l'enseignement mutuel a été de nos jours résumé dans une intéressante brochure de M. G. Desmoulins, délégué cantonal de Saint-Quentin : *De l'enseignement mutuel à propos de l'enseignement obligatoire*, Saint-Quentin, 1870. On sait que jusque dans ces derniers temps l'enseignement mutuel a été le régime des écoles de Saint-Quentin.

2. Ce n'était pas seulement dans les départements pauvres ou reculés qu'existait cette détresse. « A Paris, dit F. Cuvier, les instituteurs ne se procurent qu'avec beaucoup de peine les locaux nécessaires à leur établissement; le bruit que font les écoliers, les désordres qu'ils entraînent toujours avec eux sont tels, qu'on ne les supporte que difficilement, et le propriétaire d'une maison ne loge un instituteur chez lui que lorsqu'il ne trouve point d'autres locataires. Aussi, et nous souffrons de le dire, il n'est pas rare de rencontrer des écoles dans ces maisons en ruines qu'on abandonne volontiers aux misérables et aux femmes de mauvaise vie. Il y a plus, l'instituteur, poussé par une économie qu'il exerce constamment aux dépens de ses écoliers, plutôt qu'aux siens, prend toujours le logement le plus étroit et le moins cher et place son école au troisième et au quatrième, et dans la chambre même de son ménage. » *Projet d'organisation*, etc., chap. I, § 2.

peut s'enseigner mécaniquement: lire, écrire et compter; rien de plus. Ainsi s'explique qu'après vingt ans d'application de la loi de 1833, les classes d'adultes n'aient guère servi pendant si longtemps qu'à rapprendre à l'homme ce que, sur les bancs de l'école, il avait mal appris.

La vogue fut aussi courte qu'elle avait été rapide. L'ancien président du Comité central de Paris, le comte Boulay de la Meurthe, est, avec Jomard, un de ceux qui conservèrent le plus longtemps confiance dans le système dont, pendant vingt ans, le Comité central avait réglé les destinées. « Jamais, disait Boulay de la Meurthe en 1857, ma foi n'a été plus entière[1]. » Mais, en poussant ce cri d'enthousiasme, il ne se dissimulait pas qu'autour de lui la foi était bien ébranlée. Dès 1837 la Société pour l'instruction élémentaire, à l'occasion d'une enquête ouverte sous ses auspices sur la situation de l'instruction primaire dans les divers États de l'Europe, avait posé cette question : La méthode d'enseignement mutuel est-elle adoptée dans un grand nombre d'écoles? Depuis combien d'années? S'aperçoit-on qu'elle ait des avantages réels sur les anciennes méthodes? Et pas une réponse n'avait été favorable au système. On l'avait appliqué plus ou moins de temps; on l'appliquait encore sur quelques points, faute de mieux; mais personne ne le défendait pour lui-même. Il était condamné en Suisse par Naville, qui ne l'admettait que pour les classes où il était impossible d'en adopter un autre, et à la condition d'y faire entrer les procédés d'éducation du P. Girard. Les pédagogues les plus distingués et les plus expéri-

---

[1] « Laissons dire aux hommes de mauvaise foi, même aux esprits légers et superficiels, écrivait Jomard en 1854, que l'enseignement mutuel a fait son temps, et prouvons par de nouveaux progrès qu'il n'a rien perdu de sa valeur ni de son efficacité. »

mentés, répondait le comte Poppenheim pour le grand-duché de Hesse, se sont tous, à l'exception de Zerrenner, prononcés contre l'institution. » « Elle n'a trouvé d'accueil en Allemagne, disait le correspondant de Hambourg, que dans les provinces de la Prusse où l'instruction est très arriérée, et où les ressources font défaut; dans le Holstein, pour l'établir, on a dû limiter à 75 le nombre maximum des élèves formant une école : on n'y gagne donc pas grand'chose, même en fait d'économie[1]. » L'économie était le seul avantage que la Belgique reconnût aux procédés de Bell, et on avait fini par en réserver presque exclusivement l'usage aux adultes. « Méthode pour méthode, écrivait le président du conseil d'administration de la Société d'encouragement pour l'instruction élémentaire de Liège, le mode simultané est incontestablement préférable. » Même en Angleterre, les disciples de Lancaster avaient vu se modifier sous leurs yeux les pratiques du maître; peu à peu la classe avait été substituée aux groupes, la leçon commune aux exercices isolés

---

1. Voici le détail même de la réponse : « Quant à ce qui est relatif à la méthode d'enseignement mutuel, elle n'est introduite dans aucune école de Hambourg, quoique, dans le Holstein, on l'ait appliquée sous une forme améliorée. D'après cette forme nouvelle, les moniteurs *n'enseignent pas*, mais seulement *répètent* et *exercent* ce que le maître d'école, qui enseigne lui-même *pendant tout le temps*, a expliqué ou éclairci à telle ou telle classe. Les causes de sa non-introduction sont les suivantes : 1° cette méthode peut être principalement appliquée pour l'enseignement mécanique de l'écriture et du calcul; et, à Hambourg comme dans toute l'Allemagne, il se trouve peu d'écoles pauvres où l'on se borne à l'enseignement de ces seuls objets; c'est pourquoi, en Holstein même, on ne s'en sert que pour la classe inférieure. Même dans la lecture, dans le calcul, etc., il faut souvent du discernement, qu'on ne peut exiger d'un moniteur; 2° les élèves sont privés par cette méthode de l'action directe et immédiate du professeur, qui seule peut vivifier réellement les études; 3° les avantages mêmes que cette méthode fait espérer n'appartiennent pas essentiellement à elle et dépendent en partie de l'habileté du maître d'école : jetés dans la balance, ils ne pèseront pas sans doute autant que les désavantages produits par un mécanisme inanimé. »

du cercle. « Il est telle école de filles, disait M. Demoyencourt dans un rapport adressé à la suite d'une visite qu'il avait faite à Londres en 1833, où, lorsque l'institutrice est satisfaite du travail des élèves, elle interrompt un exercice, celui de l'écriture ou de la couture, pour donner elle-même, à haute voix, en prenant le ton tour à tour avec les unes et avec les autres, quelques notions d'économie domestique[1]. »

Le détachement ne s'accomplit pas aussi aisément à Paris. En 1836, dans le cours de sa mission en Hollande, V. Cousin, interrogeant un inspecteur des écoles de Harlem, s'écriait avec l'impétuosité spirituelle qu'il portait dans les moindres sujets : « Pour moi, philosophe et moraliste, je regarde l'enseignement simultané, à défaut de l'enseignement individuel, qui est impraticable, comme la seule méthode qui convienne à l'éducation d'une créature morale; mais, je dois l'avouer, l'enseignement mutuel jouit encore en France d'une popularité déplorable[2] ».

Cette persévérance dans l'emploi des procédés condamnés par les maîtres de la science pédagogique était d'autant plus regrettable que toutes les écoles de Paris n'en subissaient pas également le régime. Les établissements dirigés par des congrégations religieuses avaient

---

1. Voir le *Bulletin de la Société pour l'instruction élémentaire*. — Quelques années plus tard, M. Eugène Rendu dira : « L'augmentation du nombre des *pupil teachers* fait de l'enseignement mutuel un enseignement simultané ». (*De l'enseignement primaire à Londres dans ses rapports avec l'état social*, 2ᵉ édition, 1853, p. 50, note.)
2. *Rapport sur l'instruction primaire en Hollande*, p. 31. — C'était le même jugement que portait le rapporteur du budget de l'instruction publique pour 1837, M. Dubois, député de la Loire-Inférieure, conseiller de l'Université.

été préservés par leurs constitutions[1]. Aux termes des statuts qui les régissent, les Frères des Écoles chrétiennes ne pouvaient accepter la direction d'une école qui comprit moins de trois maîtres, dont deux au moins chargés exclusivement de l'enseignement. Une expérience séculaire les avait convaincus des avantages du mode simultané. Ils savaient combien la tâche de l'instituteur est facilitée par une division de classes répondant aux conditions d'âge, d'intelligence, de travail et de progrès des enfants. C'est conformément à ces principes que leurs écoles s'étaient établies à Paris, en 1804, sous le patronage de l'Assistance publique, et leur organisation n'avait pas été modifiée lorsque la Ville les avait prises à sa charge. Des 29 établissements que les Frères possédaient en 1836, 13 avaient au moins deux maîtres; les 16 autres en comptaient trois ou plus de trois. Telles étaient aussi les règles qui avaient présidé à la création des écoles de filles confiées aux Sœurs de la Charité.

Il n'en était pas ainsi de celles que dirigeaient les maîtres et les maîtresses laïques. Sous l'empire des idées chères au parti libéral de la Restauration, elles avaient été uniformément vouées à l'enseignement mutuel. La première amélioration apportée à leur organisation date du 1er octobre 1853. C'est à cette date pour la première fois qu'il fut décidé que tout établissement où le minimum des présences moyennes atteindrait 150 enfants serait partagé en deux classes, pourvues chacune d'un maître spécial et destinées à recevoir, la première, sous le nom de classe supérieure, 60 à 80 élèves; la seconde, sous le nom de classe élémentaire, tout le surplus de l'école. Le progrès était donc bien insuffisant. C'était néanmoins un progrès, et il eut tout d'abord pour

---

1. Voir les lettres patentes de 1724 et de 1778.

effet de permettre d'augmenter le nombre des écoliers qui pouvaient recevoir la leçon directe du maître, ou tout au moins de corriger le régime de l'enseignement mutuel pur par l'introduction de ce qu'on appelait le mode mixte, c'est-à-dire la combinaison de l'enseignement mutuel et de l'enseignement simultané. Cette modification, tout incomplète qu'elle fût, ayant porté ses fruits, au bout de quatre ans intervint un essai de réforme plus profonde.

Sur la demande de M. Régimbeau, aujourd'hui contrôleur de la comptabilité et inspecteur du matériel des écoles, à cette époque directeur de l'établissement de la rue Saint-Honoré, 336, on résolut de faire, dans une école appartenant à un maître laïque, l'expérience d'une distribution de classes conforme à celle à laquelle était justement attribuée l'incontestable supériorité des écoles congréganistes. Au 1er octobre 1857, sept classes furent ouvertes dans l'établissement de la rue Ferdinand-Saint-Maur, actuellement rue Morand (11e arrondissement), qui jusque-là n'en avait, comme tous les autres, compté que deux. L'épreuve fut décisive. L'école de la rue Ferdinand-Saint-Maur, placée sous la direction de l'habile instituteur qui avait été naturellement chargé d'appliquer sa proposition, réunissait à la fin de l'année scolaire 900 élèves.

Il fut dès lors arrêté, en principe, que la même organisation serait introduite au fur et à mesure dans les autres écoles laïques. Celles de la rue Saint-Hippolyte (13e arrondissement), de la rue d'Aligre (12e arrondissement) et de la rue Cujas (5e arrondissement) furent les premières à en profiter. Mais la transformation, bien que reconnue indispensable, ne marchait que lentement.

En dix ans, elle n'avait été pratiquée que sur 34 etablissements, et voici quelle était, en 1867, la situation relative des écoles laïques et congréganistes, quant au nombre des classes et conséquemment des maîtres qui fournissaient l'enseignement : tandis qu'aucune école congréganiste, sauf 2 sur 100, ne possédait moins de 3 classes, 80 écoles laïques sur 114 étaient restées avec 1 ou 2 classes. Les derniers partisans de l'enseignement mutuel ne se faisaient plus guère illusion[1]. Mais, faute de locaux appropriés et faute de maîtres, on continuait à pratiquer les *procédés*. Danger d'autant plus grave que, n'ayant plus foi dans les moniteurs, on ne formait plus de moniteurs et qu'on utilisait néanmoins les jeunes auxiliaires qui en remplissaient l'emploi, comme si la classe spéciale qui servait autrefois à les former eût encore subsisté : les enfants étaient rassemblés autour d'un autre enfant, un peu moins ignorant, un peu plus âgé qu'eux, propre à maintenir dans les rangs du groupe une certaine discipline, mais incapable d'exercer sur les esprits une utile direction.

La question ne pouvait être définitivement résolue que par la transformation du régime même des études. Tel fut l'objet de l'*Organisation pédagogique* établie en 1868.

---

1. En 1868 M. Rostaing de Rivas publiait, dans la *Revue des provinces de l'Ouest*, une apologie de la méthode Lancastrienne, sous le couvert d'une histoire de l'enseignement mutuel et de son introduction en France. Mais ces témoignages sont comme l'expression suprême, *ultima verba*, d'une confiance qui, malgré les protestations contraires, était expirante.

V

L'expérience prolongée du *Monitorial System* avait contribué à mettre en lumière deux observations fondamentales.

La première, c'est que, suivant la définition de Lancaster, « chaque enfant doit trouver son niveau dans une classe, c'est-à-dire être réuni à des enfants qui en savent juste autant que lui et n'en savent pas plus que lui ». Ni l'âge, en effet, ni la durée du séjour dans l'école, ne saurait, comme il a été longtemps d'usage, servir de règle : le degré de l'enseignement et des connaissances acquises est la seule base raisonnable de classement.

La seconde vérité pédagogique démontrée par les pratiques de l'école mutuelle, c'est que l'enseignement collectif est la forme naturelle et nécessaire de l'enseignement primaire. L'enseignement individuel, fût-il applicable à l'école, y serait impuissant. Son action isolée, froide, essentiellement réfléchie et raisonneuse, ne convient qu'à des intelligences fines, délicates, riches par elles-mêmes et puisant incessamment autour d'elles, dans l'atmosphère où elles se développent, des éléments de vie. Telles ne sont pas les conditions, tel n'est pas le milieu de l'éducation populaire. A ces natures incultes, pour la plupart, il faut l'entraînement du nombre, le stimulant de l'exemple, l'attrait de l'imitation, le mouvement de la leçon générale.

Mais ces principes ont eux-mêmes besoin d'être appliqués avec circonspection.

Ce serait une grande erreur que de croire que le nombre des degrés qu'admet l'enseignement primaire puisse être indéfiniment multiplié. Dans les écoles mutuelles on comptait six, douze, parfois quinze cercles ou groupes. L'élève traversait successivement tous ces cercles. Bien plus, il pouvait appartenir à plusieurs cercles en même temps, s'il était plus avancé en grammaire qu'en calcul, en géographie qu'en lecture. On croyait mieux servir de cette façon les progrès de l'enfant. En réalité cette division de travail ne répondait à aucune nécessité de nature, à aucune règle de raison. L'égalité absolue de niveau, même entre deux enfants, est une chimère; alors qu'il serait possible de l'établir un jour, elle serait détruite le lendemain. D'autre part, rien n'est moins conforme aux besoins d'une intelligence qui s'ouvre à la lumière que cette mobilité de direction changeant du soir au matin, parfois d'heure en heure. Une classe, au véritable sens du mot, n'est pas une collection d'unités qui se décompose et se recompose à volonté; c'est un ensemble permanent de forces équilibrées de façon à se servir les unes aux autres d'aide et de soutien, une association réglée d'intelligences et de volontés obéissant à une même impulsion et participant à une vie commune, où chacun plus ou moins sciemment apporte ce qu'il a de meilleur et travaille à déterminer les grands courants d'émulation générale qui soulèvent tout le monde : ce qui n'est compatible avec les programmes restreints de l'éducation primaire et le temps non moins restreint que l'enfant y peut donner qu'autant que la division générale des matières de l'enseignement reste enfermée dans de sages limites.

D'autre part il est incontestable que les entraînements de la leçon collective peuvent être trompeurs. L'instruction acquise sous une telle discipline risque d'être factice, si l'élève ne fait que s'associer machinalement à la solidarité qu'elle provoque. L'intelligence ne se développe, la volonté ne devient active que sous la pression répétée de l'effort personnel. S'il est indispensable d'assurer à l'enseignement le bénéfice de l'action communicative qui concourt si puissamment à en propager les effets, il n'est pas moins nécessaire que le nombre des élèves réunis dans une même classe soit fixé de manière à permettre au maître de suivre chacun d'eux dans cette sorte de lutte avec lui-même sans laquelle il n'est point de véritables résultats.

Quelle est donc la règle qui doit présider tant à la division organique des matières de l'enseignement qu'au groupement des élèves[1] ?

---

[1]. Afin de mieux fixer les termes de la question, telle qu'elle se posait en 1868, lorsque nous avons entrepris la réforme pédagogique des écoles de Paris, nous croyons utile de reproduire ici un extrait du rapport présenté au Conseil départemental de l'instruction publique. « En vue, disais-je, de préparer les éléments d'un programme normal d'enseignement, j'appelai particulièrement sur les points suivants l'examen de la Commission chargée d'en préparer les bases :

« 1° Existe-t-il dans les écoles communales, laïques et congréganistes, de garçons et de filles du département de la Seine, une organisation de l'enseignement? Les écoles de garçons diffèrent-elles à cet égard, sous quelque rapport, des écoles de filles?

« 2° Là où une organisation existe, quelle est, pour chaque année, la répartition des diverses matières de l'enseignement :

« Dans les écoles qui comprennent trois classes?

« Dans les écoles qui comprennent plus de trois classes?

« Dans les écoles qui comprennent moins de trois classes?

« 3° Qu'y aurait-il à faire soit pour régulariser cette organisation là où elle existe, soit pour l'introduire là où elle n'existe pas, dans les trois catégories d'écoles susdésignées?

« 4° Combien le programme normal de l'enseignement primaire doit-il ou peut-il comprendre d'années d'études?

« 5° Étant admis comme base le nombre de trois années d'études, quels seraient, dans chacune d'elles, les programmes à établir pour les diverses matières de l'enseignement?

VI

Le développement intellectuel des enfants suit, dans les conditions ordinaires, une marche conforme au dé-

« 6° Y a-t-il lieu de prévoir que les élèves ne suivraient pas les trois cours normaux? Serait-il possible de combiner la répartition des matières de l'enseignement, en sorte que chaque cours présentât, à des degrés différents, un certain ensemble complet des connaissances essentielles? Quel devrait être cet ensemble pour chaque cours?

« 7° Comment les élèves seraient-ils répartis entre chacun de ces cours? Quel doit être le maximum d'enfants à réunir dans une même classe, sous une même direction?

« 8° Le certificat d'études primaires, créé par la circulaire ministérielle du 18 août 1866, ne serait-il pas la consécration naturelle de cette organisation de l'enseignement? Quels seraient les moyens pratiques de mettre à exécution les prescriptions de la circulaire ministérielle?

« L'enquête sur la situation, qui était le point de départ de tout examen, ne pouvait rien nous apprendre. Il suffit d'entrer dans une école pour être frappé du défaut d'ensemble et de régularité de l'enseignement.

« Dans l'enseignement secondaire, lorsqu'on parle de telle ou telle classe, on sait exactement quel degré de connaissances répond au numéro de la classe, pour tous les établissements de même nature. La force des élèves dépend de bien des circonstances; mais chaque classe a ses programmes déterminés, son rang dans la série progressive des études. Rien de semblable dans les écoles. Sous le nom de la 1re division, il faut comprendre partout, sans doute, la réunion des élèves les plus avancés; mais le degré d'avancement varie d'une école à une autre; les matières de l'enseignement de telle première division répondent à peine à celles de l'enseignement de la deuxième; ou même parfois de la troisième division, dans un établissement voisin.

« D'autre part, ce qui est plus grave, en présence de l'accroissement chaque jour plus considérable de la population scolaire, la Direction des affaires municipales, justement préoccupée du désir de donner prompte satisfaction aux besoins, a rompli les classes en raison de l'espace qu'elles offraient; et, le flot des admissions nouvelles faisant sans cesse remonter des masses d'enfants d'une classe dans une autre avant qu'ils fussent en état d'en suivre les études, l'enseignement s'est trouvé condamné à des oscillations perpétuelles, parfois même à de brusques retours en arrière qui troublaient, quand ils ne l'arrêtaient pas tout à fait, la progression régulière des exercices. C'est ainsi qu'il a pu se faire, par exemple, que telle classe qui, au mois de décembre, était arrivée, en grammaire, au pronom, avait à peine atteint le verbe au mois de mars ; heureuse

veloppement de ses forces physiques. Pendant les six années qu'ils appartiennent communément à l'école, il comporte trois degrés : le premier de 6 à 8 ans ; le deuxième de 8 à 10 ; le troisième de 10 à 12. C'est en quelque sorte la classification naturelle, si naturelle qu'elle s'était, pour ainsi dire, imposée d'elle-même. Le prin-

encore que le maître n'eût pas été contraint, par la faiblesse des nouveaux venus, de rétrograder jusqu'à l'adjectif.

« Ce ne sont pas les efforts qui ont manqué, sans doute, pour essayer de parer à ces inconvénients. Les écoles congréganistes sont pourvues de programmes qu'elles suivent, non sans succès. Tous nos bons maîtres laïques ont aussi leurs règles, qu'ils se sont eux-mêmes tracées. Mais ce qui résulte de l'étude attentive que la Commission a faite de ces documents, c'est l'évidence même de l'incertitude de notre organisation pédagogique. S'il est peu de ces règlements qui ne soient, à certains égards, excellents, ainsi que nous le reconnaissons par les emprunts que nous proposons de leur faire, les meilleurs, utiles pour remédier au mal dans une certaine mesure, ne sont pas suffisamment propres à produire le bien. Généralement, ils sont trop étendus ou trop restreints, minutieux ou vagues. Le point de départ et le but de l'enseignement y sont mal déterminés, les degrés intermédiaires, flottants. L'ensemble manque de précision ; la gradation, de lien. A tous enfin fait défaut la sanction officielle qui permette d'en imposer uniformément l'application.

« Cette situation établie, et la nécessité d'un programme commun reconnue, la première question à examiner était le nombre de degrés que ce programme doit embrasser. De l'avis de quelques-uns, l'ensemble des études primaires ne pouvait comprendre moins de cinq années : une année préparatoire, trois années ordinaires, une année complémentaire. La majorité de la Commission a considéré que l'ensemble des études primaires ne comportait pas plus de trois grandes divisions ; qu'on pourrait craindre que l'année préparatoire ne fût considérée par les familles et même par les maîtres comme une année de luxe ; que d'un partage des matières de l'enseignement en trois degrés il ne s'ensuivrait pas que tous les élèves dussent franchir ces trois degrés en trois années ; qu'ils pourraient s'arrêter dix-huit mois ou même deux ans, selon leur intelligence et leur assiduité, les meilleurs, au degré le plus élevé ; les plus faibles, au second ou au dernier ; bien plus, que, dans le cercle restreint des études primaires, l'important était de faire incessamment repasser les enfants sur les mêmes traces ; enfin, que des divisions multipliées entraîneraient des fractionnements de classes qui auraient pour conséquence soit d'exiger un personnel de maîtres beaucoup plus nombreux, soit, si le personnel restait le même, de diminuer son action en la dispersant. La Commission a donc été d'avis que les matières d'enseignement fussent réparties entre trois cours : cours élémentaire, cours moyen, cours supérieur, les programmes s'étendant et s'élevant progressivement, en sorte que chaque cours fût la préparation immédiate du cours suivant. » (Extrait du Mémoire présenté au Conseil départemental de l'instruction publique de Paris, le 25 mai 1868.)

cipe en avait été établi dès 1834 dans les statuts délibérés par le Conseil royal de l'instruction publique[1], et tous les pédagogues en avaient théoriquement reconnu la justesse. C'est cette gradation qu'il s'agissait d'introduire dans les programmes des écoles de Paris. Le premier principe de *l'organisation pédagogique* fut donc de les partager en trois cours : cours élémentaire, cours moyen, cours supérieur.

De cette division il ne résultait ni que les enfants dussent accomplir leur stage scolaire en trois ans, — chaque cours pouvant embrasser au moins deux années d'études; ni que dans les écoles nombreuses ils dussent être répartis exactement entre trois classes, — chaque cours comportant autant de fractions d'élèves, c'est-à-dire de divisions ou de classes proprement dites, que l'exigeait la population de l'école; ni que dans les communes rurales, où le nombre des enfants était peu considérable, chacun des trois cours dût nécessairement avoir à sa tête un maître spécial, — un maître pouvant diriger soit les trois cours, soit au moins deux cours, avec plus d'aisance et d'efficacité qu'il ne faisait les sept ou huit classes de l'école mutuelle. L'objet de la répartition à trois degrés, acceptée par tout le monde comme l'organisation rationnelle, mais demeurée à l'état d'organisation idéale, était de fonder l'instruction primaire sur une progression tout à la fois simple et logique, ferme et souple. Elle permettait d'abord de substituer à des divisions vagues ou arbitraires une gradation normale : l'uniformité du point de départ et du but est pour tout enseignement, mais surtout pour l'enseignement primaire, une garantie dans l'économie

---

1. Statut du 25 avril 1834, titre 1ᵉʳ, art. 1 à 9 (voir notre Recueil sur *la Législation de l'instruction primaire en France depuis 1789 jusqu'à nos jours*, t. I, p. 317).

des études. D'autre part elle créait un moyen d'émulation pour les élèves d'école à école et dans la même école, et par là même elle apportait aux maîtres un surcroît de force[1]. Enfin elle répondait particulièrement aux besoins d'une grande ville : au courant d'une année scolaire, les enfants sont exposés à changer de quartier ; il était indispensable qu'ils pussent retrouver partout la même distribution d'enseignement.

Toutefois cette organisation ne pouvait produire de

1. Voici les dispositions fondamentales de l'arrêté adopté par le Conseil départemental de l'instruction publique et approuvé par le Ministre sur l'avis du Conseil supérieur (10 juillet 1868). — Art. 1er. L'enseignement dans les écoles communales, laïques et congréganistes, de garçons et de filles, du département de la Seine, est partagé en trois cours : cours élémentaire, cours moyen, cours supérieur. — Art. 4. Chaque cours comprend autant de divisions que le comporte le nombre des élèves. — Art. 6. Chaque année, au mois d'octobre, les élèves sont répartis, suivant leur force, entre les différents cours à la suite d'un examen fait par le directeur ou la directrice, sous le contrôle de l'Inspecteur de l'enseignement primaire de la circonscription. La liste de classement est portée sur le registre matricule. Une copie de cette liste est adressée à l'Inspecteur d'Académie par l'intermédiaire de l'Inspecteur de la circonscription. Toute modification faite, dans le courant de l'année, à ce classement est consignée sur le registre et signalée à l'Inspecteur de l'enseignement primaire, qui en apprécie l'opportunité. — Art. 7. Le certificat d'études est accordé aux élèves du cours supérieur qui ont subi d'une manière satisfaisante des épreuves sur l'instruction religieuse, la lecture, l'écriture, l'orthographe, le calcul, le système métrique, l'histoire et la géographie de la France, le dessin ; et pour les jeunes filles, la couture. Le procès-verbal de chaque examen est transmis à l'Inspecteur d'Académie par l'Inspecteur de l'enseignement primaire de la circonscription, qui contrôle les opérations et joint au procès-verbal ses observations. — Art. 8. Les certificats obtenus sont proclamés à la distribution solennelle des prix.

Le 1er août suivant, le Ministre, M. V. Duruy, écrivait au préfet de la Seine : « Il serait à désirer que les améliorations qui doivent résulter, pour l'enseignement donné dans les écoles primaires du département de la Seine, de la nouvelle organisation pédagogique proposée par vous, et successivement adoptée par le Conseil départemental de l'Instruction publique et par le Conseil impérial, pussent être étendues aux autres départements. J'ai l'intention de signaler à MM. les Préfets et à MM. les Recteurs cette utile réforme ; je voudrais leur adresser en même temps la brochure contenant les documents qui l'expliquent, et je vous serais reconnaissant de m'en faire parvenir, s'il est possible, des exemplaires. »

sérieux résultats[1] qu'à la condition que le maître fût

[1]. Voici le tableau de la répartition des programmes :

MATIÈRES DE L'ENSEIGNEMENT.	COURS ÉLÉMENTAIRE 6 à 8 ans.	COURS MOYEN 8 à 10 ans.	COURS SUPÉRIEUR 10 à 12 ans.
Instr. religieuse.	Prières et petit catéchisme. — Abrégé de l'Histoire sainte.	Catéchisme et Évangiles. — Histoire sainte.	Catéchisme — Ancien et Nouveau Testament.
Lecture.	Alphabet, épellation, lecture courante dans un livre.	Lecture courante dans les livres et dans les cahiers manuscrits.	Lecture dans les livres et dans les cahiers manuscrits, avec explications. Lecture du latin.
Écriture.	Principes de l'écriture.	Cursive, grosse, moyenne et fine.	Cursive, ronde et bâtarde.
Lang. française.	Exercices élémentaires d'orthographe. — Dictées d'un genre simple, au tableau.	Exercices d'orthographe. — Dictées sur cahier.	Application raisonnée des règles de la grammaire sur des textes classiques. — Exerc. de rédaction d'un genre simple.
Calcul.	Principes de la numération ; exercices pratiques sur les quatre règles (nombres entiers).	Exercices sur les quatre règles (nombres entiers et décimaux).	Étude raisonnée de l'arithmétiq. (nombres entiers et décimaux, fractions ordinaires). Applic. aux opérat. pratiq.
Syst. métrique.	Nom et usage des mesures métriques.	Exercices pratiques sur les différentes mesures.	Application du système métrique à la mesure des surfaces et des volumes.
Leçons de choses	Enseign. par l'aspect (cartes murales, images, solides géométriques, reproduct. au tabl. noir).	» » »	» » »
Hist. de France.	Entretiens et récits sur les principaux personnages et les grands faits.	Suite des faits depuis les origines jusqu'à nos jours. — Dates principales.	Révision rapide des grands faits jusqu'à la guerre de Cent Ans. Histoire développée depuis la guerre de Cent Ans jusqu'à nos jours.
Géographie.	Notions de géographie générale ; définitions.	Notions sommaires sur les cinq parties du monde et sur l'Europe en partie.	Géographie physique, politique, agricole, industr. et commerc. de la France.
Dessin.	» » »	Éléments du dessin linéaire.	Dessin linéaire et d'ornement.
Chant.	» » »	» » »	Principes. Morc. à une voix ou en chœur.
Ex. de mémoire.	Fables ou morceaux choisis, tr. simples, en vers ou en prose.	Morceaux choisis dans des textes classiques.	Morceaux choisis dans des textes classiques.
Couture.	Premiers éléments de couture.	Travaux de couture usuelle.	Travaux de couture usuelle.

mis en situation de les obtenir, c'est-à-dire d'exercer sur chaque enfant en même temps que sur la classe entière une action intelligente.

Le cadre des différents cours pouvait n'être pas mathématiquement le même. On conçoit que le cours élémentaire, où l'entraînement joue un si grand rôle et qui d'ailleurs est le plus exposé aux absences fréquentes, réunisse plus d'élèves que les deux autres. Ce nombre doit s'abaisser dans le cours moyen, où l'enfant a besoin d'être suivi, et plus encore dans le cours supérieur, qui, en raison de l'élévation relative de l'enseignement, demande plus d'effort de la part du maître. Mais l'application, même progressive, de la réforme devait avoir pour conséquence un développement considérable dans le nombre des instituteurs ; il convenait de ménager les charges de la municipalité. Il fallait de plus compter avec la difficulté de recruter du personnel enseignant, le département de la Seine n'ayant pas encore d'école normale. C'est ainsi qu'on fut d'abord amené à fixer le nombre des élèves de chaque classe, dans les divisions du cours élémentaire, à 120 ; dans celles du cours moyen, à 80 ; dans celles du cours supérieur, à 60. Ces grandes divisions, beaucoup trop larges, avaient du moins l'avantage, en procurant un premier soulagement, de déterminer l'orientation nouvelle. Peu à peu les principes de l'*Organisation pédagogique* gagnèrent du terrain, les ressources du service scolaire s'accrurent, les maîtres se formèrent ; on s'écarta de la règle provisoirement établie. L'effectif des places descendit, pour les classes du cours élémentaire, à 100, puis à 90, puis à 80 ; pour les classes du cours moyen, à 70 ; pour les classes du cours supérieur, à 60 ; et de là à 60, 50 et 40.

Notre règle, en dernière analyse, était que les dimensions de toutes les classes devaient être ramenées à une commune mesure, le mobilier scolaire, qui occupe moins d'espace pour les enfants plus jeunes que pour les plus âgés, faisant seul, quant au nombre des places, la différence. L'enseignement collectif exige des maîtres une action constante; il est indispensable de leur faciliter le bon emploi de leurs forces. Une classe trop étendue échappe à la surveillance, et la voix s'y perd. Il faut que l'instituteur puisse aisément embrasser tous ses élèves du regard et que sa parole arrive dans tous les bancs. Supprimer pour les maîtres les causes de fatigue inutile, c'est augmenter le produit de leur enseignement.

Dans ces conditions de nombre et de répartition, cinq classes nous paraissaient nécessaires pour établir une école sur des bases rationnelles, c'est-à-dire pour permettre de constituer une division de cours supérieur, deux de cours moyen, deux de cours élémentaire. Si le nombre des élèves le commandait, on pouvait ajouter une seconde division de cours supérieur et une troisième de cours moyen, de façon à former un groupe de sept classes : ce qui donnait un effectif total de trois cent cinquante enfants. Au delà de cette mesure, la direction d'une école, telle que nous en concevons les devoirs multiples, nous semble excéder les forces d'un instituteur qui se dévoue.

VII

La constitution de ces cadres entraînait tout d'abord dans l'organisation matérielle des classes des modifications profondes.

On n'a jamais mieux compris qu'aujourd'hui l'intérêt des questions qui touchent au mobilier de classe — mobilier scolaire et mobilier d'enseignement.

On s'est beaucoup occupé notamment, en France comme à l'étranger, de la construction des tables d'école. La distance de la table au banc, la hauteur du siège, la largeur de la tablette, tout a été calculé avec une rigueur mathématique. On a étudié avec la même sollicitude les avantages du siège à dossier, ceux du siège mobile pouvant s'élever ou s'abaisser suivant la taille de l'enfant, ceux de la table isolée laissant à chaque élève sa place indépendante. L'idéal serait sans doute que le mobilier scolaire réunît toutes les conditions conseillées par l'observation physiologique. Nous avons nous-même souvent cité comme modèle une école libre de la Suisse, où chaque classe contenait des tables avec des sièges de différentes hauteurs adaptées à la taille des élèves : à chaque trimestre l'enfant changeait de table d'après le changement qu'avait produit en lui la croissance. Mais ce qui n'est pas impossible dans un établissement privé et pour un petit nombre d'élèves, devient impraticable dès qu'il s'agit d'établissements publics et de milliers d'enfants. Un mobilier de classe au surplus n'a pas besoin d'avoir la précision d'un matériel orthopédique. C'est au maître aussi de veiller à la tenue des élèves, de faire en sorte qu'ils soient assis les reins fermes et ne prennent pas des attitudes préjudiciables à leur travail en même temps que dangereuses pour leur santé.

Ce qui est vrai, c'est que dans la disposition d'une école il n'est rien d'indifférent. Montaigne ne faisait que donner cours aux rêves de son imagination lorsqu'il souhaitait qu'on « jonchât la classe de fleurs et de feuillées »; mais il s'appuyait sur des arguments de bon sens indiscutables lorsqu'il prescrivait qu'on en écartât « tout appareil de géhenne et que chacun, l'enseignant et l'enseigné, y fût toujours de franche allure ». Une école bien aménagée, où l'on entre avec un sentiment de plaisir mêlé de respect, dispose et contraint moralement à l'application les maîtres et les élèves. L'intérêt de l'organisation matérielle s'accroît encore, lorsque la question de la transformation des méthodes s'y trouve attachée; elle n'est pas seulement alors ce qui traduit le mieux aux yeux de tout le monde l'idée même de la réforme : elle en impose en même temps qu'elle en facilite l'intelligente exécution.

Dans l'enseignement mutuel, on ne s'étonnait de rien. En 1840 un constructeur habile proposait de faire autant d'écoles que l'on voudrait pour 1000 élèves, avec cinquante corps de bancs propres à recevoir chacun vingt enfants, et une estrade pour le maître exhaussée de vingt degrés au-dessus du sol. Même après la disparition du système pur d'enseignement mutuel, l'usage s'était conservé de ces vastes charpentes où l'instituteur s'enfermait comme dans une forteresse, et de ces tables massives où l'on entassait les enfants en rangs épais, sans compter. Dans ce système d'organisation défensive, pour ainsi dire, c'est à la chaire que tout se passait; l'enfant y était appelé pour la récitation de la leçon, pour la correction du devoir pour la distribution des peines et des récompenses. Le maître s'y faisait lui-même ses aises : c'était sa place, sa demeure. Lorsqu'il entreprenait la leçon, il était naturellement porté, de si loin et de si haut, à enfler la voix : il parlait *ex cathedra*. Quant à l'élève, rivé à son banc, sauf lorsque son tour était venu de comparaître, exposé de tous côtés aux mauvais voisinages et aux contacts malsains, faisant corps, pour ainsi dire, avec ce qui l'entourait, il assistait à la classe comme à une espèce de représentation lointaine qui laissait ses facultés sommeiller dans l'indifférence et l'inertie.

C'est l'un des bienfaits de l'enseignement collectif, qu'il répugne à ces dispositions destructives de toute éducation. En Suisse et en Allemagne, l'usage de la chaire est absolument proscrit. Le maître a une table, une petite table, qui n'est élevée sur une basse estrade que parce que cette estrade sert en même temps de support à deux grands tableaux noirs où se font la plupart des exercices. Et tandis que, chez nous, c'est l'élève qui vient au maître, par un effet contraire c'est le maître qui va aux élèves. Il se promène dans les rangs ; et, soit qu'il expose, soit qu'il interroge, il distribue son enseignement sous la forme simple et familière que lui inspire ce perpétuel rapprochement des enfants. Lorsque nous avons voulu établir les règles de cette discipline, on a craint qu'elle n'affaiblît dans l'esprit des élèves l'idée du respect : tant est tenace l'influence de la routine, tant nous subissons le préjugé des appareils de la solennité! Ce n'est pas la barrière que la chaire élève entre l'instituteur et sa classe qui accroît sa force morale et sa dignité. La distance ne peut que le tromper. Librement mêlé aux enfants, il s'en fait plus sûrement comprendre et mieux aimer. Telle doit être, dans nos écoles nouvelles, la construction des tables, comprenant trois, quatre ou cinq sièges, que chaque élève y ait une place qu'il occupe en propre, bien isolée dans l'air et la lumière, et où l'instituteur puisse lui apporter les secours dont il a besoin[1]. Dans cette sorte de bien-être physique et moral, la conscience et l'activité de l'enfant s'éveillent; dès lors on peut espérer qu'il prendra plus vite l'habitude du travail et l'esprit de docilité, j'entends par là cette bonne humeur d'intelligence qui le fait aller au-devant de la parole du maître et l'attache à ses leçons.

Le mobilier d'enseignement proprement dit n'importe pas moins à la direction des études.

Dans un rapport adressé en l'an IX (1800) au préfet de la Seine, sur la situation des vingt-quatre écoles primaires qui existaient alors à Paris, « le citoyen Zolver, né en Allemagne, mais depuis trente ans établi en France, se vantait d'être le premier qui eût introduit l'usage du tableau noir pour apprendre en même temps la lecture et l'écriture à plusieurs enfants réunis, usage pratiqué dans les petites écoles d'Allemagne »; et le rapporteur signale comme une merveille le tableau noir qu'il avait effectivement trouvé dans une école. Bien plus, jusqu'en 1867 il était d'usage de ne munir que les classes supérieures des collections de cartes murales. Par une étrange erreur pédagogique, on considérait ces appareils comme inutiles aux commençants;

---

[1]. Dans cet ordre d'idées, le meilleur système est incontestablement celui des tables à une place, où l'enfant est absolument isolé; c'est celui qui est en usage en Amérique : la dépense est la seule raison qui nous ait empêchés de l'adopter.

on leur en réservait l'attrait pour le couronnement de leurs études. Comme si, indispensables à tous les degrés, ils n'étaient pas plus particulièrement utiles dans les classes où, pour toucher l'intelligence de l'enfant, il faut commencer par frapper ses yeux! Dans les matières qui comportent une description, toute leçon qui peut aboutir à une démonstration palpable et qu'on ne conduit pas jusque-là est incomplète et insuffisante; dans les matières plus abstraites, calcul, orthographe, histoire, le tableau qui, sous la parole du maître, rallie tous les regards, appelle, soutient, excite l'attention, devient le stimulant le plus sûr tout à la fois de l'effort individuel et de l'activité commune. D'autre part, maîtres et élèves manquaient des ressources les plus élémentaires pour une lecture récréative ou une utile consultation. Aujourd'hui il n'est pas une seule de nos classes qui n'ait un ou plusieurs tableaux, les uns fixes, les autres mobiles, la série des cartes murales, une collection des solides géométriques et des appareils du système métrique, une bibliothèque de cinquante à soixante volumes appropriés tant aux besoins des instituteurs qu'à ceux des enfants[1].

---

1. Voir le catalogue de ces bibliothèques dans notre Mémoire sur l'Enseignement primaire à Paris de 1867 à 1877.

VIII

Les conditions et les instruments de travail assurés, c'est le travail lui-même qu'il s'agissait de régler.

Les programmes de l'enseignement primaire doivent-ils être simplement des programmes généraux, comme ceux de l'enseignement secondaire? Suffit-il d'en marquer année par année la limite et le degré, ou convient-il d'en jalonner le développement par trimestre, par mois, par jour? C'est jusqu'à ce détail de direction quotidienne que des guides, excellents d'ailleurs à plus d'un égard, n'avaient pas craint de descendre[1]. A notre avis, ce système d'éphémérides est plein de dangers. Il habitue l'instituteur à faire marcher ses élèves et à marcher lui-même à la lisière. C'est un encouragement à la routine. L'enseignement le plus humble a besoin de s'appartenir. Bonne à la dignité du maître, cette indépendance est nécessaire à son éducation, à cette éducation personnelle qui résulte de l'exercice intelligent et libre de la profession. Mais si la règle qui s'impose étroitement, jour par jour, heure par heure, n'est qu'une sorte d'acte de défiance et une gêne, il n'en saurait être de même de celle qui s'étend à l'ensemble d'un trimestre ou d'un mois. Ainsi défini, le programme laisse au maître l'aisance dont il ne saurait se passer, et en même temps il l'oblige à se surveiller, à se rassembler, pour ainsi dire, à fournir régulièrement ses étapes, à marcher d'un pas égal, sans précipitation comme sans

---

[1] Voir le *Cours d'études* de M. J.-P. Rapet.

lenteur, vers le but qu'il faut atteindre. L'éducation primaire a ses exigences particulières; elle embrasse beaucoup de choses et elle dispose de peu de temps. Ce n'est qu'à force d'ordre qu'il est possible de mettre à profit ce peu de temps; une judicieuse économie dans la distribution trimestrielle ou mensuelle des matières peut même permettre d'en gagner.

Mais entre les programmes des trois cours quelle sera la progression?

L'enseignement primaire étant, avant tout, un enseignement des principes, et les principes ne pouvant être trop souvent reproduits pour pénétrer, il est nécessaire que l'enfant repasse incessamment sur les mêmes traces, c'est-à-dire que les développements des différents cours puissent s'étendre et les exercices d'application s'élever d'un degré à chaque cours, sans que le fond cesse d'être le même.

Une autre nécessité s'imposait avant que l'obligation fût devenue le fondement de la loi scolaire[1]. Si l'on pouvait espérer à juste titre, comme l'expérience l'a prouvé, que les résultats de l'enseignement collectif, à la fois plus rapides et plus sûrs, convaincraient peu à peu les parents de l'utilité de prolonger la fréquentation de l'école jusqu'au terme normal des études, il eût été imprudent de s'attendre à une conversion des esprits immédiate, et le moyen le plus efficace de préparer cette conversion, c'était de faire en sorte que l'enfant recueillit de son séjour sur les bancs, si restreinte

---

[1]. A la difficulté d'introduire dans les écoles les principes d'une organisation nouvelle s'ajoutait celle de créer les écoles qui faisaient défaut presque partout. Sur les études qu'exigeaient les créations et sur le plan que nous avons suivi, voir aux Annexes, n° I.

qu'en eût été la durée, un bénéfice appréciable ; pour cela, il fallait que chaque cours présentât, à des degrés différents, un certain ensemble des connaissances essentielles, rien n'étant moins durable que le souvenir des éléments fragmentaires et sans lien. Que d'ignorances ou de défaillances dans les classes populaires sont uniquement imputables à quelque grande lacune d'éducation première : « Je n'avais jamais été à l'école, jusqu'à la division, nous disait un jour un adulte de plus de quarante ans, et, me trouvant toujours arrêté dans les comptes qui nécessitaient l'application des quatre règles, j'avais fini par oublier les trois autres ! »

De là le caractère concentrique des trois grandes divisions de l'*Organisation pédagogique*. Mais pour être fortement reliés entre eux et soudés à une base commune, chacun des cours n'avait pas moins son caractère distinct et sa vie propre.

Le cours élémentaire est un cours d'initiation. Il a été longtemps de règle que la première année de l'école devait être consacrée exclusivement à apprendre à lire. Or nul doute que si pendant cinquante ans l'enseignement primaire n'a pas porté tous les fruits qu'on en pouvait attendre, c'est, en partie au moins, parce qu'au lieu d'attirer l'enfant à la classe par la variété des leçons appropriées à son âge, on rebutait son attention par la monotonie d'un exercice unique et trop prolongé. Quoi de plus contraire à sa nature vive, mobile, curieuse, que de le tenir chaque jour et tout le jour attaché comme par une courte chaîne à l'étude de l'alphabet ? Rien ne pouvait plus sûrement arrêter le progrès de la lecture elle-même. Est-il donc indispensable que l'enfant — un enfant de six ans — sache lire en perfection pour suivre avec profit un petit calcul, pour se rendre compte de la forme des mesures du système métrique, pour s'intéresser à une explication élémentaire de géographie descriptive faite sur la carte, pour entendre un récit pittoresque d'histoire nationale? Montaigne voulait que son élève prît de bonne heure l'habitude des voyages. C'était, selon lui, le moyen le plus efficace pour donner à l'esprit la souplesse et l'étendue : que si les horizons qui passent ainsi devant les yeux ne s'y fixent pas tout d'abord, disait-il, revenu plus tard dans les mêmes lieux, l'impression sera d'autant plus profonde qu'elle s'appuiera sur un souvenir. Les connaissances élémentaires distribuées avec discernement peuvent être, pour l'enfant de nos petites classes, ce qu'était le premier voyage pour l'élève de Montaigne : elles font pénétrer dans son intelligence un peu de vie, de grand air et de soleil; elles laissent plus ou moins, sous forme de descriptions, de récits, de tableaux, d'explications familières, quelques images, quelques idées, qui plus tard achèveront de s'y graver. Loin d'être une cause de fatigue, ce mélange d'exercices bien ménagés le repose, et le maître y peut trouver la plus décisive des ressources. Tel esprit qui paraissait fermé aux mystères de l'épellation s'ouvrira à l'attrait des leçons de choses, et, une fois la brèche faite, tout le reste passera. Il en est peu qui n'aient leur accès, et le plus souvent, il faut l'avouer, ce n'est pas l'enfant qui fait défaut au maître, mais le maître qui fait défaut à l'enfant[1]. Multiplier les moyens de prise dans une judicieuse mesure, c'est multiplier les moyens de succès. Qu'un jour seulement l'enfant emporte de l'école quelque connaissance dont le soir,

---

1. Sur les progrès de la fréquentation scolaire à Paris, voir aux Annexes, n° II.

rentré à la maison paternelle, il puisse se faire honneur, l'amour-propre aidant, il reviendra le lendemain plus ardent, plus dispos. N'eût-il appris qu'à écouter, l'habitude seule de l'attention est une force inestimable et dont plus tard il recueillera le prix.

Le but du cours moyen est de constituer le fonds des connaissances. Il s'agit de familiariser l'enfant avec l'usage de la langue et du calcul, d'établir dans son esprit la trame des faits générateurs de l'histoire nationale et les grandes lignes de la géographie physique, politique, industrielle, commerciale de la France et du monde civilisé, de le doter en un mot de cet ensemble de notions positives sans lesquelles un homme se trouve aujourd'hui en dehors de l'humanité.

Avec le cours supérieur l'enseignement s'élève. L'âge est venu où, après avoir appris à passer de l'application à la règle[1], du fait au principe, l'enfant peut être habitué à descendre logiquement du principe au fait, de la règle à l'application; tout cela sans théories ambitieuses, mais de façon à rattacher les éléments

---

1. Sur la place qu'il convient de faire à l'étude des règles et la mesure dans laquelle il faut y intéresser à la fois l'intelligence et la mémoire, Kant a dit judicieusement : « Il doit y avoir des règles pour tout ce qui peut cultiver l'entendement. Il est même très utile de les abstraire, afin que l'entendement ne procède pas d'une manière seulement mécanique, mais qu'il ait conscience de la règle qu'il suit. Il est aussi très bon de déposer les règles dans de certaines formules et de les confier aussi à la mémoire. Ayons-nous la règle dans la mémoire, et oublions-nous de l'appliquer, nous ne tardons pas du moins à la retrouver. La question est ici de savoir s'il faut commencer par étudier les règles *in abstracto*, ou si on ne doit les apprendre qu'après qu'on en possède bien l'usage; ou bien faut-il faire marcher ensemble les règles et l'usage? Ce dernier parti est le seul sage. Dans l'autre cas, l'usage demeure très incertain, tant que l'on n'est pas arrivé aux règles. Il faut aussi à l'occasion ranger les règles par classes, car on ne les retient pas lorsqu'elles ne sont pas liées entre elles. » (*Traité de pédagogie*, traduction de J. Barni, édit. de 1886, p. 86.)

plus ou moins épars des exercices antérieurs à des idées générales qui en soient la lumière et en forment le lien.

Enfin, à chacun de ces degrés, la sanction est l'examen : examen de passage d'un degré à l'autre, examen final donnant lieu à un certificat d'études primaires. Avec l'éducation rudimentaire de la salle d'asile au point de départ, le certificat d'études au point d'arrivée, dans l'intervalle un système raisonnablement appliqué de contrôles annuels, l'école avait, semblait-il, sa marche régulière et sûre.

Examen, disons-nous, et non concours. Que certaines récompenses soient mises au concours, cela est désirable et n'a rien de dangereux. Mais, trop souvent renouvelé et appliqué au résultat proprement dit des études, le concours a pour effet d'incliner les maîtres et les élèves à la recherche des succès d'éclat, et rien ne serait plus préjudiciable au développement sagement entendu de l'instruction primaire. Les élites arriveront toujours à sortir du rang. C'est sur la masse des enfants que l'intérêt social commande d'exercer une action efficace. Qu'ils sachent que c'est par le travail de tous les jours, par la bonne conduite de tous les jours, sous les yeux de leurs camarades ordinaires et de leurs maîtres habituels, leurs juges à l'examen, qu'ils obtiendront l'avancement de classe proposé à leur application ou le certificat qui en constate le profit suprême : c'est là seulement que peuvent être la force et la moralité des études primaires[1].

---

1. Nous sera-t-il permis de rappeler ici, à l'honneur du personnel dirigeant et enseignant — inspecteurs et instituteurs, qui ont contribué avec tant d'énergie et de zèle à fixer les bases et à établir les règles de

IX

Mais pour assurer cette force et cette moralité, il faut compter avant tout sur l'esprit même de l'enseignement et la méthode.

Le temps n'est plus où la lecture, l'écriture et le calcul au jet et à la plume, suivant la formule consacrée, composaient, avec le catéchisme, tout le programme de l'instruction primaire. Déchiffrer quelques mots d'un imprimé ou d'un manuscrit était une distinction, signer son nom une supériorité, pour l'ouvrier de la ville ou de la campagne, alors que sa vie était enfermée dans un cercle de besoins étroitement restreint. Que l'on jette les yeux sur les signatures des actes de mariage et des contrats d'intérêt qui sont invoqués aujourd'hui comme des témoignages de la

---

l'*Organisation pédagogique*, — que les principes en ont été adoptés dans le plan d'études des écoles primaires publiques annexé à l'arrêté du 27 juillet 1882. « Pour faire bien comprendre au personnel enseignant les principes qui ont présidé à la nouvelle organisation pédagogique des écoles primaires et pour lui en faciliter l'application méthodique, est-il dit dans la *note* interprétative des règlements, l'Administration supérieure a pensé qu'il ne serait point inutile de joindre au présent fascicule quelques extraits des *Instructions et directions pédagogiques* publiées, il y a quelques années, par la Direction de l'enseignement primaire de la Seine. Bien que ces instructions aient été rédigées en vue de programmes applicables à Paris seulement et au département de la Seine, sous le régime d'une législation scolaire qui vient de disparaître, on a jugé que nul commentaire n'aurait plus d'autorité pour initier sûrement les maîtres aux considérations à la fois théoriques et pratiques dont s'est inspirée la nouvelle loi scolaire. On croit donc rendre un véritable service aux instituteurs et aux institutrices primaires en réunissant à leur intention, dans les pages qui suivent, les explications et les conseils adressés aux instituteurs de Paris et déjà consacrés par une expérience de plusieurs années. Ils y trouveront en quelque sorte un guide professionnel et le résumé des vues de l'Administration supérieure en matière pédagogique. » — Voir aux Annexes, n° X.

diffusion de l'enseignement avant 1789 : on reconnaîtra aisément, à ces dessins informes, combien étaient rares les occasions de tenir la plume pour ceux qui tant bien que mal savaient s'en servir. Ces connaissances élémentaires ne sont plus aujourd'hui, comme on les appelait déjà à la fin du dix-huitième siècle, que des connaissances instrumentales, c'est-à-dire des connaissances propres à acquérir les autres. Une nouvelle organisation sociale a créé des nécessités nouvelles d'éducation générale. Mais il serait téméraire de l'oublier : l'objet de l'instruction primaire n'est pas d'embrasser, sur les diverses matières auxquelles elle touche, tout ce qu'il est possible de savoir, mais de bien apprendre dans chacune d'elles ce qu'il n'est pas permis d'ignorer. Cette sagesse, qui répond à la nature des choses, est d'autant plus nécessaire que ces connaissances elles-mêmes sont un moyen en même temps qu'une fin. Elles ne seraient que la moitié du bien qu'elles ont à produire, si elles ne servaient avant tout à former et à développer chez l'enfant le bon sens et le sens moral.

Voilà pourquoi la méthode importe ici presque plus que l'enseignement lui-même. Dans son grand projet de réforme de la langue, Fénelon, se défiant des savants, ne voulait pas d'une grammaire trop curieuse. Il me semble, écrivait-il, qu'il faut se borner à une méthode courte et facile. Courte et facile, tel est à nos yeux le double caractère de la méthode propre à l'instruction primaire. Courte, non pas sèche : l'enseignement a besoin d'être abondant pour nourrir l'esprit; mais c'est l'abondance des traits bien choisis qui seule est nourrissante. De même la facilité, entendue comme le prescrit Fénelon, est exclusive de toute idée de diffusion et d'à peu près, rien ne rebutant plus l'esprit de l'enfant que le manque de précision. Au surplus Fénelon définit lui-même la méthode facile qu'il recommande. « Le grand point, dit-il, est de mettre une personne le plus tôt qu'on peut dans l'application des choses. »

Écarter tous les devoirs qui faussent la direction de l'enseignement sous prétexte d'en relever la portée : modèles d'écriture compliqués, textes de leçons démesurés, séries d'analyses et de conjugaisons écrites, définitions indigestes; en grammaire, partir de l'exemple pour arriver à la règle dépouillée des subtilités de la scolastique grammaticale; ramener les opérations du calcul à des exercices pratiques; n'enseigner la géographie que par la carte, et animer la description topographique des lieux par l'explication des productions naturelles ou industrielles qui leur sont propres; en histoire, ne s'attacher qu'aux traits essentiels du développement de la nationalité française et en chercher la suite moins dans la succession des faits de guerre que dans l'enchaînement raisonné des institutions et le progrès des idées sociales; faire, en un mot, de la France ce que Pascal a dit de l'humanité, un grand être qui subsiste perpétuellement, et donner par là même à l'enfant une idée de la patrie, des devoirs qu'elle impose, des sacrifices qu'elle exige; ainsi peut-on espérer de toucher le fond de son esprit et d'y laisser fixées, par l'application qu'il en peut faire, les connaissances essentielles sur lesquelles toute éducation repose.

Que dans ces conditions la direction d'une classe offre des difficultés, nous ne le méconnaissons point. Les explications sobres et nettes, les définitions claires, les exemples saisissants, qui sont le secret et la force d'un tel enseignement, ne se trouvent pas sans travail, c'est-à-dire sans préparation. Ici comme partout les improvisations heureuses ne sont en réalité que le fruit d'une étude antérieure très attentive et de cette pleine possession des choses, d'où l'expression frappante jaillit comme d'une source qui a ramassé ses eaux avant de les répandre. Mais si ce travail préparatoire fait la solidité de la leçon, il n'en fait pas moins l'intérêt et le charme. Dût-on ne point aboutir à un résultat immédiat avec les enfants, quelle meilleure et plus virile jouissance que celle qu'un maître sérieux trouve dans le soin qu'il prend d'éclaircir sa propre pensée ! Ajouterai-je que, les premières difficultés une fois vaincues, tout ce qui contribue à introduire dans une classe la simplicité, la rectitude et la précision allège le poids de l'enseignement en devenant un élément de progrès.

Mais le plus grand bienfait de la méthode courte et facile, c'est qu'elle permet de travailler à l'éducation des facultés elles-mêmes.

Le P. Girard s'élève avec force contre ce qu'il appelle « les machines à paroles, les machines à écriture et les machines à réciter », que l'instituteur monte comme Vaucanson faisait ses automates. A la grammaire de *mots* il voulait que l'on substituât la grammaire d'*idées*, celle qui oblige l'enfant à démêler les règles de la syntaxe, à raisonner sur les termes qu'il emploie, sur les formes qu'il applique. L'étude de la langue n'était ainsi pour lui qu'un instrument à l'aide duquel, en apprenant à l'élève ce qu'il est indispensable de savoir, il s'appliquait à exercer son jugement. Par un procédé différent, c'est sur la pratique du calcul que Pestalozzi établissait sa doctrine pédagogique. Mais pour l'un comme pour l'autre le but était, en inculquant à l'enfant un certain nombre de notions positives, de donner à son esprit « l'ouverture, l'aplomb, la rectitude ». Or cette méthode est applicable à toutes les matières de l'enseignement.

Ce qui compromet en général le succès des études primaires, c'est qu'on en cherche trop exclusivement le point d'appui dans la mémoire. Sans doute, tout enseignement doit s'aider de la mémoire; mais, pour être profitable, il faut que le souvenir pénètre l'intelligence, qui, seule, peut en conserver l'empreinte durable. Mieux vaudrait presque pour l'enfant oublier ce qu'il n'a pas compris; car, sans compter qu'un souvenir inintelligent est pour l'esprit un poids inutile, ne devient-il pas trop souvent l'origine des erreurs les plus funestes? Que de préjugés populaires, que de théories dangereuses qui ne sont que des idées justes mal digérées! Aussi bien les autres facultés de l'enfant offrent une prise également heureuse. L'imagination, le sentiment n'a pas chez lui moins de fraîcheur que la mémoire; et si son raisonnement est frêle encore, avec quelle rectitude il se prête à la main qui sait le conduire en le ménageant!

Le meilleur maître est celui qui sait mettre cette activité en mouvement. Une fois que l'enfant est sur la voie, il suffit de le stimuler doucement, de le ramener s'il s'égare, en lui laissant toujours, autant qu'il est possible, la peine et la satisfaction de découvrir ce qu'on veut qu'il trouve. Qu'il s'habitue à justifier tout ce qu'il avance, à s'exprimer librement dans son propre langage; laissez-le même s'exposer à une erreur et faites-la-lui rectifier en lui montrant en quoi il a mal réfléchi : ce sera la plus profitable des leçons. Quand, d'un bout à l'autre de ses études, il aura été soumis à cette discipline, on pourra être assuré d'avoir formé un bon esprit, capable, quelle que soit la profession qu'il embrasse, d'une application raisonnée et féconde.

Indispensable à l'éducation du jugement, cette méthode agissante n'est pas moins utile à l'éducation du sens moral. L'enfant, en général, naît avec des instincts honnêtes : il ne s'agit que de les affermir et de les développer. C'est, en partie, l'affaire, assurément, de la discipline, d'une discipline exacte, loyale, éclairée, qui tienne constamment sa conscience en éveil et exerce sa volonté. Mais le choix des exercices dans l'enseignement y aura aussi une part, si l'on sait en tirer les ressources qu'ils offrent.

Il n'est pas d'étude, en effet, qui ne se prête à la culture des sentiments. Il est si aisé de ne donner à des élèves aucun exercice d'orthographe qui n'ait pour objet le développement d'une idée saine ! Le P. Girard, dont l'expérience est si riche, nous fournit un exemple tiré de sa pratique personnelle : « Je ne faisais point, dit-il, conjuguer les verbes seuls, comme la routine qui ne chasse qu'aux mots, mais toujours par propositions : ce qui est tout autrement agréable et utile aux enfants. Le verbe leur étant donné à l'infinitif, on leur prescrivait le temps et le mode où il devait être conjugué, et c'était à eux de faire le reste. Un jour que, selon mon habitude, je remplaçais un moniteur dans l'un des exercices, il me vint à l'esprit de faire juger du bien et du mal moral qu'exprimaient les propositions formées par les élèves et leur faire motiver les jugements qu'ils portaient. Je les vis tout réjouis de ce que je leur avais ouvert un nouveau champ, en faisant ainsi parler en eux la conscience. »

De même, à plus forte raison, pour l'histoire et la géographie, où l'étude des causes et des effets joue un si grand rôle. De même encore pour l'arithmétique : quoi de plus simple que de ne point laisser l'intelligence de l'enfant en l'air sur un calcul qui ne représente qu'une combinaison de chiffres, de le rattacher toujours, au contraire, à quelque donnée qui enrichisse son esprit d'une idée d'épargne ou simplement d'une notion exacte de l'un des grands ressorts industriels, commerciaux, financiers, de la vie moderne! Ce sera un temps bien employé que celui qui, après ou avant la correction du devoir, servira à faire ressortir les conséquences morales de ces applications.

Mais parmi les exercices propres à concourir à cette éducation, il faut compter au premier rang les exercices d'invention et de composition. Il n'en est pas qui, sagement réglés — car ici aussi il faut craindre l'abus, — permettent davantage à un maître intelligent de s'emparer de l'esprit de l'enfant et de le porter tour à tour sur tous les points qui peuvent contribuer à développer en lui le sens moral.

On aurait peine à imaginer combien il est difficile d'obtenir des élèves d'une école le plus simple énoncé d'un fait sous une forme personnelle, et à quel point le vocabulaire dont ils disposent est pauvre.

Non seulement l'expression leur manque pour rendre les sentiments d'un ordre délicat; mais, même dans la sphère des idées au milieu desquelles ils vivent, ils sont obligés d'emprunter leurs mots à une sorte d'argot.

C'est d'abord par le commerce avec de bons livres qu'on peut espérer de rectifier et d'épurer leur langue. L'intelligence contracte, comme le corps, l'habitude de la tenue. Dans les premiers mois qu'ils passent à l'école, les enfants sont pour la plupart assez négligés; au bout de peu de temps ils demandent eux-mêmes à leur mère des soins de propreté — nous en avons plus d'un exemple; — et, du jour où ils connaissent ce souci, d'ordinaire ils sont gagnés à la discipline et au travail. De même un bon langage n'est pas seulement le signe de l'éducation, il devient, par le respect qu'il donne de soi-même, un agent de perfectionnement moral.

Toutefois la lecture ne fait que recueillir les éléments de la pensée et du langage. Pour que ces éléments tournent au profit de l'esprit et du cœur, il faut qu'ils soient assimilés. C'est ici qu'intervient l'exercice de la rédaction. Ainsi désigne-t-on le genre d'exercice par lequel l'enfant est appelé à exprimer ses idées. On lui donnait autrefois, on lui donne encore dans les pensions de jeunes filles, le nom ridicule et faux de *style*. Le mot de rédaction nous paraît lui-même viser trop haut, et nous y voudrions substituer un nom plus rapproché de la chose, plus simple, plus vrai, celui d'exercice d'invention et de composition. Telle est, en effet, l'idée attachée au mot de rédaction, qu'on n'en fait le plus souvent aborder la pratique à l'élève que dans le cours supérieur; et par la même raison on en va chercher les sujets bien loin. Qu'en résulte-t-il? S'il s'agit de faits que l'enfant ait appris, il les récite sur son papier; si sa mémoire ne lui fournit rien, ne sachant où se prendre, il s'évertue à mettre tant mal que bien sur leurs pieds quelques phrases banales. Ce n'est pas l'élève qu'il faut accuser de cette faiblesse; le plus souvent l'exercice est mal dirigé. Les idées ne viennent pas d'elles-mêmes à l'esprit de l'enfant, il faut lui apprendre à trouver. Encore moins prennent-elles toutes seules l'ordre et la forme qu'elles doivent revêtir : il faut lui apprendre à composer. Or c'est de très bonne heure qu'on peut commencer ce petit apprentissage avec profit. Si jeune qu'il soit, l'enfant est capable de créer lui-même les exemples sur lesquels on lui fait reconnaître la nature et l'usage des mots de la langue : il a dans l'esprit des propositions simples toutes faites; il les possède inconsciemment, mais il les possède : ses jeux, les objets qui l'entourent lui en fournissent incessamment la matière; il ne demande qu'à les exprimer. La seule chose nécessaire alors, c'est, en stimulant cette faculté naturelle, de tenir la main à ce qu'il s'exprime toujours correctement.

Si cet exercice très élémentaire est habilement combiné avec celui de la lecture, si l'attention de l'élève est appelée avec soin, au fur et à mesure, sur les choses qui lui sont moins familières et sur les mots qui servent à les rendre, peu à peu les ressources de son vocabulaire s'augmenteront avec celles de son esprit, et de l'invention de la proposition simple il passera aisément, d'abord à l'invention d'une proposition complexe, puis à la liaison de deux propositions. Tout cela constituera au plus une phrase; de là à la composition proprement dite, il y a encore loin assurément. Dès ce moment, toutefois, la difficulté fondamentale n'existera plus; car dans ce travail, purement oral encore, l'enfant aura commencé à se faire une idée des éléments de la pensée et des formes qui donnent à la pensée son expression.

Viendra, avec les progrès de l'âge, le développement écrit : la conception première sera fournie par le maître en quelques phrases, quatre ou cinq au plus au début; le cadre même du développement sera préparé; le travail de l'enfant consistera à le remplir, en indiquant les causes, les effets, les circonstances accessoires de temps, de lieu, etc. Cette sorte de thème pourra même parfois servir de texte à l'exercice d'orthographe. De quelque façon que le devoir soit donné, la correction devra se faire en classe, au tableau noir; et, chaque élève apportant le complément plus ou moins heureux qu'il a trouvé, ce sera pour le maître l'occasion d'exercer par la comparaison le jugement de tous.. L'enfant apprendra ainsi à reconnaître les sources des idées, à en faire le choix, à les enchaîner; et il se rendra compte du travail opéré par son esprit; car c'est le raisonnement qui lui suggérera les développements complémentaires et qui lui en fera apprécier la convenance et le lien.

Il sera prêt alors à aborder les sujets de composition proprement dite, ceux où il aura tout à demander à son propre fonds; et, pour peu qu'ils soient empruntés encore à l'ordre des choses dans lesquelles ses lectures ou ses réflexions l'auront introduit, il les abordera sans étonnement, il s'y trouvera à l'aise. Habitué à analyser les éléments de sa pensée, à chercher le mot propre, la forme correcte pour la rendre, il saura porter dans sa composition la méthode, l'abondance et la clarté.

Tel est du moins le but qu'on doit graduellement s'efforcer d'atteindre. Il ne peut être question, faut-il le répéter, d'exercer les élèves à écrire, dans le sens littéraire du mot. Le fonds de l'enfant, si riche que nous parvenions à le faire, est d'ailleurs trop modeste pour supporter une dépense trop souvent renouvelée. Nous ne visons qu'à lui enseigner, par une bonne direction de travail intérieur, à exprimer sous une forme juste des idées justes. Mais apprendre à un enfant à lire clairement dans sa raison et dans son cœur, c'est lui éviter peut-être bien des erreurs de conduite, c'est tout au moins rendre plus difficile l'invasion des idées fausses et des mauvaises passions. Ainsi compris, non plus, ainsi qu'il arrive trop souvent, comme des thèmes d'élégance superficiellement plaqués sur les études de la dernière heure, mais comme des exercices dirigés, depuis la première classe, en vue de fortifier les plus solides qualités de l'esprit, ces petits travaux d'invention et de composition contribueront à donner à l'enfant une conscience ferme et nette de lui-même, de ce qu'il sent, de ce qu'il pense, de ses penchants et de ses devoirs; c'est dans ces conditions qu'ils peuvent être et qu'ils seront un des instruments d'éducation les plus sûrs et les plus puissants.

Bien des choses s'effacent du souvenir plus ou moins vite parmi celles que l'on apprend sur les bancs des classes. Ainsi en est-il à tous les degrés des études de la jeunesse. Mais ce qui reste des études bien faites, ce qui doit rester d'une éducation primaire où à la culture intellectuelle qui forme l'esprit est unie la culture morale qui forme le caractère, c'est un jugement éclairé et sain.

LES CLASSES D'ADULTES

I

1875-1878.

Le premier projet d'organisation des cours d'adultes à Paris remonte à 1709. J.-B. de la Salle et l'abbé de la Chétardie, curé de Saint-Sulpice, en furent les promoteurs : l'école qu'ils avaient concerté d'ouvrir devait être affectée spécialement aux *garçons apprentis des divers métiers*. En 1783 Philipon de la Madeleine, se demandant « quelle doit être l'éducation du peuple depuis la sortie des écoles jusqu'au mariage », développait le projet d'une institution embrassant tout un plan. « Il faudrait, disait-il, assujettir les apprentis de chaque profession à s'assembler un jour de la semaine chez le syndic de leur jurande, à y recevoir des leçons, à y travailler sous ses yeux, à y subir une sorte d'examen ; et, pour avoir un sûr garant de leur exactitude à s'y rendre, il serait arrêté que nul ne parviendrait à la maîtrise de son art sans avoir justifié par les certificats des syndics de chaque année qu'il a suivi régulièrement ces sortes de cours publics ; on ferait de ces cours un des devoirs du syndicat ; ce ne serait jamais une charge pour la cité. » Philipon de la Madeleine voulait même y associer les curés dans les campagnes : « Dans tous les villages il est des ministres chargés d'annoncer les vertus évangéliques : serait-ce les détourner de leurs fonctions que de les faire, tous les mois, remplacer un prône et un catéchisme par des instructions relatives soit à l'agriculture, soit aux objets d'industrie et de commerce qui occupent leurs paroissiens? Aviliraient-ils leur ministère en apprenant à leur peuple les moyens de gagner ce pain quotidien qu'ils leur enseignent à demander au Père céleste?... Non que je prétende blâmer le catéchisme et le prône. Je propose uniquement, pour parler le langage de l'Écriture, de ne pas séparer la graine de la terre de la rosée du ciel, de faire marcher de front l'intérêt spirituel et l'intérêt temporel du peuple, de faciliter en un mot à la religion l'accomplissement de son double objet : la félicité de l'autre vie et notre bonheur dans celle-ci[1]. »

L'idée ne pouvait manquer d'être reprise par les organisateurs de l'instruction publique sous la Révolution. Le décret du 22 frimaire an I instituait des cours communs pour les citoyens de tout âge, de l'un et l'autre sexe, et celui du 11 prairial de la même année renouvelait la même prescription[2]. Mais ce n'est qu'après les guerres de l'Empire et sous la Restauration, alors que la question de l'enseignement mutuel enflammait les esprits, qu'un sérieux effort de réalisation se produisit. Le 23 mars 1816, dans une lettre restée célèbre, une des nombreuses sociétés qui s'étaient formées en Angleterre sous le nom d'*Adult Institution* engageait la *Société pour l'instruction élémentaire* à créer des écoles du soir ou du dimanche, sur le modèle de

---

1. *Vues patriotiques sur l'éducation du peuple, tant des villes que de la campagne.*
2. Titre I. — Voir également le décret du 8 pluviôse an II, art. 4 et 5.

celles qui, à Londres, à Bristol, à Plymouth, avaient obtenu un plein succès. De 1820 à 1822 trois cours furent ouverts à Paris, l'un dans l'île Saint-Louis, par M. Delahaye, qui peu après recevait de la Société une mention honorable à titre de *premier fondateur d'une école gratuite pour les adultes*; l'autre par M. Sarazin, directeur de l'école normale d'enseignement mutuel; la troisième, rue Saint-Lazare, par Mme Renault de la Vigne, qui réunit dès l'abord 41 femmes.

Toutefois le mouvement ne devait se propager qu'après 1830 et sous l'impulsion donnée à l'éducation populaire par la loi de 1833[1]. Le nombre des élèves n'était, à la fin de l'hiver de 1829, que de 381 (103 hommes, 188 femmes), répartis entre 10 cours (4 pour les femmes, 6 pour les hommes)[2]. En 1838 des locaux existaient pour recevoir 6771 adultes des deux sexes (hommes 4160, femmes 922) et l'institution s'était répandue dans la France entière[3]. La statistique générale dressée en 1837, sous le ministère de M. de Salvandy, en mentionnait l'existence dans 1547 communes, où 1846 classes régulièrement ouvertes ne recevaient pas moins de 36960 élèves; et, quatre ans après, M. Villemain, dans son rapport au roi, constatait que le nombre des communes où étaient organisés des cours d'adultes s'élevait à 3090, celui des classes à 3403, celui des élèves à 68508, c'est-à-dire que tous les chiffres étaient doublés ou presque doublés.

---

1. Voir les instructions adressées par M. Guizot au Recteur de l'Académie de Paris, au Préfet de la Seine, au Président de l'Association philotechnique, au Supérieur général des Frères des Écoles chrétiennes, au Président de la Société pour l'encouragement de l'instruction primaire parmi les protestants (2 février 1833). — Cf. circulaire du 3 juillet 1833.
2. En 1821 le nombre des élèves était de 243 : hommes, 202; femmes, 41.
3. Voir l'arrêté du 22 mars 1836.

L'institution avait dès lors pris rang; l'arrêté du 22 mars 1836 en avait fixé les règles, et tous les projets de loi datant de 1847 et de 1848 la comprennent dans le cadre normal des établissements d'instruction primaire[1]. Mais cette force qu'elle tenait de la loi, la loi allait la lui retirer. Ne pouvant la détruire, le législateur du 15 mars 1850 l'amoindrissait, en se déclarant disposé à la tolérer[2]. Le vice-président de la République, Boulay de la Meurthe, avait en vain réclamé contre cette sorte de désaveu : « C'est à l'aide de l'ignorance que se sont propagées les doctrines subversives de toute société, s'écriait-il; les plantes vénéneuses ne croissent que dans les champs sans culture »; et il allait jusqu'à demander que les cours fussent obligatoires pour les quatorze millions d'adultes qui ne savaient ni lire ni écrire et auxquels le suffrage universel remettait le droit de disposer de la France[3]. Il paraissait suffisant de signaler aux encouragements de l'État les sacrifices que les villes continueraient à faire; et ces encouragements étaient eux-mêmes strictement réduits. En 1837, tandis que les communes avaient fourni à l'entretien des classes du soir une somme de 82 985 francs, le chiffre des subventions de l'État atteignait près de 20 000 francs (19 681 fr. 93 c.). A partir de 1850, les crédits du ministre de l'instruction publique pour cet objet furent abaissés à 5000 francs, puis à 3000 francs; et ces 3000 francs étaient prélevés sur un article où les cours d'adultes étaient confondus avec les établissements charitables.

On ne pouvait espérer donner du ressort à l'institution qu'en lui assurant des ressources : c'est ce qu'a-

---

1. Voir le projet de loi du 31 mars 1847, art. 6, et du 18 décembre 1848, art. 37.
2. Art. 84. — Voir le rapport du comte Beugnot.
3. Voir la lettre publiée par le *Moniteur* du 11 janvier 1850.

vaient essayé de faire, en 1848, M. Barthélemy-Saint Hilaire et M. Carnot pour la fortifier; c'est ce que fit en 1867, pour la rétablir, M. V. Duruy[1]. Un élan considérable suivit : « Si j'avais l'honneur d'être instituteur primaire, disait M. Ch. Robert, et que je pusse avoir une classe du soir, voici ce que je ferais : je rechercherais un à un dans ma commune les jeunes gens qui se présenteront au tirage en 1866 et en 1867 et qui ne savent ni lire ni écrire; j'irais à eux et j'emploierais tous les moyens pour les attirer, pour les entraîner. J'irais jusqu'à les payer pour venir, ainsi que le fait à Londres l'administration de l'école de dessin de South-Kensington, pour former des artistes anglais. Puis je ferais de ces ignorants mes élèves de prédilection; je ne négligerais rien pour les pousser, les éperonner; je mettrais tout en œuvre, je voudrais arriver ainsi à nettoyer ma commune de toutes ces taches d'ignorance. Ce résultat obtenu, au jour du tirage, en 1867, à la veille de l'Exposition internationale, j'irais au canton avec mes jeunes gens; je les amènerais triomphants devant les

---

[1] « Une indemnité fixée par le ministre de l'Instruction publique, après avis du conseil municipal et sur la proposition du préfet, peut être accordée annuellement aux instituteurs et aux institutrices dirigeant une classe communale d'adultes payante ou gratuite.... Il est pourvu à ces dépenses au moyen des ressources énumérées dans l'article 40 de la loi du 15 mars 1850, augmentées d'un troisième centime additionnel au principal des quatre contributions directes. » (Art. 7 et 14 de la loi du 10 août 1867.)
Ces principes ont été confirmés par le décret du 18 janvier 1887, art. 98, 103 et 104. — « La création des classes publiques d'adultes ou d'apprentis est soumise aux mêmes formalités légales que la création des écoles primaires publiques. — Quand une classe publique d'adultes ou d'apprentis aura été régulièrement créée, il pourra lui être alloué, sur la proposition du préfet, à titre d'encouragement ou de récompense : 1° une subvention de l'État qui ne pourra dépasser la moitié des frais de tenue et d'entretien qu'elle entraîne; 2° des concessions de matériel d'enseignement. — La subvention de l'État ne peut être accordée à des classes publiques d'adultes ou d'apprentis, après épuisement des ressources communales, que si ces classes durent cinq mois au moins, si la commune se charge des frais de chauffage et d'éclairage et si elle contribue en outre à la rémunération des instituteurs qui dirigent ces classes. »

autorités réunies; je les offrirais ainsi à l'Empereur, comme un général vainqueur lui offre les drapeaux et les prisonniers qu'il a conquis. » En 1867, en effet, le nombre des cours d'adultes s'élevait à près de 35 000 et l'on ne parlait pas de moins de 800 000 auditeurs, plus ou moins assidus, mais régulièrement inscrits.

Il était difficile que de pareils efforts se soutinssent longtemps. Le succès même des cours en rendait d'année en année le développement moins nécessaire. En même temps, au fur à mesure que certaines ignorances disparaissaient, la confusion, par le fait même de la diversité des intérêts, s'introduisait dans l'enseignement. La dépense qui avait été maintenue au budget de l'État, alors que les besoins n'étaient plus les mêmes, paraissait justement dépasser la mesure. En 1874 le Parlement crut devoir « apporter à l'accroissement des charges du Trésor des tempéraments correspondant à la diminution du nombre des élèves[1] ». Les subventions aux cours d'adultes cessèrent de rentrer dans le cadre général des dépenses obligatoires de l'instruction primaire, et l'ensemble des crédits, qui avait dépassé 1 500 000 francs (exactement 1 523 000 fr.), fut ramené à un million[2].

A Paris, les ressources n'avaient jamais fait défaut, non plus que le zèle des élèves ni le dévouement des maîtres. Aux efforts des instituteurs laïques s'étaient joints, à la prière du Comité central, ceux des écoles congréganistes : « Dites au Comité, répondait le frère Philippe le 18 juin 1831, que les frères, amis du peuple et dévoués au service de l'enfance, seront toujours prêts à se rendre à tout ce qui pourra lui être utile,

---

1. Voir la loi de finances du 31 décembre 1873.
2. Le crédit est aujourd'hui (1887) de 800 000 francs.

surtout lorsqu'il s'agit d'étendre les lumières et de propager la science. » Après 1850, le conseil municipal ne se refusa pas à maintenir ce qui existait, et le déclin se fit moins sentir qu'ailleurs. Le relèvement, en 1867, fut aussi plus rapide et plus brillant. Mais les mêmes causes ne pouvaient tarder à produire les mêmes effets. La première fois que nous étions entrés dans une classe du soir, pendant l'hiver de 1865, nous avions été frappés tout à la fois de la somme de forces qui s'y dépensaient et de l'insuffisance des résultats qui s'y produisaient. Toutefois il fallait aller au plus pressé et commencer par affermir l'enseignement primaire dans l'école même. Plus tard les événements de 1870-1871 durent faire différer tout essai de réforme. En 1875, et alors que les esprits étaient déjà préparés à la nécessité d'une nouvelle économie des classes, l'occasion de l'entreprendre se présenta.

On sait que la loi du 19 mai 1874 sur le travail des enfants dans les manufactures, applicable à partir du 19 mai 1875, interdit aux patrons d'admettre aucun enfant avant l'âge de quinze ans accomplis à travailler plus de six heures chaque jour, s'il ne justifie, par la production d'un certificat de l'instituteur ou de l'inspecteur primaire, visé par le maire, qu'il a acquis l'instruction élémentaire [1]. D'autre part, la loi du 27 juillet 1872 sur le recrutement de l'armée dispose que les jeunes soldats qui font partie de la deuxième partie du contingent, et qui, à l'expiration du temps de service fixé pour leur instruction militaire, ne savent pas lire et écrire, peuvent être maintenus au corps pendant une nouvelle année [2]; le 5 mai une circulaire ministérielle avait rappelé ces prescriptions; elle indiquait en même temps

---

1. Sect. 4, art. 8.
2. Art. 41.

les conditions de l'examen qui pouvait permettre de prétendre au volontariat d'un an, et les bases de cet examen étaient les programmes de l'enseignement régularisé de nos écoles. De leur côté, en présence de la concurrence étrangère devenue plus active que jamais, les Chambres de commerce, les syndicats, les associations, les chefs des grandes maisons demandaient de toute part que l'on assurât à la population ouvrière les moyens de développer son instruction professionnelle. Enfin ce n'était pas seulement à l'État, c'était aux villes aussi que s'adressait l'appel du législateur, lorsqu'il invitait les pouvoirs publics à mieux utiliser les fonds appliqués aux classes du soir.

La bonne organisation de l'enseignement des adultes était donc devenue tout à la fois une question d'ordre public, une condition d'équité sociale, une garantie de sécurité pour le travail national et une nécessité financière. Jamais le moment n'avait été plus opportun pour l'étudier.

II

C'est peut-être surtout lorsqu'il s'agit des classes du soir qu'il convient de se tenir en garde contre les données trop avantageuses de la statistique. Dans le dénombrement opéré au cours de l'hiver de 1874, c'est-à-dire pendant la période de l'année la plus favorable à la fréquentation, voici les chiffres qui avaient été constatés : 23102 inscriptions pour les hommes, 7225 inscriptions pour les femmes. Vérification faite des listes nominativement, il fut établi que le nombre des présences moyennes atteignait au plus 7035 d'une part,

3583 d'autre part, soit, relativement aux inscriptions, environ la moitié pour les hommes et le tiers pour les femmes. Encore cette proportion représentait-elle une moyenne mathématique, et n'en pouvait-on conclure à la présence régulière des mêmes élèves.

Ces différences si considérables s'expliquaient sans doute par bien des motifs. Elles étaient en partie d'abord le fait même des adultes. On s'était inscrit au commencement de l'année, on avait suivi la classe pendant quelques semaines; puis un travail inattendu avait amené une interruption, ou bien on avait changé de quartier, ou bien encore le zèle s'était simplement attiédi. Mais en dehors des raisons imputables aux élèves, n'y en avait-il pas qui tenaient à la constitution de l'enseignement?

Pour répondre à la question, il était nécessaire de se rendre exactement compte des éléments dont se composaient les classes; et il n'était pas aisé de réunir des renseignements précis sur une population flottante, maîtresse d'elle-même, qu'on ne peut retenir contre son caprice ou sa volonté. L'enfant n'entre à l'école que muni d'un livret de la mairie qui porte son état civil. La même formalité peut être imposée, la loi aidant, à l'apprenti, et toute sa vie, pour ainsi dire, nous appartient. Il est difficile de soumettre l'adulte à un tel examen: comment, pour son immatriculation, ne pas s'en remettre aux déclarations qu'il lui convient de faire? Toutefois, grâce à des recherches poursuivies avec persévérance, nous sommes arrivés à réunir des indications détaillées et fermes sur l'ensemble des classes des 1er, 10e, 14e et 20e arrondissements (hommes et femmes), et sur les deux classes les plus importantes du 11e et du 12e. C'était un champ d'étude assez étendu pour permettre de considérer comme s'appliquant à l'ensemble de Paris les observations que nous avions pu y relever.

Or on aurait peine à imaginer quelque chose de plus disparate, que l'âge, la profession, le degré de savoir et d'intelligence des élèves qui se trouvaient réunis sur les mêmes bancs.

La disproportion d'âge éclatait dans le simple rapprochement des chiffres suivants :

Pour les hommes, même dans les cours du 1er arrondissement, où le nombre des adultes de 18 ans et au delà l'emportait notablement, le nombre des enfants de moins de 15 ans était encore de plus d'un cinquième.

Au 20e arrondissement, à l'école de la rue Tlemcen, sur 903 inscrits on comptait 164 enfants de moins de 13 ans et 385 jeunes gens de 13 à 15 ans, mêlés à 454 hommes faits.

Même mélange et plus sensible encore dans les cours de la rue Morand et de la rue d'Aligre (11e et 12e arrondissements), lesquels recevaient 310 élèves de plus de 15 ans et 440 de moins de 15 ans.

Les classes des femmes ne présentaient pas des anomalies moins étranges.

Dans le 1er arrondissement, les élèves au-dessous de 15 ans étaient dans la proportion d'un quart ; dans le 20e, 228 enfants de moins de 15 ans étaient réunies à 164 femmes de 18 ans et plus. Et ce qu'il faut entendre par les élèves de plus de 18 ans, la statistique analytique des cours du 10e et du 14e arrondissement le faisait connaître : on y trouvait 40 élèves de 19 ans, 22 de 20 ans, 68 de 21 à 25, et 87 de 26 à 40.

Entre des âges aussi distants comment établir un enseignement d'une commune mesure ?

L'embarras s'accroissait si l'on envisageait la diversité des provenances.

Dans les quatre écoles de la rue d'Argenteuil, de la rue Morand, de la rue d'Aligre, de la rue Tlemcen, il se rencontrait plus de 150 professions de toutes sortes et sans aucune espèce de rapport entre elles. Quelques catégories dominaient : chez les hommes, les bijoutiers, les ciseleurs, les ébénistes, les employés de commerce, les imprimeurs, les mécaniciens, les passementiers, les tourneurs sur cuivre ou en bois ; chez les femmes, les couturières, les comptables, les fleuristes. Les autres professions se chiffraient plus ou moins par unités ; et elles étaient rapprochées, confondues pêle-mêle, dans la même classe, au hasard du domicile, depuis la modiste jusqu'à la chiffonnière, depuis le commis d'administration jusqu'au coupeur de poil de lapin.

Ce qui achevait la confusion, c'était l'inégalité absolue des connaissances et des aptitudes. Non seulement chaque élève arrivait avec ses besoins propres ; mais le degré des besoins variait avec l'individu : les uns savaient mal ce qu'ils savaient ; les autres savaient à peine quelque chose ; le plus grand nombre ne savait rien.

Le mal était d'autant plus grave que les instituteurs ne pouvaient ni s'en étonner ni s'en plaindre. A l'origine, pour stimuler le zèle du personnel enseignant, il avait été établi que la rémunération serait proportionnelle au nombre des élèves présents, et cette règle s'était conservée. Le directeur seul jouissait d'une rétribution fixe de 300 francs, en raison des devoirs de surveillance générale qu'il avait à remplir. Si l'école ne réunissait que 60 élèves, l'indemnité éventuelle était de 5 francs par tête d'élève ; elle était fixée à 10 francs au delà de 60 élèves, c'est-à-dire dès qu'il y avait lieu de former une seconde classe, une troisième, etc. Cette rétribution de 10 francs par an et par tête d'adulte étant le seul bénéfice des maîtres, qu'arrivait-il? C'est que leur intérêt était d'attirer le plus d'élèves possible, quelle qu'en fût la valeur, en d'autres termes, de garnir les bancs. Intérêt respectable après tout, car les charges d'un père de famille, à Paris, sont lourdes, et pour un homme qui, depuis 9 heures du matin jusqu'à 5 heures du soir, a dirigé les classes du jour, c'est un rude labeur de recommencer une classe nouvelle de 8 à 10 heures du soir. Intérêt malheureusement presque unique, ou qui n'était pas suffisamment balancé par un intérêt d'un autre ordre, puisque les cours d'adultes, visités sans doute par l'inspection, mais visités à de longs intervalles à cause de leur nombre et de leur dissémination, manquaient, en outre, de sanction, aucun examen final n'en consacrant les résultats.

La conséquence de cet état de choses, on la devine. Si dévoué que soit le maître, disaient les meilleurs directeurs, il ne saurait assez se multiplier pour distribuer à chacun les secours qui lui sont nécessaires. Pendant qu'il fait épeler les ignorants, les autres ne peuvent guère travailler avec fruit, car eux aussi sont des ignorants à leur degré. S'occupe-t-il au contraire des plus avancés, les derniers ne font absolument rien, et l'ennemi commun est là, le sommeil, dont on ne triomphe qu'en donnant aux uns et aux autres un rôle actif. Parvînt-on par impossible à soumettre tout son auditoire à quelque exercice d'ensemble, la discipline est un autre obstacle presque insurmontable. Avec les apprentis, un contrôle rigoureux, une main ferme est nécessaire. Il est indispensable que de leur part toute absence ou tout retard soit expliqué : sans ces précautions, la classe du soir ne serait plus qu'un prétexte à sortie, et Dieu sait où vont les apprentis qui font l'école buissonnière ! Dans la classe même, leur âge, leurs habitudes exigent une volonté qui ne fléchisse point. Ainsi ne saurait-on faire pour les adultes. Voilà un homme qui s'arrache à son repos ou à son plaisir pour revenir sur les bancs. Ce qu'il compte y trouver, c'est une aide cordiale, d'affectueux conseils, des directions qui lui permettent de regagner le temps perdu. Il fait déjà un sacrifice considérable d'amour-propre, s'il est ignorant; de liberté et de distraction, s'il a en vue des études sérieuses, en prenant place au milieu de ces enfants toujours disposés au désordre et à la raillerie. Imposez-lui les mêmes règles qu'à eux : il est froissé et il s'éloigne.

La situation ainsi définie, on ne pouvait espérer d'en conjurer ou d'en corriger les effets que par un ensemble de mesures pédagogiques. Les principales nous parurent devoir être les suivantes :

1° Organiser les cours dans les écoles les plus accessibles de chaque arrondissement, sur les plans des classes du jour, c'est-à-dire en divisant l'enseignement en trois degrés — degré élémentaire, degré moyen, degré supérieur, — de façon à pouvoir réunir dans une même classe des élèves capables de suivre le même enseignement; si, dans une même école, l'organisation des trois degrés n'était pas possible faute d'un nombre suffisant d'élèves, n'en établir qu'un ou deux, sauf à créer l'autre ou les deux autres dans une école plus favorisée du même quartier.

2° Supprimer les cours trop rapprochés les uns des autres, l'adulte qui a le désir de s'instruire ne regardant pas à faire quelques pas de plus pour aller chercher une direction mieux appropriée à ses besoins.

3° Séparer les apprentis des adultes proprement dits, en sorte que les maîtres puissent, d'accord avec les patrons, prendre toutes les mesures de surveillance nécessitées par l'âge et par la condition légale des apprentis. En assimilant aux adultes les apprentis au-dessus de 13 ans, la loi du 15 mars 1850 a marqué la limite.

4° Fixer la durée normale des cours à sept mois, du 15 octobre au 15 mai, les irrégularités de fréquentation se produisant le plus souvent avec le commencement des chaleurs, et rendant dès lors presque impossible un enseignement suivi.

5° Établir, comme sanction des cours, un certificat d'études spécial, en plaçant les examens du 15 mai au 15 juin.

6° Donner à l'enseignement dans les deux premiers cours (élémentaire et moyen) un caractère essentiellement pratique : choisir des exercices orthographiques courts et attachants par le fond des idées et des sentiments ou par leurs applications aux usages de la vie, des exercices de calcul empruntés aux opérations les plus ordinaires du commerce et de l'industrie; s'en tenir pour la géographie aux traits généraux étudiés sur la carte; pour l'histoire nationale, à un exposé succinct de la série des grands faits éclairés par des lectures.

7° Créer, au-dessus des cours supérieurs, dans les écoles où se rencontreraient les éléments pour le faire, des classes de perfectionnement, où les adultes pourvus du certificat d'études recevraient un enseignement complémentaire sur les matières facultatives de l'instruction primaire, — arithmétique appliquée à la comptabilité, notions de sciences physiques et d'histoire naturelle applicables aux usages de la vie, notions de commerce, d'industrie et d'hygiène, — et qui seraient l'objet d'un examen, complémentaire aussi, du certificat d'études.

8° Attribuer aux instituteurs chargés des classes d'adultes un traitement fixe; ce qui n'accroîtrait pas les charges, un certain nombre de cours devant être supprimés, et la durée de tous les cours étant réduite à sept mois[1].

[1]. Ces mesures ont été sanctionnées par l'arrêté du 10 août 1877, dont voici la teneur :

Le Préfet de la Seine,

Vu le rapport par lequel l'Inspecteur général de l'instruction publique, directeur de l'enseignement primaire du département, propose d'introduire dans l'organisation des cours d'adultes et d'apprentis, à dater de l'année scolaire 1877-1878, les modifications dont les bases ont été posées dans son mémoire en date du 25 septembre 1875;

Vu la loi du 19 mai 1874 sur le travail des enfants employés dans les manufactures et les apprentis;

Vu la circulaire du Ministre de l'Intérieur en date du 5 mai 1865;

Vu le budget municipal de 1877, chap. XX, art. 6,

Arrête :

ARTICLE PREMIER. — Les écoles du soir sont ouvertes, chaque année, du 15 octobre au 30 juin. Les cours pour les adultes-hommes et les apprentis ont lieu de 8 à 10 heures; les cours pour les adultes-femmes et les jeunes filles apprenties, de 7 heures et demie à 9 heures et demie.

ART. 2. — L'inscription des élèves se fait à l'école. Les registres d'inscription sont ouverts pendant toute la durée des cours. Ils contiennent l'indication des nom et prénoms des élèves, du lieu et de la date de leur naissance, de leur domicile et de leur profession. Pour les apprentis, garçons et filles, il est pris note, en outre, du nom et de l'adresse du patron. Aucun apprenti n'est admis s'il n'est présenté soit par ses parents, soit par son patron.

ART. 3. — Il est formé une section spéciale d'apprentis dans toute école où les inscriptions des élèves de cette catégorie atteignent au minimum le chiffre de 30. Dans les écoles où, faute d'un nombre suffisant d'apprentis, une section spéciale ne peut être organisée, les adultes et les apprentis, réunis dans une classe commune, sont placés sur des bancs distincts.

La réforme s'accomplit dans des conditions qui contribuèrent à en faire ressortir le bienfait.

Art. 4. — Tout élève apprenti, garçon ou fille, reçoit, à son entrée dans l'école, un livret portant son nom et celui de la personne, patron ou parent, par laquelle il est présenté. Les notes concernant le travail de l'apprenti, son assiduité, sa conduite, sont chaque semaine consignées par le directeur ou la directrice sur ce livret, que l'élève rapporte à la classe suivante visé par la personne désignée pour lui servir de répondant. Toute absence d'un apprenti est immédiatement signalée par un bulletin envoyé au domicile de la famille ou du patron. L'élève n'est admis à rentrer en classe que s'il justifie, par un certificat régulier, des motifs de son absence.

Art. 5. — L'enseignement est divisé dans les écoles du soir conformément aux principes établis pour les écoles du jour et comprend trois degrés : élémentaire, moyen, supérieur. Toute école du soir se compose nécessairement d'un cours élémentaire et d'un cours moyen. Le cours supérieur n'est organisé que lorsque l'école compte au moins 30 élèves en état de le suivre. Chaque cours est partagé en autant de divisions que l'exige le nombre des élèves présents. L'effectif normal d'une division est de 50 élèves présents en moyenne.

Art. 6. — Aucun cours, aucune division de cours ne peut être créé qu'en vertu d'un arrêté.

Art. 7. — Les directeurs et les directrices tiennent les registres d'inscription, répartissent les élèves entre les différents cours, veillent au maintien du bon ordre, tant à l'entrée qu'à la sortie, s'assurent que l'appel nominal est fait exactement, contrôlent le pointage sur le registre et suivent la marche des études dans toutes les classes. Tous les trois mois, ils dressent, en double expédition, un tableau indiquant : 1° le nombre des élèves inscrits; 2° la moyenne des présences; 3° les résultats obtenus. L'une des expéditions est envoyée, avant les 5 janvier, 5 avril et 5 juillet, à l'inspecteur de l'enseignement primaire de la circonscription, l'autre à l'inspecteur ou à l'inspectrice du matériel des écoles. Ceux-ci les transmettent, avec leurs observations, avant le 15 des mêmes mois, à l'inspecteur général de l'instruction publique, directeur de l'enseignement primaire du département.

Art. 8. — Chaque année, du 15 au 30 juin, il est ouvert une session spéciale pour l'obtention du certificat d'études primaires en faveur des adultes et des apprentis âgés de quatorze ans au moins.

Art. 9. — La rétribution éventuelle, calculée d'après le nombre des élèves, est supprimée et remplacée par une indemnité annuelle payable en trois fractions égales aux mois de janvier, avril et juillet.

Art. 10. — L'indemnité annuelle accordée à chaque maître chargé d'une classe d'adultes ou d'apprentis est fixée à 600 francs.

Art. 11. — Les directeurs et les directrices des écoles dans lesquelles sont établis des cours du soir reçoivent une indemnité proportionnelle, calculée d'après les bases ci-dessous déterminées :

1re catégorie : Directeurs ou directrices d'écoles comprenant au minimum 6 classes distinctes d'adultes ou d'apprentis. . . . . 1000 fr.

2e catégorie : Directeurs ou directrices d'écoles comprenant de 4 à 6 classes. 800

Au 1er janvier 1878, 6191 élèves sur 10 688, soit 60 pour 100, appartenaient à la catégorie des apprentis :

3e catégorie : Directeurs ou directrices d'écoles comprenant 3 classes. 600
4e catégorie : Directeurs ou directrices d'écoles comprenant 2 classes. 500

Sont comptés comme classes distinctes pour l'attribution de l'indemnité de surveillance et de direction :

1° Chaque division d'enseignement primaire dirigée par un maître;
2° Chaque cours de dessin — dessin d'art ou dessin géométrique, — quel que soit le nombre des professeurs attachés à ce cours.

Art. 12. — Les directeurs et les directrices de la première catégorie ne font point de classes, sauf dans le cas où ils sont appelés à remplacer un maître absent. Ils se doivent tout entiers à la surveillance et à la direction générale des cours, ainsi qu'aux rapports journaliers qu'ils ont à entretenir avec les familles et avec les patrons des apprentis. Leur présence à l'école est de rigueur pendant toute la durée des classes.

Art. 13. — Les directeurs et les directrices des 2e, 3e et 4e catégories peuvent être autorisés, sur leur demande, à faire une classe. Ils reçoivent, dans ce cas, l'indemnité fixe de 600 francs accordée aux maîtres enseignants, et leur indemnité de surveillance est réduite de moitié.

Art. 14. — Les présentes dispositions seront mises en vigueur à dater du 15 octobre 1877.

Art. 15. — Est arrêtée, conformément à l'état ci-annexé, la liste des écoles du soir qui seront ouvertes à ladite date du 15 octobre 1877.

En conséquence de cet arrêté, le nombre des cours était réduit à 89 : 53 pour les hommes, 36 pour les femmes.

L'arrêté du 29 octobre 1881 a pourvu à l'organisation des cours complémentaires, sous le nom de « cours d'enseignement professionnel, commercial et industriel ». Les cours d'enseignement commercial comprennent : la tenue des livres et la comptabilité, des exercices de correspondance commerciale, la géographie industrielle et commerciale, la technologie (étude des matières et des procédés de fabrication), la législation usuelle, les langues vivantes. Les cours d'enseignement professionnel comprennent l'étude des sciences mathématiques, mécaniques, physiques et naturelles enseignées au point de vue de leurs applications industrielles, le dessin et ses applications à l'industrie, la comptabilité, des notions de droit commercial et industriel. — L'enseignement est de part et d'autre divisé en deux degrés : degré élémentaire et degré supérieur; chacun de ces degrés comprend deux années d'études, soit au total quatre années pour l'enseignement complet. — Pour être admis à suivre les cours, tout élève doit être muni du certificat d'études primaires ou subir un examen équivalent. — Des certificats spéciaux sont délivrés, après examen, à ceux qui ont suivi les cours. — Ces certificats sont de deux degrés : certificat d'études commerciales élémentaires, certificat d'études commerciales supérieures. — Toutes ces mesures sont applicables aux garçons et aux jeunes filles. (Voir le *Bulletin de l'enseignement primaire de la Seine*, année 1881, n° 242.)

Le nombre des cours d'enseignement professionnel, commercial et industriel a été à l'origine de 17 : 8 pour les jeunes gens, 9 pour les jeunes gens, 2029 sur 6580; jeunes filles, 1868 sur 4108. Parmi ces jeunes gens et ces jeunes filles, 521 (17 pour 100) étaient classés dans les cours supérieurs; 2572 (40 pour 100) dans les cours moyens; 3098 (43 pour 100) dans les cours élémentaires.

jeunes filles. Il est aujourd'hui de 15 pour les hommes, de 15 pour les femmes.

Depuis 1882 il a été délivré 577 certificats, ainsi répartis :

ANNÉES.	CERTIFICAT D'ÉTUDES COMMERCIALES ÉLÉMENTAIRES.			CERTIFICAT D'ÉTUDES COMMERCIALES SUPÉRIEURES.			TOTAL GÉNÉRAL.
	HOMMES.	FEMMES.	TOTAL.	HOMMES.	FEMMES.	TOTAL.	
1882..	28	51	79	»	»	»	»
1883..	64	57	121	»	»	»	»
1884..	57	58	115	5	5	10	125
1885..	29	67	96	13	5	18	114
1886..	47	64	111	18	9	27	138
Total.	225	297	522	36	19	55	577

En 1887 le nombre des élèves fréquentant les cours d'enseignement professionnel, commercial ou industriel est de 2920 : hommes, 1611; femmes, 1309.

« La science du commerce, dit avec une passion généreuse M. Eugène Léautey dans son livre si substantiel et si intéressant sur l'*Enseignement commercial et les écoles de commerce en France et dans le monde entier*, la science du commerce a été dédaigneusement traitée, dans les Universités, de science d'épicier. Ce mot a fait chez nous tout le mal qu'un mauvais mot peut causer; il a détourné la jeunesse intelligente d'une carrière dont toutes les autres sont tributaires; nous le payons aujourd'hui d'une infériorité commerciale qui compromet gravement notre situation économique. Mais il ne suffit pas de constater le mal, il faut le réparer. A l'Université des carrières techniques de relever le prestige de ces carrières, de vulgariser la science individuelle, la science agricole et la science commerciale. Créons sans retard cette Université de travail technique, donnons-lui de fortes bases, développons dès le début ses moyens d'action. »

Pour les adultes, dont le nombre s'élevait à 4497, les élèves, hommes ou femmes, qui avaient tout à apprendre et qui appartenaient aux cours élémentaires, étaient les moins nombreux; l'effectif des cours moyens, comprenant ceux ou celles qui possédaient au moins les premiers éléments, atteignait 50 pour 100 pour les hommes, et pour les femmes 40 pour 100; enfin la proportion des cours supérieurs était de 20 et de 15 pour 100[1]. Ainsi se trouvait justifiée la gradation établie dans l'enseignement, et l'on pouvait espérer que, cette organisation venant à l'appui de l'organisation de l'école proprement dite, l'institution des cours d'adultes, cette institution d'instruction réparatoire, comme l'appelait Villemain, deviendrait bientôt pour tous une institution d'instruction complémentaire[2].

1. Voir aux Annexes, n° III.
2. Le nombre total des cours d'adultes et apprentis est aujourd'hui (1887) de 80 : 50 pour les hommes, 30 pour les femmes. — Le nombre des élèves est de 8123 : 6021 pour les hommes; 2102 pour les femmes. Ils sont classés, pour la plus grande part, dans les cours supérieurs.

Depuis 1880, voici, par année, le nombre des certificats d'études primaires qui ont été délivrés :

ANNÉES.	HOMMES.	FEMMES.	TOTAL.
1880.	327	177	504
1881.	367	222	589
1882.	425	257	682
1883.	180	210	390
1884.	311	225	536
1885.	350	247	597
1886.	475	202	677
Total. . . .	2435	1540	3975

III

Deux points toutefois devaient appeler particulièrement notre sollicitude dans les cours complémentaires destinés aux femmes. L'enquête avait établi que les couturières formaient partout un des groupes d'élèves les plus considérables, d'autre part que la comptabilité était une des professions vers lesquelles, malgré la préparation insuffisante qu'elles recevaient à cet égard, un certain nombre d'entre elles étaient manifestement attirées. N'était-il pas possible de donner satisfaction à ces intérêts ?

De sérieuses améliorations accomplies dans l'enseignement de la couture à l'école même répondaient en partie au premier. La couture a été longtemps considérée dans les écoles de filles soit comme un accessoire sans importance, soit comme la partie presque unique de leur éducation; on en faisait d'une façon insignifiante ou on ne faisait que cela : tel était le caractère des écoles-ouvroirs, qui n'avaient de l'école que le nom. Or autre chose est le travail de l'ouvroir qui occupe l'enfant à un travail mécanique, l'établissement tirant parti de ses produits, et les produits étant d'autant plus avantageux que les mêmes opérations sont confiées aux mêmes mains; autre chose est un enseignement régulier qui fait passer les élèves par la série progressive des exercices utiles. C'est ce que l'*Organisation pédagogique* avait marqué en termes exprès. Elle donnait une place à la couture dans les trois cours, élémentaire, moyen, supérieur, et une place relativement considérable :

quatre heures par semaine. En même temps elle déterminait le caractère des exercices : renouvelant les prescriptions de la circulaire ministérielle du 31 octobre 1854, elle exigeait qu'une des séances de la semaine fût consacrée aux raccommodages et aux réparations des objets de toilette ou de ménage.

Mais la couture pouvait comprendre pour les divisions supérieures quelque chose de plus. Les enfants aiment à voir leur travail prendre une forme concrète. Un surjet, un ourlet exécutés sur un morceau d'étoffe, une reprise ou une pièce appliquée à un vêtement en mauvais état, un remmaillage de bas n'auront jamais le même intérêt que la confection d'une chemise, d'une jupe ou d'un corsage faits sur mesure, laquelle donne l'idée et procure la satisfaction d'une sorte de création. Pour toutes les jeunes filles, c'est un complément d'éducation utile ; pour celles qui sont appelées à vivre du produit de leur travail, c'est un commencement d'éducation professionnelle.

Tel a été l'objet de l'institution des exercices de coupe et d'assemblage organisés en 1872 au profit des élèves du cours supérieur des écoles d'un même quartier.

La leçon a lieu le jeudi, soit le matin, soit l'après-midi, suivant les convenances locales. Elle dure trois heures. L'enseignement est à la fois théorique et pratique. Les règles sur lesquelles il repose sont expliquées au tableau noir. Les mesures pour la coupe du vêtement et les dispositions pour l'assemblage sont l'objet d'un relevé mathématique ou d'une explication démonstrative. On ne passe à l'exécution du travail qu'après que la préparation en a été raisonnée et comprise.

Les familles se sont vite rendu compte que cette instruction spéciale pouvait abréger, comme en effet elle abrège dans une mesure considérable, le noviciat de l'apprentissage; les cours régionaux sont bientôt devenus insuffisants; il a fallu établir une classe dans chaque école[1]. Nul doute qu'appliqué aux cours du soir, cet enseignement n'y dût rendre des services également appréciés, s'il était soutenu surtout d'explications empruntées aux éléments les plus simples de l'anatomie, aux règles de l'hygiène et de l'économie domestique[2].

[1]. Les administrations locales se sont prêtées avec beaucoup d'empressement à cette organisation; il est juste de citer notamment le 7ᵉ et le 9ᵉ arrondissement, qui, sous la direction de M. Gaildraud et de M. Ferry, nous ont puissamment aidé à obtenir de sérieux résultats.

[2]. Cet enseignement n'a pu être créé dans les classes du soir; mais il a été annexé des classes dites d'enseignement professionnel à un certain nombre d'écoles : les classes comprennent des ateliers pour les divers travaux propres à l'industrie des femmes et spécialement des ateliers pour l'enseignement de la coupe et de l'assemblage. On trouvera la situation résumée pour l'année 1887 dans le tableau ci-après :

DÉSIGNATION DE L'ÉCOLE.	NOMBRE des ateliers divers.	NOMBRE des ateliers spéciaux à l'enseignement de la coupe et de l'assemblage.	NOMBRE TOTAL DES ÉLÈVES.	NOMBRE des élèves spécialement attachées aux ateliers de coupe et d'assemblage.
Rue Fondary .	11	4	170	97
Rue Bouvet . .	7	3	110	60
Rue Dossuet. .	6	2	200	100
Rue Ganneron.	5	4	130	30
Rue de Poitou.	5	2	135	38
Total. . .	34	15	745	325

Ce n'était pas non plus une institution tout à fait nouvelle que celle d'un enseignement de comptabilité. Dès 1870 un cours d'arithmétique appliquée aux opérations du commerce avait été fondé à l'école de la rue Volta; trois autres avaient presque immédiatement suivi: avenue Trudaine, rue Boursault et rue des Écuries-d'Artois. Peu à peu le programme s'était élargi; les cours, qui n'étaient d'abord que d'un seul degré, en avaient compris deux : degré élémentaire et degré supérieur; le premier de deux années, le second d'une année, soit pour l'ensemble trois années. Aux notions de comptabilité et de tenue des livres avaient été joints les éléments du droit commercial, des exercices de correspondance, la langue anglaise. Un certificat d'instruction commerciale avait été créé[1]; et la clientèle

1. L'humble origine de ces examens est inscrite dans les procès-verbaux des Commissions qui ont procédé à l'examen des élèves des cours de l'école de la rue Volta et de l'avenue Trudaine.

« L'an mil huit cent soixante-dix-sept, les seize, dix-sept et dix-huit juillet, à neuf heures du matin.

« Les membres de la Commission d'examen pour l'obtention du certificat d'études à délivrer aux élèves qui ont suivi le cours de comptabilité du troisième arrondissement, se sont réunis à l'hôtel de la Mairie, square du Temple, à l'effet d'examiner la capacité des jeunes filles qui se sont présentées.

« La Commission d'examen était composée de :

MM. V. Paillard, maire du 3e arrondissement, président la Commission d'examen ;
Vanderdorpel, adjoint au maire ;
Lobey, juge de paix ;
Levasseur, membre de l'Institut ;
Clair, professeur de comptabilité à l'école Turgot ;
Desmarais, membre de la Chambre de commerce ;
Berger, inspecteur primaire,
et Mlle Malmanche, directrice du cours.

« A la suite des interrogations faites aux élèves, 21 ont été reconnues aptes à recevoir le certificat d'études ; 2 ont été éliminées. »

« L'an mil huit cent soixante-dix-sept, le dix-neuf juillet, à deux heures de l'après-midi ;

« Les membres de la Commission d'examen pour l'obtention du certificat d'études à délivrer aux élèves qui ont suivi le cours de comptabilité pour les femmes du 9e arrondissement, se sont réunis à l'école comdes cours s'augmentait au fur et à mesure que le profit en devenait plus complet.

« Notre public, m'écrivait Mlle Malmanche, aujourd'hui inspectrice de ces cours qu'elle a fondés, est composé comme suit : 60 pour 100 de jeunes filles de 13 à 15 ans encore chez leurs parents ou en apprentissage, qui ont toutes le certificat d'études primaires; — 20 pour 100 de 15 à 18 ans, employées de commerce au pair ou recevant un appointement minime, giletières, modistes, couturières; — 10 pour 100 de 18 à 22 ans, employées de commerce ayant besoin d'améliorer leur position par l'acquisition de connaissances techniques, fleuristes, brunisseuses, reperceuses fatiguées de leur métier ou n'y trouvant pas une rémunération suffisante; — 5 pour 100 de 22 à 28 ans, femmes mariées associées à leur mari ou voulant tenir elles-mêmes les écritures pour faire l'économie d'un comptable; — 5 pour 100 au-dessus de 28 ans, femmes veuves obligées de se créer une situation, parfois associées avec un employé ou un ouvrier connaissant bien la fabrication. »

Aux avantages d'une instruction complémentaire répondant à des nécessités pressantes s'ajoutaient pour

---

merciale, avenue Trudaine, 23, à l'effet d'examiner la capacité des jeunes élèves qui se sont présentées.

« La Commission d'examen était composée de :

MM. Noël (Charles), membre de la Chambre de commerce, Président du Conseil de l'école ;
F. Barbedienne, membre de la Chambre de commerce ;
Levois, — — —
Desmarais, — — —
J. Garnier, membre de l'Institut ;
Uzanne, avocat, professeur de droit à l'École commerciale ;
Vimard, professeur de comptabilité à l'École commerciale ;
Ed. Jourdan, directeur de l'École commerciale.

« A la suite des interrogations, 10 élèves sur 13 ont été reconnues aptes à recevoir le certificat d'études. »

les plus jeunes des chances d'un sérieux et lucratif avenir. Dès l'origine, grâce à l'activité de Mlle Malmanche, les municipalités, presque toutes composées d'industriels et de négociants, s'étaient intéressées à l'œuvre; puis étaient venues les grandes institutions de crédit, Crédit foncier, Société des dépôts et comptes courants, Crédit industriel et commercial, Crédit Lyonnais, qui, trouvant dans les jeunes filles munies du certificat toutes les garanties de savoir, de probité professionnelle et d'éducation désirables, se les étaient appropriées. Nous avons d'abord cherché des emplois pour nos élèves. Bientôt on est venu nous en offrir, dont la rémunération varie, pour quelques-unes, de 1500 francs, prix de début, à 3000, parfois à 3600[1].

Mlle Malmanche a formé en outre tout un corps de professeurs qui donnent aujourd'hui l'enseignement commercial non seulement dans les cours municipaux, mais dans les trois écoles professionnelles de la fondation Élisa Lemonnier, à l'école supérieure de la rue de Jouy, à l'école Sévigné, etc. Même à l'étranger, l'institution a fourni des modèles. En 1878 le sous-secrétaire du ministère du commerce de l'Italie, M. Betocchi, demandait à Mlle Malmanche des indications pour créer à Naples un cours établi sur les mêmes bases, et le 1er janvier 1879 il lui en annonçait l'ouverture.

1. Le nombre des écoles et des cours qui existent aujourd'hui (1887) est de 18; ils comprennent 43 classes, dont 3 du degré supérieur. Voir aux Annexes, n° IV. « La femme, dit judicieusement M. Léautey, est l'associée de l'homme; elle lui succède quand la mort rompt l'association. Elle a d'ailleurs de grandes aptitudes au commerce, aptitudes qu'il faut fortifier et développer par l'instruction. Les femmes seront admises avec beaucoup d'empressement dans le commerce et l'industrie, dès qu'elles seront capables d'en remplir les emplois; elles ont l'esprit vif, elles calculent juste et vite, elles sont probes et dévouées. Commerçante, industrielle, fermière, ou simplement mère de famille et tutrice, la femme a de grands intérêts à soigner : les siens, ceux de ses enfants, ceux des tiers..... »

IV

Le même esprit de gradation et de méthode était à fortifier, sinon à introduire, dans les classes de dessin.

Le dessin a toujours été réglementairement compris à Paris au nombre des matières de l'instruction primaire pour les garçons; mais en réalité, sous le régime du mode mutuel, il n'y avait qu'une élite, restreinte le plus souvent aux moniteurs, qui prenait part aux exercices. Une épreuve de dessin d'art ayant été ajoutée, en 1850, aux programmes du concours des bourses municipales créées au collège Chaptal et à l'école Turgot en faveur des élèves des écoles élémentaires, l'enseignement s'étendit à tous les concurrents; c'était encore le très petit nombre.

L'organisation générale des classes de dessin ne date que de 1865. En vertu des règlements des 16 février et 23 mai, une Commission fut constituée pour étudier les programmes et en assurer l'application. Un brevet particulier, obtenu après examen, était exigé des maîtres chargés de l'enseignement. Deux classes par semaine, d'une heure et demie chacune, devaient avoir lieu dans toutes les écoles. Deux inspecteurs spéciaux en avaient la surveillance. L'essor une fois donné, le développement a été rapide. A la fin de l'année scolaire 1867-1868, 3750 élèves suivaient les cours avec profit.

De nouveaux progrès avaient été accomplis depuis 1870. Une troisième classe d'une durée de deux heures et demie avait été ajoutée, les jeudis, aux deux classes réglementaires, et le nombre des inspecteurs avait été élevé de deux à quatre. D'autre part, les programmes du dessin linéaire avaient été mis en harmonie avec ceux du dessin d'art. Tous les élèves, depuis les premières divisions des cours élémentaires, devaient apprendre les éléments du dessin linéaire; tous ceux des cours moyens et des cours supérieurs, soit 9000 environ, recevaient à la fois l'enseignement du dessin d'art et celui du dessin linéaire. Et pour sanctionner ces diverses mesures, une épreuve de dessin avait été introduite dans les épreuves de l'examen du certificat d'études.

Les filles n'avaient eu le bénéfice du même enseignement qu'à partir de 1867 (règlement du 7 mars). Le programme comprenait le dessin linéaire à main levée et le dessin d'ornement et de fleurs; les éléments du dessin linéaire devaient être enseignés dans chaque école par l'institutrice; le dessin linéaire à main levée et le dessin d'ornement et de fleurs étaient réservés pour des cours facultatifs créés dans un certain nombre de classes centrales, et faits par des maîtresses pourvues du brevet spécial, tous les jeudis de chaque semaine, de huit heures et demie à midi et demi. Ces classes centrales avaient d'abord été au nombre de dix et ne commencèrent par réunir que quelques centaines d'élèves. Le nombre avait dû être porté, en 1869, à vingt — une par arrondissement, — puis à vingt-deux en 1875 et à vingt-neuf en 1878, une classe unique ne suffisant plus aux besoins des arrondissements les plus étendus ou les plus peuplés de la périphérie.

C'est au-dessus de ces classes élémentaires qu'étaient

établies les classes d'adultes. Il en existait six en 1850. Ce nombre depuis 1865 avait quintuplé. En outre vingt-six écoles libres dirigées par des maîtres pourvus des diplômes réglementaires — vingt pour les femmes, pour lesquelles il n'existait pas de cours municipaux proprement dits, et six pour les hommes — recevaient de la Ville des subventions dont le chiffre total dépassait 50 000 francs. « L'avenir des industries de Paris, disait M. E. Guillaume dans un discours où il résumait la situation en 1875, est étroitement lié à la prospérité des écoles de dessin et de leur développement. La statistique de ces établissements a donc pour nous un intérêt sensible; elle mérite d'être connue. En première ligne, Paris présente le groupe de ses classes d'adultes et de ses écoles subventionnées. On compte, en ce moment, 34 classes d'adultes, dont 26 sont consacrées à l'enseignement du dessin d'art et 8 au dessin géométrique : ensemble elles réunissaient, cette année, un personnel de 3213 élèves. En même temps il y a, dans les différents quartiers, 26 écoles subventionnées. 6 sont fréquentées par les hommes : elles en ont compté jusqu'à 980; 20 sont ouvertes aux jeunes personnes, dont le nombre a pu s'élever à 726. La Ville possède donc 60 écoles destinées à exercer au dessin des jeunes gens et des jeunes filles que leur vocation porte à embrasser les professions industrielles relevant de l'art, et qui déjà, pour la plupart, y sont engagés. C'est, avec les écoles nationales, la riche pépinière dans laquelle toutes les industries parisiennes trouvent leurs sujets les plus distingués. La facilité d'accès et la variété des études, l'animation et la moralité d'une jeunesse qui, le soir, souvent au sortir de l'atelier, vient chercher dans un nouveau travail le moyen de rendre plus parfait son travail du lendemain, tout semble d'accord pour assurer le maintien de la situation présente. Ces classes supérieures ont un recrutement naturel dans les écoles primaires. Grâce à la décision qui a rendu obligatoire l'enseignement des éléments du dessin dans les divisions les plus élevées de ces écoles, grâce au choix gradué des modèles qui leur sont affectés, un nombre considérable d'enfants (il n'a pas été moindre de 9415) se trouve initié d'une manière régulière au dessin linéaire et au dessin d'ornement. Les écoles ouvertes aux garçons sont les plus nombreuses : il y en a 123. Pour les filles il n'y en a qu'une par arrondissement : ce qui fait un total de 143. C'est donc avec les classes d'adultes et les classes subventionnées un enseignement à deux degrés; édifice considérable et qui présente aujourd'hui un ensemble de 203 établissements dans lesquels 14334 jeunes gens et enfants sont préparés à faire profiter nos industries des leçons de pratique habile et de goût qu'ils reçoivent de professeurs éprouvés[1]. »

Les mêmes principes réglaient de la base au sommet l'ordonnance de toutes les parties de l'édifice. Au nom de la Commission spéciale, M. Viollet-le-Duc les avait formulés en ces termes : « Pour que le dessin ait la valeur d'une faculté utile, il faut que l'intelligence ait travaillé avant la main, qu'elle ait pris l'habitude de devancer l'exercice mécanique de celle-ci, qu'elle ait compris avant de faire tracer par l'outil. Les deux vers de Boileau :

<pre>
Ce que l'on conçoit bien s'énonce clairement,
Et les mots pour le dire arrivent aisément,
</pre>

doivent être appliqués au dessin aussi bien qu'au style et à l'expression orale de la pensée.... La méthode

---

1. En 1887 le nombre a plus que doublé. Il est de 30 200 élèves, se décomposant ainsi : classes primaires, 27200 ; classes d'adultes, 3000.

d'enseignement du dessin devrait donc tout d'abord avoir pour objet d'éveiller l'intelligence de l'enfant, et pour cela on ne saurait commencer trop tôt. Apprendre à l'élève à voir (car il ne fait que regarder, ce qui n'est pas la même chose) est le premier des exercices. Voir, c'est comprendre, c'est obliger l'intelligence à se rendre compte des objets, non plus comme un miroir qui reflète une image, mais en supputant leurs dimensions relatives, leurs dispositions, leur couleur, comment la lumière les frappe, quelle distance les sépare, en quoi ils diffèrent de leurs analogues, comment et pourquoi ils changent de forme sous leurs divers aspects, etc. Ce serait donc par un cours oral que l'enseignement du dessin linéaire élémentaire devrait commencer, et on ne mettrait le crayon à la main des enfants que quand leur cerveau et leurs yeux auraient déjà travaillé de concert. Et il devrait en être de même à chacune des périodes de l'enseignement jusqu'aux classes les plus élevées. Forcer l'élève à comprendre avant d'agir, ces quelques mots résument toute méthode aussi bien pour le dessin que pour tout autre sujet. »

En conformité de ces prescriptions, l'usage des modèles d'après le relief pour le dessin d'art avait été généralisé, les modèles d'après l'estampe n'étant plus employés qu'à titre d'exercices préparatoires ou pour servir, soit d'indications auxiliaires, soit de corrigés des exercices exécutés d'après le relief; et tout l'enseignement ayant pour base les principes du dessin géométrique, c'est-à-dire la science des rapports et des proportions indispensables aux arts figuratifs, chaque école avait été pourvue d'une collection de solides qui permettaient au professeur d'éclairer ses leçons par des explications démonstratives[1].

Cette direction n'avait rien qui ne s'accordât avec les principes de l'*Organisation pédagogique*. Ici encore, la question était de substituer la méthode à la routine, l'enseignement collectif à l'enseignement individuel, la leçon par le maître à la leçon par le modèle. Ce que nous avions à demander au professeur, c'était qu'il ne se bornât pas à placer une estampe sous les yeux de l'élève et à passer dans les bancs pour rectifier un ensemble mal établi, un trait inexact, une ombre fausse; avant de laisser prendre le crayon ou le fusain, il devait expliquer à tous à la fois le modèle proposé, l'animer, le faire vivre, si bien que l'élève fût pénétré, en l'exécutant, de l'idée ou du sentiment qu'il exprimait.

A tous les degrés, les élèves étaient prêts à entrer

---

[1]. Voici l'indication sommaire des trois degrés du programme de l'enseignement :

1er *degré*. — L'enseignement se fera à l'aide : 1° de deux planches graphiées comprenant des exercices relatifs aux lignes droites, aux lignes courbes et aux ombres ; 2° de six plâtres, reliefs plats, comprenant l'application des lignes droites, des lignes courbes, et qui devront être copiés sans le secours de l'estampe.

2e *degré*. — L'enseignement comprend deux parties : 1° l'explication très élémentaire des principes de perspective ; ligne d'horizon, point de vue, point de distance (deux feuilles de dessin serviront à montrer aux élèves l'application de ces principes) ; 2° le dessin exécuté directement d'après les solides suivants : cube, parallélépipède, prisme triangulaire, pyramide, cylindre, cône (ces dessins seront exécutés avec le secours de modèles graphiés représentant ces solides dans les positions principales).

3e *degré*. — L'enseignement comprendra le dessin des reliefs (bas-reliefs et rondes bosses), ornements, fragments d'architecture, etc., sans le secours d'aucun modèle graphié. Les estampes ne pourront servir que pour montrer aux élèves comment les maîtres ont interprété les modèles.

Chaque exercice doit être précédé ou accompagné d'explications démonstratives au tableau noir.

dans ces voies nouvelles. Est-ce un fruit du sol, est-ce l'effet de la contemplation, même inconsciente, des chefs-d'œuvre de l'antiquité, de la Renaissance et du génie moderne qu'il a incessamment sous les yeux ? toujours est-il que l'enfant parisien naît avec l'instinct de l'art. Du jour où les classes du soir organisées pour l'enseignement du dessin ont été ouvertes, elles ont été remplies. La faveur publique nous venait en aide. En 1869 Dantan jeune fondait en mourant un prix de 1000 francs « pour encourager le dessin d'après la bosse », au profit des adultes des écoles communales; en 1876 M. Mathieu créait deux bourses dites de voyage, de 500 francs chacune, destinées à fournir à deux élèves — l'un des classes du dessin géométrique, l'autre des classes du dessin d'art — les moyens d'aller étudier sur place les principaux monuments de l'art, soit en France, soit à l'étranger. Et ces récompenses, ajoutées aux récompenses ordinaires, prix et médailles, étaient l'objet d'une vive émulation. C'est au mois de juin, le dimanche, qu'ont lieu les concours, et deux fois nous l'avons vu tomber le jour d'une revue militaire, spectacle toujours cher à la jeunesse. Sur 500 élèves appelés à participer aux épreuves, pas un n'a manqué à l'appel, pas un n'a hésité à venir s'enchaîner pendant neuf heures à un travail qui ne devait rapporter au plus grand nombre d'autre satisfaction que celle du travail lui-même.

Cependant il manquait encore à nos classes du soir un degré de perfectionnement. A diverses reprises, à l'Exposition des Beaux-Arts appliqués à l'industrie, les juges compétents avaient remarqué que les écoles qui offraient les résultats les plus satisfaisants étaient celles qui réunissaient dans un ensemble méthodique et bien ordonné toutes les formes de l'enseignement du dessin, science et art, depuis les éléments de l'imitation jusqu'aux principes de la composition. C'est à ce titre qu'avaient été distinguées l'École nationale de la rue de l'École-de-Médecine et, parmi les établissements se rattachant à la ville de Paris, les écoles subventionnées de MM. Levasseur et Alexandre Lequien ; c'est à leur organisation que leur succès était attribué. Un vœu avait été émis au sein du Conseil municipal, à l'occasion du budget, pour qu'une école fût créée selon cet esprit sur la rive droite de la Seine[1] ; et dans le discours auquel nous avons déjà fait tout à l'heure un emprunt, M. Guillaume, rappelant le texte des lettres patentes du 20 octobre 1767 relatives à la création de l'école de la rue de l'École-de-Médecine, mon-

1. Voici les termes de ce vœu :

« Considérant que l'enseignement du dessin est d'une importance tout à fait exceptionnelle dans la ville de Paris ; que la prospérité et la supériorité des grandes industries parisiennes dépendent, en grande partie, de la propagation de l'étude du dessin et de la bonne direction qui doit être imprimée à son enseignement ;

« Considérant que, dans toutes les capitales de l'Europe, des efforts considérables sont tentés pour que les industries d'art y rivalisent avec celles de Paris et s'affranchissent de l'incontestable supériorité qu'ont toujours exercée sur elles l'art et le goût parisiens ;

« Considérant que, tout en reconnaissant les améliorations que les soins de l'Administration et la sollicitude du Conseil municipal ont déjà introduites dans l'enseignement du dessin, de nouvelles améliorations sont réclamées par la nécessité de soutenir victorieusement de sérieuses concurrences ;

« Que cette question d'un si haut intérêt pour notre cité préoccupe à juste titre les esprits ; que l'initiative des chambres syndicales et des associations particulières seconde énergiquement l'Administration dans le but qu'elle s'est proposé : la propagation de l'étude du dessin et son application spéciale aux diverses branches industrielles ; que cette sympathie même et l'aide qu'elle en doit attendre imposent à l'Administration de nouveaux devoirs ;

« Considérant que l'organisation actuelle de l'enseignement du dessin laisse une lacune, en ce sens que, dans les écoles subventionnées ou municipales, les diverses branches du dessin, la figure, l'ornement, le dessin linéaire, la perspective, l'architecture, le modelage, etc., sont le plus souvent enseignées par un seul professeur ; que, quels que soient le zèle et la compétence de chacun de ces professeurs, il est bien difficile

trait combien était profonde la conception de cet établissement « *où devaient être enseignés les principes élémentaires de la géométrie pratique, de l'architecture et des différentes parties du dessin, afin de procurer à l'avenir à chaque ouvrier la facilité d'exécuter lui-même et sans secours étrangers les différents ouvrages que son génie particulier pour son art lui fait imaginer* ».

En attendant qu'un emplacement pût nous être donné qui nous permît d'élever cette grande école de l'art parisien, nous avons profité de la construction de deux groupes scolaires, l'un dans le 2º arrondissement, rue aux Ours, l'autre dans le 4º arrondissement, place des Vosges, pour mettre à exécution l'idée d'un ensemble de classes où seraient réunis et mis en harmonie les divers cours propres à constituer un enseignement complet.

Le programme en fut arrêté ainsi qu'il suit :

Les cours devaient embrasser trois années : 1ʳᵉ année, enseignement du dessin géométrique, enseignement mathématique, figures et ornements d'après l'estampe ; 2º année, dessin d'après la bosse, modelage, architec-

---

que les aptitudes suffisent à donner une force égale à chacune des divisions de l'enseignement ;

« Considérant que l'École nationale de Dessin de la rue de l'École-de-Médecine offre à cet égard une organisation beaucoup plus complète ; qu'il serait à désirer que la ville de Paris créât une école municipale qui offrît le même ensemble d'enseignement ;

« Le Conseil municipal

« Invite M. le Préfet de la Seine à préparer, pour l'année prochaine, un projet de création d'une École supérieure municipale de Dessin, établie sur les données qui régissent l'École nationale de la rue de l'École-de-Médecine, en y apportant, toutefois, les modifications que l'état actuel du dessin fera reconnaître comme nécessaires.

« Signé : Émile PRUNIN, JOBBÉ-DUVAL, DELZANT,
« PIAT, COLLIN, CHRISTOFLE, TRÉBEL. »

ture, sculpture ; 3° année, étude de la composition.

Nul ne serait admis dans l'école qu'après un examen d'aptitude. Nul ne serait admis dans les cours de 2° ou de 3° année qu'après un examen de passage.

Chacune des matières de l'enseignement comprendrait un cours oral[1].

Restait à retenir les élèves dans ces classes ainsi régularisées.

La difficulté ne venait pas ici de la variété des professions. Contrairement à ce que nous avons remarqué pour les cours ordinaires d'adultes, les corps de métiers auxquels appartiennent les élèves des cours de dessin sont presque les mêmes dans les divers arrondissements. Sur 5852 élèves inscrits en 1876, 2166, c'est-à-dire plus d'un tiers, appartenaient à la bijouterie et aux arts décoratifs. Les ouvriers en fer — mécaniciens, serruriers, ajusteurs, etc., — les sculpteurs et les ouvriers en bois, menuisiers, ébénistes, tourneurs, parqueteurs, etc., fournissaient presque à part égale l'autre moitié du contingent. Ces industries ayant des nécessités communes de savoir théorique, il n'était pas impossible de leur appliquer une direction commune d'enseignement.

Mais les élèves, hommes faits pour la plupart, avaient aussi leurs habitudes d'indépendance et leurs exigences de profession.

Les exigences de profession sont respectables. On a

---

1. Le cours de la place des Vosges a été créé en 1877, celui de la rue aux Ours (aujourd'hui rue Étienne Marcel) en 1878. Trois autres cours supérieurs ont été fondés depuis: rue Bréguet (11° arrondissement), 1879; boulevard de Belleville (11° arrondissement), 1879; boulevard Montparnasse (14° arrondissement), 1882.

remarqué, par exemple, qu'en général le nombre des présences atteint du premier coup son maximum à la rentrée d'octobre, et se maintient ferme pendant tout le mois de novembre. Du 15 décembre au 15 janvier, la courbe fléchit ; c'est le moment des veillées pour les travaux du jour de l'an et pour la fabrication des articles de Paris. A partir du 15 janvier, elle remonte graduellement et ne redescend plus que vers Pâques. A cette époque, une nouvelle baisse se produit. L'élan reprend en mai, et jusqu'aux concours de juin les effectifs se soutiennent. Évidemment il y avait là une sorte de loi dont il fallait que les programmes des cours tinssent un compte sérieux.

D'autres habitudes étaient moins dignes d'intérêt, je veux parler des irrégularités du samedi et du lundi. La marche progressive de l'enseignement devait précisément nous aider à les combattre.

Il semblait moins aisé de convaincre des hommes, sur lesquels on n'a d'autre autorité que celle qu'ils veulent bien accepter, que, lorsqu'il s'agit de suivre un cours, le maître ne doit pas s'asservir à la fantaisie ni même à un désir motivé, mais mal raisonné. Il fallait s'attendre à des résistances, peut-être même à des désertions, avant d'arriver à établir les règles de l'examen de passage. Mais ces résistances ne devaient pas être de longue durée, nous en avions la confiance. L'expérience a confirmé nos prévisions[1]. L'esprit de

---

1. Voici quel a été le chiffre de la fréquentation annuelle de 1879 à ce jour :

1879	...	500 élèves.	1883	...	887 élèves.
1880	...	635 —	1884	...	916 —
1881	...	598 —	1885	...	740 —
1882	...	731 —	1886	...	853 —

« Ces chiffres démontrent avec éclat, dit justement M. l'Inspecteur Brouquiart, qui a si habilement contribué à l'organisation des cours, que l'idée d'un enseignement supérieur complet répondait à un besoin. »

ce régime d'études judicieusement gradué a été compris, la règle en a été acceptée. Nos élèves l'ont senti : à cette patiente et forte école le goût s'affermit et s'épure, la main s'assouplit, se façonne, s'enhardit. Nul doute qu'un enseignement ainsi suivi ne contribue à nous conserver dans les productions de l'art industriel la supériorité que les nations voisines travaillent si activement à nous disputer.

V

A cette éducation technique et professionnelle nous avions entrepris d'ajouter un enseignement qui élevât la jeunesse ouvrière au-dessus des pures préoccupations de métier. L'utilité de l'expansion des lumières n'est plus une question qui se discute ; mais si l'instruction facilite à l'homme les moyens d'accroître son aisance, elle ne produit tous ses effets que lorsqu'en éclairant elle moralise et sert de frein en même temps que d'aiguillon.

Pendant l'hiver de 1870-1871 nous nous souvenons d'avoir entendu dans des réunions populaires quelques lectures tirées de l'histoire de France, qui, commentées avec une ardeur généreuse, ont certainement contribué à affermir les courages contre les souffrances du siège. N'y a-t-il pas des lectures bonnes à faire en tous les temps ? L'histoire, disait jadis Bossuet en s'adressant au grand Dauphin, son élève, est la leçon des rois ; elle est aussi la leçon des peuples. Il est bon que, par l'étude du passé représenté dans ses évolutions les plus saisissantes, nos adultes se rendent compte que la société française, cette société chrétienne par excellence, n'est pas née d'hier; que les grandes institutions d'égalité fraternelle dont nous recueillons aujourd'hui le bienfait, sont les fruits du travail de plus d'un siècle; que le progrès, ce beau mot, dont parfois les passions dénaturent et faussent si étrangement le sens, s'applique non aux dangereuses saillies de quelques imaginations déréglées vers des chimères, mais à la marche sage et sûre de la raison publique graduellement éclairée.

Les belles pages de notre littérature ne sont pas d'un enseignement moins fécond. Il y a quelques années une administration théâtrale, bien conseillée, eut l'heureuse idée de tenter pour les chefs-d'œuvre de notre littérature dramatique ce qui avait été fait avec succès pour les grandes productions de l'art musical, et ces représentations populaires furent libéralement ouvertes chaque fois à un certain nombre de nos adultes. C'est l'éternel honneur du théâtre français de ne mettre en mouvement que le fond le plus pur du cœur. Les poëtes allemands ou anglais, Shakespeare, Schiller, Goethe, ont pu traduire sur la scène, avec une profondeur de génie admirable, les grandes folies de l'âme humaine : Macbeth, Othello, Hamlet, le roi Lear, Faust. A Corneille, à Racine, à Voltaire, appartient la gloire unique d'avoir réalisé les types éternellement vrais des passions les plus généreuses et fait vivre les sentiments héroïques, sous la figure du vieil Horace, de Pauline, d'Andromaque, de Zaïre. Combien ces sentiments excitaient parmi nos adultes d'émotion sincère; j'ai tenu moi-même, et par plaisir non moins que par devoir, à le constater. Assurément ceux dont le cœur s'était échauffé, dont l'âme s'était élevée au souffle de ces sublimes créations, étaient moins tentés, le soir, rentrés chez eux, par les plaisirs avilissants ou vides ; et n'eussions-nous gagné dans leurs esprits qu'une heure de bonnes pensées, cela seul serait à nos yeux d'un prix inestimable. Les bonnes pensées produisent dans les âmes les plus grossières, ce que produisent dans l'humble demeure du pauvre les rayons d'un pur soleil : elles les remplissent de nobles et riantes images, elles les assainissent et les parent.

Toutefois, ai-je besoin de le dire, ce n'est pas cet héroïsme que nous songeons à prendre pour thème ordinaire de nos leçons : les cœurs, en France, se montent aisément au ton du sacrifice. Les lectures que nous avons introduites dans certaines écoles, à titre d'essai, et que nous avons parfois choisies nous-mêmes, portaient sur des sujets simples et familiers. Ce que nous y cherchons, c'est l'enseignement des vertus journalières. Ce n'est rien, en apparence, que ces vertus de ménage ; en réalité, c'est tout, c'est la vie même. En même temps qu'elles assurent l'honneur des familles, elles contribuent à la force des nations par l'habitude de ce respect de soi-même qui imprime aux plus modestes existences un caractère de grandeur morale.

L'ENSEIGNEMENT PRIMAIRE SUPÉRIEUR

1875-1878

L'organisation la plus riche de l'enseignement primaire élémentaire ne saurait suffire dans un centre comme Paris, si elle n'aboutissait, comme couronnement, à un large système d'enseignement primaire supérieur. Le progrès de l'un appelle nécessairement le développement de l'autre. L'enseignement primaire supérieur est d'ailleurs indispensable par lui-même à cette classe sociale, aujourd'hui si nombreuse, à laquelle l'instruction primaire proprement dite ne suffit plus et dont l'instruction secondaire dépasse les besoins.

En 1868, au moment où nous avons commencé la réforme des écoles, l'enseignement primaire supérieur n'était représenté que par deux établissements : le collège Chaptal et l'école Turgot.

I

L'idée première du collège Chaptal est due à Prosper Goubaux, un brillant condisciple de V. Cousin, plus connu par ses succès au théâtre que par ses doctrines pédagogiques, mais qui, après avoir, non sans éclat, occupé à titre de suppléant la chaire de rhétorique de Villemain, avait ouvert, sous le nom de pension Saint-Victor, un établissement dont les élèves suivaient les cours du lycée Bourbon.

« Goubaux — nous ne pouvons résister au plaisir d'introduire ici le témoignage de M. Legouvé — Goubaux avait sur l'éducation publique des idées très acceptées aujourd'hui, grâce à son initiative, mais bien nouvelles et bien hardies quand il osa les formuler pour la première fois. Ce qui le frappait avant tout, c'était le désaccord entre l'enseignement de l'État et l'esprit de la société moderne. D'un côté, il voyait le monde tendu de plus en plus vers l'industrie, le commerce, l'agriculture, les sciences appliquées; il entendait beaucoup de pères désirer pour leurs enfants une profession industrielle et réclamer à cet effet des études spéciales; et, en même temps, il remarquait que l'éducation universitaire ne répondait en rien à ce besoin; la littérature en était le seul objet; il n'y avait pas d'enseignement professionnel. Cette anomalie choquait l'esprit essentiellement moderne de Goubaux, cette lacune le tourmentait; il sentait là depuis longtemps une création à faire; mais comment y parvenir? Tout lui était obstacle, d'abord son institution même; ses élèves suivaient les cours du collège. Comment introduire l'éducation nouvelle dans cet établissement sans le détruire, et comment résister à sa destruction? Puis que de difficultés préliminaires et insurmontables! L'Université ne s'élèverait-elle pas contre cette innovation? Le Ministre de l'Instruction publique la permettrait-il? Ni M. Jules Simon ni M. Duruy n'étaient ministres alors, et M. Villemain m'avait dit à moi : « Un collège français en France, « jamais! » De plus, n'entendait-on pas déjà de toutes parts les protestations d'une foule d'esprits éminents et sérieux, qui disaient qu'ôter aux études cette base solide et morale de l'éducation classique, c'était décapiter les intelligences, matérialiser notre siècle et faire de l'argent à gagner le seul but de la vie! Goubaux leur répondait avec l'autorité de sa longue expérience : « Pourquoi cette éducation serait-elle moins propre que « l'autre à élever les cœurs et les esprits? Tout ce qu'il « y a de leçons héroïques, de leçons de patriotisme, de « modèles de force d'âme, est-il donc renfermé dans « les œuvres grecques et latines? Tout ce que la poésie « répand d'idées dans la vie et dans l'âme se trouve-t-il « donc contenu et comme emprisonné dans les poèmes « de Virgile et d'Homère? Le monde de la science que « nous voulons ouvrir aux jeunes esprits, ce monde qui « n'est rien moins que le ciel et la terre tout entière, « ne vaut-il pas bien, comme moyen d'éducation, l'étude « de quelques discours de Tite-Live ou de Tacite? La « contemplation intelligente de toutes les grandeurs de « la création et de toutes les conquêtes de la créature « apprendra-t-elle moins bien aux jeunes gens à con- « naître Dieu et à devenir hommes, que l'interprétation « souvent incertaine d'une langue morte et d'un peuple « évanoui? Enfin, l'étude de la France, de la langue « française, de la littérature française, ne mérite-t-elle « pas de figurer au premier rang dans notre éducation « publique? N'y aura-t-il donc pas de collège français « en France? » Ces paroles touchaient beaucoup d'hommes éminents, mais on lui demandait des faits pour soutenir ses paroles[1]. »

Goubaux se chargea d'apporter lui-même les faits à l'appui de ses idées. La pension Saint-Victor comptait à peu près cent élèves; il en remercia soixante, tous ceux

---

1. *Soixante ans de souvenirs*, deuxième partie, chap. III, § 5.

qui suivaient les cours du collège, et resta avec les quelques adeptes de sa nouvelle méthode. Pour mieux soutenir l'entreprise, il invoqua le patronage de la ville de Paris. Le patronage se transforma bientôt en adoption. Paris avait à satisfaire aux prescriptions de la loi du 28 juin 1833, qui lui imposait la création d'écoles primaires supérieures. La pension Saint-Victor devint, en 1844, l'école primaire supérieure François Ier. En 1848 l'établissement prit, sous le nom de collège Chaptal, un nouveau caractère. Ce nom aurait pu être celui de Goubaux. Comme instituteur, a dit justement M. Legouvé, Goubaux a sa place parmi les bienfaiteurs publics, et Paris n'a même pas consacré son souvenir. Toutefois le nom de Chaptal avait aussi une signification heureuse : il marquait une modification profonde dans le régime des études.

Tel qu'il a été organisé à cette époque, tel qu'il existe aujourd'hui, le collège Chaptal n'a pas de similaires en France. Pour trouver des institutions analogues, il faut passer en Allemagne. C'est une *Realschule* ou École Réale.

Les écoles réales sont assez difficiles à définir. Le caractère en varie avec les pays. Elles ne sont pas les mêmes en Allemagne qu'en Autriche, en Bavière qu'en Saxe. La Realschule, dans le plan conçu en Prusse par Francke et Hocker, au commencement du dix-huitième siècle, était une sorte d'école technique : l'enseignement avait pour base presque unique l'étude des sciences physiques et naturelles ; les livres étaient remplacés par des collections ; la classe aboutissait à l'atelier. Avec Spilleke, vers 1820, l'idée se modifia, s'agrandit, s'éleva. On avait compris que la Realschule, maintenue dans les limites d'un apprentissage professionnel, n'assurait point à la classe moyenne l'éducation dont elle avait besoin ; qu'à côté de cet enseignement pratique qui convient à des écoles spéciales d'arts et métiers, il y avait place pour un enseignement général. C'est en ce sens que peu à peu la Realschule se transforma. « Le Gymnase et la Realschule, dit une circulaire interprétative du décret du 17 mars 1829, sont deux écoles de même rang. Le progrès des sciences et les changements survenus dans la société ont rendu cette division nécessaire. Tandis que le Gymnase atteint son but par l'étude des langues et surtout par l'étude des langues classiques de l'antiquité, et secondairement par les mathématiques, la Realschule se tourne plutôt vers le présent, c'est-à-dire vers la langue maternelle et les langues étrangères, auxquelles elle joint les sciences mathématiques, naturelles et physiques ; mais, comme le présent ne peut être compris sans la connaissance du passé, la Realschule ne pourra négliger l'étude de l'histoire. En réalisant ce programme, elle dissipera l'erreur de ceux qui pensent qu'il suffit à son rôle de transmettre des connaissances d'un emploi immédiat dans la vie. Sans doute, l'école doit avoir égard aux exigences de la vie, et l'institution des Realschulen est là pour prouver qu'effectivement on y a égard ; mais il ne faut pas oublier que l'école a affaire à des enfants, à des jeunes gens, chez qui il faut poser un premier fonds de connaissances générales et durables [1]. »

Si bien déterminées que soient les lignes générales de ce programme, on voit qu'il laisse une grande lati-

1. Voir l'ordonnance du 6 octobre 1859.

tude. Les langues anciennes, par exemple, n'en sont pas absolument exclues. Le principal argument de ceux qui, en principe, veulent maintenir le latin dans les Realschulen, c'est qu'il ne faut pas fermer la porte des Gymnases aux élèves distingués des Realschulen ; et après de vives discussions la victoire est restée à cette opinion. En Prusse, du moins, nous voyons que les Realschulen comportent deux degrés, et que le titre de Realschule de premier degré n'est accordé qu'aux établissements où le latin est enseigné[1].

Les principes de la Realschule de premier ordre sont ceux sur lesquels repose la constitution du collège Chaptal[2].

L'enseignement comprend cinq années d'études normales et une sixième année d'études complémentaires ou supérieures. Les matières qu'il embrasse sont, avec l'instruction morale et religieuse, la langue et la littérature françaises, l'arithmétique et la comptabilité, la géographie, l'histoire, les sciences physiques, chimiques et naturelles, le dessin géométrique, le dessin d'ornement, les langues étrangères — allemande, anglaise, espagnole, italienne. L'étude du latin y avait été ajoutée en 1848 à titre obligatoire ; depuis 1868 elle est devenue facultative : ceux-là seuls y participent à partir de la 3ᵉ année, dont les familles le demandent et que

---

1. Voir tome II, l'*Enseignement secondaire spécial*.
2. « Les écoles réales de premier degré, dit la loi saxonne du 22 août 1876 (art. 43), ont pour objet, comme les gymnases, de mettre la jeunesse masculine à même d'acquérir une instruction générale supérieure ; mais elles sont consacrées de préférence à l'enseignement des langues modernes, des mathématiques et des sciences naturelles. »

leurs dispositions désignent pour des carrières où la connaissance des langues anciennes est nécessaire.

La seule différence de cette organisation avec celle des Realschulen de premier degré, c'est, d'une part, que, dans celles-ci, l'étude facultative du latin commence dès la huitième classe; et, d'autre part, que, tandis que la Realschule, en admettant l'enseignement des langues anciennes, ne fait que préparer des recrues au Gymnase, le collège Chaptal conserve tous ses élèves et se charge de les conduire jusqu'au but qu'ils se proposent d'atteindre par l'étude du latin. Tel est même l'objet exclusif de la 6º année d'études. Le collège ne reçoit point d'élèves nouveaux dans cette classe. N'y sont admis que ceux qui, appartenant déjà à l'établissement et ayant fait des études latines suffisantes pour subir les examens du baccalauréat ès sciences, veulent pousser au delà et visent à l'une des grandes écoles du gouvernement. On pourrait donc dire que le collège Chaptal est une Realschule qui se suffit à elle-même. En d'autres termes, c'est un établissement qui a pour base l'enseignement général nécessaire aux professions industrielles et commerciales; mais qui le complète, dans une certaine mesure et pour un certain nombre d'élèves, par les études supérieures propres aux Gymnases, ou, pour prendre en français le terme équivalent, aux Lycées et aux Collèges classiques.

Si le collège Chaptal a emprunté à l'Allemagne les caractères essentiels de son enseignement, l'Allemagne, en retour, lui doit l'institution des professeurs généraux, qui ont été introduits, en 1860, dans les écoles réales de la Bavière et du Wurtemberg, ainsi que dans quelques écoles de la Prusse.

L'institution des professeurs généraux date de l'origine du collège Chaptal. Le nom en détermine le caractère. Le professeur général a, comme tous les professeurs de l'établissement, sa part dans l'enseignement ; mais en même temps il est chargé, et c'est plus particulièrement son rôle : 1° d'assister aux cours faits par tous les professeurs spéciaux d'une division ; 2° de dresser le classement hebdomadaire des élèves de cette division d'après les notes qu'ils ont obtenues dans les diverses matières de l'enseignement ; travail minutieux et considérable, car chaque devoir donne lieu, pour chaque enfant, à une note. Le professeur général suit ainsi l'élève dans tous ses exercices. « C'est, dit le directeur, M. Monjean, un véritable éducateur qui a sur l'esprit, le caractère, l'ensemble des facultés intellectuelles et morales de l'enfant une action continue et du plus heureux effet. Excellente au point de vue pédagogique, l'institution n'offre pas moins d'avantages au point de vue financier, puisque les professeurs généraux tiennent dans certaines branches (mathématiques, langue française, écriture, dessin linéaire, tenue des livres, etc.) l'emploi de professeurs spéciaux. Ce sont ces avantages qui l'ont fait adopter, il y a 14 ans, par M. Wyse, ministre de l'instruction publique à Berlin, avec lequel j'en avais conféré. »

Sous l'habile administration de M. Monjean, la prospérité du Collège a été croissant chaque année. L'établissement, qui, en 1844, avait commencé avec 130 élèves, en comptait, en 1867, 1055 ; et il semblait qu'il fût à son apogée. Son effectif est aujourd'hui (1877) de 1300 : 600 internes et 700 demi-pensionnaires ou externes[1].

Ses recettes, en 1844, n'atteignaient pas 100 000 fr.; elles s'étaient élevées à 800 000 francs en 1867; elles dépassent actuellement 1 100 000 francs. C'est sur les bénéfices de l'établissement, évalués pour une période de dix ans — de 1858 à 1869 — à plus d'un million, qu'avaient été successivement agrandis, dans les vieux bâtiments de la rue Blanche, les cours, les préaux et les galeries de collections. Malgré l'extension considérable qu'ont reçue tous les services, depuis que le collège a été transféré rue de Rome, les recettes sont encore sensiblement supérieures aux dépenses. « Les Américains, disait M. Léon Say dans une allocution adressée aux élèves en 1872, ne considèrent que ce qui paye.... Le collège Chaptal paye. Cela veut dire que vos familles apprécient les efforts qu'on fait ici pour vous élever et pour vous instruire. Elles déclarent,

---

1. De 1878 à ce jour, voici quel a été le mouvement de la population scolaire :

ANNÉE SCOLAIRE.	NOMBRE DES ÉLÈVES.			
	Pensionnaires.	Demi-pensionnaires.	Externes.	Total.
1878-1879	596	338	326	1260
1879-1880	594	268	322	1284
1880-1881	593	383	330	1306
1881-1882	582	304	323	1209
1882-1883	568	391	280	1239
1883-1884	549	375	326	1250
1884-1885	483	359	344	1186
1885-1886	422	320	307	1050
1886-1887	346	334	415	1095

en nous mettant à même de faire largement nos frais, que ce qu'on fait pour vous est à la hauteur des sacrifices qu'elles s'imposent[1]. »

Ce succès s'explique par des causes diverses. La première tient à la nature même des études. Le collège Chaptal a contribué à prouver que l'enseignement secondaire français, dont Goubaux avait si nettement conçu l'idée, a sa place utile et nécessaire dans notre système d'éducation nationale.

La deuxième raison, c'est que cette forme d'enseignement secondaire se prête non moins heureusement que l'enseignement classique proprement dit à la sélection des intelligences. Parmi les élèves que la 6ᵉ année a produits de 1872 à 1874, 97 sont entrés dans les grandes écoles du gouvernement[2]. En outre, 86 ont été reçus à l'examen du baccalauréat ès sciences, et 27 à l'examen du diplôme de l'enseignement spécial.

Mais ce qui distingue surtout le collège Chaptal, c'est son caractère essentiellement parisien. L'établissement

---

1. Le système de la gratuité absolue a été appliquée au collège Chaptal en même temps qu'aux écoles primaires supérieures à dater du 1ᵉʳ octobre 1883. Le recrutement en a souffert sous tous les rapports. On a dû revenir, dès l'année 1886 (arrêté du 4 avril), au régime de la pension (pension d'ailleurs très modérée : de 1000 à 1500 francs pour les pensionnaires ; 600 à 1000 francs pour les demi-pensionnaires ; 250 à 350 francs pour les externes). C'est ce changement de régime qui explique les fluctuations de la population scolaire qu'on a pu remarquer dans le tableau précédent (page 147, note 1).

2. 43 à l'École centrale des Arts et Manufactures ; 12 à l'École Polytechnique, dont le 1ᵉʳ de la promotion en 1872 ; 5 à l'École Normale Supérieure, section des sciences ; 3 à l'École des Ponts et Chaussées ; 2 à l'École des Mines ; 8 à l'École des Arts et Métiers de Châlons ; 11 à l'École des Beaux-Arts ; 10 à l'École d'Agriculture de Grignon ; 2 à l'École vétérinaire d'Alfort ; 2 à l'École forestière de Nancy.

Malgré les modifications apportées à son recrutement par l'établissement temporaire de la gratuité, Chaptal n'a pas cessé de produire régulièrement son élite, comme on pourra s'en convaincre par le tableau des

ne manque pas de renom au dehors. Il compte, en ce moment, 12 élèves fournis par l'Angleterre, 8 par le Brésil, 7 par l'Espagne, 9 par la république d'Haïti, 3 par la Russie, 2 par l'Italie, 5 par la Suisse, la Tunisie, la Turquie, la Perse, la Chine. De plus, 31 départements français concourent, dans une certaine mesure, à sa prospérité, non seulement Seine-et-Oise, Seine-et-Marne et l'Oise, qui sont représentés par une centaine d'enfants, mais la Seine-Inférieure, l'Eure, l'Aisne, les Bouches-du-Rhône, etc. Enfin les élèves admis aux écoles ou arrivés au baccalauréat depuis 1878 jusqu'à ce jour :

DÉSIGNATION	1879	1880	1881	1882	1883	1884	1885	1886	TOTAUX
École Polytechnique.	3	3	1	5	8	5	6	9	40
École Centrale . . .	13	11	11	9	11	9	7	12	83
École Normale (sciences).	»	»	»	»	»	»	»	1 (1er de la prom.)	1
École des Mines. . .	»	»	»	»	»	»	1	1	2
École municipale de Phys. et de Chimie	»	»	»	3	7	6	4	3	23
Institut Agronomique	»	»	»	»	»	2	»	»	2
École d'Arts et Métiers	1	»	»	1	1	»	»	»	3
Baccalauréat ès-sciences.	30	21	32	38	43	47	42	39	301
Baccalauréat de l'enseignement spécial.	2	3	3	4	1	2	1	»	16

communes du département de la Seine — notamment Saint-Denis et Neuilly — entrent aussi pour quelque chose dans le chiffre de l'effectif. Mais ces divers courants réunis n'amènent, en totalité, que 200 élèves sur 1200. Les autres, pensionnaires, demi-pensionnaires, externes, appartiennent à Paris.

Ce qu'il puise ainsi dans la population de Paris, le collège Chaptal le rend chaque année à l'industrie, au commerce, à la banque de Paris. Sur les 240 élèves qui sont sortis de la 4º et de la 5º année, de 1872 à 1874, et qui se sont livrés depuis au commerce, à l'industrie, à la banque, il en est bien peu qui ne soient pas attachés à des maisons parisiennes. Une enquête nominative nous permet de l'affirmer[1]. L'administration du collège reçoit incessamment des demandes de sujets pour les emplois les plus divers. Elles sont si nombreuses, qu'il est devenu impossible aujourd'hui d'y satisfaire. Ajoutons que 47 des jeunes gens de cette catégorie sont en ce moment soit en Angleterre, soit en Allemagne, pour compléter sur place, dans de grands établissements, leur éducation spéciale : c'est un exemple qu'on ne saurait trop encourager.

[1]. Ces renseignements sont confirmés par ceux que nous avons pu recueillir sur la promotion sortie en 1886. Sur 200 élèves qui ont achevé la 3º ou la 4º année, 149 sont entrés dans la banque, le commerce, les compagnies industrielles de Paris. — Sur l'ensemble des résultats, voir plus bas, pages 308 et suivante.

II

Créée cinq ans avant le collège Chaptal (1839) dans les étroits et obscurs bâtiments d'une petite école de la rue Neuve-Saint-Laurent, l'école Turgot a eu la fortune, rare entre toutes, de rester fidèle aux principes de son origine [1].

C'est à la loi du 28 juin 1833 qu'elle se rattache directement : « Tous les chefs-lieux de département et toutes les communes de plus de 6000 âmes, disait l'article 10 de cette loi, devront avoir, outre les écoles primaires élémentaires, une école primaire supérieure ».

L'article 1er déterminait ainsi les matières de l'enseignement : « L'enseignement primaire supérieur comprend, outre les matières de l'enseignement élémentaire, les éléments de la géométrie et ses applications usuelles, le dessin linéaire et l'arpentage, des notions des sciences physiques et d'histoire naturelle applicables aux usages de la vie, le chant, les éléments de l'histoire et de la géographie et surtout l'histoire et la géographie de la France. Selon les besoins et les ressources de la localité, était-il ajouté sagement, l'instruction primaire recevra les développements qui seront jugés convenables. »

Trente ans après, le législateur, reprenant le pro-

---

1. Elle est également restée à la même place, mais dans les bâtiments agrandis et transformés qu'a permis de lui donner le percement de la rue Turbigo, sur laquelle elle a aujourd'hui son entrée.

gramme de cet enseignement supérieur qu'avait effacé la loi du 15 mars 1850, en le fondant, sous la dénomination d'enseignement facultatif, avec l'enseignement élémentaire, le complétait en ces termes : « L'enseignement primaire peut comprendre, outre les matières déterminées par le § 2 de la loi du 15 mars 1850[1], le dessin d'ornement, le dessin d'imitation, les langues vivantes, la tenue des livres et des éléments de géométrie[2]. »

C'est sous le couvert de cette législation libéralement interprétée, que l'école Turgot s'est développée naturellement et harmonieusement, comme un corps bien organisé. Son esprit constant, depuis la fondation, est celui d'un enseignement général, tendant à la pratique et ne s'y engageant pas, écartant avec la même rigueur, d'une part, les exercices classiques propres à l'enseignement des humanités et qui pour la clientèle à laquelle elle s'adresse ne seraient qu'un leurre dangereux, d'autre part, les exercices professionnels empruntés aux écoles d'arts et métiers et destinés à former les contremaîtres et les artisans.

Ainsi défini, le programme des études, réparti en trois années, a été appliqué successivement, sous les yeux des familles et avec leur concours, au fur et à mesure qu'elles prenaient confiance dans l'école. Au bout de trois ans, les cadres étaient formés. L'expérience ayant fait reconnaître la nécessité de recueillir séparément les nouveaux venus, pour les élever à

---

1. Ces matières sont : l'arithmétique appliquée aux opérations pratiques; les éléments de l'histoire et de la géographie; des notions des sciences physiques et d'histoire naturelle applicables aux usages de la vie, des instructions élémentaires sur l'agriculture, l'industrie et l'hygiène, l'arpentage, le nivellement, le dessin linéaire, le chant et la gymnastique.
2. Loi du 21 juin 1865, art. 9.

un niveau commun avant de les faire entrer dans les classes normales, une année préparatoire a été créée (1843) sur la proposition de M. Pompée, le premier directeur. Plus tard (1856), en présence des résultats de la troisième année, le successeur de M. Pompée et le véritable fondateur de l'établissement, M. Marguerin, sollicité par une élite, établit une année complémentaire. Avec ces deux créations, l'École était sur pied[1].

Il ne restait plus, dès lors, qu'à multiplier les fractionnements de classe en raison du nombre des élèves. De 96 en 1840 ce nombre s'était élevé progressivement à 309 (1848), 691 (1865), 945 (1875)[2]. En 1857 la première année avait été dédoublée. Il en fut de même en 1868 de l'année préparatoire et de la deuxième année, qui comptaient l'une 156, l'autre 171 jeunes gens présents. Une troisième division de première année dut être formée en 1869. Enfin, en 1873, le dédoublement de la troisième année, qui était arrivée à un effectif moyen de près de 100 élèves, fut également accompli. L'École possède aujourd'hui (1878) deux divisions de classe préparatoire, trois divisions de première année, deux de seconde, deux de troisième et une classe d'année complémentaire; en tout, dix classes[1]. Ces fractionnements ont permis d'établir dans la série progressive des études une gradation plus forte, mais sans qu'il se soit produit dans les programmes de l'enseignement aucune déviation.

1. M. Pompée n'a dirigé l'école que de 1839 à 1843. Pour M. Marguerin, voir aux Annexes, n° X, Notice nécrologique.
2. Voir aux Annexes, n° V, le tableau de la population scolaire de l'école Turgot de 1839 à 1878.

Cette judicieuse organisation d'études est soutenue par une intelligente discipline. J'en emprunte la description à une note de M. Marguerin : « Les écoles supérieures, quant à leur vie intérieure, sont comme les peuples heureux, qui n'ont pas d'histoire. La discipline y est si solidement établie, qu'elle ne peut jamais être dangereusement ébranlée. La raison, c'est qu'elle laisse peu à l'arbitraire des maîtres, ne recourt à aucun moyen violent ou humiliant, répudie la réglementation excessive et le vain entassement des tâches scolaires. En effet, notre discipline repose presque entièrement sur un système tout idéal de punitions qui n'entraînent pas de peines réelles, et de récompenses qui ne confèrent aucun privilège. L'élève a la honte d'une punition ; il a l'honneur d'une récompense. Les sanctions sont les suivantes. On est classé chaque semaine, d'après le nombre des récompenses obtenues dans la semaine, les punitions étant défalquées, mais restant sur le livret de l'élève en regard des récompenses. Le livret expliqué, commenté, est porté le samedi à la connaissance de la famille. On est classé, chaque mois, d'après le nombre des récompenses méritées dans le mois ; on a son rang, du premier au dernier, sur le tableau de classement, lequel est lu par le directeur et affiché ; on occupe aux tables le rang que le numéro du classement assigne. Si les punitions atteignent un chiffre qui varie selon les divisions, on avertit l'élève publiquement qu'il perd son temps et ne mérite pas les sacrifices faits pour lui par ses parents. S'il continue, il est mis à l'ordre du jour. Après un second ordre du jour, on expose la situation à la famille et on l'invite à retirer l'élève pour éviter le renvoi officiel. Voilà le système. Il est beaucoup plus efficace qu'on ne le croirait *a priori*. Toutes les fois qu'il est manié habilement, il suffit pour conduire une division, sans retenues, sans autres punitions que des devoirs à refaire ou des leçons à rapprendre. »

Toutefois M. Marguerin, dont le grand sens ne donne rien à la chimère, sait mieux que personne que cette règle suppose de la part des maîtres des qualités de premier ordre. Aussi se hâte-t-il d'ajouter « que tous les professeurs et tous les répétiteurs ne sont pas capables de se faire promptement à ces procédés délicats; et comme il faut bien qu'ils ne soient pas désarmés, on tolère certains pensums, mais du moins on en modère l'usage ». L'application de ces principes vînt-elle plus souvent encore tromper notre attente, les principes n'en seraient pas moins excellents. La seule préoccupation d'une discipline qui s'inspire de cet esprit est dans un établissement une force considérable. Nos jeunes Parisiens sont d'ailleurs, c'est une justice à leur rendre, très accessibles à la raison, et encore plus à l'affection dont cette forme d'éducation ne saurait se passer, à la condition qu'ils sentent, sous le calme de la raison et sous la sincérité de l'affection, une volonté éclairée et ferme[1].

Les annales financières de l'établissement ne sont pas moins instructives à consulter. L'école Turgot n'a jamais été gratuite; mais le prix de l'écolage a toujours été mis à la portée des familles de modeste aisance, aux besoins desquelles elle était appelée à répondre. Jusqu'en 1857 la rétribution mensuelle avait été de 13 francs, dont 3 pour l'abonnement aux fournitures scolaires. Le taux de la rétribution fut élevé, à cette époque, à 15 francs, toutes dépenses comprises, et de-

---

[1]. Voir *Enseignement secondaire*, tome II, *L'esprit de discipline dans l'éducation*.

puis trois ans il a été porté à 18. C'est avec ce fonds que depuis quarante ans l'école Turgot a dû faire face, l'entretien des bâtiments mis à part, à ses dépenses ordinaires : traitements du personnel administratif et du personnel enseignant, acquisition du matériel d'instruction, — matériel simple, mais parfaitement approprié à sa destination et pour lequel elle n'a peut-être pas d'égale en France.

Les budgets n'ont pas toujours été en balance[1]. De 1840 à 1851, période de fondation, les dépenses excédaient généralement les recettes. De 1852 à 1870, période du développement continu et de forte prospérité, les recettes ont chaque année notablement dépassé les dépenses. En 1870 et en 1871 les événements ont rendu plus difficile le recouvrement de la rétribution. Mais en 1872, 1873 et 1875 le compte s'est soldé par un excédent de recettes, et en 1876 l'excédent des dépenses a été de 771 francs seulement pour un ensemble de crédits de plus de 178 000 francs. Si l'on fait le compte des excédents de recettes et des excédents de dépenses de 1840 à 1877, on trouve un boni total de 103 076 fr. On est donc fondé à dire que non seulement l'école Turgot a fait beaucoup de bien sans créer de grandes charges, mais que, somme toute, en mettant de côté les frais de premier établissement et d'entretien des bâtiments, ses produits ont suffi à son entretien.

Ce qui n'est pas moins intéressant à constater, c'est que la période financière la plus heureuse est celle où

---

1. Voir aux Annexes, n° VI, le tableau présentant l'état des recettes et des dépenses de l'école Turgot de 1830 à 1877.

l'école a atteint ce que nous considérons comme sa population normale, c'est-à-dire un chiffre de 550 à 650 élèves. Au-dessous de cette moyenne, les revenus sont insuffisants. Au-dessus, les dédoublements de divisions s'imposent, et avec les dédoublements l'accroissement des cadres du personnel; les dépenses s'élèvent au-dessus des revenus. Entre les limites que nous venons de déterminer, l'équilibre est aisé. Or à un effectif de 550 à 650 élèves correspond un budget de 80 à 100 000 francs. Établi sur cette double base, un grand externat primaire supérieur peut se soutenir : avec une administration résolue à ne ménager ni son temps ni sa peine, l'expérience est faite, il vivra [1].

L'expérience est faite aussi pour la nature des résultats qu'on peut obtenir. Sur 256 élèves sortis en 1874 soit de l'année complémentaire, soit des divisions de deuxième et de troisième année, 226 ont immédiatement trouvé des emplois conformes à leurs aptitudes. Voici comment ils se groupaient :

Employés de commerce.	122	
Employés de banque.	18	152
Destinés au commerce, mais fixés momentanément à l'étranger pour se perfectionner dans la pratique des langues étrangères	12	
Industrie, chimie industrielle, arts industriels	43	51
Architecture, bâtiments, ponts et chaussées.	8	
A reporter.		203

[1]. Comme pour le collège Chaptal, la gratuité absolue a été établie dans les écoles primaires supérieures le 1ᵉʳ octobre 1883.

Report.		203
Écoles professionnelles. { Écoles d'arts et métiers.	5	
École Centrale des arts et manufactures.	4	
École des Beaux-Arts.	1	15
École d'Alfort.	1	
École de Grignon et fermes-écoles.	4	
Administration (Mont-de-Piété, Contributions directes)	5	
Étude d'huissier, étude d'avoué.	2	8
Pharmacie.	1	
Conservatoire de musique.	2	
Volontariat militaire.	7	
Continuent leurs études dans d'autres établissements pour des raisons diverses (préparation au baccalauréat, établissement de la famille en province, changement de quartier, nécessité de l'internat, etc.)	19	30
Sans emploi par suite de maladies. . . .	2	
Disparus.	2	
Total.		256[1]

Le succès de l'école Turgot nous obligeait. De 1867 à 1877 trois écoles nouvelles ont été créées : l'école Col-

---

1. De 1869 à 1877 les élèves sortis de Turgot se sont répartis ainsi qu'il suit :

1° Commerce et banque.	1040
2° Industrie et arts industriels	683
3° Administrations publiques et privées.	88
4° Écoles (École Centrale, École spéciale d'instituteurs, École des Arts et Métiers, École des Beaux-Arts, École d'Alfort, École de Grignon, école normale de Cluny, Écoles normales primaires)	100
Total	1880

Sur les résultats généraux, voir plus bas, pages 308 et suivante.

bert, rue de Château-Landon (10ᵉ arrondissement); l'école Lavoisier, rue d'Enfer (5ᵉ arrondissement), et l'école J.-B. Say, rue d'Auteuil (16ᵉ arrondissement); enfin nous avons fait décider la fondation d'un quatrième établissement, place du Trône (12ᵉ arrondissement), destiné à desservir la région populeuse du Sud-Est, jusqu'ici dépourvue de toute ressource d'instruction de cet ordre. Pour que les grandes lignes du système des Écoles primaires supérieures de Paris, tel que nous l'avons conçu, soient définitivement arrêtées, il ne reste plus qu'à donner satisfaction aux arrondissements de la rive gauche, — quartiers de Grenelle, de Plaisance et du Gros-Caillou[1].

Le nombre des places que l'ensemble du système pourra alors offrir aux familles sera de 4500 à 5000. Il est dès aujourd'hui de 2600. En 1867 il n'y avait que 620 places à l'école Turgot, bien que 722 élèves suivissent les cours[2].

Toutefois d'importants progrès sont à poursuivre : la durée moyenne du séjour des élèves dans les classes est manifestement insuffisante pour assurer le profit complet des études.

L'année préparatoire et l'année complémentaire étant, pour ainsi dire, hors du cadre des programmes, c'est dans les trois années normales que nous devons chercher une base d'appréciation.

Or l'âge moyen des élèves est, pour l'admission en première année, au-dessus de 13 ans et au-dessous de 14, presque exactement de 13 ans et demi. Il s'ensuit

---

1. Sur le plan suivi pour la création de ces écoles, voir aux Annexes, n° VII.
2. L'école de la place du Trône a été ouverte en 1880. Une école primaire supérieure de jeunes filles a été fondée en 1882. Le nombre

que l'âge moyen pour la sortie de la troisième année est entre 16 et 17 ans. Les calculs opérés sur une série de promotions ont donné des résultats identiques, et ces deux limites d'âge répondent bien au but que se proposent les écoles supérieures. A 13 ans accomplis, l'enfant peut posséder un premier fonds de connaissances, il a l'habitude du travail commun de la classe et celle du travail personnel; il est apte à un enseignement plus élevé. Entre 16 et 17 ans, l'élève est à l'âge utile pour choisir une carrière. Ses connaissances se sont affermies; son intelligence est ouverte, son caractère relati-

des élèves que l'ensemble de ces établissements a reçus depuis 1870 est établi, par année, dans le tableau suivant.

ANNÉES SCOLAIRES.	École J.-B. Say.	École Turgot (externes).	École Colbert (externes).	École Lavoisier (externes).	École Arago (externes).	École de jeunes filles rue de Jouy (externes).	TOTAL GÉNÉRAL.
1878-1879	233	625	436	403	»	»	2086
1879-1880	236	656	466	508	»	»	2166
1880-1881	272	651	428	496	110	»	2147
1881-1882	303	662	423	483	260	68	2160
1882-1883	400	811	568	462	327	218	2770
1883-1884	512	821	605	478	390	294	3130
1884-1885	602	785	688	513	404	300	3292
1885-1886	632	832	714	480	483	318	3450
1886-1887	698	838	725	500	470	265	3514

L'école primaire supérieure de la rue de Jouy comprend quatre années. Les 261 élèves de l'année 1886 étaient répartis comme il suit : 1re année, 106; 2e année, 66; 3e année, 69; 4e année, 20.

vement formé; les patrons sont disposés à abréger pour lui la durée de l'apprentissage; il peut être employé immédiatement à des occupations déterminées, sérieuses et où il soit responsable : c'est la meilleure manière de débuter dans la vie.

Malheureusement tous nos élèves ne nous donnent pas ces trois années. Presque mathématiquement, un tiers quitte après la première année, un second tiers après la deuxième. Cette proportion doit même être considérée comme un progrès. Avant 1866, la proportion de ceux qui persistaient dans leurs études était au-dessous du quart, c'est-à-dire qu'il n'y avait pas 1 élève sur 4 faisant la troisième année. Le quart a été atteint en 1866; et la proportion s'est élevée, à partir de cette date, pour arriver aujourd'hui au tiers.

Les raisons qui expliquent cette sorte de loi sont nombreuses. La rétribution étant mensuelle, les parents ne s'engagent pas comme dans les internats, où l'on paye à l'avance au moins trois mois, et dès lors, pour retirer les enfants, ils obéissent à toute sorte de causes secondaires : un changement de quartier, la fatigue de la course, la mise en pension pour les caractères difficiles, les mécontentements inévitables, etc. Une part est à faire aussi aux entraînements irréfléchis. Tel n'est entré à l'école, contrairement aux conditions communes, qu'à un âge relativement avancé : soit ignorance, soit laisser-aller, soit confiance aveugle dans de mauvaises directions, la famille ne s'est pas décidée au moment opportun. L'enfant se trouve mal à l'aise dans le cours qu'il est obligé de suivre; peu à peu il se détache du travail et il finit par s'en dégoûter tout à fait : il y a urgence à lui trouver un petit emploi. Or il est rare que du même coup l'impatience du gain n'en saisisse pas plusieurs autres. Dès que l'élève commence à ne plus réussir, on se lasse de faire des sacrifices et on coupe court brusquement. La plupart des parents ne savent pas que l'éducation est une œuvre de patience et que les facultés ne se développent pas à volonté. Ajoutez le préjugé que l'enfant ne saurait entrer trop tôt dans les affaires.

Il est permis d'espérer qu'avec le temps les familles sentiront mieux la nécessité d'une instruction plus achevée. Mais il faudra toujours calculer avec les intérêts. Aussi le moyen d'action le plus efficace sur l'esprit des parents est-il le placement de l'élève à la sortie de l'école. Nous avons donné tout à l'heure l'indication des professions auxquelles se sont voués les 226 jeunes gens de la promotion de 1875. Ces 226 destinations n'ont pu être déterminées, on le pense bien, sans une persistance et une variété d'efforts considérables de la part de la direction de l'école. Il a fallu étudier les aptitudes de chacun de ces élèves, ses goûts, son caractère; il a fallu consulter les familles sur leurs ressources et leurs relations; il a fallu enfin mettre au service des jeunes gens et des parents les influences que l'école s'est acquises dans le commerce et l'industrie. Il est peu d'établissements d'instruction publique qui rendent de tels services à ceux qu'ils ont formés.

Il est juste aussi de compter sur l'esprit de progrès qui anime les études. Modestement, mais sûrement, l'école Turgot a été une novatrice. Elle a inspiré des livres, formé des maîtres, créé des méthodes. C'est elle notamment qui, dans l'enseignement de la langue française, a introduit l'exercice de la décomposition des mots et de leur groupement en familles. C'est elle, avec le concours de l'École supérieure de Commerce, qui a constitué un enseignement gradué de la comptabilité, lequel a passé depuis dans les programmes de l'instruction secondaire spéciale et s'est universalisé. C'est elle qui a organisé l'enseignement du dessin géométrique d'après des collections de modèles exactement appropriés à chaque série d'études. La première encore, elle expérimentait, il y a quelques années, l'enseignement élémentaire de la topographie; la première, elle se prêtait à l'essai d'une méthode d'enseignement géométrique, appelée trop scientifiquement peut-être la *tachymétrie*, mais très propre à faire comprendre aux enfants « les règles essentielles de la mesure ou de la cubature des solides », selon la définition de son auteur, M. Lagout. En même temps, reprenant dans les plans préparés par l'ancien Comité central une idée heureuse, elle créait un cours de lecture expressive. Toutes les idées utiles la trouvent disposée à en faire l'épreuve. Des maisons de commission en relation avec les colonies espagnoles ayant demandé des jeunes gens parlant l'espagnol, un cours d'espagnol a été ouvert. On dit volontiers que ce qui fait rechercher de préférence, par les grands établissements français de banque, de commerce ou d'industrie, des commis d'origine belge, suisse, anglaise, allemande, c'est, d'une part, qu'en général ces jeunes gens savent les langues étrangères, tout au moins quant aux formes usitées dans la correspondance d'affaires; c'est, d'autre part, qu'ils sont plus réguliers, plus souples, moins amis du plaisir, mieux préparés à l'accomplissement de tous les devoirs de leur emploi. Le développement des classes de langues vivantes à Turgot et l'esprit de discipline morale qui y règne nous permettront assurément de plus en plus de soutenir la concurrence des autres pays.

Tout récemment deux améliorations nouvelles viennent d'être introduites, qui ont déjà reçu la sanction du succès. Il s'agit des cours de perfectionnement et des voyages d'instruction.

Les cours de perfectionnement, créés à l'imitation de la *Vorbildungschule*, école de « répétition progressive » de la Suisse et de l'Allemagne, ont pour objet de fournir le moyen de compléter leur instruction, le soir, après le travail de la journée, aux jeunes gens qui, ayant plus ou moins loin poursuivi leurs études, ont dû, au sortir de l'école, s'engager immédiatement dans une profession. Ce qui les distingue des cours d'adultes et des cours des associations polytechnique et philotechnique, c'est que, n'étant pas gratuits, ils ne sont pas publics, et que, par suite, ils offrent les avantages d'une classe où le maître donne et corrige des devoirs, interroge, et suit en un mot tous les effets de son enseignement.

Ces cours ont commencé à l'école Turgot le 1ᵉʳ décembre 1876. La langue française, la comptabilité, la géographie, l'anglais et l'allemand ont d'abord été seuls représentés dans le programme. Tout auditeur avait le droit de s'inscrire, soit pour un seul cours, soit pour plusieurs cours à la fois, la rétribution variant suivant le nombre des enseignements que l'on désirait suivre. 91 jeunes gens ont été, pendant ce premier hiver, assidus aux classes où ils avaient pris place : 31 ont participé à plusieurs cours, 20 à un seul, parmi lesquels 15 au cours de français, 14 au cours de comptabilité, 18 au cours d'anglais, 15 au cours d'allemand. Ce sont les élèves qui ont tout de suite donné à chacune de ces classes son esprit et sa direction; les maîtres n'ont eu qu'à s'y conformer, car elle était sage. Point de hautes théories; des applications, voilà ce qu'on demandait dans les cours de comptabilité et de langues vivantes : évidemment on était venu chercher un complément de savoir immédiatement utilisable. La préoccupation n'était pas la même dans les cours de langue française et de géographie. Là, au contraire, on se plaisait à entendre la lecture commentée des chefs-d'œuvre de notre littérature, ou à suivre, dans la description faite à grands traits de la constitution physique du globe, l'un des aspects les plus saisissants de la marche de la civilisation humaine. Instruction pratique ou éducation générale, les deux courants étaient bons.

Les classes de perfectionnement ont repris en novembre 1877. Le cadre, suivant le désir qui avait été exprimé par les élèves, a été agrandi : l'arithmétique commerciale et l'économie politique ont été ajoutées aux programmes de l'enseignement. Du 1er novembre au 1er avril, 135 auditeurs se sont fait inscrire, parmi lesquels 91 pour plusieurs cours. Certaines classes ont réuni près de 60 élèves. Pour l'arithmétique, la comptabilité, la langue française et la géographie, la moyenne des présences a oscillé entre 35 et 45.

La dépense qu'impose la rétribution mensuelle, dépense fort peu élevée d'ailleurs — 5 francs pour un seul cours et 10 francs pour plusieurs, quel qu'en soit le nombre, — est une garantie d'assiduité, ceux-là seuls naturellement étant disposés à faire ce petit sacrifice, qui veulent en recueillir le profit. Il convient d'ajouter qu'il y a pour nos élèves une satisfaction manifeste à se retrouver quelques heures par semaine avec les maîtres dont ils ont pu apprécier, pendant la durée de leurs études, l'actif et intelligent dévouement. Les cours de perfectionnement sont accessibles à tous; mais ils ont été organisés surtout en vue des anciens élèves des écoles primaires supérieures, et ce sont eux, en effet, qui en fournissent le principal contingent[1].

L'idée des voyages d'instruction a été également mise en application pour la première fois en 1876. Les excursions scientifiques étaient depuis longtemps en usage à l'école Turgot; mais elles n'avaient jamais eu lieu que pendant les quelques jours du congé de Pâques ou de la Pentecôte et au profit d'une élite restreinte. Depuis deux ans, cet usage a pris le caractère d'une véritable institution. 50 élèves, choisis d'après leurs notes d'application dans chacun des établissements d'enseignement primaire supérieur, inaugurent leurs vacances par un voyage exécuté sous la conduite du directeur et d'un ou plusieurs professeurs de l'école. L'administration municipale se concerte avec l'administration du collège ou du lycée qui se trouve dans la ville désignée comme point central de l'excursion, pour assurer aux jeunes voyageurs le gîte et le couvert; et les réductions de tarifs aisément consenties par les Compagnies de chemin de fer allègent la dépense que le Conseil municipal n'a pas hésité à autoriser. Les crédits, qui étaient, en 1876 et en 1877, de 12 000 francs, n'ont pas été dépassés. 200 enfants, méritants entre tous leurs camarades, ont pu se faire, à ce prix, un véritable trésor d'impressions

---

1. Ces cours ont été supprimés par l'arrêté du 20 octobre 1881 qui a établi les cours commerciaux. Voici quel a été, de 1877 à 1881, le nombre des élèves dont la fréquentation a été régulière :

Années	Un seul cours.	Tous les cours.	Total.
1877	55	30	94
1878	66	49	115
1879	40	41	81
1880	37	49	85
1881	28	51	79

charmantes, de souvenirs utiles et de forces nouvelles. On en jugera par ces lignes extraites d'un rapport du directeur de l'école Turgot, M. Porcher :

« En août 1876, les écoles Turgot, Colbert, Lavoisier et J.-B. Say (ces deux dernières formant un seul groupe) étaient allées successivement passer dix jours à Dieppe. L'expérience a montré qu'il y avait des inconvénients à maintenir le système des excursions successives. Les voyageurs qui terminaient la série avaient à compter avec une saison déjà avancée, avec les journées plus courtes et les intempéries qui annoncent l'équinoxe d'automne. Aussi, en 1877, les voyages ont-ils été simultanés. Tandis que Chaptal s'établissait à Dieppe, Colbert à Bayeux, Lavoisier et J.-B. Say à Compiègne, Turgot prenait ses quartiers au Havre....

« Le Havre est, avant tout, le premier port de commerce de la France. Le grand intérêt qu'il présente et les ressources spéciales qu'il offre à l'étude sont donc fournis non par l'industrie, mais par la mer et ce qui s'y rapporte, les navires, les constructions navales, etc. Par conséquent, c'est de ce côté que devait se tourner l'attention des voyageurs.

« Les souvenirs du cours de cosmographie, rafraîchis par une conférence du professeur, facilitaient aux élèves l'intelligence du phénomène des marées; ils ont pu en constater l'action à distance, en remontant la Seine et l'Orne. L'époque du voyage était favorable; elle permettait d'apprécier la force de la marée aux quadratures et aux syzygies, et de bien se rendre compte de ce qui constitue la barre d'un fleuve. Sous le rapport zoologique, la plage du Havre est pauvre; mais l'aquarium contient quelques spécimens intéressants des espèces qui vivent dans l'Océan. La géographie a été plus favorisée. Nombre de définitions ont été rendues plus vivantes et plus claires par la vue des accidents naturels qu'elles expriment. Embouchures, estuaire, golfe, baie, cap, port, autant de termes dont le sens est désormais parfaitement précis dans la mémoire des jeunes voyageurs. Ils n'ont pas manqué de noter la ligne de démarcation entre la Seine et la mer, ligne tracée par la différence de couleur des eaux.

« Si des faits naturels on passe aux travaux de l'homme, quel vaste champ d'observations! Le port et l'avant-port, les bassins et leur installation, les écluses, les cales à sec pour les réparations, la conduite des navires pour l'entrée et la sortie à la jetée, le service des sémaphores, devenu si important depuis que l'organisation des observatoires météorologiques permet de suivre, avec l'aide du télégraphe, les mouvements de l'atmosphère et de signaler l'approche des tempêtes! On n'a pas négligé de faire remarquer que les flots enregistrent automatiquement leur hauteur. Mais il n'aurait pas suffi aux élèves de contempler à distance de grands navires; en étudier un au moins de plus près entrait dans leur désir et dans le programme de l'excursion. La visite de la *France*, un des plus beaux paquebots transatlantiques, leur a montré l'aménagement d'un navire destiné aux longues traversées. Ils l'ont visité dans toutes ses parties et en ont admiré les dimensions et l'installation. Les puissantes machines qui lui impriment le mouvement ont fourni matière à une revision de physique et de mécanique. M. Mazurier, maire du Havre, qui compte parmi ses principaux employés un ancien élève de Turgot, avait bien voulu envoyer au directeur de l'École l'autorisation de visiter un des vapeurs de la Compagnie des Chargeurs réunis, la *Ville-de-Bahia*. Ce navire, affecté au transport des marchandises et des émigrants dans l'Amérique du Sud, n'a pas la grandeur ni le luxe de la *France*; mais, par sa destination toute différente, il a offert un utile sujet de comparaison avec ce paquebot.

« La visite des chantiers de M. Normand a permis de saisir sur le vif l'œuvre si considérable de la construction d'un navire : on achevait à ce moment un aviso cuirassé. Cette même visite a été l'occasion d'une bonne leçon industrielle. En effet, l'atelier de sciage renferme une grande variété de scies, dont une, particulièrement remarquable et inventée par M. Jacques Normand, débite immédiatement le bois dans la courbe qu'il doit conserver sur la coque du navire. On l'a très obligeamment manœuvrée à l'intention des élèves. Plus loin venait la série des machines qui accomplissent sur le métal les opérations successives qu'il doit subir.

« A l'usine de la *Société anonyme des constructions navales*, les jeunes voyageurs ont pu se faire une idée de la fabrication des pièces qui constituent l'organisme des navires. Ils ont assisté au spectacle imposant de la fusion de la fonte et de sa coulée dans des moules de roues. Ils ont vu en fonction de puissants marteaux de forges mus par la vapeur. Dans un vaste atelier marchaient bruyamment les tours, les machines à raboter, à percer, etc., qui concourent à la confection des roues et des hélices. Parmi les travaux qui ont été le plus remarqués, il faut citer le forage d'un gigantesque canon de siège. L'opération empruntait un intérêt particulier à cette circonstance que les élèves avaient été témoins, quelques jours auparavant, d'essais de pièces de marine tirant sur un but placé en mer.

« Les docks ont été l'objet d'une longue promenade. La variété des marchandises, cafés, sucres, poivre, alcools, huiles, pétrole, etc., et l'indication de leur provenance constituaient une revision de la géographie agricole et commerciale. L'industrie était là également avec ses moyens perfectionnés. Trois choses ont surtout attiré l'attention : une machine ingénieuse pour pulvériser le sucre, un procédé simple et rapide de mesurage des spiritueux, et un système hydraulique, mû par la vapeur, pour le chargement et le déchargement des navires.

« Enfin les connaissances des élèves de Turgot en physique les ont mis à même de faire une visite très fructueuse aux phares de la Hève. On les a conduits tout d'abord au sommet d'une des tours, jusqu'à la cage où sont placés les prismes réflecteurs dont leur professeur a expliqué sur place le mode d'action. Ensuite on les a introduits dans la chambre des machines. C'était une bonne occasion, et on ne l'a pas négligée, d'étudier la question des phares à feux tournants ou à feux fixes, et la question de l'éclairage des navires par l'électricité.

« Le voyage du Havre a bien été, comme on le voit, un voyage d'instruction. Mais, pour qu'il conservât le caractère d'une récompense, il fallait que l'agréable y fût mêlé à l'utile. Cette condition a été remplie par un ensemble de promenades quotidiennes. Les environs immédiats ou rapprochés du Havre en présentent de très belles : Sainte-Adresse, la côte d'Ingouville, Harfleur, Montivilliers au nord, la route de Trouville à Honfleur au sud. Elles ont été goûtées comme elles le méritent. Mais le vœu unanime appelait les promenades en bateau. Bien peu de ces jeunes gens ne connaissaient d'autre navigation que celle de la Seine entre Paris et Saint-Cloud. Et d'ailleurs, comment séjourner dans un port sans aller sur mer ? Les traversées du Havre à Rouen, à Trouville, à Caen, et de Honfleur au Havre ont pleinement satisfait un désir si légitime. Dans ce dernier trajet on a même rencontré, sans courir de danger, une occasion de sentir de près les colères de l'Océan, que les grands élèves avaient jusque-là trouvé trop calme.

« Mais il ne faudrait pas croire que ces excursions aient été de simples parties de plaisir, stériles pour l'intelligence de nos touristes. Que de notions d'histoire, d'archéologie, d'architecture, recueillies, avec l'aide des guides ou au hasard d'une conversation, en passant devant des endroits célèbres, comme Jumièges, ou en visitant les monuments de Rouen! On dessine beaucoup dans les écoles municipales : elles préparent des artistes industriels et des architectes. C'est dire qu'une promenade à travers une des villes de France les plus riches en édifices anciens et admirables ne peut pas ne pas laisser de traces durables dans l'esprit des élèves de ces établissements. Quant à l'effet moral produit sur eux par les beautés de la nature, ce serait une erreur de penser qu'il a été nul. On a beau être écolier : pour peu qu'on ait l'esprit attentif et l'âme ouverte, on ne contemple pas, sans éprouver des impressions fortes et élevées, des paysages tels qu'en présentent les bords de la Seine entre Rouen et Quillebœuf, et la côte du Calvados entre Honfleur et Trouville. Les maîtres ont entendu plus d'une parole qui atteste que nous ne faisons pas ici une pure hypothèse.

« Aussi l'attrait d'une si belle récompense n'est-il pas sans action sur le travail général dans les écoles : bon nombre d'enfants redoublent de vigilance sur eux-mêmes et d'ardeur dans l'accomplissement de leur tâche, pour se voir classer parmi les élus à la fin de l'année scolaire. De bons esprits ont pu, avant que la mesure fût mise à exécution, éprouver quelques doutes sur sa portée pratique, et se demander si elle serait beaucoup plus qu'un témoignage de satisfaction accordé à quelques élèves. L'expérience leur a répondu, et ils sont maintenant les premiers à souhaiter que l'institution des voyages de vacances s'établisse définitivement dans le régime des écoles supérieures de la ville de Paris. »

On s'explique que, dirigé dans cet esprit et soutenu par de tels encouragements, l'enseignement primaire supérieur soit en faveur. C'est un enseignement démocratique par excellence. Il élève le niveau de l'instruction et de la moralité de la petite classe moyenne; il appelle et il appellera de plus en plus l'élite de la population ouvrière. Ouvrant à tous l'accès des carrières où les études secondaires ne sont pas nécessaires, il donne satisfaction aux ambitions légitimes, sans surexciter les prétentions aveugles, aussi décevantes pour les individus que fatales à la société.

LA QUESTION DE L'APPRENTISSAGE

1871-1878.

Les améliorations introduites dans l'instruction primaire resteront sans effet pour le plus grand nombre de ceux qui sont appelés à en recueillir le bienfait, tant que la question de l'apprentissage ne sera pas résolue. C'est la plaie de notre temps, disait M. Villermé. Cette plaie, les malheurs de 1870-71 l'avaient mise à nu et avivée.

I

Des extraits des délibérations des Conseils généraux relevées en 1868 il résulte que le département de la Seine occupe le cinquième rang parmi les départements qui renferment le plus grand nombre d'établissements industriels; le troisième, parmi ceux qui admettent dans ces établissements le plus grand nombre d'enfants de 8 à 12 ans; le premier, parmi ceux qui reçoivent le plus d'enfants de 10 à 12 ans[1].

---

1. *Bulletin de la Société de protection des apprentis et des enfants employés dans les manufactures*, 2ᵉ année (1868), p. 126-127. Extrait des procès-verbaux des délibérations des Conseils généraux, des Chambres de commerce et des Chambres consultatives des arts et manufactures.

D'autre part, l'enquête de la Chambre de Commerce, commencée en 1860 et publiée en 1864, a établi qu'en 1860 les 101 171 établissements industriels ou ateliers privés de Paris renfermaient 25 540 enfants ou jeunes gens au-dessous de 16 ans, savoir : 19 059 garçons et 6481 filles[1].

Ces 25 540 apprentis se partageaient en trois catégories : 1° Ceux qui étaient régulièrement engagés par contrat, aux termes de la loi du 22 février 1851, ou les apprentis proprement dits; la statistique en fixe le nombre à 3674 garçons et 849 filles, ensemble 4523, soit, sur le chiffre total, environ un sixième; — et depuis 1860 cette proportion a plutôt décru qu'augmenté;

2° Ceux qui étaient placés en apprentissage sans engagement, c'est-à-dire par le fait d'une simple convention et en dehors de toute stipulation légale; ils étaient au nombre de 15 219 : garçons, 10 487; filles, 4732.

3° Ceux qui étaient reçus et employés dans les ateliers à titre d'auxiliaires salariés, et dont la statistique porte le chiffre à 5798 : 4898 garçons et 900 filles.

Entre ces trois catégories, la seule différence est dans le degré du mal. Ce n'est pas ici le lieu d'en faire l'analyse. Nous voudrions même écarter de notre étude toutes les considérations générales qui sont

---

1. *Statistique de l'Industrie à Paris*, 1860, Enquête de la Chambre de Commerce, Introduction, p. xxxiii-xxxiv-xxxv. — La première enquête faite par la Chambre de Commerce en 1848 portait le nombre des apprentis à 10 114. — En 1872, d'après une enquête dont les résultats n'ont pas été rendus publics, le nombre des apprentis s'élevait à 27 020 : garçons, 18 127; filles, 8902. — Enfin, en 1874, ce nombre était de 34 405 : garçons, 14 870; filles, 19 835. (Enquête de la Préfecture de Police.)

l'attrait douloureux du sujet. Cependant, pour essayer de trouver les améliorations que la situation réclame, il faut en rappeler sommairement les causes et les effets.

On se souvient de l'impression que produisit le cri d'alarme poussé par M. Villermé en 1840[1] : impression comparable à celle qui suivit la grande enquête de 1833 sur l'instruction primaire. On connaît les éloquents plaidoyers de M. Jules Simon, ses considérations élevées, ses généreuses conclusions[2]. On connaît aussi le livre de M. Corbon[3]; nulle part les conditions générales de l'apprentissage n'ont été décrites avec plus de simplicité et de force : il était clair que l'auteur avait vécu de la vie qu'il dépeignait.

« Voici un jeune garçon qui aura bientôt 13 ans, dit-il au début de son premier chapitre[4]; il n'a pas cessé d'aller à l'école depuis sa septième année; c'est, pour nous autres de la classe ouvrière, un garçon instruit; c'est un savant pour son père et pour sa mère : aussi songent-ils qu'il est grand temps de le retirer de l'école et de faire choix pour lui d'un bon état. Mais quel état? » Une offre banale, l'appât d'un gain immédiat, des relations de voisinage, l'exemple d'un camarade de classe, des goûts mal définis, superficiels, tout en décide, tout, excepté, le plus souvent, les considérations sérieuses de position, d'aptitude et de santé, dont dépend l'avenir de l'enfant[5].

---

1. Villermé, *Tableau de l'état physique et moral des ouvriers*, 1840.
2. Jules Simon, *le Travail*, 6ᵉ édition, 1866; — *l'Ouvrier de huit ans*, 4ᵉ édition, 1867; — *l'Ouvrière*, 6ᵉ édition, 1867.
3. A. Corbon, *De l'enseignement professionnel*, 1848-1864.
4. Id., ibid., 1ʳᵉ part., chap. 1ᵉʳ.
5. On verra plus loin, pages 312 et suivantes, que, depuis huit ans, de sérieux progrès ont été accomplis sous ce rapport.

Ainsi jeté dans l'atelier, sans vocation, sans notion préparatoire au métier qui doit lui fournir les moyens de vivre, non seulement l'apprenti ne trouve autour de lui rien de ce qui peut lui en donner l'esprit, mais tout semble concourir à lui en inspirer le dégoût. Les compagnons l'accueillent mal ; ils ne se soucient pas de voir se multiplier les bras ayant part au bénéfice de la profession[1]. L'enfant est jeune, inexpérimenté, chétif ; sous le prétexte qu'il ne peut faire autre chose, on l'emploie aux courses, aux transports, aux rangements, au menu ménage de l'atelier ; et la seule chose qu'il apprenne d'abord, c'est à perdre sa journée[2]. Les idées d'ordre et de travail, les principes de moralité qu'il a emportés de l'école ne résistent pas longtemps à cette vie d'occupation stérile. Il tombe rapidement plus bas encore. En contact journalier avec des hommes qui n'ont pas toujours le respect de l'enfance, il se hausse,

---

1. A. Corbon, liv. I*ᵉʳ*, ch. III. — Cf. *Statistique de l'Industrie de Paris*, 1847-48, chap. VII, p. 80 : « Dans quelques professions, les ouvriers s'opposent vivement à l'introduction des apprentis parmi eux. Chez les typographes, par exemple, il n'y a d'apprentis que parmi les compositeurs ; les pressiers n'en admettent pas et les ateliers se recrutent parmi les ouvriers venant des départements. » — « Dans un grand nombre d'industries, les apprentis apparaissent dans la proportion de 1 contre 15 ou 28 ouvriers. On a trouvé 339 apprentis et 9040 ouvriers chez les ébénistes ou 1 apprenti contre 26 ouvriers : 08 pour 100 ; chez les peintres en bâtiments, 203 apprentis contre 5571 ouvriers ou 1 apprenti contre 27 ouvriers : 44 pour 100. Dans d'autres industries, les apprentis sont très peu nombreux relativement à la population ouvrière, et le recrutement dans ces industries se fait en grande partie par d'autres voies. Ainsi chez les constructeurs de machines, il n'y a guère qu'un seul apprenti pour 58 ouvriers ; chez les fondeurs en caractères et clichours, un apprenti pour 68 ouvriers ; chez les fabricants de bougies, les teinturiers, les fabricants de produits chimiques, les mégissiers, les parfumeurs, les potiers en terre, on a trouvé seulement un apprenti sur 100, 150 et même 200 ouvriers. » *Id., ibid.*, p. 57.

2. J. Simon, *l'Ouvrière*, 3ᵉ partie, chap. I à V ; — *l'Ouvrier de huit ans*, chap. I à V. — Cf. *Enquête sur l'enseignement professionnel*, 1864 (Ministère de l'Agriculture, du Commerce et des Travaux publics), t. I, Dépositions, p. 112, 130, 178, 200, 502, etc. *Rapports sur la situation des enfants employés dans les manufactures du département de la Seine*, par M. Barreswil, années 1863 à 1868.

pour se mettre à leur taille, de la seule façon dont il puisse essayer de les égaler : le vice l'entraîne, un vice précoce, le pire de tous, celui qui est le produit d'une imagination pervertie et qui corrompt la vie physique et morale dans ses sources. Tout contribuant dès ce moment à le perdre, il fausse à plaisir ou laisse fausser en lui ce que la nature et l'éducation y avaient déposé de germes honnêtes, et il n'est plus, trop souvent, qu'une victime de toutes les passions meurtrières, de tous les sophismes[1].

En désapprenant le reste, finit-il du moins par apprendre le métier dont l'exercice pourrait lui rendre le sentiment de sa dignité? « Le temps de son apprentissage est déjà fait aux deux tiers — ici de nouveau nous laissons parler M. Corbon — et il n'a saisi que de bric et de broc quelques pauvres notions du métier ; encore est-ce moins en pratiquant de ses mains qu'en regardant comment s'y prennent les ouvriers.... A moins que, par une chance assez rare, il ne rencontre dans l'atelier quelque personne bienveillante qui veuille et puisse tenir en haleine son intelligence et l'intéresser au travail par la démonstration, souvent renouvelée, des conditions et des ressources du métier. Ce n'est pas que le bon vouloir manque aux patrons. En général, ils ont un certain fonds de bienveillance. Mais ils ont leurs affaires, et ils sont eux-mêmes, quant à la manière d'apprendre un métier, non pas tous assurément, mais un grand nombre, dans l'ornière où se traîne la foule des travailleurs : ils ne savent pas. Ce qui les domine d'ailleurs fatalement, en présence des exigences de la concurrence, c'est la pensée de tirer un bénéfice des

---

1. *Enquête sur l'enseignement professionnel*, t. 1er, Dépositions, p. 28, 172, 179, 200, 211, etc. — Cf. *la Question ouvrière au XIXe siècle*, par P. Leroy Beaulieu, t. II, p. 3.

bras qu'ils occupent, de ceux de l'enfant qu'ils ont pris pour l'instruire, comme de ceux de l'ouvrier qu'ils payent[1]. »

Reste la famille. Mais quelle est l'action de la famille? L'enfant avait 13 ans à peine quand il est entré à l'atelier — je prends les conditions les meilleures, celles où l'apprenti a passé par l'école, — et dès ce moment la vie de la famille a cessé pour lui. Sur 19 742 apprentis plus ou moins régulièrement engagés[2], 840 (626 garçons, 214 filles) sont des enfants de patrons, qui ne quittent point la maison paternelle; 814 (646 garçons, 168 filles) sont suivis par des associations. Parmi les autres, tandis que 8076 reviennent encore, le soir du moins, au foyer commun, 10 012 (7632 garçons, 2380 filles) ont rompu tout lien avec la famille[3]. Même alors que ce lien subsiste, il en coûte de le dire, ce n'est pas toujours au profit de l'enfant. Moins compétente encore, hélas! que le patron pour suivre son éducation professionnelle, la famille ne se laisse toucher généralement que par la question de salaire. Que l'apprenti gagne son pain et, s'il se peut, celui de ses frères et sœurs plus jeunes, voilà ce qui la préoccupe. C'est souvent le cri de la nécessité. Trop souvent aussi c'est le calcul aveugle de l'imprévoyance. L'avenir de l'enfant est sacrifié aux décevants avantages du présent. L'apprenti est spécialisé, c'est-à-dire qu'il est exclusivement exercé à une partie quelconque du métier. Perdant la vue de l'ensemble des

---

1. A. Corbon, part. I, chap. 1, § 5 et 6. — Cf. *la Réforme sociale en France*, par M. F. Le Play, 2ᵉ édit. 1866, chap. III, IV, VI : la famille, le patronage.

2. Voir plus haut, page 174, les deux premières catégories de la statistique : 4523 d'une part, et de l'autre 15 219 ; total 19 742.

3. *Statistique de la Chambre de Commerce*, 1860. Introduction p. XXXVIII.

travaux de la profession, il ne fait plus que certaines pièces, toujours les mêmes. Il y acquiert bientôt une dextérité suffisante pour que le patron y trouve un bénéfice et puisse en faire partager au père les avantages. L'excuse que le patron tire avec plus ou moins de fondement des conditions impérieuses de l'industrie moderne, le père la trouve dans ses charges de famille. Et le marché se fait au détriment de l'apprenti.

C'est ainsi qu'après avoir été un instrument de domesticité, il devient, du consentement de tous, un instrument de produit. Dès lors on en épuise, comme d'un appareil mécanique, comme d'une machine-outil, l'activité, la force; et, sous le poids de ce labeur aussi inintelligent qu'énervant, ses facultés achèvent de s'étioler [1].

Mais la loi ? — La loi d'abord, il faut bien le dire, n'est intervenue que tardivement. L'Assemblée de 1791, en supprimant les corporations, les jurandes et les maîtrises, avait supprimé du même coup l'obligation de l'apprentissage [2]. Où il fallait réformer, elle avait détruit; il s'agissait de mettre fin à des privilèges; elle avait fait table rase d'une institution. Et, depuis le commencement du siècle, les instructions s'étaient accumulées, les enquêtes avaient suivi les enquêtes, en 1807, en 1831, 1832, 1834, 1839, sans qu'aucune mesure fût prise pour assurer les conditions du travail des apprentis : « Dans certains départements, disait en 1837 un rapport du bureau des manufactures au Ministère du Commerce, on emploie des enfants de six ans ! »

1. J. Simon, ouvrages cités. — Cf. Enquête sur l'enseignement professionnel, p. 58, 112, 142, 145, 170, 200, 210, 237, 258, 247, 300, 301, 402.
2. Loi du 2 mars 1791, art. 2. — Cf. loi des 28 septembre-6 octobre 1791, tit. I, sect. v, art. 1er. — Voir Levasseur, Histoire des classes ouvrières en France depuis 1789 jusqu'à nos jours, liv. I, ch. I et II.

C'est de 1841 que date le premier effort de régularisation. La loi du 22 mars, qui nous régit encore aujourd'hui, fixe à huit ans l'âge auquel les enfants peuvent être admis dans les ateliers. D'autre part, elle limite la durée de travail qui peut lui être demandé, de huit à douze ans, de douze à quatorze, de quatorze à seize; au-dessous de seize ans, elle interdit le travail de nuit et celui des dimanches et jours de fête. En même temps elle protège l'enfant contre l'ignorance : nul à moins de douze ans ne peut être admis dans les ateliers qu'autant que ses parents justifient qu'il fréquente une école; au-dessous de douze ans l'apprenti peut être dispensé sur la présentation d'un certificat d'études primaires; si à moins de seize ans il ne sait pas écrire, lire et compter, le maître est tenu de lui laisser prendre sur la journée de travail le temps nécessaire (deux heures au plus) pour compléter son instruction. Son instruction technique elle-même est soumise à des règles : le nombre des apprentis que peut prendre un patron est strictement déterminé. Et l'ensemble de ces prescriptions est placé sous la surveillance d'un corps d'inspecteurs spéciaux.

La loi du 22 février 1851 a ajouté à ces prescriptions de police un caractère de patronage moral en établissant avec précision les conditions du contrat d'apprentissage. Le contrat ne lie pas seulement les deux parties, le maître à l'égard de l'enfant, l'enfant et ses parents à l'égard du maître, par des obligations d'intérêt réciproque. C'est une tutelle. L'apprenti doit à son maître fidélité, obéissance, respect; il est tenu de l'aider par son travail dans la mesure de ses aptitudes et de ses forces. Le maître, de son côté, doit se conduire envers l'apprenti en bon père de famille, surveiller sa conduite et ses mœurs, soit dans l'atelier, soit au dehors, et avertir les parents ou leurs représentants des fautes graves, qu'il pourrait commettre ou des penchants vicieux qu'il pourrait manifester. Il doit aussi les prévenir sans retard, en cas de maladie, d'absence ou de tout fait de nature à motiver leur intervention. Défense lui est faite, sauf convention contraire, d'employer l'apprenti à d'autres travaux qu'à ceux qui se rattachent à l'exercice de sa profession et défense absolue de l'employer à ceux qui seraient insalubres ou au-dessus de ses forces. Son devoir est de lui enseigner progressivement et complètement l'art, le métier ou la profession spéciale qui fait l'objet du contrat. Enfin la loi frappe d'une amende tout fabricant, chef d'atelier ou ouvrier convaincu d'avoir détourné un apprenti de chez son maître pour l'employer en qualité d'apprenti ou d'ouvrier. Dans les cas de litige, c'est le conseil des prud'hommes qui juge.

Si ces mesures de protection se sont fait attendre, il semble du moins que rien n'y manque. Mais ce qui devrait en constituer la force en fait précisément la faiblesse. Tout contrat est une gêne. Les meilleurs parmi les patrons en supportent malaisément les obligations : à l'apprenti qu'il faut surveiller et dont la présence leur impose un contrôle, ils préfèrent un jeune ouvrier-aide qu'ils payent, mais qu'ils peuvent toujours congédier[1]. Bien plus, ceux qui semblent accepter les

1. Enquête de la Chambre de Commerce de 1872, page 28. — Voir le rapport de M. Renouard à la Chambre des Députés, 11 mars 1841. — « Dirai-je que, pour différents motifs, la loi du 22 mars 1841 reste sans exécution sérieuse dans un trop grand nombre de départements qui n'ont pas de manufactures? Déduisons du chiffre total 8 départements qui n'ont pas de manufactures, 10 autres où les manufactures n'emploient pas d'enfants au-dessous de douze ans : nous trouvons que, sur 61 départements où cette loi de l'État devrait être respectée par tous les chefs d'industrie, il y en a environ la moitié où elle reste à l'état de lettre morte; car, si l'on compte 28 départements où la loi s'exécute,

conditions réglementaires du contrat les ont à peine souscrites qu'ils s'y dérobent. Entre contractants on s'entend pour violer la loi. Et en présence de la complicité du père et du patron, quelquefois du père et de l'enfant, que peuvent faire les conseils de prud'hommes? Ils n'ont pas même le droit d'intervenir d'office; ils n'agissent que sur la plainte des familles. Puis, quelle est la base de leurs jugements? Des engagements sans précision, parfois sans authenticité. Mainte fois il a été demandé, sans succès, que le dépôt du contrat au secrétariat du conseil fût rendu obligatoire[1]. Admettons que la fraude soit constatée, les peines sont tellement restreintes qu'elles ne produisent aucun effet. Aussi bien y a-t-il une pénalité qui puisse contraindre le patron à initier l'apprenti avec suite à tous les secrets du métier? à sauvegarder l'intelligence de l'enfant, sa moralité, sa santé[2]? On a fait énergiquement appel à la vigilance des commissaires de police, tombée en désuétude; on a cherché à fortifier l'action des comités de patronage, des maires, des délégués cantonaux[3]; on a multiplié les

on en rencontre 19 où, observée dans certaines usines, méconnue dans d'autres, elle ne s'exécute qu'en partie; enfin 17 départements où elle ne s'exécute pas du tout. » Discours de M. Charles Robert, conseiller d'État, secrétaire général du Ministère de l'Instruction publique, vice-président de la Société de protection des apprentis (10 septembre 1867). Bulletin de la Société de protection des apprentis, 1re année, 1862, p. 194. — Cf. J.-B. Say, Cours complet, t. II, p. 12.

1. Statistique de l'industrie de Paris, exposé de la Chambre de Commerce, chap. VII, p. 59.

2. L'article 10 de la loi du 22 mars 1841 portait que « le gouvernement établirait des inspecteurs pour surveiller et assurer l'exécution de la loi »; les inspecteurs n'ont jamais été nommés. C'est la loi du 19 mai 1874 qui a la première organisé la surveillance, tant par la création d'un corps de quinze inspecteurs divisionnaires (section VI, art. 46 à 19) que par l'institution de commissions locales siégeant dans chaque département et d'une commission supérieure établie auprès du Ministre du Commerce (sect. VI et VIII, art. 21 à 30).

3. Enquête sur l'enseignement professionnel, tome Ier. Dépositions, p. 65, 112, 131, 132, 155, 156, 160, 170, 173, 178, 203, 256, 257, 258, 259 210, 211, 388, 391, 392, 393, 403.

stimulants, les récompenses. Les intentions qui ont dicté ces mesures sont toutes excellentes, et quelques-unes ont plus ou moins produit sur le moment un résultat salutaire. Mais ces améliorations tenaient moins aux mesures qu'à ceux qui les appliquaient, moins aux choses qu'aux hommes [1].

Pût-elle être efficace, la protection du contrat ne couvrirait à Paris, on vient de le voir, que 4523 enfants sur 25 540. Et la vérité est qu'elle ne couvre même pas ces 4523 enfants. Les stipulations de la loi de 1841 ne sont applicables qu'à toute fabrique occupant plus de 20 ouvriers réunis en atelier [2]. Un projet de loi, préparé en 1847 et voté par la Chambre des pairs le 21 février 1848, proposait d'en étendre le bienfait aux enfants travaillant dans *toutes* les manufactures, fabriques, usines, chantiers et ateliers [3]. Telle avait été également la proposition émise par le Conseil général des manufactures en 1850. Le législateur de 1851 s'est arrêté devant la crainte de paraître établir sur les ateliers privés une sorte d'inquisition [4]. Scrupule grave assu-

---

1. *Enquête sur l'enseignement professionnel*, tome Ier. Dépositions, p. 82, 83, 84, 85, 136, 137, 141, 172, 178, 202, 236, 237, 240, 241, 242, 301, 391. — Cf. *Statistique de l'industrie de Paris*, 1847-1848, chap. vii, p. 60.
2. Art. 1er.
3. *Bulletin de la Société de protection des apprentis*, 1re année, 1867, p. 10. — Voir également un projet déposé sur le bureau de l'Assemblée nationale, le 14 août 1848, par M. Wolowski.
4. « Toute réglementation tendant à limiter le nombre des apprentis que peut prendre un même patron à raison du nombre des ouvriers qu'il emploie, disait le rapport de la Chambre de Commerce en 1848, est d'une application impossible dans une ville où le travail est autant divisé qu'à Paris et où l'importance des entreprises dans une même industrie est aussi variée. Il en est de même pour tout ce qui tient à la surveillance de la conduite des patrons envers les apprentis. Des officiers municipaux, des inspecteurs spéciaux ne peuvent pénétrer partout où l'on travaille ; il faudrait pour cela qu'ils exerçassent une inquisition gênante dans l'intérieur des familles, et l'on renoncerait alors à prendre des apprentis. Les membres des conseils de prud'hommes, de leur côté, manquent de temps pour faire de semblables visites chez les patrons, et

rément, mais à l'abri duquel les abus les plus déplorables se sont introduits. Sur les 101 171 fabricants de Paris recensés en 1860, on a calculé que 7492 seulement occupaient plus de 10 ouvriers ; que 31 480 occupaient de 2 à 10 ouvriers ; que 62 199 n'avaient qu'un ouvrier ou travaillaient seuls[1]. Et l'on sait qu'à Paris c'est au profit de la petite industrie, c'est-à-dire au profit des ateliers privés, que se recrutent surtout les apprentis. Dans quelle proportion les 4523 enfants engagés par contrat appartiennent-ils à la petite industrie non soumise à la surveillance de la loi? La statistique ne s'explique pas sur ce point. Mais si elle ne donne pas raison de craindre que le plus grand nombre de ces enfants soient exposés aux dangers qui peuvent résulter de l'absence de toute surveillance, elle n'autorise pas non plus à conclure que tous en soient garantis[2].

ils craindraient souvent de mécontenter ceux qui les ont élus, en pénétrant dans les ateliers, et en laissant peut-être à penser qu'ils viennent moins pour visiter les apprentis que pour tirer parti de ce qu'ils peuvent voir en modèles de produits ou procédés de travail. Les plus grandes garanties pour les apprentis résultent donc du choix judicieux qui peut être fait de ceux auprès desquels on les place ; ensuite de la notoriété publique et de cette surveillance du voisinage dans une ville où la population est compacte, et où chacun vit en quelque sorte sous les yeux de tous. » (*Statistique de l'industrie à Paris résultant de l'exposé fait par la Chambre de Commerce*, chap. VII, p. 60.) — Une commission supérieure avait été nommée (décret du 17 décembre 1868) pour étudier cette question et toutes celles qui s'y rattachent. Elle n'a jamais fonctionné.

1. *Statistique de l'industrie à Paris*, 1860, Introduction, p. xx. « On est frappé, quand on rapproche le nombre total des ouvriers (416 118) du nombre des établissements industriels (101 171) représentant les dix groupes du travail, constatés par l'enquête. Les établissements réunis en effet n'arrivent pas à donner, en moyenne, cinq ouvriers par établissement.... S'il est un fait incontestable qui ressorte de la comparaison de l'enquête de 1849 et de celle de 1860, c'est la division toujours croissante de l'atelier de Paris. » *Enquête de la Chambre de Commerce*, 1860, Introduction, p. xx.

2. La loi du 19 mai 1874 a modifié cette situation : elle étend ses dispositions protectrices « à *tous* les enfants et filles mineures employés à un travail industriel dans les manufactures, fabriques, usines, mines, chantiers et ateliers », sans aucune distinction (art.

Ce qu'on peut affirmer, c'est que la petite industrie est celle qui occupe en grande majorité, les 15 210 enfants attachés à l'atelier sans contrat[1]. Or, que parmi les 62 199 patrons qui les reçoivent, il y en ait de fort honorables, est-il besoin de le dire? Nous sommes même disposés à reconnaître que, par suite de leur dispersion, les conditions doivent être quelquefois meilleures que celles de l'atelier proprement dit. Mais, la part faite aux exceptions aussi largement que le comporte ce qu'il y a de bons instincts dans la nature humaine, quand on voit de quelle façon le contrat légal est observé, que n'a-t-on pas lieu de redouter au sujet de ces engagements dépourvus de toute régularité[2]? Ni l'ignorance, en effet, ni l'inexpérience, ni l'inconduite même, ne sont un empêchement à avoir des apprentis. La loi du 22 février 1851 prescrit des conditions générales d'âge

---

1. Une statistique dressée en 1881 établit qu'il y a en moyenne 2 apprentis travaillant dans la grande industrie contre 8 travaillant dans la petite. *Bulletin de la Société de protection pour les apprentis*, 2ᵉ année, 1869, p. 449.
2. Sur les résistances opposées par les petites industries, voici ce que nous lisons dans un rapport où M. Dumas (6 mai 1878) fait connaître les résultats de l'application de la loi de 1874 : « Les difficultés que rencontre la sérieuse application de la loi ne seront pas encore vaincues tant qu'on n'aura soumis à son application que les manufactures, usines ou ateliers de quelque importance, dont l'existence ne saurait être dissimulée. Les directeurs ou administrateurs de tels établissements sont connus, instruits et, en général, animés de sentiments élevés; les enfants qu'ils emploient appartiennent à des familles qui, travaillant elles-mêmes dans l'usine, continuent leur surveillance et ne sont pas dans la misère. Mais il en est autrement des petits ateliers où deux, trois, quatre enfants travaillent éloignés des leurs, au profit du maître ou de la maîtresse qui les occupe. Aucune notoriété ne signale l'atelier. Les patrons, presque toujours peu éclairés eux-mêmes, ne portent aucun intérêt à l'instruction des enfants qui leur sont confiés par des parents insouciants. Les uns et les autres ignorent l'existence de la loi ou feignent de l'ignorer. L'inspection est impuissante contre ce mal. Il ne faut pas se dissimuler cette situation. La grande industrie qui, en beaucoup de cas, n'avait pas attendu la promulgation de la loi, s'est presque toujours empressée d'y satisfaire. Les petits ateliers, au contraire, échappent le plus souvent à son application. » — (Cf. le rapport du 30 décembre 1876.)

et d'état civil. Nul, y est-il dit, ne peut recevoir des apprentis avant 21 ans, et, lorsqu'il s'agit de jeunes filles, il faut être marié[1] ; en outre, les condamnés pour crime, pour attentat aux mœurs, ou pour l'un des délits de moralité prévus par le Code pénal, sont frappés d'incapacité temporaire[2]. Mais les sûretés prises contre le crime et le vice sont-elles des gages de savoir, de sagesse, de probité, j'entends de cette probité d'exemple qui a sur l'enfant tant d'influence? Sur ce point encore, la loi ne fournit que des garanties négatives.

Si tel est le péril auquel sont exposés les 15 219 apprentis qui, à défaut de contrat légal, sont encore protégés par une sorte d'engagement, combien n'est-il pas plus grave encore pour les 5798 enfants, filles et garçons que ne sauvegarde même plus le titre d'apprentis, et qui, attachés à l'atelier sous le nom d'ouvriers auxiliaires, sont condamnés à une forme de travail unique, parce qu'elle est plus productive[3]! Ici, plus de prescriptions légales qui, tant mal que bien, obligent ou arrêtent; plus de règle ni de frein : le patron ne doit rien, ni

---

1. Art. 4 et 5. Voir Blanqui, *Rapport à l'Académie des sciences morales et politiques, sur les classes ouvrières en France*, p. 191-182; et Léon Faucher, *Revue des Deux Mondes*, novembre 1844. Cf. *Bulletin de la Société de protection des apprentis*, 2ᵉ année, 1869, p. 183 et suiv. *Le travail des enfants dans les manufactures devant la jurisprudence*, par J. Périn. — Voir aussi, même année, le Rapport de la Société libre d'émulation du commerce et de l'industrie de la Seine-Inférieure, sur le travail des enfants et des femmes dans les manufactures, par M. Paul Allard, id., ibid., p. 444 et suiv. — Voir également, 3ᵉ année, 1870, p. 42 et suiv., la lettre de M. Hougel, demandant la suppression de toute réglementation légale comme nuisible à tous les intérêts.
2. Art. 6 et 7. « L'incapacité résultant de l'article 6 pourra être levée par le préfet, sur l'avis du maire, quand le condamné, après l'expiration de sa peine, aura résidé pendant trois mois dans la même commune. A Paris, les incapacités seront levées par le préfet de police. »
3. *Statistique de la Chambre de Commerce*, 1860, Introduction, p. xxxvii. Les salaires pour cette catégorie d'ouvriers sont de 50 c., 75 c., 1 fr. 25 c.

instruction technique, ni instruction d'aucune sorte, rien que le salaire d'un travail dont aucune règle ne limite la durée[1].

Appliqué dans ces conditions, l'apprentissage ne sert même pas le métier auquel il a pour objet de préparer des recrues. Cette vigueur naissante de l'enfant que l'atelier exploite prématurément, cet esprit qu'il endort et corrompt, sont autant de forces vives qu'il détruit. Que l'on compare les profits tirés du travail de l'apprenti épuisé dès la première jeunesse, avec le produit que rapporteraient ses muscles fortifiés, sa main régulièrement exercée, son intelligence entretenue et éclairée[2]! On a appliqué à tous les abus inintelligents l'image du sauvage qui coupe l'arbre au pied pour en cueillir le fruit. L'atelier, dans ce qu'il a de vicieux, produit des effets plus déplorables encore : il écrase le fruit dans sa fleur. « A l'une des extrémités de

[1]. La loi du 19 mai 1874 a apporté à cette situation d'incontestables améliorations. Elle a d'abord reculé à douze ans l'âge auquel les enfants peuvent être employés dans les ateliers et les manufactures, sauf pour certaines industries où l'âge est fixé à dix ans révolus (art. 2). La durée maximum de travail pour les enfants de dix à douze ans est fixée à six heures au lieu de huit (art. 3). L'interdiction de travail de huit heures est étendue jusqu'à l'âge de seize ans; elle s'applique en outre aux filles mineures de 16 à 21 ans employées dans les manufactures (art. 4). — Aucun enfant ne peut, avant l'âge de 13 ans accomplis, être admis à travailler plus de six heures chaque jour, s'il ne justifie, par la production d'un certificat de l'instituteur et de l'inspecteur primaire visé par le maire, qu'il a acquis l'instruction primaire élémentaire (art. 9). — Toutes les autres prescriptions relatives à la fréquentation scolaire sont confirmées. Mais ces prescriptions sont loin d'être appliquées. En 1880 les inspecteurs spéciaux ont visité à Paris 7038 industriels, appartenant à 74 groupes d'industries et employant un personnel de 85 664 ouvriers et ouvrières, parmi lesquelles 13 330 filles mineures (de 16 à 21) et 17 412 enfants. Or, sur ces 17 412 enfants, on en comptait plus de 1200 qui n'avaient pas atteint l'âge de douze ans. 156 procès-verbaux ont été dressés : 68 ont donné lieu à des condamnations de 5 à 500 francs; les 88 autres n'ont pas eu de suite.

[2]. Voir le rapport de M. Émile Délerot, secrétaire de la Société de protection des apprentis et des enfants des manufactures, *Bulletin de la Société de protection des apprentis*, 1re année, 1867, p. 157.

l'échelle, ont dit des maîtres éminents en la matière, les ingénieurs, qui sont les véritables hommes de science de l'industrie ; à l'autre extrémité, les ouvriers, qui perfectionnent les procédés dans leurs détails : voilà généralement les auteurs des améliorations sérieuses que l'on a vues s'opérer dans les procédés industriels. » — L'habileté exceptionnelle de certains ouvriers, lisons-nous ailleurs, a toujours été pour beaucoup dans la supériorité des produits de l'industrie parisienne[1]. » Or, en circonscrivant inflexiblement le champ d'exercice de l'apprenti, la spécialisation énerve dans le travail ce qui fait l'attrait en même temps que la fécondité du travail, l'esprit de recherche et d'invention ; elle substitue le machinisme au raisonnement, la routine au progrès[2].

Ainsi conçu, l'apprentissage, cette pépinière de l'industrie, tue l'industrie[3]. C'est le cri de tous les fabricants parisiens soucieux de l'avenir de la richesse nationale : l'apprentissage s'en va. Il n'est presque pas un déposant de la grande enquête sur l'enseignement professionnel qui n'ait émis un vœu empreint de cette inquiétude ; et les chiffres de la statistique ne la justifient que trop manifestement.

Il est difficile d'établir un rapport exact entre la population ouvrière de 1848 et celle de 1860, Paris, en 1859, s'étant agrandi de toutes les communes subur-

---

1. *De l'organisation de l'enseignement industriel et de l'enseignement professionnel*, par M. le général Morin, directeur, et M. Tresca, sous-directeur au Conservatoire des Arts et Métiers, 1862, ch. II, p. 20 et suiv.
2. Voir le *Bulletin de la Société de protection des apprentis*, 2ᵉ année, 1868, p. 129 et suiv.
3. *La Question ouvrière au XIXᵉ siècle*, par P. Leroy-Beaulieu. — Cf. V. Mollot, *Code des ouvriers*.

bains. Il est à remarquer cependant que, tandis que le nombre des ouvriers s'est élevé de 342 530 à 416 811, soit une augmentation de 74 281 ou d'un cinquième, le nombre des apprentis s'est accru seulement de 826 (24 714 en 1840, 25 540 en 1860). Ajoutez la progression décroissante des engagements par contrat (1 500 de moins en 1860) et la progression inverse des engagements sans contrat (1000 de plus en 1860). Mais écartons les comparaisons, où la base nous fait défaut : sur une population de 416 811 ouvriers, qu'est-ce qu'une proportion de 4523 apprentis engagés par contrat, si l'on réfléchit surtout que, pour 600 de ces enfants, l'apprentissage est d'une année à peine, et que pour près de 4000 autres il ne dépasse pas deux ans[1] ; si l'on se rend compte, enfin, que parmi ces 4523 contrats il y en a seulement 15 %, en moyenne, en vertu desquels l'apprenti paye et ne soit pas payé, c'est-à-dire qui fassent de lui un élève et non un salarié[2] ?

C'est sous l'empire de cette situation fatale à certaines professions, l'horlogerie par exemple, que d'honorables fabricants, M. Henri Robert, M. Mildé, demandaient, il y a quelques années, qu'une classe-atelier fût organisée à l'école Turgot ; c'est dans le même sentiment qu'aujourd'hui M. Richard s'occupe de créer dans le 10e arrondissement une école d'apprentis pour la petite mécanique. D'autres poursuivent le même but pour d'autres industries, également exposées à passer à l'étranger ou à périr.

Comme les patrons, les ouvriers intelligents comprennent la gravité de ces menaces. « Nous deman-

1. *Statistique de l'industrie à Paris*, 1860, Introduction, p. xxxii-xxxiv.
2. Voir *Statistique de l'industrie à Paris*, 1840, chap. vii, p. 57 et suiv.

dons, disait, il y a quelques années, un groupe d'ouvriers mécaniciens préparant la formation d'un syndicat ouvrier des professions similaires de la mécanique, nous demandons que les apprentis ne fassent pas des apprentissages de spécialités, mais au contraire qu'ils apprennent, dans chaque branche de la mécanique, tout ce qui se rattache à la partie pour laquelle ils ont fait leur contrat[1]. » — « L'apprenti, écrivaient les

---

1. *Bulletin de la Société de protection des apprentis*, 2ᵉ année, 1868, p. 289. Ces observations s'appliquent encore dans une large mesure à la situation présente. « Il ne faut pas se dissimuler que l'apprentissage est négligé dans nos ateliers, dit M. J. Barberet dans son Introduction aux *Monographies professionnelles*. A qui incombe cette négligence, sinon aux patrons qui, prenant des apprentis, ne tiennent pas les promesses qu'ils ont faites aux parents des jeunes gens dont ils doivent assurer l'instruction professionnelle? Et d'ailleurs, comment ces patrons s'acquitteraient-ils de la tâche qu'ils acceptent, puisque eux-mêmes, le plus souvent, n'ont pas appris le métier qu'ils se chargent d'enseigner? » (Tome I, p. 47.) — Et, à l'appui de cette considération générale et préliminaire, M. Barberet apporte des témoignages d'une précision irrécusable. « Chez les ouvriers arquebusiers les jeunes gens entrent en apprentissage à quinze ans. L'apprentissage dure quatre ans, quelquefois cinq ans. Comme dans tous les métiers, les apprentis, au lieu d'être mis sérieusement au courant du travail, font les courses en ville, et à l'expiration de leur contrat ils sont loin d'être des ouvriers finis; il en résulte qu'à l'âge de dix-neuf ou vingt ans ils sont peu aptes à gagner leur vie. » (Tome I, p. 136.) — « Chez les balanciers, l'apprentissage souffre comme ailleurs... Les apprentis sont généralement engagés pour trois années. Les engagements sont le plus souvent verbaux. Peu d'apprentis sont logés et nourris. Ils sont tous payés selon leurs forces. » (Tome I, p. 172.) — « On ne fait plus d'apprentis, disent les bijoutiers-joailliers. Quand un père de famille met son enfant en apprentissage, il est très rare que le contrat ne porte pas que l'apprenti sera instruit pratiquement de tout ce qui concerne la profession qu'il embrasse, mais il est encore plus rare qu'on lui enseigne ce qu'on lui a promis. Nous avons connu un jeune homme qui a passé quatre ans et demi dans une grande maison de bijouterie en qualité d'apprenti et en vertu d'un contrat stipulant d'une manière formelle que le patron devait lui apprendre tout le *travail du métier* Or ledit patron n'a montré à ce jeune homme que la fabrication de la chaîne de montre. L'apprentissage terminé, on l'a gardé pendant trois mois en qualité d'ouvrier, puis on l'a remercié sous le prétexte qu'il n'y avait plus d'ouvrage, mais, selon nous, pour refaire d'autres spécialistes et bénéficier pendant plusieurs années du produit de leur travail bientôt après. » (Tome I, p. 180.) — « Dans l'apprentissage actuel des bronziers, la plupart des jeunes gens restent dans la médiocrité, parce qu'ils n'ont pu acquérir les notions

ouvriers délégués à l'Exposition internationale de 1867, l'apprenti, occupé à quelques travaux accessoires auxquels son agilité le rend propre, reste étranger à l'ensemble des procédés de sa profession. » Et ils vont jusqu'à regretter « l'ancien régime, ou tout au moins l'ancienne pratique des vieilles corporations d'avant 1789, qui obligeait les patrons ou maîtres ouvriers à n'avoir qu'un apprenti et à en parfaire l'éducation en quatre ou cinq années[1] ».

Ainsi, de quelque façon que l'on considère les conditions générales de l'apprentissage à Paris, il ne répond pas aux besoins de l'enfant. Imprévoyance des familles, indifférence des patrons, impuissance de la loi, tout trahit, pour ainsi dire, l'éducation de l'apprenti. Les développements de la concurrence commerciale, les progrès de la mécanique industrielle tournent eux-mêmes à son préjudice. De l'aveu de tous, tel qu'il est généralement constitué, l'atelier, qui devrait servir à développer les forces de l'enfant, use son corps avant que la nature ait achevé de le former, engourdit son intelligence, que l'école avait commencé à éveiller,

suffisantes en sortant de leurs maîtres incapables. D'aucuns même ne peuvent plus continuer leur état. » (Tome II, p. 163.) — « La question de l'apprentissage est fort négligée dans la chapellerie. Le père de famille ne s'inquiète pas assez de la manière dont son fils apprendra son métier. Aucune garantie, aucun contrat d'apprentissage ne lie l'apprenti au maître et réciproquement. De part et d'autre, pas de responsabilité. » (Tome III, p. 144.) — « Les chapeliers mécaniciens emploient ordinairement un apprenti par fabrique; l'apprentissage dure trois ans. Les contrats sont passés verbalement entre le chef de l'atelier et le père de l'apprenti. Les apprentis sont payés en entrant. » (Tome III, p. 186.) — « A Paris et dans les grands centres il ne se fait plus de contrat entre la famille et le patron pour les charpentiers et scieurs de long. L'apprenti, désigné sous le nom de *lapin*, peut gagner, suivant sa capacité, de 1 à 3 francs par jour. Il n'y a plus d'apprentissage. » (Tome III, p. 370.) La publication de M. J. Barberet, commencée en 1886, ne va pas encore au delà de ces professions.

1. *Revue des Deux Mondes*, t. LXXVII, p. 586.

flétrit son imagination et son cœur, abâtardit en lui l'esprit du métier. Déplorable école de mœurs publiques autant que de mœurs privées, il déprave l'homme dans l'apprenti, le citoyen dans l'ouvrier, et ne forme même pas l'ouvrier.

II.

Une telle situation ne pouvait manquer d'éveiller la sollicitude des industriels; nous venons d'en citer des exemples. Depuis 1850 diverses institutions privées ont été fondées dans le but d'assurer l'éducation de l'apprenti. Quelques-unes n'ont pu résister aux troubles de ces dernières années; d'autres, les plus anciennes, subsistent encore. Toutes, quelle que soit leur situation présente, doivent être mentionnées ici, non seulement à cause des éléments qu'elles apportent à l'étude de la question, mais parce qu'elles peuvent concourir, dans une certaine mesure, à en fournir la solution

Certaines maisons ne se préoccupent que de préparer le recrutement d'industries spéciales. Telle est l'origine des *pensionnats d'apprentis* de MM. Lemaire[1], Savard[2], Leclaire[3], Villepèle et Gamba[4], Midocq[5], Wolff[6], Prévost-Lambert[7], Hamelin[8]; de M. et

---

1. Rue Oberkampf (fabrication de jumelles).
2. Rue Saint-Gilles, 22 (fabrication de bijoux en doublé d'or).
3. Rue Saint-Georges, 12 (peinture en bâtiments).
4. Rue Vieille-du-Temple, 83 (gravure sur métaux).
5. Rue du Temple, 151 (fabrication de portefeuilles).
6. Rue Rochechouart, 22 (fabrication de pianos).
7. Rue Claude-Vellefaux, 6 (décoration sur porcelaine).
8. Rue de la Glacière-Saint-Marcel, 28 (dévidage de la soie).

Mme Sajou[1], de Mme Cohadon[2], de Mme Chertonne[3], de Mme Barnabé[4], de Mme Lekime[5], de l'*Œuvre des enfants du papier peint*. Tel est également le caractère des *externats d'apprentis* de M. Chaix[6] et de M. Claye[7]. Tels sont enfin les ateliers ouverts dans diverses Compagnies de chemin de fer pour l'éducation des fils d'ouvriers ou d'employés appartenant à la Compagnie[8].

Le but commun à ces divers établissements, c'est de pourvoir à l'instruction professionnelle en même temps qu'à l'instruction générale et à la moralisation des apprentis.

Admis à partir de 11 ou 12 ans, les apprentis restent généralement dans la maison jusqu'à 16 ou 17 ans. Des règlements déterminent les heures du lever et du coucher, celles des récréations et des repas, ainsi que l'emploi de toutes les heures de la journée. Chaque apprenti travaille sous la surveillance d'un contre-maître et il est successivement attaché à la confection des diverses parties de la fabrication. Le soir, quel-

1. Rue des Anglaises (tapisserie).
2. Rue Chapon, 13 (brunissage des métaux précieux).
3. Rue Saint-Claude, 18 (polissage des mouvements et ressorts de montres).
4. Boulevard de la Santé (fleurs artificielles).
5. Rue de Reuilly (préparation de papiers à cigarettes).
6. Rue Bergère, 20 (typographie).
7. Rue Saint-Benoît, 7 (typographie).
8. A cette catégorie d'établissements se rattachent, hors Paris, mais à une proximité telle que les institutions profitent à des enfants de Paris, l'orphelinat de M. et de Mme Groult (Vitry-sur-Seine), pour la préparation des pâtes alimentaires; les ateliers de M. Muller (à Ivry), pour la briqueterie, la tuilerie et la moulure grossière; de M. Monot (à Pantin), de M. Maës (à Clichy), de M. Marchand (à Saint-Ouen), de M. Paris (au Bourget), de M. Delvincourt (à Saint-Denis), pour la verrerie et la cristallerie; de M. Collinot (à Boulogne-sur-Seine), pour la poterie d'art ; de M. Dupont (à Clichy), pour la typographie, etc. On peut citer encore l'internat fondé par M. Najean, à Saint-Denis, pour les apprentis de la passementerie. (Voir le *Bulletin de la Société de protection des apprentis*, passim.)

quefois le matin, ont lieu des classes d'enseignement primaire, avec addition des matières spéciales à la profession. Chaque semaine des bulletins parviennent aux parents, qui doivent les renvoyer avec leur signature. Dans le pensionnat de M. Lemaire, par une forme d'émulation ingénieuse, à toutes les fins de mois, l'apprenti est tenu de copier, comme devoir d'écriture, un tableau contenant, en regard du nom de tous ses camarades, des notes détaillées sur leur travail et leur conduite; et ce tableau général est adressé aux familles. Presque partout, des récompenses, sous forme de gratifications, sont distribuées, trimestriellement ou mensuellement, aux élèves les plus méritants. Pour encourager le zèle de ses externes, M. Chaix distribue aux plus exacts un jeton de présence d'une valeur de 10 centimes, et portant sur l'une de ses faces cette sentence de Franklin : « Si quelqu'un vous dit que vous pouvez vous enrichir autrement que par le travail et l'économie, ne l'écoutez pas : c'est un imposteur » Des retenues hebdomadaires, variant de 5 à 25 centimes par apprenti, sont versées dans une sorte de tontine dont les fonds permettent d'accorder aux malades une indemnité de 60 centimes à 3 francs par jour d'absence. M. Chaix a également institué une caisse de retraite.

Une autre forme de patronage a été adoptée et particulièrement encouragée, depuis 1867, par la *Société de protection des apprentis et des enfants des manufactures*[1]. Elle consiste dans la création d'établissements et de comités se proposant non plus une œuvre spéciale

---

1. Nous avons déjà invoqué plusieurs fois l'autorité de cette Société. Autorisée par une décision du Ministre de l'Intérieur en date du 6 décembre 1866, et par un arrêté du Préfet de Police du 5 janvier 1867, partagée

à telle ou telle industrie, mais une œuvre applicable à toutes les industries. C'est à cette catégorie que se rattachent la *Maison de famille*, de la Société des amis de l'enfance (rue de Crillon) ; la *Maison de la Providence Sainte-Marie*, des Sœurs de Saint Vincent de Paul, de la rue de Reuilly ; les *Orphelinats de la Maison Blanche*, de la rue de Sèvres et de la rue Vandrezanne ; l'*Orphelinat Eugène-Napoléon*, la *Pension Saint-Joseph*, l'*Institution de Saint-Louis d'Antin*, les *Ouvroirs de MM. Langénieux, Chevojon, Rousselle*, la *Pension d'apprentis*, de M. de Triqueti ; l'*Union Chrétienne*, créée par l'Église réformée ; le *Pensionnat protestant* de la la rue de Charonne, l'œuvre israélite des *Lits d'apprentis*, l'*Œuvre des secours aux apprentis du 4º arrondissement*, l'*Association des fabricants et artisans pour le patronage d'orphelins des deux sexes*, etc. Quelques-uns de ces établissements, tels que la *Maison de la Providence Sainte-Marie*, forment et emploient chez eux les enfants qu'ils reçoivent. D'autres les mettent en pension dans des maisons d'éducation professionnelle ; c'est ainsi que la *Société des Amis de l'Enfance* entretient des bourses spéciales à l'école Saint-Nicolas. D'autres enfin, tels que la *Tutelle*, fondée par M. Piver sur le type du pensionnat de Nancy[1], et les *Pensionnats* protestants et israélites, placent les apprentis, à l'aide des ressources fournies par les membres du patronage, chez des industriels qui leur apprennent leur métier. Le soir, après la journée faite, les enfants rentrent dans un internat qui leur est propre : de là le nom d'*Institution de Lits d'apprentis*.

en comités ayant chacun leur attribution propre, elle a contribué puissamment, par l'activité et l'intelligence de sa direction, à tous les progrès réalisés depuis quatre ans dans les conditions de l'apprentissage à Paris.

1. Voir les Comptes rendus de la maison des apprentis de la ville de Nancy, 1846, 1868.

Un troisième ordre d'établissements a été fondé, depuis 1862, qui participe des mêmes caractères : ce sont les Écoles professionnelles pour les jeunes filles, dont le type a été réalisé, d'une part, sous la direction de Mᵐᵉ Lemonnier, d'autre part, sous les auspices de Mᵐᵉ Legentil et de Mˡˡᵉ Désir. Ouvertes dans un esprit de propagande très différent, ces écoles ont cet objet commun qu'elles unissent l'instruction générale à l'apprentissage d'une profession. Reçues de 8 heures du matin à 6 heures du soir, à partir de 12 ans, les élèves sont, dans la matinée, réparties entre diverses classes où l'enseignement primaire élémentaire et primaire supérieur leur est donné; dans l'après-midi, elles se partagent en ateliers, suivant leur profession future : atelier de robes, de lingerie, de dessin industriel, de gravure sur bois, de peinture sur porcelaine[1].

Enfin, pour n'omettre aucun des efforts tentés en vue de l'éducation des apprentis, il convient de rappeler : 1° les *Sociétés paternelles* ou associations créées, soit par des syndicats, soit par des chefs d'industrie, en faveur : *des enfants de la bijouterie et autres industries mettant en œuvre les métaux précieux;* — *des enfants employés dans les fabriques de fleurs et de plumes;* — *des apprentis de la fabrication du bronze;* — *des enfants de l'ébénisterie;* — *des enfants de l'imprimerie et des industries s'y rattachant*, etc., sociétés qui n'ont pas d'établissements spéciaux, mais qui, avec le produit des cotisations que chaque membre s'impose, ont entrepris, chacune dans sa sphère, soit de contribuer par la fondation de certains cours à l'instruction profession-

---

1. Une école nouvelle vient de s'ouvrir par les soins d'une société formée sous le patronage de M. Duball, maire du 10ᵉ arrondissement, rue de Paradis-Poissonnière, 20.

nelle des apprentis, soit d'encourager leur travail par des récompenses ; 2° les *Patronages*, connus aussi sous le nom de *Réunions du dimanche*, ayant pour but d'établir entre les apprentis des liens de mutualité, en même temps que de les entretenir dans des habitudes d'ordre, de travail et de prévoyance [1] ; 3° les *Bibliothèques d'apprentis*, particulièrement formées en vue de donner satisfaction aux besoins intellectuels et moraux de la jeunesse ouvrière ; 4° les *Institutrices de charité*, association due à une inspiration aussi utile qu'ingénieuse de Mlle Désir, et comprenant une élite de jeunes maîtresses « qui s'engagent à donner, chaque jour, une partie de leur temps à l'enseignement *des enfants pauvres des petits ateliers de l'industrie parisienne* » ; 5° l'*OEuvre des familles*, fondation récente de M. Girette, maire du 4° arrondissement, laquelle, embrassant tous les intérêts de l'éducation populaire, étend particulièrement son patronage sur les apprentis [2].

Toutes ces institutions n'ont pas une égale valeur, mais, à des degrés divers, toutes ont rendu et rendent des services. Le bien produit par les dévouements obscurs ne peut pas toujours se mesurer, mais il existe : il fait, en tout temps, la force morale d'un pays ; aux époques de crise sociale, il peut en être le salut. Signaler de telles entreprises n'est donc pas seulement un acte de justice, c'est le devoir des administrations publiques, dont il serait heureux que le rôle pût se borner à assurer ce qu'il y a d'utile dans leur principe, à

---

1. Rapport de M. le vicomte de Melun, 23 décembre 1868.
2. Au nom de M. Girette il faut ajouter ceux de MM. Vulliot, Prud'homme et Demarquet, adjoints au maire du 4° arrondissement, ainsi que ceux de MM. Vautrain, Ch. Loiseau, Callon, Desouches, anciens membres de la municipalité de l'arrondissement et membres du Conseil municipal. Voir l'appel de M. Girette aux habitants du 4° arrondissement et les statuts de l'œuvre, qui possède déjà un fonds de près de 40 000 fr.

les aider à en exprimer, pour ainsi dire, toute la fécondité. Il faut surtout seconder des créations telles que celles de la *Tutelle* et des *Pensionnats*, qui, n'ayant aucun intérêt de profession à sauvegarder, font véritablement œuvre d'assistance sociale.

Mais l'initiative privée peut-elle suffire seule à cette tâche, et quelle a été jusqu'ici la mesure de son succès ?

Ce qui permet aux sociétés que nous venons d'énumérer d'exercer une action utile, c'est que le nombre des sujets que chacune d'elles prend sous sa protection est peu considérable, et que la tutelle qu'elles exercent a ou s'efforce d'avoir le caractère suivi, pénétrant, individuel, d'une tutelle de famille. Multiplier le nombre des apprentis de chaque patronage, c'est risquer de disperser une sollicitude qui vaut surtout par son intensité.

Or, il ne faut pas se le dissimuler, si modeste que soit le cadre de ces institutions, la charge qu'elles imposent est lourde, et les patrons se déclarent incapables de la soutenir : c'est ainsi qu'à la *Tutelle* les fabricants souscrivent pour moitié aux frais de la pension des apprentis. Il en est d'ailleurs qui ne sont pas absolument gratuites, et qui par là même profitent aux enfants de la classe demi-bourgeoise plutôt qu'aux enfants de la classe ouvrière proprement dite : les écoles d'enseignement professionnel pour les jeunes filles, par exemple, qui ont à supporter de grands sacrifices, perçoivent un droit d'écolage variant de 6 à 10 francs par mois.

Les difficultés économiques s'unissant aux autres difficultés, le développement de ces sociétés se trouve nécessairement restreint. Ainsi s'explique qu'au cours des années 1866 à 1869, période de leur plus grande extension[1], le nombre des enfants qu'ils ont couverts de leur patronage dépasse à peine 3000.

[1]. En voici le détail. Voir le *Bulletin de la Société de protection des apprentis*, passim.

INDICATION DES ÉTABLISSEMENTS	NOMBRE D'ÉLÈVES
Pensionnat Lemaire	30
Pensionnat Savard.	12
Pensionnat Sajou.	60
Pensionnat Cohadon	30
Pensionnat Chertonne	15
École de typographie Chaix.	20
Pensionnat Midocq.	4
Pensionnat Villepèle et Gamba	6
Société des Amis de l'Enfance (pensionnat Saint-Nicolas).	100
Pensionnat de la Tutelle.	20
Pensionnat Prévost-Lambert, rue Claude-Vellefaux, 6 . .	12
Ateliers d'instruction théorique et pratique de typographie (imprimerie Claye)	8
Ateliers Wolff.	8
Ateliers Leclaire.	40
Pensionnat Hamelin	240
Société de patrons et d'ouvriers pour le patronage des enfants de l'ébénisterie	62
Société d'assistance paternelle aux enfants employés dans les fabriques de fleurs et de plumes.	30
Œuvre de secours aux apprentis du 4ᵉ arrondissement. .	70
Œuvre des enfants de papier peint.	250
Ateliers de fleurs artificielles de Mme de la Porte-Barnabé.	150
Société pour l'apprentissage des jeunes orphelins, rue des Quatre-Fils, 4	128
Association de fabricants et d'artisans pour les orphelins des deux sexes.	180
Œuvres pour les enfants de cultes divers	130
Apprenties de la Manufacture des Tabacs. — l'pensionnat-orphelinat Lekime.	48
Orphelinat Eugène-Napoléon	300
Orphelinats, ouvroirs catholiques (rue de Sèvres, Maison-Blanche, rue Vandrezanne, paroisse Saint-Joseph, Institution de Saint-Louis-d'Antin, etc.).	350
Pensionnats protestants (Union chrétienne, Société de la rue de Charonne, Pensionnat des jeunes filles pauvres de l'Église réformée, Orphelinat des Billettes). . . .	300
Œuvre israélite	65
Écoles professionnelles pour les jeunes filles . .	400
Total.	3128

3000 enfants détournés d'un courant plein de périls, c'est quelque chose assurément, c'est beaucoup même, si l'on considère le bien que peut faire et le mal que peut empêcher une saine intelligence de plus[1]. Qu'est-ce cependant que ces 3000 enfants, eu égard au nombre de ceux que la vie de l'atelier entraîne?

III

Aux efforts de l'initiative privée il faut joindre les encouragements de l'administration municipale. On ne connaît guère aujourd'hui l'histoire des prix d'apprentissage fondés par la ville de Paris. Il est peu d'institutions scolaires qui aient eu, en leur temps, plus d'éclat.

A la suite d'une discussion sur le principe des ouvroirs[2], le Conseil municipal, dans deux délibérations en date des 1er janvier 1842 et 9 août 1844, avait « décidé d'examiner s'il ne conviendrait pas de substituer à l'établissement projeté de nouveaux ouvroirs auprès des écoles communales la création de prix d'apprentissage ». L'année suivante (8 août 1845), les prix d'apprentissage étaient créés.

Toutefois ce n'est qu'en 1847 qu'eut lieu la première attribution. Cet intervalle de près de deux ans avait été rempli par l'étude du mode d'application. Le Comité central d'instruction primaire, appelé à proposer des

---

1. *Bulletin de la Société de protection des apprentis.* De l'apprentissage dans l'industrie parisienne, par M. Hiélard, année 1869, t. III, p. 105.
2. *Statistique de l'industrie à Paris.* 1810, 1re partie, chap. vii, p. 80.

règles, avait rédigé, dans ses délibérations en date du 14 mai 1846 et du 22 avril 1847, une sorte de code, ultérieurement approuvé par le Conseil municipal[1], où les moindres détails étaient l'objet d'une prescription rigoureuse.

Un prix était attribué à chacune des écoles de garçons et de filles. Ce prix était mis au concours. Les candidats devaient être âgés de 13 ans accomplis et avoir fait leur première communion; ils devaient, d'autre part, avoir fréquenté assidûment, pendant les deux dernières années au moins, les écoles communales, et s'y être distingués par un travail soutenu et une conduite régulière.

Le 10 juillet, le directeur ou la directrice de l'école dressait une liste de candidats. Chacune de ces listes était arrêtée en séance plénière, le 15, par le Comité local. Le 20, en présence du maire ou d'un délégué du Comité, les élèves de chaque école — ceux qui savaient écrire — procédaient par la voie du scrutin secret et à la majorité absolue à l'élection des six concurrents tirés de la liste, qui seraient appelés à se disputer le prix. Le 25, nomination était faite par le Comité local du jury de correction; en même temps on désignait la salle où auraient lieu les épreuves. Le concours était ouvert le premier jeudi du mois d'août pour les écoles de garçons, le deuxième jeudi pour les écoles de filles.

Les épreuves comprenaient la lecture, l'écriture, les quatre premières règles de l'arithmétique, le système légal des poids et mesures, l'orthographe, le dessin

1. Délibération du 3 juillet 1846.

linéaire et, pour les écoles de filles, la couture. Ceux des candidats qui avaient une instruction plus étendue étaient admis à en fournir le témoignage. L'examen facultatif pouvait porter sur « l'arithmétique poussée au delà des quatre règles, la grammaire française, les notions élémentaires de géographie générale et de géographie de la France, l'histoire de France, le chant et, de plus, pour les garçons, le tracé géométrique et les évaluations des surfaces et des solides[1] ».

Le jury de correction dressait, suivant l'ordre de mérite établi en raison du nombre des points, la liste de classement par arrondissement, et le prix était acquis à celui des élèves de chaque école qui avait obtenu le meilleur rang. Le 24 août, au plus tard, le Comité central faisait connaître ces résultats, et le nom du lauréat était proclamé, avant tous autres, par le président de la distribution générale des récompenses[1].

Le prix obtenu était immédiatement appliqué. La valeur en était fixée à 450 francs. La durée de l'apprentissage étant de trois ans consécutifs, 200 francs devaient être payés la première année, 150 francs la seconde, 100 francs la troisième.

Le choix des patrons était fait par les comités locaux. L'enfant n'était admis à prendre part aux épreuves qu'autant que les parents avaient, au préalable, « contracté par écrit l'obligation de souscrire à toutes les conditions du traité d'apprentissage[2] ». En cas d'infraction à cette obligation, la déchéance du prix était prononcée, et l'élève ne pouvait ultérieurement prendre part à aucun concours ; bien plus, toutes les écoles

---

1. Ce sont les matières facultatives déterminées par la loi du 28 juin 1833, art. 1.
2. Arrêté du Comité central du 22 avril 1847.

communales, élémentaires et supérieures, lui étaient fermées[1]. En souscrivant l'acte préparatoire, les parents s'engageaient, en outre, « à fournir à l'apprenti un lit complet, qu'il devait toujours occuper seul, ainsi que le linge, les habillements, les chaussures dont il avait besoin, et à pourvoir à leur renouvellement[2] ».

A ces conditions préliminaires le contrat en ajoutait d'autres, qui n'étaient pas moins strictes. L'enfant ne pouvait être placé chez son père ou chez sa mère, et tout apprenti était tenu de coucher, de prendre ses repas, de vivre, en un mot, chez son maître[3]. L'apprentissage ne s'appliquait qu'aux états manuels proprement dits; conséquemment le prix ne devait point servir aux professions dites libérales, telles que celles d'architecte, de vérificateur, de géomètre, d'employé de commerce, etc. Les ouvroirs, n'étant point considérés comme des ateliers industriels, étaient interdits aux jeunes filles.

L'enfant une fois admis, « pendant le temps d'essai, l'engagement était rompu sans indemnité de part ou d'autre, si, après épreuve, et par quelque motif que ce fût, le maître et l'apprenti ne croyaient pas pouvoir demeurer ensemble ». Mais l'épreuve ne devait ni avoir lieu plus d'une fois, ni se prolonger au delà d'un mois[4].

Telles étaient les clauses imposées aux parents. De son côté, le patron s'engageait à traiter l'apprenti, suivant les termes de la loi, en bon père de famille.

---

1. Délibération du Comité central du 2 décembre 1847.
2. Formule officielle du contrat d'apprentissage.
3. Délibération des 7 octobre et 2 décembre 1847.
4. Voir Mollot, *Contrat d'apprentissage*. Paris, 1847.

« Si le projet de l'engagement contenait une ou plusieurs dérogations à la formule officielle, notamment en ce qui concernait soit la durée de l'apprentissage, soit l'obligation par les maîtres et les maîtresses de loger et de nourrir les élèves, et l'obligation par ceux-ci de prendre leur habitation et leur nourriture chez leurs maîtres où leurs maîtresses », la subvention pécuniaire constituant le prix normal pouvait être réduite à telle somme que fixait le Comité central ; et les remises obtenues sur les 450 francs du prix étaient réservées par délibération du Conseil municipal au profit de l'apprenti. Inscrites à son nom sur un livret de la Caisse d'épargne, elles lui étaient délivrées, sauf le cas de démérite, à la fin de son stage [1].

Ces conventions ainsi réglées, la surveillance en était remise aux Comités locaux, qui avaient charge de suivre l'apprenti et le patron. Les Comités locaux adressaient, tous les ans, au Comité central, un rapport sur les boursiers de l'arrondissement, et ceux des patrons qui s'étaient plus particulièrement signalés par leur intelligence et leur dévouement recevaient, sur la présentation du Comité central, des récompenses honorifiques, médailles ou mentions [2].

A la multiplicité et à la précision de ces règles, on voit quelle importance on attachait à l'institution. La moindre de ces opérations devait s'accomplir suivant une *formule* ; et, non content des indications déjà si étendues du règlement, le Comité central était revenu, dans des circulaires spéciales, sur chaque point, pour y ajou-

---

[1]. Délibération du Comité central du 28 janvier 1840. — Délibération du Conseil municipal du 3 juillet 1846, art. 3.
[2]. Délibération du Conseil municipal du 3 juillet 1846, art. 8.

ter un nouveau caractère de gravité : l'opinion publique ne craignait pas de rapprocher la distribution des prix d'apprentissage des anciennes fêtes du *Chef-d'œuvre*.

C'est ce qui en faisait le danger. En cherchant, par le concours, à faire sortir de la masse des élèves une certaine élite, on espérait agir heureusement sur la masse. Mais s'adresser à une élite est toujours un principe dangereux quand il s'agit d'éducation primaire. Le Comité central ne tarda pas à en éprouver les effets. Le concours, tel qu'il l'avait institué, avait excité le zèle des maîtres et des élèves au delà même de ses vœux [1]. Parmi les 91 élèves qui y avaient pris part en 1847, 77 avaient dépassé l'âge de l'école primaire; ils étaient restés ou ils étaient rentrés pour obtenir le prix. Pour obvier à cet abus, le Comité avait, dans une délibération spéciale (7 octobre 1847), fixé l'âge des épreuves à 15 ans. C'était encore trop. La grande majorité des enfants ne reste pas à l'école après 12 ou 13 ans. Heureux quand nous pouvons les y maintenir régulièrement jusque-là! Le prix d'apprentissage demeurait donc, malgré l'arrêté du 7 octobre, une récompense proposée à une minorité très restreinte [2]. Le concours avait d'ailleurs pour effet presque inévitable de porter les maîtres à donner aux élèves qu'ils se faisaient honneur de produire, des soins exceptionnels au détriment des autres. Enfin, les familles relativement aisées pouvant seules laisser leurs

---

[1]. Ce sentiment d'émulation dépassait quelquefois toutes les bornes : « En ce qui concerne l'épreuve de la couture, lisons-nous dans une circulaire préfectorale, on a eu occasion de remarquer, lors du concours de 1851, que l'ouvrage à l'aiguille de quelques élèves était trop bien fait pour avoir été confectionné dans l'espace de temps qui est donné pour cette composition ; il a paru certain à l'administration que cet ouvrage avait été préparé à l'avance, et que les élèves n'avaient plus qu'à l'achever à la séance d'examen. » (Circulaire aux maîtres d'arrondissement, 3 juillet 1852.)

[2]. Délibération du 22 avril 1840.

enfants à l'école jusqu'à l'âge réglementaire, il arrivait trop souvent que les prix étaient attribués à ceux qui auraient pu supporter les frais de l'apprentissage.

Des représentations officielles se produisirent. « Si les renseignements fournis sont exacts, écrivait le Ministre de l'Instruction publique au Préfet de la Seine (6 juillet 1854), le concours des prix d'apprentissage aurait pour principal résultat de contraindre, en quelque façon, les maîtres à négliger chaque année, pendant deux ou trois mois, l'ensemble des élèves confiés à leurs soins, et à concentrer leurs efforts au profit de quelques enfants qu'une aptitude particulière place, par avance, sur la liste des concurrents. Une sorte d'aristocratie intellectuelle tendrait ainsi à se constituer dans les écoles. Il y aurait là, en même temps qu'une cause d'affaiblissement pour l'enseignement général, une excitation regrettable à la vanité.... »

Un règlement nouveau intervint[1] : les prix furent convertis en bourses; au concours on substitua l'examen.

La bourse était d'une valeur de 275 fr. Il était accordé une bourse à chaque école réunissant moins de 200 élèves présents, deux bourses aux écoles comptant au moins 200 élèves.

Une circulaire du 3 juillet 1852 avait déjà supprimé le mode d'élection par les enfants. L'état des candidats dut être dressé désormais d'après les notes de l'instituteur et les résultats de l'enquête administrative faite sur la situation de fortune de la famille : les enfants pauvres pouvaient seuls y être portés, et dans les notes l'avantage était assuré aux mérites de conduite et d'application.

---

1. Arrêté préfectoral du 21 juin 1855.

Ramené à ces conditions modestes, l'examen fut modestement passé dans chaque école, devant un jury mis en harmonie avec les dispositions générales de la législation de 1850. A la suite de l'examen, les dossiers des candidats étaient placés sous les yeux du Conseil municipal, qui proposait au choix du Préfet deux élèves pour chaque bourse.

Quant aux conditions du contrat, la valeur de la bourse exceptée, elles restaient les mêmes. Ainsi en était-il également des remises, dont l'apprenti ne pouvait disposer qu'à sa majorité, sauf autorisation spéciale donnée par le Préfet.

Ce régime est celui qui est actuellement encore en vigueur. Il a assurément apporté à l'institution des modifications utiles. C'était une bonne mesure, par exemple, que la substitution du principe de l'examen au principe du concours. Il n'était pas moins sage de tenir compte de l'état de fortune de la famille. On avait eu raison enfin de prendre pour base d'attribution l'effectif numérique des élèves de chaque école.

Mais à côté de ces amendements de bon aloi, l'arrêté du 21 juin 1855 avait introduit des dispositions moins heureuses. En fixant à deux bourses au maximum la part accordée à toute école qui recevrait plus de 200 élèves, il ne donnait à l'équité qu'une satisfaction très incomplète. Qu'était-ce, en effet, que deux bourses pour les écoles, comme nous en avons, qui comptent 400, 500, 700, 800 et jusqu'à 1000 élèves? D'un autre côté, réduite à 275 fr., la bourse d'apprentissage n'offrait vraiment plus à l'ambition des familles un appât suffisant. Ce qui était plus regrettable encore, après avoir trop sacrifié à la solennité, on avait versé en sens contraire. L'importance du prix d'apprentissage était, dans l'usage, démesurément rehaussée; en retour on avait trop abaissé le caractère de la bourse. Ce qui avait été à l'origine considéré comme une sorte de prix d'honneur, était devenu la récompense, toujours un peu dédaignée, de l'assiduité. Les enfants, qui ne se ménagent pas les uns les autres, appelaient la bourse le « prix de l'indigence ». Aussi les candidats manquent-ils aujourd'hui dans le plus grand nombre des écoles de garçons, et dans les écoles de filles il faut descendre jusqu'aux rangs les plus médiocres pour trouver l'emploi de la libéralité municipale. Les bourses ne sont plus disputées; on les place comme on peut. L'effet de l'institution sur le zèle des maîtres et des enfants est usé.

L'émulation scolaire n'était d'ailleurs qu'un des côtés et le côté extérieur, pour ainsi dire, de la création. Inspirée surtout par la pensée de « contribuer à la moralisation des apprentis et à l'institution même de l'apprentissage », la création avait-elle atteint ce but?

Au premier abord on est étonné de voir que, même dans les premières années et à l'époque où l'institution était dans son plein essor de popularité, le nombre des contrats ne fût pas en rapport plus exact avec le nombre des prix. 110 prix avaient été fondés par la délibération du Conseil municipal du 8 août 1845; le nombre avait été élevé à 114 en 1847[1], et, à la suite du concours, 90 contrats seulement furent passés. Ce chiffre de 90 se maintient en 1848, puis en 1849 il tombe à 59, et en 1850 il ne se relève qu'à 72[2]. La raison de cette sorte d'anomalie, c'est que le contrat était

---

1. Discours du comte de Rambuteau, préfet de la Seine, 30 août 1847 (Recueil des Actes administratifs, année 1847, n° 12).
2. Statistique de l'Industrie à Paris, 1849, 1re partie, Résultats généraux, chap. vii, page 50, en note.

onéreux à tout le monde. Ce n'est pas une médiocre charge pour une famille à laquelle le prix d'apprentissage peut être utile, que d'être tenue de fournir et de renouveler un trousseau complet. A la maison tout sert, pour peu que la mère ait l'habitude de l'ordre. Il n'en est pas de même lorsqu'il s'agit d'équiper un garçon à distance de la tête aux pieds. La charge matérielle, fût-elle supportable, reste le sacrifice moral, c'est-à-dire l'obligation stricte de livrer l'enfant, une fille surtout, à la discrétion d'une tutelle étrangère. C'est dans l'intention de soustraire l'apprenti aux contacts du dehors qu'avait été insérée dans le contrat la condition de l'internat. La clause, favorable peut-être à l'esprit de discipline dans l'atelier, était moins propre à entretenir l'esprit de famille. Ajoutons que, blessante pour les parents honnêtes, elle était par contre trop commode à ceux qui y trouvaient un moyen régulier de s'affranchir du plus sacré des devoirs.

D'autre part, en substituant le patron dans tous les devoirs de la famille, le contrat faisait peser sur lui le poids d'une lourde responsabilité. Admettre chez soi, à l'égal de ses propres enfants, un enfant qu'on ne choisit pas, est une nécessité qu'on s'impose lorsqu'un intérêt supérieur le commande, ou un acte de dévouement auquel on s'oblige lorsqu'un sentiment élevé le prescrit. S'il s'agit d'un marché, il faut qu'il offre bien des avantages. Or 450 francs, pour loger, nourrir, élever l'apprenti pendant trois ans, était à peine, sous le régime du prix d'apprentissage, une rémunération suffisante. Qu'était-ce de la bourse réduite à 275 francs? Aussi voyons-nous que, dès l'origine, on s'entendait pour éluder le contrat. Le Comité central, partout où il rencontrait un manquement au devoir du patronage, poursuivait les délinquants; mais cette sévérité même avait pour résultat de rendre encore plus indifférents à la recherche des bourses les patrons et les parents. Et c'est ainsi qu'on a fini par ne plus imposer de condition morale. La tutelle ne subsiste guère que de nom dans la formule; au fond, tacitement, de part et d'autre les contractants l'effacent. L'apprenti s'élève comme il peut ou comme il veut : il n'appartient plus à ses parents, il n'appartient pas à son patron : là où l'obligation a survécu, elle est le fait de la probité personnelle, non l'effet de l'institution.

Les mesures prises pour assurer l'éducation professionnelle de l'apprenti n'ont pas été moins faussées.

Les arrêtés constitutifs avaient prévu le cas où, l'apprentissage devant durer moins de trois ans, une remise pourrait être faite par le patron au profit de l'apprenti. Ce qui était une exception est devenu la règle. On a constaté, par exemple, que dès 1858, sur 187 contrats passés, 24 seulement stipulaient une indemnité pécuniaire au profit du patron, et qu'en 1859, sur 20 contrats signés à la mairie de l'ancien sixième arrondissement, un seul mentionnait, de la part des familles, une concession d'argent. Alors même que les patrons acceptent ostensiblement tout ou partie de la bourse, le plus souvent ils ne reçoivent rien : de la main à la main ils rendent ce qui leur a été versé. L'institution est ainsi viciée dans son essence. Le patron demeurât-il enchaîné par le sentiment du devoir aux conditions du contrat qu'il a signé, l'apprenti cesse, en droit, d'être un élève confié à ses soins : la bourse n'est qu'une forme détournée d'assistance publique.

Bien plus, en même temps que l'éducation morale et l'éducation professionnelle de l'apprenti cessaient d'être garanties, son éducation générale était presque sacrifiée. En 1847 des classes spéciales d'apprentis avaient été créées dans certaines écoles et placées le soir à des heures qui leur permettaient aisément de les suivre. Certains patrons proposèrent d'en rendre la fréquentation obligatoire jusqu'à quinze ans pour leurs boursiers. Le Comité central décida « qu'il n'y avait pas lieu de donner suite à la proposition [1] ». Il n'était pas admissible, à ses yeux, que l'enfant qui avait gagné au concours la bourse d'apprentissage ne possédât pas toutes les notions de l'enseignement primaire. Il ajoutait que, dans le cas où son instruction serait incomplète, « il lui serait toujours loisible de suivre, après l'expiration de son apprentissage, les classes d'adultes ». Ce qu'il craignait au fond, c'était que l'œuvre morale qu'il poursuivait ne fût compromise, si le boursier suivait des cours publics. Mais ne compromettait-il pas bien plus sûrement tout le fruit de son éducation, en lui interdisant le moyen de la fortifier ?

Ce sont toutes ces causes, aggravées au fur et à mesure que l'institution perdait de son intérêt et de sa force, qui ont fait tomber les bourses d'apprentissage dans le discrédit.

Elle méritait une meilleure fortune. Plus simples dans leurs conditions, mieux surveillés dans leur exécution, assujettis à des règles d'un formalisme moins gênant et moralement plus rigoureuses, les contrats d'apprentissage auraient conservé plus longtemps la faveur publique.

Il eût fallu élever le taux de la bourse au lieu de

1. Délibération du 21 novembre.

l'abaisser; encourager, bien loin de le défendre, l'externat, qui laisse à la famille sa part de responsabilité nécessaire; établir un système de gratifications annuelles graduées, pour exciter le zèle de l'apprenti; l'obliger à poursuivre son éducation générale; soutenir le bon vouloir des délégations cantonales, en combinant leurs efforts de surveillance avec la vigilance assidue d'une inspection spéciale. Peut-être alors, surtout pour les métiers qui demandent un long noviciat, comme l'horlogerie, la gravure sur métaux, la ciselure, etc., peut-être eût-on vu se former des groupes de fabricants qui auraient pris avec confiance des boursiers municipaux.

Il n'est plus temps. Dès 1859, au moment de l'annexion des communes suburbaines, un certain nombre de maires avaient demandé d'eux-mêmes la réforme des règlements. Officiellement consultées en 1865, les délégations cantonales ont répondu presque unanimement que les bourses d'apprentissage, devenues sans objet dans les écoles de garçons, pouvaient encore trouver quelque emploi dans les écoles de filles, mais que, dans son ensemble, l'institution ne valait plus les sacrifices qu'elle coûtait.

IV

Si, sur la nécessité de chercher mieux, l'accord était facile, dès qu'il était question de passer à quelque essai nouveau, les divergences de vues se produisaient.

La création d'écoles d'apprentissage, qui au cours des diverses enquêtes avait été maintes fois indiquée, se heurtait à de graves objections.

On considérait que le métier ne s'apprend que par la pratique du métier, que l'enseignement d'une école d'apprentis, toujours fictif inévitablement par quelque endroit, ne pouvait en aucune façon remplacer la vie de l'atelier, où, en raison de la force des choses, tout est matière à instruction; qu'il était matériellement impossible d'ailleurs soit d'ouvrir une école pour chaque métier, soit de réunir les principaux métiers dans une même école.

On ajoutait que les écoles, quelles qu'elles fussent, par cela seul qu'elles étaient des écoles, tiendraient trop longtemps l'apprenti en tutelle; qu'il s'habituerait à vivre sous l'œil d'un maître, n'apprendrait point à se diriger, et entrerait dans la vie de l'atelier mal préparé à l'indépendance qu'elle comporte[1].

On demandait enfin quel serait le régime d'administration appliqué à des écoles d'apprentissage; qui fournirait la matière première. La municipalité? Mais alors quelle dépense à ajouter au budget de l'enseignement! Pour compenser une partie de ses frais, la municipalité ferait-elle travailler dans l'école à son profit? Mais comment l'industrie privée supporterait-elle cette concurrence? S'entendrait-on avec de grandes maisons de production qui dirigeraient l'éducation des apprentis et fourniraient les matériaux du travail, à la condition d'avoir les bénéfices de la main-d'œuvre? Mais c'était

---

1. Discours de M. le conseiller d'État Migneret, vice-président de la Société de protection des apprentis, 12 décembre 1867. — Cf. lecture de M. Héliard, *Bulletin de la Société de protection pour les apprentis*, 3ᵉ année, 1869, p. 65 et suivantes.

ouvrir la porte aux tentations de l'intérêt privé, et s'exposer aux abus de la spécialisation fatale à toute entreprise d'éducation technique[1].

Et l'on concluait que, si une éducation régulière pouvait être effectivement le seul moyen efficace de combattre les vices de l'apprentissage, ce n'était point dans des écoles spéciales qu'il fallait chercher une direction et un appui, mais dans des établissements analogues au Conservatoire, aux écoles des Arts et Métiers, aux écoles primaires supérieures, aux collèges d'enseignement secondaire spécial, lesquels, bien pourvus des ressources et des maîtres nécessaires, propageraient les connaissances théoriques en vue des applications et formeraient des moniteurs pour l'enseignement des ateliers.

Remarquons-le tout d'abord, l'ordre d'idées dans lequel ces objections nous placent est absolument différent de celui que nous poursuivons. Nous ne songeons ni à la clientèle du Conservatoire, ni à la clientèle des établissements d'enseignement primaire supérieur tels que Chaptal et Turgot, ni même à celle des écoles des Arts et Métiers.

Nous parlerons plus loin des écoles des Arts et Métiers. Qu'il nous suffise de dire, dès à présent, qu'elles ont pour objet l'instruction spéciale de l'élite de la jeunesse ouvrière, et que ce n'est pas l'élite qui nous préoccupe ici.

Le Conservatoire, cette Sorbonne industrielle, comme on l'a ingénieusement appelé, suppose chez ceux qui

---

1. *Enquête sur l'enseignement professionnel*, tome I, Dépositions, p. 33, 37, 47, 84, 88, 91, 92, 95, 103, 137, 191, 212, 216, 218, 219, 220, 238, 241, 260, 323, etc.

en suivent l'enseignement la pleine possession des connaissances préparatoires que nous voudrions précisément donner à nos apprentis. C'est à des adultes qu'il s'adresse ; et les apprentis fussent-ils en état de le suivre, ces cours publics ne pourraient avoir, ni sur leur intelligence, ni sur leur caractère, l'action suivie qui constitue proprement une éducation.

Ni Chaptal ni Turgot ne répondent davantage à cet intérêt. Chaptal, nous l'avons vu, est un établissement fait pour les classes moyennes. A Turgot, les élèves sont, pour la plupart, des enfants de commerçants de détail, de petits fabricants, d'employés secondaires ; les boursiers venant des écoles primaires y apportent un certain contingent de la classe ouvrière ; mais ce contingent se transforme lui-même en entrant dans le mouvement général de l'école, et ce n'est point à la vie ouvrière qu'il retourne[1]. Or ce que nous avons en vue, ce sont les enfants qui, après avoir passé de la salle d'asile à l'école, doivent, au sortir de l'école, *entrer en métier*, et ne trouvent que l'atelier, où ils désapprennent ce qu'ils ont laborieusement appris, où ils n'apprennent pas ce qu'ils ont besoin de savoir pour vivre.

Cette sorte de confusion dissipée, examinons les objections.

On suppose, en premier lieu, qu'il s'agit de substituer l'école à l'atelier. Une telle pensée irait contre la nature des choses et le bon sens. Mais voici dans quelle mesure l'école d'apprentissage peut être utile, d'après les témoignages les plus éclairés.

1. Voir plus haut, pages 148 et suivantes, 187 et suivantes.

Il est constant que, quelle que soit la durée de l'apprentissage — 3, 4 ou 5 ans, — il n'y a de réellement profitable pour l'éducation professionnelle que la dernière année ou les deux dernières années de l'atelier; en d'autres termes, qu'entré à l'atelier à 13 ans, l'apprenti ne commence à exercer sérieusement son futur métier qu'à 16 ou 17 ans. Jusque-là, s'il s'agit de gros ouvrages, il n'aurait pas la force, et, pour les ouvrages fins, il n'aurait pas l'habileté nécessaire. On craindrait, comme on dit, de le voir tout gâter. De là vient qu'il est presque uniquement employé à des occupations domestiques, où il a tout à perdre et rien à gagner. Or ne conçoit-on pas une école qui reçoive l'enfant pour le préparer — par le maniement des outils générateurs de toutes les formes du travail combiné avec l'étude de la technologie et du dessin industriel — à aborder de haute main la pratique de sa profession? Supprimer l'apprentissage de l'atelier dans ce qu'il a de réel, serait une chimère. Mais est-il chimérique de chercher à remplacer la partie presque nulle, bien plus, radicalement funeste, de l'apprentissage de l'atelier par une sorte de stage méthodique et raisonné?

Ce qu'on semble oublier d'ailleurs, c'est qu'à côté de l'éducation professionnelle de l'apprenti, qui importe à la prospérité de l'industrie nationale, il y a la question de son éducation physique, intellectuelle et morale, qui n'importe pas moins au salut de la société. Et quelles ressources dans ces trois années de la première adolescence, pour fortifier les muscles de l'enfant par un enseignement gymnastique et par un régime disciplinaire bien approprié; pour développer dans son intelligence les éléments de l'instruction générale que lui a fournie l'école primaire;

pour le munir enfin des principes de moralité qui plus tard lui permettront, dans la vie même de l'atelier, d'opposer la raison à la passion, de défendre son honnêteté native et son bon sens affermi contre les surprises ou les entraînements de l'esprit de violence et de sophisme!

Mais on craint — c'est l'objection professionnelle — que certains métiers n'admettent point un apprentissage régulier. Il est incontestable que plusieurs industries, celles, par exemple, qui se rattachent aux articles de Paris, semblent difficilement, au premier abord, se prêter à une éducation. D'autres, telles que les industries qui se rattachent à la fabrication des produits chimiques, exigent tout un appareillage spécial qu'il ne serait point aisé d'établir dans une école. D'autres, enfin, telles que la maçonnerie, paraissent ne pouvoir être apprises que par l'exercice du métier. Rien de plus raisonnable, à voir du dehors les choses. En réalité cependant, est-il une seule profession qui ne soit susceptible d'un certain enseignement ou qui n'ait à profiter d'y avoir participé? Les menuisiers, les tailleurs de pierre, les charpentiers, n'ont-ils pas eu de tout temps, des maîtres de trait[1]? Les tailleurs n'ont-ils pas des professeurs de coupe? Tous ces journaux de mode, que Paris envoie à la province, n'affichent-ils pas la prétention, plus ou moins justifiée, mais légitime au fond, de donner des leçons en même

---

1. *Les Ouvriers des deux mondes*, 1858-1863 : *le charpentier de Paris*, par MM. Le Play et Focillon, n° 1, t. I, p. 27. — On trouvera aussi des renseignements intéressants sur le sujet : n° 7, *Tissus en châle de Paris*, par MM. Hébert et Dolbet, t. I, p. 299 ; n° 11, *Carriers des environs de Paris*, par MM. Avallé et Focillon, t. II, p. 62 ; n° 17, *Porteurs d'eau de Paris*, par M. Avallé, t. II, p. 320 ; n° 19, *Piocheurs de craie dans la banlieue de Paris*, par M. E. Chalo, t. II, p. 446 ; n° 33, *Compositeurs typographes de Paris*, par M. A.-F. Dadler, t. IV, p. 240 ; n° 20, *Brodeuses des Vosges* (France), par M. Augustin Cochin, t. III, p. 25, etc.

temps que des modèles, et de rattacher leur programme à des principes généraux d'art ou de métier? Le goût, sans doute, est essentiellement un don de nature; mais, comme tout ce qui se rattache au développement de l'esprit, il a ses règles. Si, pour quelques intelligences exceptionnellement douées, la science n'est pas absolument indispensable à l'art, on conviendra qu'elle ne lui est jamais inutile; on conviendra surtout qu'elle peut jusqu'à un certain degré suppléer à la nature et fournir un guide à la moyenne des esprits.

Pour prendre un exemple dans les industries mêmes que nous citions tout à l'heure comme une des plus réfractaires en apparence à tout enseignement, imaginons un apprenti qui, ayant suivi trois ans une école du bois, entre par circonstance dans l'industrie de l'article de Paris : indépendamment de ce qu'il y apportera de connaissances générales utiles à tous les métiers, n'est-il pas évident que, dans sa partie propre, il fera mieux que l'enfant qui n'aura reçu d'autres leçons que celles d'un bimbelotier?

Ces idées ont été discutées, il y a quelques années, avec une grande compétence dans une revue qui avait pris à cœur la fondation des écoles d'apprentis, la *Revue de l'enseignement professionnel*. On y soutenait, entre autres thèses, que, dans toute profession, « il est un certain ensemble de notions scientifiques, immédiatement utilisables, non impossibles à grouper et à enseigner sous la forme la plus simple et la plus élémentaire ». Considérant, par exemple, la peinture en bâtiments dans ses différentes branches, on supposait un cours annexé aux conférences de l'Association Philotechnique et établi d'après les programmes suivants :

Tracé géométrique des lettres et des ornements mis au relief; application de la théorie des ombres, notions de perspective; considération de la hauteur, de l'éloignement, etc.

Application de la théorie des couleurs; couleurs complémentaires, etc.

Composition chimique des matières employées dans la peinture; leurs actions réciproques; influence de l'atmosphère, de l'humidité des murs, des agents chimiques extérieurs; enduits imperméables; vernis, essences, mastics, stucs, incrustations.

Influence des matières employées dans la peinture sur la santé : essences, céruses, couleurs arsenicales, coliques, chutes; premiers soins applicables aux accidents les plus fréquents, etc.[1].

Rien ne semble s'opposer, en effet, à un enseignement sérieux et pratique d'après ces bases. Et n'en est-il pas de même de tous les métiers? Un cours de carrosserie et de sellerie fera sourire peut-être. Quelle profession cependant exige un fonds de savoir technique plus étendu, plus sûr, plus délicat?

Mais comment réunir dans une même école les enseignements propres à des métiers divers? Nous ne pouvons mieux faire ici que de citer textuellement l'opinion d'un homme qui a porté de vives lumières sur ce point :

« Ce qui a fait jusqu'ici considérer comme une utopie le système des écoles d'apprentis, dit M. Guémied[2], c'est l'extrême diversité apparente des opérations

---

1. *Revue de l'enseignement professionnel*, 1re année, n° 9, 15 février 1863. Lettre de M. de Montmahou. — Il est regrettable que la publication de cette revue ait été interrompue au bout de quelques années.
2. *Revue de l'enseignement professionnel*, 3e année, n° 50, 1er février 1865.

industrielles. Mais il y a ici un préjugé.... L'unité dans la diversité est un fait universel. De même que, dans le monde physique un petit nombre de lois expliquent une infinité de phénomènes, de même que dans le règne animal l'immense variété des espèces se ramène à quelques types fondamentaux, de même l'homme, avec des matériaux peu nombreux et à l'aide d'instruments toujours les mêmes, produit des œuvres d'une variété illimitée.

« Au moyen de la géométrie, nous rapportons les figures de tous les corps à quelques formes élémentaires diversement combinées ; c'est là une première simplification. Travailler une matière quelconque, c'est, dans le plus grand nombre des cas, lui donner une figure régulière, lui appliquer les principes de la mesure et de la forme, et l'on voit tout de suite quel rôle considérable doivent jouer la géométrie et le dessin graphique dans l'enseignement professionnel. Le travail industriel peut ainsi déjà être rapporté à quelques opérations fondamentales, telles que dresser ou aplanir, ajuster, tourner, etc. Les matériaux divers sur lesquels on opère se classent à leur tour par grandes catégories, supposant des procédés de travail analogue, selon qu'ils sont plus ou moins denses et résistants, sujets ou non à l'action du feu, susceptibles d'être forgés et fondus comme les métaux ; fondus seulement, comme le verre, la corne, le caoutchouc ; moulés humides, comme l'argile ; taillés et tranchés, comme le bois et les cuirs ; réduits et usés, comme la pierre. Les types principaux d'outils se rapportent à ces propriétés diverses de matériaux, et on peut les ranger de même en un petit nombre de groupes. Nous trouverons, par exemple, le marteau qui sert à forger, à dresser, à courber les métaux, à tailler ou à piquer la pierre ; les outils tranchants, haches, ciseaux de toutes sortes, doloires planes et rabots; les outils servant à diviser, scies de toutes formes et de toutes dimensions; l'outil essentiel du travail des métaux, la lime, et enfin l'outil universel, le tour. Cherchez un instrument qui ne se rapporte pas à l'un de ces cinq types généraux, vous n'en découvrirez pas; vous trouverez des appareils de toutes sortes, plus ou moins compliqués, propres à aider au travail; vous trouverez des mécanismes qui, pour être bien dirigés, demandent de l'intelligence et de l'adresse, mais rien de vraiment spécial, rien qui soit en dehors des exercices auxquels on est familiarisé par la pratique des outils principaux que nous venons d'indiquer.

« Il est possible, d'ailleurs, de donner la raison de l'universalité de certains types d'instruments, en examinant la nature des mouvements physiques qu'ils exigent, et l'on arriverait même ainsi à réduire encore le nombre des outils dont le maniement résume plus ou moins complètement le travail industriel. Si, ayant quelquefois touché un outil quelconque, on veut bien en effet se rendre compte des conditions de son action, on trouvera qu'il s'agit, au demeurant, de produire un effort musculaire mesuré, contenu, d'une direction définie, le plus souvent rectiligne et régulièrement répété. Cette précision de mouvement une fois acquise avec un rabot, par exemple, peut être utilisée pour la lime, pour la scie, pour tout outil qui fonctionne d'une manière analogue. D'autres outils demandent l'agilité des doigts, quelques-uns des mouvements combinés du pied et de la main, comme le tour ordinaire, ou des deux mains agissant simultanément, comme le tour à l'archet; mais, dans chaque cas, l'adresse qu'un exercice aura donnée sera applicable à une série d'actions du même genre.

« Que faut-il maintenant de plus pour former véritablement un ouvrier? Indépendamment de la rapidité dans l'exécution, qui est le résultat d'une pratique prolongée, ce qu'il faut, c'est l'apprentissage des procédés secondaires ou accessoires, propres à faciliter ou abréger les opérations, c'est-à-dire la méthode du travail; ce qu'il faut encore, c'est la connaissance des applications multiples de l'aptitude acquise, correspondant à la variété de formes et de proportion des objets à fabriquer. C'est ce complément d'instruction technique qui s'obtiendra par la fréquentation de l'atelier, dernière et indispensable initiation du travailleur industriel. »

Le système d'un apprentissage préparatoire à l'atelier ne paraît donc pas irréalisable à des esprits familiarisés avec la pratique. C'était, à la Renaissance, un point de doctrine hautement reconnu que l'architecture, la sculpture et la peinture étaient trois branches d'un seul et même art. Le même rapport qui unit les arts rattache entre elles les principales industries. Et, outre les garanties d'instruction générale que cette éducation assure à l'apprenti, on voit quels avantages positifs elle lui offre. Non seulement elle lui permet d'avoir un métier, un véritable métier, de le bien comprendre, de le dominer; mais elle lui facilite le moyen d'en changer, dans le cercle des métiers de même ordre, soit définitivement, soit pour un temps, s'il y est contraint par sa santé, par un chômage, par les accidents de la vie[1].

[1]. « Aujourd'hui, dit Dalloz, avec la liberté, le progrès et les développements incessants de l'industrie, les découvertes nouvelles, les procédés nouveaux et constamment modifiés, l'apprentissage ne suffit plus, car il ne donne à l'enfant que des connaissances bornées et spéciales, tout à fait pratiques; il forme l'œil et la main, il ne peut former l'intelligence du travailleur. Sous un autre rapport encore, l'apprentissage libre est insuffisant; quoique non obligatoire, il ne renferme pas moins le travailleur dans le cercle étroit des connaissances spéciales de son art, et lui ôte, par cela même, la faculté que lui reconnaissent les lois nouvelles de passer d'un genre de travail à un autre, si le premier vient à manquer. » (*Industrie, commerce*, I, 49.)

Mais on répugne à la pensée de maintenir l'adolescent si longtemps en tutelle; on redoute que l'habitude trop prolongée d'une direction le rende inhabile à se diriger. C'est l'objection morale; elle touche aux intérêts de l'ordre le plus élevé. Elle serait presque radicale, si elle était fondée. Heureusement nous ne croyons pas qu'elle doive nous arrêter longuement.

Il ne faut pas confondre l'indépendance et la liberté. On n'est pas capable d'être libre, par cela seul qu'on est indépendant. C'est la plus fausse et la plus dangereuse des indépendances que celle qui livre l'adolescent sans défense au caprice ou à la tyrannie des opinions d'autrui. La vraie liberté suppose la connaissance réfléchie des conditions dans lesquelles elle s'exerce. Il y a aussi un apprentissage de la vie; et l'on se forme à la pratique des vertus civiles comme on se façonne à l'exercice d'un métier : le respect de la loi, le sentiment du devoir, l'esprit de dévouement, l'intelligence de ce que sont la justice et l'égalité, tous ces principes sur lesquels reposent les sociétés civilisées, peuvent s'apprendre à l'école d'apprentissage, par les livres et les entretiens. Qu'à cet enseignement général s'ajoutent quelques leçons pratiques, modestes, mais précises et bien appropriées, de ce qu'on appelle aujourd'hui les notions usuelles du droit et de l'économie politique, n'est-on pas fondé à penser qu'au lieu de maintenir l'apprenti dans une sorte d'enfance, un tel régime contribuera à former l'homme? L'école seule, par la règle qu'elle impose dans le détail de l'existence quotidienne, est un enseignement, lorsque s'y joint l'expérience sagement entendue de la vie. Il ne s'agit point en effet d'isoler l'apprenti dans une sorte de monde idéal; il est indispensable qu'il conserve de tous les côtés des jours sur le monde réel, qu'il en sente les difficultés, les nécessités, les heurts et qu'il apprenne par lui-même à se faire peu à peu, dans la société où il doit se créer une place, l'essai de sa volonté et de ses forces. C'est pour cela que nous entendons associer étroitement l'action de la famille à l'action de l'école. Il faut que, rentré le soir au foyer, l'apprenti y trouve aussi d'utiles enseignements. Appuyée sur ces principes et secondée par des exemples conformes à ces principes, nous ne craignons pas que notre tutelle, si prolongée qu'elle soit, nuise au développement de son caractère : loin de là, nous estimons que c'est le plus sûr moyen de l'aguerrir. Lorsque l'enfant sort de l'école primaire proprement dite, il est généralement appliqué et honnête, il a le cœur généreux et pur. Ces bons instincts, qui ne sont encore qu'à l'état de sentiment, nous voudrions travailler à en faire, par l'école d'apprentissage, une conviction approfondie de son intelligence, une habitude de sa raison.

V

Mais il ne nous suffit point que le système de l'école d'apprentissage ne soit pas jugé irréalisable; et qu'il paraisse utile à réaliser. N'a-t-il pas été déjà appliqué, soit en France, soit à l'étranger?

C'est un trait de notre esprit national d'incliner tour à tour, outre mesure, à s'enorgueillir ou à se rabaisser. Notre disposition présente serait volontiers de chercher des modèles dans les pays étrangers. Cependant les pays étrangers ne semblent, quant à présent, nous offrir sur ce point aucun exemple décisif.

Ni l'Angleterre, ni l'Allemagne, ni la Belgique, ni l'Italie, ni l'Espagne, ni la Russie, ni la Suède, ni la Suisse, bien que préoccupées du développement de l'enseignement industriel, ni les États-Unis, n'ont, à proprement parler, d'écoles d'apprentissage.

Les écoles *déguenillées* (*ragged schools*) et les *écoles de correction* (*reformatories schools*) sont faites pour les classes dangereuses, non pour les classes laborieuses de la société anglaise. Assujettir les vagabonds ou les détenus à des habitudes d'ordre, leur mettre en mains quelque métier élémentaire qui leur permette de gagner leur vie, tel est l'objet de ces institutions. Si nous voulions leur chercher quelque analogue en France, c'est avec les colonies pénitentiaires de Loos, de Gaillon, de Fontevrault, de Mettray qu'il y aurait lieu de les comparer[1].

Les *écoles réales* de Prusse, de Hanovre, de Saxe, d'Autriche, de Bavière, sont des écoles d'enseignement général préparatoire à l'industrie et au commerce, correspondant au type de nos écoles primaires supérieures ou de nos collèges d'enseignement secondaire spécial[2]. A côté des *écoles réales* il existe, sans doute, dans divers États, des ateliers d'apprentissage ; mais ce sont des établissements propres à telle ou telle fabrication

---

1. *Enquête sur l'enseignement professionnel*, Dépositions, tome I, p. 22, 474-476. — Cf. *De l'enseignement des classes moyennes et des classes ouvrières en Angleterre*, Rapport présenté au Préfet de la Seine par MM. Marguerin, directeur de l'école Turgot, et Motheré, professeur à l'école de Saint-Cyr et au lycée Charlemagne, 1864.

2. *Enquête sur l'enseignement professionnel*, tome II, Rapports et documents divers. — Cf. *les Ouvriers européens*, par M. F. Le Play, Ingénieur en chef des mines, 1855. — Voir aussi le rapport au Ministre de l'Agriculture sur la réglementation du travail des enfants et des femmes dans les manufactures de l'Angleterre, par M. Froycinet, Ingénieur des mines, 1867.

du pays, destinés à créer un personnel pour une industrie naissante ou à relever une industrie qui tombe. Nous avons en France des établissements semblables ; on peut s'en faire une idée par les écoles de tissage et de filature de Mulhouse et d'Amiens : « sans s'occuper de l'instruction générale de l'apprenti, elles se proposent seulement de montrer à leurs élèves la théorie en même temps que la pratique de ces industries, pour former des chefs d'atelier ou de fabrique[1] » ; elles s'adressent non à des fils d'ouvriers destinés à devenir ouvriers, mais à des fils de patrons, futurs patrons eux-mêmes.

En sens contraire, les ateliers d'apprentissage de la Belgique, du Wurtemberg et du duché de Bade ont un caractère exclusivement technique. Là l'apprenti est un enfant pauvre qui est élevé en partie dans l'atelier, en partie à côté de l'atelier, dans une classe où il reçoit, tant mal que bien, quelques éléments d'instruction élémentaire. C'est un jeune ouvrier, ce n'est pas un élève. Son centre d'éducation est l'atelier, non l'école. Le tirer de la misère en l'utilisant, voilà le but. Remarquons toutefois que le nombre des enfants que ces ateliers ont formés en Belgique, dans une période de vingt ans, s'élève à plus de 20 000, la plupart arrachés à la mendicité et à tous les vices qu'elle engendre[2].

Rien de semblable non plus à ce que nous cherchons, en Italie, où l'école de Naples est une école des arts et métiers semblable à celle d'Angers ; en Espagne et en Portugal, où les Instituts polytechniques de Madrid

---

1. *Enquête sur l'enseignement professionnel*, Rapport du général Morin, p. 15.
2. *Enquête sur l'enseignement professionnel*, t. II, p. 388 à 447. — Commission d'enseignement technique, Rapport et notes, p. 124 à 126. — *Revue de l'enseignement professionnel*, 1ʳᵉ année, n° 10, 1ᵉʳ juin 1803.

et de Lisbonne offrent, suivant leur titre même, un enseignement plus scientifique que professionnel; en Russie, où l'Institut technologique de Saint-Pétersbourg est un établissement d'éducation théorique[1]; en Suède, où l'école industrielle de Stockholm reproduit à peu près exactement le type de notre école Turgot[2]; dans la Suisse enfin, qui possède d'excellentes écoles vétérinaires, agricoles, etc., dont le caractère spécial ne répond pas aux besoins généraux dont nous nous occupons[3]. Quant aux États-Unis[4], on sait que l'éducation primaire s'y prolonge jusqu'à 17 et 18 ans; mais l'enseignement technique ne paraît y avoir encore reçu aucune espèce d'organisation[5].

Nous n'avons donc rien à emprunter à l'exemple des

1. *De l'organisation de l'enseignement industriel et de l'enseignement professionnel*, par MM. le général Morin et Tresca. Ch. I, § 6.
2. *Bulletin de la Société de protection des apprentis*, 3ᵉ année, 1869, p. 447.
3. *Enquête sur l'enseignement professionnel*, tome II, Rapports et documents divers, p. 557. — Cf. *Bulletin de la Société de protection des apprentis*, 2ᵉ année, 1868, p. 313 et suivantes.
4. *Bulletin de la Société de protection des apprentis*, 2ᵉ année, 1868, p. 411.
5. Il semble qu'en Hollande on vient de mettre à exécution une pensée analogue à la nôtre. Voici du moins ce que constatait récemment un document officiel :

« Il y a comparativement peu de pauvres en Hollande. Les ouvriers de toute profession y trouvent du travail et le moyen de vivre, quoique les salaires soient moins élevés que dans beaucoup d'autres pays. Une des causes qui rendent le travail aussi général se trouve dans l'existence d'excellentes institutions connues sous le nom d'« écoles professionnelles pour les enfants des pauvres ». Ces écoles existent à Amsterdam, Rotterdam, Groningue, Saardam, etc.

« L'école d'Amsterdam donne l'éducation à 104 enfants pauvres, et les instruit de manière à les mettre en état de gagner leur vie par leur travail et leur talent d'ouvrier, quand ils en sortent. Les heures de présence à l'école sont toujours de 8 heures du matin à 8 heures du soir, avec une interruption de deux heures pour le dîner et la récréation. Quatorze heures par semaine sont consacrées à la lecture, à l'écriture, à la géographie, aux mathématiques, à la chimie et à différentes applications des sciences; seize heures sont consacrées à des travaux manuels : la charpente, la forge, le tour, la télégraphie, etc., et dix-huit heures au dessin et à la sculpture. L'ensemble des études s'étend à trois

pays étrangers. C'est en France qu'ont été conçues les entreprises les plus propres à préparer la solution de la question.

Ici toutefois il faut revenir sur la distinction que nous faisions tout à l'heure et commencer par écarter de la discussion les établissements qui s'appliquent à des besoins de même nature, mais non tout à fait de même degré : les écoles d'Arts et Métiers d'Angers, de Châlons et d'Aix, l'école de la Martinière à Lyon.

Les écoles d'Arts et Métiers ont pour objet de former des contremaîtres. Ce qu'elles recrutent par le concours, ce qu'elles créent par une éducation spéciale, c'est une élite ; élite éminemment utile, mais nécessairement limitée, corps de sous-officiers, non de soldats[1]. Il a été établi que le plus grand nombre des élèves d'Angers, d'Aix et de Châlons étaient arrivés à diriger d'importantes usines, et qu'ils ne comptaient pas pour moins d'un cinquième sur la liste des membres de la Société des ingénieurs civils. Le but de leurs études et de leur ambition, assurément légitime, est non de prendre rang dans la classe ouvrière, mais d'en sortir.

L'école de la Martinière est un établissement accommodé aux besoins de la fabrique lyonnaise, mais ce

années. Le prix est, pour chaque élève, de 25 shillings par an, payés en partie par les parents, en partie à l'aide de souscriptions.

« On est surpris, dit le correspondant du *Times*, auquel nous empruntons ces détails, « que d'aussi utiles institutions n'aient pas été établies en Angleterre, soit par le gouvernement ou par les villes, ou même par des entrepreneurs privés. De semblables écoles, fondées même dans un but de spéculation, donneraient probablement des bénéfices. » (*Journal officiel de la République française*, 20 septembre 1871, p. 5081.)

1. Voir, sur cette distinction essentielle, le rapport de M. Rouher, *Enquête sur l'enseignement professionnel*, tome I, p. 7.

n'est pas une école d'apprentissage. Le travail manuel n'y occupe qu'une heure par jour. En exerçant les enfants à se servir du rabot, de la lime et du tour, on veut simplement les initier au maniement des outils et éprouver les aptitudes[1]. Ajoutons qu'au moins autant que dans les écoles d'arts et métiers, les élèves de la Martinière échappent aux professions ouvrières proprement dites[2]. Or ce que nous cherchons, nous ne saurions trop le répéter, c'est le moyen de venir efficacement en aide à la masse des enfants que l'école livre chaque année à l'atelier. On a calculé « qu'en portant à 1 200 000 le nombre des personnes engagées dans la pratique industrielle en France, les écoles spéciales fournissaient annuellement environ 600 jeunes gens au recrutement du personnel instruit de toutes nos manufactures, et qu'en admettant que la durée moyenne des services soit de 25 ans pour les uns comme pour les autres, on arrivait à cette conséquence qu'il y aurait 1 homme instruit sur 80, 1 caporal pour 80 hommes[3] ». Voilà l'armée de travailleurs au sort desquels, en ce qui concerne Paris, nous voudrions essayer de pourvoir.

Quatre systèmes ont été appliqués jusqu'ici en vue de ce besoin. Le premier consiste à placer l'école primaire dans l'atelier ; le deuxième, à placer l'atelier dans l'école primaire ; le troisième, à juxtaposer l'école primaire et l'atelier, en laissant à chacun des deux établissements sa vie indépendante ; le quatrième, à faire de l'école d'apprentissage une école spéciale où

---

1. *Documents particuliers*, note de M. Marguerin.
2. *Enquête sur l'enseignement professionnel*, t. I, Dépositions, p. 227 et suiv. — Cf. *Revue de l'enseignement professionnel*, 1re année, n° 9, 15 février 1863.
3. *De l'organisation de l'enseignement industriel*, par MM. le général Morin et Tresca, chap. II, § 2.

tous les intérêts de l'éducation de l'apprenti soient assurés.

Nous essayerons de caractériser rapidement chacun de ces systèmes.

Nous ne parlons point et nous n'avons point à parler du système du demi-temps (*half-time*) pratiqué en Angleterre. L'école de demi-temps n'est qu'un correctif aux abus de l'atelier ; ce n'est pas un mode d'éducation [1].

Le premier système est celui qui est suivi dans

---

1. *Bulletin de la Société des apprentis*, 3e année, 1869, p. 11 et suiv. — C'est le système qui a longtemps prévalu en Angleterre et qui y est encore en faveur aujourd'hui, bien qu'aujourd'hui on le considère comme tout à fait insuffisant. « En Angleterre, où l'instrument qui prédomine dans la production est la machine, dit le rapporteur de l'enquête sur les conditions du travail à Paris en 1872 (page 129), l'enfant peut sans inconvénient quitter l'atelier pour passer à l'école : en France, au contraire, où beaucoup d'industries sont fondées sur l'habileté de main, il est à penser qu'un apprenti allant alternativement de l'atelier à l'école et de l'école à l'atelier, ne ferait que de médiocres progrès. » Le système offre à Paris d'autres inconvénients. D'abord administrativement créées, les écoles de demi-temps sont nécessairement soumises aux règles générales qui, dans une grande cité, s'imposent. En outre, il est presque impossible de les mettre à la portée de tous les enfants qui sont appelés à les fréquenter. Lorsqu'il s'agit de communes agglomérées ou dont le rayon est restreint, il suffit de placer l'école au centre des intérêts industriels ; c'est ainsi qu'il a été procédé dans le département de la Seine, à Saint-Denis et à Puteaux : dans cette situation, aucun patron, aucun apprenti ne peut raisonnablement arguer d'obstacles matériels et de perte de temps. Mais à Paris, d'après l'enquête faite par la Préfecture de Police en 1874, il n'est pas un arrondissement, pas un quartier où il ne se trouve un certain nombre de patrons occupant des enfants mineurs. Dans certains arrondissements, on en a recensé de 1500 à 1800. Les arrondissements qui en comptent le moins en ont encore de 280 à 300. Leur nombre total dépasse 15 800. La même enquête a relevé un total de 34 403 mineurs employés chez ces patrons : 14 870 garçons, 19 533 filles. Or admettons que parmi ces mineurs il y en ait qui ne se trouvent pas dans les conditions auxquelles s'applique la loi, c'est-à-dire qui possèdent les éléments de l'instruction élémentaire : ce nombre fût-il même de moitié — ce qui excède les vraisemblances, — comment atteindre les autres dans l'immensité de Paris où ils sont dispersés ? Comment les grouper en un point commun, sans encourir les réclamations fondées sur l'éloignement relatif de la classe ? Toutefois, pour venir en aide à ceux qui ne cherchaient pas à éluder les prescriptions de la loi, nous avons établi en 1878 trois écoles de

les grands établissements du Creuzot, de la Ciotat et de Creil[1]. A 14 ou 15 ans au Creuzot, à 13 ans à la Ciotat, les élèves, qui se recrutent presque tous parmi les enfants des ouvriers, quittent l'école pour entrer dans l'usine ou dans les chantiers de construction. Mais en même temps ils sont astreints à suivre des cours spéciaux, ouverts dans un local dépendant des ateliers. Au Creuzot, ces cours ont lieu le soir. A la Ciotat, les deux heures de classes sont prises, conformément aux dispositions de la loi de 1841, sur la durée normale (dix heures) du travail des enfants[2].

Le deuxième système, celui qui consiste, par un procédé inverse, à placer l'atelier dans l'école primaire, est le régime de l'ancien internat de la rue Neuve-Saint-Étienne-du-Mont et de l'internat actuel de Saint-Nicolas. Dans cet établissement, qui peut servir de type, la période des études primaires terminée, les enfants chez lesquels on a reconnu les aptitudes nécessaires et dont les familles le désirent, environ 100 sur 1500,

demi-temps : dans le 10ᵉ arrondissement, rue Bouret; dans le 3ᵉ, rue Michel-Le-Comte et rue des Vieilles-Haudriettes. Les classes étaient organisées de telle sorte que les garçons pouvaient être admis le matin et les filles le soir, ou inversement. Elles étaient réservées aux apprentis de dix à douze ans, c'est-à-dire à ceux qui, nonobstant le degré de leur instruction, doivent, aux termes de la loi, suivre les cours d'une école pendant le temps libre du travail. L'essai a été étendu depuis. Aujourd'hui (1887) il est appliqué à 32 écoles : 26 écoles de garçons, 16 écoles de filles; l'enseignement y est donné dans des locaux spéciaux, quand les classes de la journée sont terminées. Le nombre des apprentis qui les fréquentent en moyenne est de 526 garçons sur 805 inscrits; 285 filles sur 320 inscrites. Les résultats d'instruction sont plus que médiocres. L'action morale est nulle.

1. *Enquête sur l'enseignement professionnel*, tome II, Rapports et documents divers, p. 681 et suivantes. — *Commission de l'enseignement technique*, Rapports et notes, p. 133 et suivantes. — Rapport du général Morin, p. 10.

2. *Enquête sur l'enseignement professionnel*, tome II, p. 620. — *Commission de l'enseignement technique*, Rapport et notes, p. 146. — Cf. *Bulletin de la Société de protection pour les apprentis*, 1ʳᵉ année, 1867, p. 347.

sont répartis entre dix ateliers différents[1]. Tous les matins, trois jours de la semaine, pendant deux heures, ces jeunes apprentis reçoivent un enseignement général commun ; les trois autres jours, les mêmes heures sont consacrées à l'enseignement du dessin. Le reste de la journée est attribué au travail manuel.

Le troisième système a été particulièrement mis en pratique à Nantes[2]. En voici les règles : les élèves sont admis à l'école d'apprentissage à 12 ans, après avoir justifié de la possession des matières de l'instruction primaire. De 8 à 9 heures et demie du matin, et de 5 à 6 heures du soir, ils prennent part à un enseignement qui embrasse l'étude de la géométrie élémentaire et descriptive, l'arithmétique, la géographie, l'histoire, la chimie et la physique. De 10 à 5 heures ils travaillent chez des patrons. Le soir ils rentrent dans leurs familles.

Enfin le quatrième système, celui de l'école d'apprentissage proprement dite, a été récemment appliqué au Havre[3]. Le rapporteur de la question au Conseil municipal le définissait en ces termes : « Si les institutions dont nous venons de parler, écoles primaires, écoles industrielles, font à la classe ouvrière une large part d'instruction, elles sont encore insuffisantes pour les besoins de cette partie de la population d'où sort le contingent purement ouvrier. Ce contingent se recrute parmi les enfants, malheureusement trop nombreux,

---

1. *Enquête sur l'enseignement professionnel*, tome I, Dépositions, pages 59 et suiv. — *Commission d'enseignement technique*, Rapport et notes, p. 126 et suiv.
2. *Enquête sur l'enseignement professionnel*, t. I, page 310. — *Commission d'enseignement technique*, Rapport et notes, pages 110-120.
3. *Bulletin de la Société de protection des apprentis*, 2ᵉ année, 1868, p. 202 et suiv. — Documents particuliers.

qui, vers l'âge de 12 ans, abandonnent les écoles pour toujours. A dater de ce moment, les conditions dans lesquelles se fait l'apprentissage laissent beaucoup à désirer sous plus d'un rapport.... « Sous l'empire de cette pensée, l'Administration a songé à créer une école d'apprentissage où seraient enseignés théoriquement et pratiquement les métiers de fer et de bois exercés dans la localité[1]. »

Depuis 1867 l'institution a reçu quelques développements ; mais les bases sont restées les mêmes[2]. L'école, qui est un externat gratuit, forme des menuisiers, des découpeurs et des tourneurs sur bois, d'une part; d'autre part, des forgerons-serruriers, des tourneurs sur fer et des ajusteurs mécaniciens. Les enfants sont reçus après la première communion. Il est donné chaque jour six heures au travail manuel, quatre heures à la revision et au développement des matières de l'instruction primaire. Arrivés à l'établissement le matin, à 6 ou 7 heures, suivant la saison, les élèves ne le quittent qu'à 8 heures ou à 9 heures du soir. La durée de l'apprentissage est de trois ans.

[1]. Délibération du 13 juillet 1866.
[2]. L'école a été transférée dans une construction spéciale. Elle comprend quatre ateliers et reçoit 257 élèves, ainsi répartis (1887) :

ATELIERS	1re ANNÉE	2e ANNÉE	3e ANNÉE	TOTAL
Menuiserie, ébénisterie et tour...	31	18	20	69
Forge, ajustage, serrurerie et tour sur métaux...	60	47	33	140
Chaudronnerie...	11	12	Ces cours n'existent que depuis deux ans.	23
Fonderie...	11	18		26
Totaux...	128	80	53	207

L'école possède une machine à vapeur, un ventilateur pour la forge, des tours, des foreries, une machine à raboter pour l'ajustage, une scie circulaire, une machine à découper pour la menuiserie. Les apprentis sont d'abord exercés au travail manuel des petits ateliers, puis ils apprennent à diriger les machines-outils ; à tour de rôle, ils conduisent le moteur et la chaudière. A la fin du stage triennal, un diplôme spécial et un outillage complet sont accordés aux élèves qui possèdent théoriquement et pratiquement la connaissance de leur métier. L'outillage seul est accordé à ceux qui ne peuvent justifier que de la connaissance pratique. En outre, il est distribué, chaque année, une prime proportionnelle au savoir-faire et à l'assiduité.

J'ai eu récemment l'occasion de visiter l'établissement. J'y ai passé plusieurs heures. Les jeunes menuisiers travaillaient à des pupitres d'un nouveau modèle destinés aux écoles primaires ; les serruriers, à des ferrures de portes et de fenêtres, préparées pour les mêmes établissements. Ils étaient fiers, les uns et les autres, de montrer différentes machines exécutées dans l'établissement par leurs devanciers ou par eux-mêmes, ventilateurs, régulateurs, chariots, etc. Une machine à vapeur, de la force de deux chevaux, était en construction dans l'atelier de serrurerie.

Quelle est la valeur de ces divers systèmes ? Ce qu'ils ont de commun, et ce qu'il faut tout d'abord y relever, c'est : 1º que les établissements où ils sont appliqués n'admettent les enfants que sous des conditions de justification d'âge et d'études élémentaires qui établissent entre l'école proprement dite et l'école d'apprentissage une ligne de démarcation aussi profitable au développement physique qu'au développement intellectuel de l'enfant; 2° qu'on se préoccupe de l'éducation morale, et que les directeurs rendent en général bon témoignage de leurs élèves, ce qui s'explique par la la nature même de leur régime de vie discipliné ; 3° qu'on s'efforce de faire une part à la théorie à côté de la pratique, et que les résultats de ce double enseignement sont efficaces. Au Havre, par exemple, où les apprentis demeurent à l'école jusqu'à 16 ans, les élèves sortants trouvent à se placer pour la plupart — 35 sur 50 — dans des établissements qui leur payent immédiatement la moitié, quelquefois les deux tiers de la journée ordinaire. A Paris, « la moyenne des salaires obtenus par les apprentis formés à Saint-Nicolas, de 1859 à 1864, a été de 3 fr. 75[1]. » D'où l'on voit, ajoute la note dont nous extrayons ce renseignement[2], « que l'apprentissage à Saint-Nicolas est réel, puisque des jeunes gens de 16 à 18 ans peuvent, à leur début dans l'industrie où ils continuent leur éducation professionnelle, gagner d'aussi bons salaires. »

Mais dans les trois premiers systèmes, l'action est restreinte à un petit nombre d'enfants. Les écoles de la Ciotat et du Creuzot sont exclusivement ouvertes aux fils des ouvriers de la Compagnie ou de l'usine, et c'est la *Société des Amis de l'Enfance* qui pourvoit.

---

1. Voici le détail : fr. c.
   Ciseleurs en bronze. 4 22
   Tourneurs en optique. 3 04
   Dessinateurs pour châles 4 04
   Doreurs sur bois. 3 »
   Bijoutiers. . . . . 4 »
   Sculpteurs sur bois. . . . . 4 »
   Layetiers-emballeurs. 3 78
   Selliers, malletiers. 3 80
   Facteurs d'instruments de musique. 3 02
   Ébénistes 3 28
2. *Commission de l'enseignement technique*, Rapport et notes, p. 127.

par des bourses, à l'éducation de la majeure partie des 100 apprentis de Saint-Nicolas.

En outre, quel que soit le zèle apporté au maintien de la proportion à observer entre la théorie et la pratique, il faut bien le reconnaître, dans les établissements où l'école est une annexe de l'atelier, l'enseignement théorique, si utile à la bonne direction de l'apprentissage, est laissé à un rang secondaire[1].

Si, sous le rapport de la double instruction indispensable, l'école de Nantes présente plus de garanties, on ne peut se dissimuler qu'à moins de multiplier les écoles d'apprentis, il serait bien difficile d'appliquer l'idée à Paris, où le parcours des distances de l'atelier à l'école absorberait une grande partie de la journée utilisable.

Enfin, autant il est bon que des sociétés privées se chargent d'un patronage reposant sur le système du pensionnat, comme à Saint-Nicolas, autant il nous paraîtrait dangereux de donner à ce mode d'éducation le caractère d'une institution municipale. L'internat de Saint-Nicolas est d'ailleurs, à bien des égards, un orphelinat : ce qui en justifie l'organisation[2].

Les trois premiers systèmes d'école d'apprentissage peuvent donc être donnés en exemple à l'initiative privée, et participer comme les autres à toutes les formes d'encouragement et de subvention ; nous n'en voudrions

---

1. *Bulletin de la Société de protection des apprentis*, 2ᵉ année, 1868, p. 120 et suiv. ; 3ᵉ année, 1869, p. 84 et suiv.
2. Ce sont les mêmes raisons qui ont fait récemment appliquer l'internat aux établissements publics destinés à recevoir les enfants moralement abandonnés.

repousser aucun. Mais, seule, l'école du Havre nous semble, quant à présent du moins, pouvoir être prise comme type de l'essai que nous voudrions tenter.

VI

Reste à déterminer le mode d'administration de l'établissement et le choix des industries auxquelles il serait appliqué.

Deux modes d'administration ont été suivis jusqu'ici dans les écoles d'apprentissage : le mode de gérance directe par un directeur dépendant de la municipalité; le mode de gérance avec le concours et par l'intermédiaire de patrons. Le premier est celui qui a été adopté à l'école du Havre; le second est en usage dans les établissements de Saint-Nicolas.

A Saint-Nicolas[1], « les élèves sont mis à la disposition et sous la direction de patrons qui les font travailler pour leur compte, fournissent les outils et la matière et les forment, soit par eux-mêmes, soit à l'aide d'ou-

---

1. *Commission de l'enseignement technique.* Rapport et notes, p. 126. — C'est aussi le mode qui est appliqué à l'école industrielle de Lille : « A Lille, l'entreprise des travaux, le payement des ouvriers et des matières sont concédés à un entrepreneur intelligent, sorti lui-même des écoles d'arts et métiers, qui compte bien, pendant les cinq années de son entreprise, en tirer un très bon parti. La réussite ne nous paraît pas douteuse : les élèves prendront plus de goût à leur travail, parce qu'ils verront qu'il est déjà utilisable : au point de vue financier comme au point de vue de l'instruction technique, cette combinaison est donc digne d'intérêt. » *De l'organisation de l'enseignement industriel,* etc., par MM. le général Morin et Tresca, ch. I, § 4.

vriers-maîtres : les produits appartiennent aux patrons, qui, pendant les trois premières années, profitent, sans rétribution, du travail des apprentis, et qui, à la quatrième année, payent à l'établissement un franc par journée de travail de l'élève ».

Au Havre, c'est la municipalité qui a créé et qui entretient à ses frais l'outillage de l'établissement ; c'est elle aussi qui fournit la matière première. Sous le bénéfice de cette combinaison, elle donne à exécuter dans l'école certains ouvrages de menuiserie et de serrurerie pour les propriétés communales. D'un autre côté, grâce au zèle d'un comité de patronage, composé d'administrateurs, d'architectes et d'entrepreneurs, les industriels font des commandes à l'école, et le produit des travaux est partagé aux élèves classés par catégorie de mérite, réserve faite d'une quotité déterminée pour l'achat de l'outillage accordé aux apprentis sortants. Le tableau suivant peut donner une idée de l'importance relative des bénéfices distribués de 1867 à 1870 :

ANNÉES	NOMBRE DES ÉLÈVES inscrits pour		PRODUIT du travail des élèves.	SOMMES distribuées aux élèves.	SOMMES réservées pour l'outillage accordé aux élèves.	QUOTE-PART ANNUELLE attribuée à chaque élève.		
	le fer.	le bois.				1re catégorie.	2e catégorie.	3e catégorie.
1867	78	34	1 348,65	1 031,15	317,50	40	16	0
1868	96	50	3 580,65	3 005,40	580,05	65	24	12
1869	117	58	4 316,67	3 483,00	702,77	66	26	14
1870	120	50	4 350,80	3 265,48	1 088,93	87	42	15

On voit aisément les avantages et les inconvénients des deux modes. En remettant, comme à Saint-Nicolas, entre les mains des patrons la direction des ateliers, avec le profit qu'ils peuvent donner, l'Administration municipale se décharge de tout souci financier ; en même temps elle est assurée que le travail des élèves est dirigé par des hommes dont la surveillance a pour stimulant un intérêt que rien ne remplace, l'intérêt personnel.

Le danger, c'est que cet intérêt des patrons ne tourne au détriment des apprentis [1] ; et que, plus ou moins déguisés, les inconvénients de la spécialisation ne se produisent. L'éducation de l'apprentissage implique d'ailleurs entre la direction des études théoriques et celle des travaux manuels une concordance, une méthode, dont le patron ne peut être le juge autorisé, dont tout au moins il lui est difficile de suivre le développement avec l'assiduité nécessaire. Un homme dont le dévouement a laissé un sérieux souvenir dans l'histoire des expériences faites pour la propagation de l'enseignement professionnel, M. César Fichet, distinguait dans la formation de l'apprenti trois degrés : 1º l'initiation à ce qu'il appelait la gymnastique du métier, maniement des outillages et étude des matières premières ; 2º la description par l'épure des pièces à réaliser ; 3º la réalisation en nature de ces mêmes pièces. C'est ainsi, en effet, que l'apprenti peut se rendre compte des conditions physiques, des règles scientifiques, des procédés pratiques du travail de sa profession future. Mais cette suite dans l'enseignement n'est possible qu'avec une organisation relevant d'une seule et même autorité, c'est-à-dire avec des contremaîtres subordonnés au directeur, comme les

---

[1]. Voir plus haut, page 237, la note relative à l'école de Lille : « ... un entrepreneur intelligent..., qui compte bien, pendant les cinq années de son entreprise, *en tirer un très bon parti* ».

autres maîtres de l'école, ainsi que cela a lieu au Havre.

Il est vrai qu'alors il faut compter avec les charges. Mais quelle en est exactement l'importance? L'installation de l'école du Havre, pour un atelier propre au travail du bois et du fer et destiné à recevoir environ 150 élèves, a coûté 26 000 francs. D'autre part, il ne faut pas s'effrayer outre mesure des frais de la matière première. Étant données trois années de stage, la promotion la plus avancée des apprentis peut seule avoir à travailler sur des matériaux dont le gaspillage serait coûteux. Pour les deux autres, rien n'empêche que l'apprentissage se fasse sur de vieux matériaux ou sur des matériaux bruts, successivement soumis à toutes les transformations possibles jusqu'à complet épuisement. M. César Fichet était arrivé, nous disait-il, à entretenir le travail d'un établissement de plus de 300 enfants avec une dépense annuelle d'environ 150 fr. : bois de corde, ferraille de rebut, tout lui était bon pour faire la main des commençants. La dépense fût-elle, comme il n'en faut pas douter, plus considérable pour nos élèves, il en serait comme de toute autre dépense d'éducation, dont le produit ne doit point s'apprécier d'après le rapport exact du rendement à la mise de fonds. Ce qui se retrouverait dans l'instruction et la moralisation de l'apprenti, en même temps que dans le meilleur emploi des forces industrielles, serait une compensation largement rémunératrice, comme on dit dans le langage de la production économique.

Au surplus, tout ne serait pas perdu dans cette indispensable consommation de matières premières. On a vu que la municipalité du Havre faisait exécuter, non sans profit, dans son école d'apprentissage, certains travaux applicables aux bâtiments municipaux. Il vient d'être créé un magasin spécial de mobilier scolaire. La Ville a de plus à sa charge l'entretien des bureaux de l'octroi et des corps de garde, celui des grilles et des bancs des jardins publics; en un mot, tout le matériel qui se rattache au domaine municipal. Quoi de plus naturel et de plus légitime que de faire exécuter, au moins en partie, par les apprentis de troisième année, les travaux ayant cette affectation? Et, comme la Ville réaliserait sans doute, de ce chef, quelques bénéfices, rien ne s'opposerait à ce que, comme au Havre, une part fût prélevée pour être distribuée en prime aux apprentis les plus méritants. Ce serait, sous forme de récompense, le commencement d'un salaire proportionnel, principe dont l'application est aussi un enseignement.

Quels sont maintenant les métiers pour lesquels il conviendrait de tenter l'essai?

De la dernière statistique, dressée par la Chambre de commerce, il résulte qu'en 1860 les ouvriers de Paris se répartissaient entre les dix principaux groupes d'industries, dans la proportion suivante [1] :

1° Vêtement	78 377
2° Bâtiment	71 242
3° Alimentation	38 859
4° Ameublement	37 051
5° Acier, fer, cuivre, zinc et plomb	28 866
6° Fils et tissus	26 810
7° Imprimerie, gravure et papeterie	19 507

1. *Statistique de la Chambre de Commerce*. 1860, Introduction, p. xxxii-xxxiii.

8° Or, argent, platine. 18 731
9° Industries chimiques et céramiques. . 14 397

Le groupe des industries diverses, désigné d'ordinaire sous le nom de 10° groupe, comprenait :

Articles de Paris. 26 598
Carrosserie, sellerie et équipements militaires 18 584
Instruments de précision, de musique et d'horlogerie 11 628
Peaux et cuirs. 6 507
Boissellerie, vannerie et brosserie. . . . 4 390
Industries non groupées. 14 974

La statistique de 1847-48, afférente seulement aux 12 arrondissements qui composaient l'ancien Paris, donnait, de son côté, les résultats suivants[1] :

1° Vêtements 90 064
2° Bâtiment 66 497
3° Fils et tissus 36 685
4° Ameublement 36 184
5° Articles de Paris 35 679
6° Orfèvrerie, bijouterie, joaillerie . . . 16 819
7° Imprimerie, gravure, papeterie . . . 16 705
8° Carrosserie, sellerie, équipements militaires 13 784
9° Alimentation. 10 428
10° Industries chimiques et céramiques. 9 637
11° Boissellerie et vannerie 5 405
12° Peaux et cuirs. 4 573

1. *Statistique de l'Industrie à Paris*, 1847-1848, Introduction, ch. VII, page 50.

Ainsi, à 12 ans de distance, après l'agrandissement et la transformation de la cité parisienne, les rapports des diverses industries étaient restés les mêmes ; et, en 1860 comme en 1848, nous trouvons au premier rang le groupe du vêtement et celui du bâtiment[1].

On peut donc être sûr de donner satisfaction à l'un des besoins les plus considérables de la population ouvrière de Paris, en pourvoyant à l'éducation des apprentis ressortissant à l'un de ces deux groupes. Mais il faut remarquer que sur les 78 377 ouvriers qui se livrent à l'industrie des vêtements, la statistique compte 27 074 hommes et 47 880 femmes, tandis que les 71 242 ouvriers occupés par le bâtiment se partagent en 70 116 hommes et 35 femmes. Ajoutons que, par les écoles professionnelles, l'initiative privée a déjà commencé à donner satisfaction, dans une certaine mesure, aux industries qui se rattachent à la fabrication générale du vêtement pour les femmes. Dans cette situation, il est certain que l'intérêt est moins urgent pour les filles que pour les garçons ; il est naturel, en outre, que, travaillant uniquement à réaliser un type en vue de l'offrir en exemple, nous le cherchions dans les industries qui présentent un caractère d'unité plus aisément saisissable, c'est-à-dire dans les industries du fer et du bois.

A cette observation s'ajoutent des considérations d'un autre ordre. Les hommes du métier partagent d'ordinaire les professions qui ne peuvent se passer d'un apprentissage suivi en deux catégories ; d'une part, la charpente, la menuiserie, l'ébénisterie, la taille et l'appareillage de la pierre, la grosse et la petite mécanique,

---

[1] Le rapport est le même dans la statistique inédite de 1872.

et, en général, toutes les industries, petites ou grandes, qui exigent avant tout une certaine somme de connaissances géométriques ; d'autre part, la bijouterie, l'orfèvrerie, la ciselure, la sculpture d'ornement, la peinture de décors et de lettres, l'imprimerie, en un mot les industries dont l'exercice demande des qualités naturelles ou acquises d'un caractère plus artistique.

Or, de ces deux catégories, la seconde, nous l'avons vu plus haut, est en première ligne dans les préoccupations de l'initiative privée, et l'on peut croire que les associations formées en vue des apprentis de l'orfèvrerie par exemple et de la bijouterie iront d'elles-mêmes se développant. Pourquoi n'en serait-il pas de même de la typographie? Tout récemment, une école spéciale pour les apprentis compositeurs d'imprimerie a été ouverte à Stuttgart. L'établissement a été fondé par la société des imprimeurs de la ville, qui se charge des frais. L'instruction est gratuite ; en revanche, aucun apprenti ne peut se dispenser de suivre les cours. Le soir, pendant quatre jours de la semaine, les élèves reçoivent des leçons d'allemand, de français, de latin, de calcul et de tenue des livres ; plus tard on doit leur apprendre à lire le grec et l'hébreu. Assurément il est permis de penser sans trop d'illusion que, le branle une fois donné, il se créera dans nos syndicats si intelligents des sociétés animées du même esprit pour le recrutement des apprentis d'une profession déterminée.

Il n'y a pas lieu d'espérer qu'il en soit de même pour les métiers de la première catégorie. Nous sommes donc ramenés, par ce motif comme par les autres, vers les industries du fer et du bois.

VII

Ces points déterminés, les bases de l'organisation et les cadres du budget de l'école semblent faciles à établir d'après les principes que nous venons de poser.

Point de rétribution scolaire, l'institution étant destinée aux classes laborieuses; mais point d'internat, la famille devant conserver la charge de l'enfant.

Point d'agglomération considérable, rien n'étant plus contraire à l'essai de moralisation que nous voudrions entreprendre.

Point d'admission prématurée, la santé non moins que l'intelligence de l'enfant se refusant, avant un certain âge, à l'éducation sérieuse de l'apprentissage.

Point de spécialisation hâtive, la main comme l'esprit ne pouvant que gagner à la généralité des exercices.

Point d'exercices prolongés d'aucune sorte, la variété des exercices étant une des conditions indispensables du développement bien équilibré des forces physiques, intellectuelles et morales.

Le programme pourrait donc être formulé ainsi qu'il suit :

L'école, destinée à former des apprentis pour le travail du fer et du bois, reçoit au maximum 150 apprentis[1].

---

[1]. Ce chiffre est aujourd'hui sensiblement dépassé (voir plus bas, page 262, note 1) et nous ne sommes pas sans le regretter.

Aucun élève n'est admis avant l'âge de 13 ans révolus ; il doit être muni du certificat d'études primaires.

L'école est gratuite ; les outils font partie du mobilier scolaire.

La durée de l'apprentissage est de trois ans.

Les apprentis sont partagés en trois sections : élémentaire, moyenne, supérieure.

La journée de travail comprend six heures d'exercices manuels pour les deux premières sections, huit heures pour la troisième ; quatre heures d'études intellectuelles pour les deux premières sections, deux heures pour la troisième ; et pour les trois sections deux heures de repos, dont l'une consacrée, trois fois par semaine, à la gymnastique.

Pendant la première année, l'apprenti ne touche rien. Arrivé à la deuxième, il peut être admis, pour une part proportionnelle à son travail et à titre de récompense, au bénéfice des produits fabriqués.

L'enseignement embrasse : 1° l'enseignement général ; 2° l'enseignement technologique ; 3° l'enseignement du dessin géométrique ; 4° l'enseignement technique.

L'enseignement général comprend les matières facultatives de l'instruction primaire : arithmétique appliquée, géométrie, tenue des livres ; éléments de mécanique, de physique et de chimie ; notions d'hygiène et de droit usuel ; langue et littérature françaises ; langues étrangères [1].

---

1. Lois du 15 mars 1850, art. 23 ; du 21 juin 1865, art. 9 ; du 10 août 1867, art. 10. — Cf. règlement du 3 juillet 1866, art. 16, 17 et 23.

L'enseignement technologique comprend : « l'étude des outils, des matières premières, des produits, des procédés, en un mot de tout ce qui est matérialisé dans la pratique des ateliers [1] ».

L'enseignement du dessin géométrique a pour objet la connaissance des appareils de la mécanique industrielle et les exercices graphiques « propres à donner la claire intelligence soit du jeu des forces en général, soit, dans la pratique, des assemblages ou des constructions [2] ».

L'enseignement technique comprend les exercices d'application préparatoires aux métiers admis à l'École.

L'enseignement général, l'enseignement technologique et l'enseignement du dessin, gradués suivant les sections, sont donnés dans chaque section séparément.

L'enseignement technique est donné en commun à tous les élèves de la première section, sous la direction d'un contremaître.

A partir de la deuxième année, les élèves sont répartis entre les divers ateliers et dirigés par des contremaîtres spéciaux.

Un directeur et deux professeurs adjoints sont chargés de l'enseignement général et de l'enseignement technologique.

L'enseignement du dessin géométrique est dirigé par un professeur pourvu du certificat d'aptitude institué pour l'enseignement du dessin dans les écoles de Paris.

---

1. *De l'organisation de l'enseignement industriel*, par MM. le général Morin et Tresca, chap. II, § I.
2. *Id., ibid.*

L'enseignement technique est confié à des contre-maîtres.

Un maître de gymnastique est attaché à l'école.

Tous les maîtres sont placés sous l'autorité du directeur, qui a la tutelle morale de l'école.

Étudiée au point de vue de l'installation matérielle, l'école comprendrait, outre le logement du directeur :

1° Trois salles de classe, pouvant contenir chacune 50 élèves;

2° Un atelier propre à l'enseignement du travail du bois et du fer, divisé et aménagé suivant les indications des hommes spéciaux;

3° Une salle de dessin pour 150 élèves;

4° Un chantier servant au dépôt des matières premières brutes : poutres, planches, ferrailles, blocs de pierre, etc.;

5° Un préau couvert et un préau découvert avec gymnastique.

Pour répondre à l'ensemble de ces besoins, voici quel serait le budget à prévoir.

M. Fichet, dont j'ai déjà invoqué le témoignage, estime qu'à Paris les frais de premier appareillage d'un établissement de même importance que celui du Havre ne dépasseraient pas 20 000 francs; encore pense-t-il qu'une certaine partie du matériel et de l'outillage pourrait être confectionnée à l'école, au fur et à mesure, tant par les contremaîtres que par les élèves. D'un autre côté, pour 150 apprentis, il porte à 3000 francs par an les frais des matières à ouvrer; mais il considère que le profit qu'on tirerait des produits fabriqués compenserait la dépense dans une certaine mesure. Quant à la location et à l'appropriation des bâtiments, ce sont des frais toujours difficilement appréciables[1]. Il est permis de croire toutefois que dans les quartiers de Grenelle-Vaugirard, des Batignolles, de la Goutte-d'Or, de la Villette, de Charonne, qui semblent désignés pour la création d'une école d'apprentissage, il se trouverait des locaux utilisables d'un loyer modéré — soit 10 000 francs — et dont la mise en état n'excéderait pas 20 à 25 000 francs.

---

1. La mise de fonds pour l'organisation matérielle des ateliers du Havre (acquisition de l'outillage et emplacement des machines-outils) a été de 26 000 francs. La valeur des matières premières dépensées annuellement dans l'établissement — en dehors de celles qui sont utilisées pour les travaux effectifs — est évaluée de 1200 à 1500 francs ; ce qui, en prenant le maximum pour base, donne par tête d'élève (l'effectif le plus élevé des apprentis a été de 115) environ 13 francs.

D'autre part, l'ensemble du budget annuel de l'école pour l'exercice 1871 s'élevait à 18 000 francs.

FRAIS DE PERSONNEL		FRAIS DE MATÉRIEL	
DÉSIGNATION DU PERSONNEL.	TRAITEMENT.	NATURE DE LA DÉPENSE.	CHIFFRE de la dépense.
	fr.		fr.
Directeur	2 500	Entretien de l'outillage.	2 000
2 Maîtres adjoints . . .	3 300	Éclairage et chauffage.	500
2 Chefs d'atelier. . . .	2 750	Chauffage de la machine.	1 000
Ouvrier ajusteur. . . .	1 395	Huile pour la machine.	370
Maître de dessin (cours du soir).	300	Charbon de forge. . . . Toile, émeri, déchets de coton	450 380
Concierge	600	Divers.	800
	10 845		5 500
		Plus pour matières premières . . . . . . A reporter (frais de personnel).	1 500 10 845
		ENSEMBLE.	17 845

On peut donc porter la dépense totale de l'installation de 55 à 60 000 francs, et, avec l'imprévu, à 70 000 francs.

L'école étant fondée, l'ensemble du budget annuel nous paraîtrait devoir être évalué de 45 000 à 55 000 francs [1].

[1]. Voici le détail de cette évaluation :

FRAIS DE PERSONNEL			FRAIS DE MATÉRIEL	
DÉSIGNATION DU PERSONNEL.	TRAITEMENT		NATURE DE LA DÉPENSE.	CHIFFRE de la dépense.
	minimum.	maximum.		
Directeur..........	4 500	6 000	Loyer de l'École..	10 000
Premier professeur adjoint.........	3 000	4 500	Entretien de l'outillage........	5 000
Deuxième professeur adjoint...	3 000	4 000	Matières premières.	3 000
Professeur de dessin	3 000	4 000	Éclairage et chauffage..........	1 000
Premier chef d'atelier...........	2 000	3 000	Chauffage de la machine.........	1 500
Deuxième chef d'atelier........	2 000	2 500	Huile pour la machine........	500
Troisième chef d'atelier........	2 000	2 500	Charbon de forge..	600
Professeur de gymnastique......	1 000	1 500	Frais divers......	2 000
Concierge.........	800	1 000		
Homme de peine..	1 000	1 200		
TOTAL......	22 300	30 200	TOTAL.....	23 600

Frais de personnel (minimum).........	22 300
Frais de matériel...................	23 600
Ensemble.......	45 900
Frais de personnel (maximum).........	30 200
Frais de matériel...................	23 600
Ensemble.......	53 800

Une dépense de premier établissement de 60 à 70 000 francs et une dépense normale de 50 à 55 000 francs excèdent-elles la part que le budget municipal pourrait consacrer à la création d'une école conçue en vue des intérêts les plus pressants de la jeunesse ouvrière? Est-ce trop demander pour essayer de fournir à l'industrie parisienne les éléments d'un recrutement robuste, intelligent et sain?

VIII

Conformément à ces conclusions, une école était ouverte le 5 décembre 1872, boulevard de la Villette, 60, dans le 19ᵉ arrondissement, aux confins des 18ᵉ, 20ᵉ, 10ᵉ et 11ᵉ, c'est-à-dire dans les quartiers où les familles appartenant à la classe ouvrière ont été de tout temps agglomérées[1].

Voici comment, trois ans après, nous rendions compte des premiers résultats.

« Suivant le plan exposé dans le projet d'organisation, l'enseignement se divise en enseignement général et en enseignement technique. L'enseignement général embrasse, outre les matières obligatoires de l'instruction primaire, quelques-unes des matières facultatives, telles que les éléments de la physique, de la mécanique et de la chimie dans leurs rapports avec l'industrie. Il comprend de plus des explications technologiques portant sur l'étude des outils et celle des matières pre-

---

1. Loi du 15 mars 1850, art. 51 : « Il peut être créé des écoles primaires communales pour les adultes au-dessus de dix-huit ans, pour les apprentis au-dessus de douze ans. » — Cf. art. 27, 28, 29 et 30 de la même loi. — L'école porte aujourd'hui le nom d' « école Diderot ».

mières. Des visites dans les établissements industriels, visites dont les élèves rendent compte par écrit, complètent cette partie du programme.

« L'enseignement technique, qui a pour objet le fer et le bois, comprend les travaux d'instruction préparatoire et les travaux d'exécution réelle.

« Les travaux d'instruction préparatoire sont communs à tous les élèves. Tous passent successivement, pendant la première année, dans les deux ateliers du fer et du bois, et une feuille d'attachement constate la série des exercices élémentaires auxquels chacun d'eux est d'abord appliqué. Cette sorte de gymnastique générale donne à la main de la souplesse et de la sûreté. On veut d'ailleurs qu'en cas de chômage dans la profession qu'il aura embrassée, l'apprenti ne soit pas incapable de prendre, temporairement au moins, un autre métier qui le fasse vivre.

« Le choix de la spécialité n'a lieu qu'à l'entrée de la deuxième année. C'est là que commence le travail d'exécution proprement dit, et ce travail est soumis lui-même à des règles précises. Aucune pièce, aucune machine, aucun organe de machine n'est exécuté qu'après avoir été préalablement l'objet d'un croquis coté ou d'une épure, de façon que l'élève se rende un compte exact de ce qu'il fait.

« La première partie de la journée, de 7 heures à 3 heures, est consacrée aux exercices communs aux trois années : de 7 heures à 8 heures, étude ; de 8 heures à 11 heures, ateliers ; de 11 heures à midi, repas du matin, récréation, gymnastique ; de midi à 2 heures et demie, ateliers ; à 2 heures et demie, sortie des ateliers pour les deux premières années, et goûter. De 3 à 7 heures, les exercices varient suivant les années[1].

1. En voici le tableau :

INDICATION des jours de la semaine.	INDICATION DES ANNÉES.	DE 3 à 4 HEURES.	DE 4 à 5 HEURES.	DE 5 à 6 HEURES.	DE 6 à 7 HEURES.
LUNDI	1 à 5	Étude. Épures de géométrie. Atelier.	Épures de géométrie. Étude. Atelier.	Français. Géométrie. Croquis.	Géométrie. Anglais. Droit.
MARDI	1 à 5	Croquis et Dessin. Outillage. Atelier.	Croquis et Dessin. Étude. Atelier.	Étude. Algèbre. Mécanique.	Anglais. Histoire et Géographie. Géométrie descriptive.
MERCREDI	1 à 5	Histoire. Croquis et Dessin. Atelier.	Chimie. Croquis et Dessin. Atelier.	Français. Géométrie. Croquis et Dessin.	Géométrie. Physique. Croquis et Dessin.
JEUDI	1 à 5	Lecture. Français. Atelier.	Géographie. Chimie. Atelier.	Arithmétique. Anglais. Physique et Chimie.	Anglais. Arithmétique. Technologie.
VENDREDI	1 à 5	Croquis et Dessin. Mécanique. Atelier.	Croquis et Dessin. Tenue des livres. Atelier.	Français. Géométrie. Mécanique.	Géométrie. Étude. Croquis.
SAMEDI	1 à 5	Outillage. Croquis et Dessin. Atelier.	Arithmétique. Croquis et Dessin. Atelier.	Physique. Français. Croquis et Dessin.	Étude. Étude. Croquis et Dessin.

« Un Conseil d'ordre surveille l'application des règlements. Ce Conseil, composé de l'inspecteur primaire, président, du directeur de l'école et du chef des travaux, siège le mercredi de chaque semaine.

« Les récompenses accordées aux élèves comprennent : l'inscription au tableau d'honneur — la prime d'encouragement ou prime de quinzaine, qui varie de 0 fr. 25 c. à 3 francs et sur laquelle une part proportionnelle est prélevée pour être portée à la masse de l'apprenti, — des prix choisis parmi les ouvrages les mieux appropriés à l'éducation professionnelle, ou des outils fabriqués à l'école. Les punitions en usage sont : l'admonestation par le directeur, la réprimande par le Conseil d'ordre, la privation totale ou partielle de la prime d'encouragement.

« Les débuts n'ont pas été sans difficultés. Un certain nombre d'enfants nous ont quittés après quelques semaines d'essai : ils s'étaient trompés sur leur vocation, ils n'avaient pas la santé nécessaire, leur famille a changé d'idée, etc. Quelques-uns ont dû être renvoyés pour refus d'obéissance : la discipline de l'atelier ne leur convenait point. D'autres, attirés par l'appât du salaire, ne sont restés qu'une année, 18 mois, 2 ans. Aujourd'hui les cadres se sont affermis, et l'on peut commencer à apprécier les résultats d'après les 122 élèves qui ont suivi régulièrement les cours.

« Ce qui frappe en entrant soit dans les études, soit dans les ateliers, c'est l'air de santé des enfants. On a pris le soin de mesurer chacun d'eux à son arrivée à l'école, et la même opération, renouvelée à la fin de chaque année, a permis de constater chez tous un progrès notable des forces physiques. C'est le bénéfice naturel d'un bon régime de travail, de l'alternance établie entre les exercices manuels et les études ; c'est aussi l'effet de l'enseignement régulier de la gymnastique, auquel nous avons pu ajouter le jeu de la pompe à incendie, grâce aux connaissances spéciales de l'adjudant.

« L'aspect de l'école n'est pas moins satisfaisant sous le rapport de la discipline. On voit dès l'abord que ces enfants ont contracté l'habitude de la tenue. Les figures sont nettes, l'attitude est décente, l'allure franche ; ils s'expriment convenablement, et ne connaissent point le jargon de l'atelier. Le directeur tient un registre des notes ; il suffit de le parcourir pour constater les améliorations qu'il a obtenues. Parmi les élèves de 3° année, on en trouverait plusieurs qui, doués d'une volonté énergique mais mal réglée, peuvent être aujourd'hui cités en exemple.

« L'enseignement général a certainement contribué à ce résultat. D'ordinaire l'apprenti, dès qu'il est attaché aux exercices de l'atelier, perd vite l'habitude de tout autre travail ; il n'y a plus ni la tête ni la main. Il n'est pas un seul de nos élèves qui n'ait au moins fortifié les connaissances qu'il avait apportées de l'école primaire, et le plus grand nombre les ont développées. Nous avons pu juger de leurs progrès par les compositions qui nous sont adressées chaque mois, et surtout par l'examen final. Sur les 22 élèves sortants qui ont subi les épreuves écrites et orales prescrites pour chacune des matières de l'enseignement, aucun n'est resté au-dessous de la moyenne ; 8 l'ont dépassée sensiblement ; 11 ont mérité un ensemble de notes excellent.

« Au point de vue de l'éducation professionnelle, dès aujourd'hui un résultat paraît acquis : c'est que le roulement auquel les élèves sont soumis en première année leur est très profitable. Un autre fait qui semble démontré, c'est que le travail du fer, auquel nous avons ajouté le travail du cuivre, suscite plus de vocations que celui du bois. Parmi les 22 élèves qui ont subi l'examen de sortie, 13 se destinent à être ajusteurs, 2, tourneurs en fer, 2, forgerons, 4, modeleurs, et 1, tourneur en bois. Enfin on a reconnu que les apprentis ont avant tout, pour le bois comme pour le fer, le goût des travaux utilisables; ils s'appliquent particulièrement à la confection des pièces dont ils prévoient la mise en œuvre. C'est pour eux une récompense de passer du travail de pur exercice, qu'il est nécessaire de leur imposer pendant quelque temps, au travail de sérieuse exécution.

« Nous avons trouvé pour les confections une grande ressource dans les besoins du magasin scolaire. L'école a fabriqué plusieurs milliers d'équerres destinées à la consolidation des tables et des bancs, des tableaux noirs, des chevalets, etc. En ce moment elle prépare sept séries de collections de corps géométriques et de modèles de mécanique (15 modèles par série) pour les classes de dessin.

« Divers industriels ont également contribué à alimenter le travail. Dans ce cas, le produit fabriqué est échangé contre une valeur équivalente; c'est ainsi que, les élèves menuisiers ayant construit deux boîtes à réactifs, l'une des deux a été livrée à M. Fontaine, chimiste, qui, en échange, a garni l'autre, conservée par l'école, des 50 flacons qu'elle comportait.

« Mais c'est l'école même qui a été jusqu'ici la source du travail la plus féconde. Les locaux avaient été livrés aux élèves, non sans dessein, dans un état misérable. Une demi-douzaine d'établis et quelques tables de rebut, tel était le mobilier. Sous la direction des contremaîtres, nos apprentis ont peu à peu fabriqué eux-mêmes ou contribué à fabriquer tous les objets à leur usage.

« Dans l'atelier du fer, trois feux de forge ont été installés avec leur garniture de bassins en tôle et leur outillage complet, pelles, tenailles, étampes, marteaux, etc. Quatre petits tours à métaux ont été établis (les poupées seules ont dû être achetées), munis chacun d'un système de débrayage et d'embrayage. Enfin deux machines à percer sont sur le métier : les pièces principales ont été fondues sur les modèles préparés par les élèves.

« L'atelier du bois n'a pas été moins actif. Il a fourni à celui du fer une partie de ses étaux. Il a garni les salles d'étude de tout leur mobilier : tables-bancs, estrades, tableaux, chevalets, tablettes propres à recevoir les collections de corps géométriques et les modèles de mécanique; on prépare en ce moment un cadre dans lequel doivent être classés vingt-cinq échantillons vernis des bois indigènes qui servent à l'enseignement de la technologie.

« Telle est la situation. L'école est en bonne voie. Des 45 élèves qui vont passer de seconde année en première, 25 ont mérité, à l'examen, des notes satisfaisantes, et, sur les 20 autres, 11 peuvent arriver à mieux faire, en travaillant. Parmi les 58 élèves de première année, qui doivent former la deuxième année, 40 sont signalés comme bons. Enfin le recrutement de la première année semble se préparer avec avantage.

« Que deviendront les jeunes gens que nous allons rendre à la vie ouvrière ? Ils sortent certainement de l'école plus vigoureux, plus instruits, pourvus de solides principes, sérieusement préparés au métier qu'ils doivent exercer. Nous ne pouvons tirer de ce commencement d'expérience aucune autre conclusion. Bien des difficultés seront à vaincre encore sans doute, bien des préjugés à détruire, avant que nous soyons arrivés à persuader aux parents et aux patrons qu'il y a intérêt, disons le mot dans sa crudité, qu'il y a profit, pour eux comme pour la société, à laisser l'apprenti se former dans une atmosphère de travail intelligent, de moralité et de santé. »

En 1878, une nouvelle expérience triennale nous permettait de signaler des résultats plus complets.

« La régularité de la fréquentation peut être considérée, disions-nous, comme l'indice le plus sûr de l'intensité du travail. Or les absences sont peu nombreuses. Pour en donner une idée, nous avons fait le relevé de celles qui ont été constatées pendant l'année scolaire 1876-1877, en prenant au hasard pour jour commun le 18 de chaque mois.

Date du jour.	Effectif de l'école audit jour.	Nombre des absences.
18 octobre 1876 . . .	161	5
18 novembre — . . .	156	12
18 décembre — . . .	155	6

Date du jour.	Effectif de l'école audit jour.	Nombre des absences.
18 janvier 1877 . . .	160	9
18 février — . . .	111	15
18 mars — . . .	151	13
18 avril — . . .	148	5
18 mai — . . .	140	10
18 juin — . . .	143	13
18 juillet — . . .	140	0
18 août — . . .	140	8

« Les absences des mois de novembre, de février et de mars avaient pour cause des indispositions passagères; celles de mai et de juin étaient, en partie, justifiées par les familles. Le plus grand nombre des absents appartenaient d'ailleurs à la première année, à celle qui n'a pas encore, comme on dit, mordu au travail. En troisième année, il n'y a guère d'élève qui manque à l'appel. Dans les unes comme dans les autres, les fautes sont rares, à l'atelier surtout : chacun aime son établi ou son étau.

« Il est permis de l'affirmer aujourd'hui : ce régime de travail manuel proportionné à l'âge des apprentis, coupé par des intervalles de repos pris en plein air et alternant avec l'étude, profite au développement de leurs forces physiques comme à l'éducation de leur intelligence et de leur caractère. En cinq ans, nous n'en avons pas perdu un seul. Les plus chétifs se fortifient. Chez tous, d'une année à l'autre, la vigueur musculaire s'accroît.

« La progression rapide et continue du nombre des élèves n'est pas moins que la régularité de la fréquentation et la bonne tenue de l'école un témoignage de succès. L'école, ouverte le 8 décembre 1872, comptait :

Le 6 janvier 1873.	17 élèves.
Le 1er mai 1873.	64 —
Le 1er mai 1874.	104 —
Le 1er mai 1875.	110 —
Le 1er mai 1876.	129 —
Le 1er mai 1877.	140 —
Le 1er mai 1878.	165 —

« Tous ceux qui sont entrés n'ont pas été, il est vrai, jusqu'au bout des trois années : 218 sur 747 ont quitté l'école avant le temps : 145 pendant la première année, 55 pendant la seconde, 18 pendant la troisième. Les défections de la première année sont l'effet inévitable du manque d'aptitude. En seconde année, il arrive encore trop souvent, bien que les cas deviennent de plus en plus rares, que les familles reprennent leurs enfants pour bénéficier immédiatement du produit de leur habileté relative. Quand on est arrivé en troisième année, généralement on reste, ou si l'on quitte, c'est par force majeure.

« L'école a fourni, depuis sa création, trois promotions régulières; la première, sortie le 31 août 1875, comprenait 21 élèves; la seconde, sortie en 1876, 25; la troisième, sortie en 1877, 28. Ces 74 élèves se sont répartis entre les différentes professions dans la proportion suivante :

Profession.	1re Promotion.	2e Promotion.	3e Promotion.
Ajusteurs.	12	14	16
Forgerons	2	»	2
Tourneurs sur métaux.	2	1	3
Menuisiers	»	3	1
Modeleurs	4	7	6
Tourneurs sur bois. . .	1	»	»
Totaux	21	25	28

« Nous les avons suivis hors de l'école. 1 est mort, 4 sont entrés comme employés dans l'industrie ou dans le commerce. Tous les autres, soit 60, sont restés fidèles à la profession manuelle qu'ils avaient apprise, et il n'est pas un seul de ces jeunes ouvriers qui ne soit attaché à un établissement de premier ordre[1]. Leur salaire n'a pas été dès le début ce qu'il est aujourd'hui ; mais il n'a pas tardé à s'élever pour tous et il a doublé pour quelques-uns ; actuellement il ne descend pas au-dessous de 3 francs, il atteint jusqu'à 5 francs et 5 fr. 50 c. ; il est en moyenne de 4 francs.

« Des 165 élèves qui forment présentement l'effectif de l'école, 89, ceux de première année, sont en rotation. Les 76 qui composent la seconde et la troisième année sont classés suivant leur spécialité :

	2ᵉ Année.	3ᵉ Année.
Ajusteurs.	34	17
Forgerons	4	»
Tourneurs sur métaux	1	»
Menuisiers	2	»
Modeleurs.	7	7
Tourneurs sur bois.	»	4
Totaux.	48	28

« De même que dans les promotions sorties, ce sont les ajusteurs qui dominent. La facilité que les apprentis de cette profession trouvent à se placer dans les ateliers de chemin de fer, et le taux relativement élevé des salaires expliquent cette préférence. Mais l'école ne répondrait pas à sa destination si elle ne préparait des apprentis que pour la grosse mécanique. Un enseignement de la

---

1. Voir notre Mémoire sur *l'Enseignement primaire à Paris de 1867 à 1877.*

mécanique de précision vient d'être créé, et dès l'an prochain une section sera formée qui, nous l'espérons, fournira à l'industrie parisienne d'intelligentes recrues[1].

« Ajoutons que, sur les 71 apprentis que nous avons pu suivre depuis leur sortie de l'école, tous, sauf cinq, sont signalés comme de bons sujets, exacts, laborieux, certains patrons ajoutent même délicats[2]. »

Est-ce assez pour se prononcer définitivement sur la

---

[1]. J'extrais d'un rapport du directeur de l'école sur la situation actuelle (1887) les renseignements suivants :
« L'école Diderot s'est agrandie : le nombre des élèves est de 290. Ils se répartissent entre les trois années d'études théoriques ainsi qu'il suit :

1re année.	{	1re division.	66
		2e —	57
2e année.	{	1re division.	48
		2e —	47
3e année.		Division unique. . . .	72

« Ils sont partagés dans la proportion suivante entre les différents ateliers :

Modelage. . . 18 élèves.	Ajustage :	Forges . . . . 30 élèves
Menuiserie :	1re sect. 24 élèves	Tours sur mét.. 16 —
1re section . 22 —	2e sect. 21 —	Serrurerie. . . . 30 —
2e section . 30 —	3e sect. 30 —	Précision. . . 13 —
Tours s. bois . 32 —	4e sect. 24 —	

[2]. « En juillet 1886, 60 élèves arrivés au terme de leur stage normal ont obtenu le certificat de sortie. Tous ont été placés et admis comme *ouvriers*. (Nous avons recueilli ces renseignements dans la même note.)
« Les serruriers sont retenus à l'avance par la chambre syndicale des patrons serruriers. La chambre accorde chaque année aux deux premiers sortants un livret de caisse d'épargne de cinquante francs, plus, au premier, la grande médaille de bronze de la Société des bâtiments.
« La plupart des ajusteurs, tourneurs, forgerons obtiennent un emploi par les soins de l'école. Les demandes adressées par les maisons sont plus nombreuses que les disponibilités.
« Quelques-uns de nos anciens élèves sont devenus patrons, et cependant le plus âgé n'a que 28 ans. Un plus grand nombre a fourni une série de contremaîtres dans diverses industries. D'autres sont professeurs de travail manuel dans les écoles de la Ville. Ceux qui font leur service militaire sont attachés aux compagnies d'ouvriers; les marins sont employés sur les navires comme mécaniciens, chauffeurs, etc., etc. Ils ne perdent pas la main, tout en remplissant leur devoir envers le pays. »

valeur technique et morale de l'institution et proposer qu'un autre essai soit entrepris, dans les mêmes conditions d'éducation générale, en vue d'intérêts professionnels différents? Nous nous faisons de l'importance de l'œuvre une idée trop sérieuse pour en demander le développement si rapide[1]. Mais les résultats constatés donnent le droit de penser qu'elle mérite d'être soutenue par l'administration municipale et, ce que nous nous avions surtout en vue, signalée aux syndicats[2]. »

1. Depuis 1878, l'école a pris de nouveaux développements; sous l'active impulsion de M. l'Inspecteur général de Montmahou, une association a été fondée qui relie tous les élèves sortis de l'école : c'est, parmi les moyens d'utile propagande, le plus sûr peut-être et certainement le plus moralisateur.

2. Un autre essai pour l'éducation du travail manuel a été tenté, que nous devons relever ici. Ce que nous nous étions proposé d'étudier en créant l'école du boulevard de la Villette, c'était de savoir si, en prolongeant, pour ainsi dire, dans l'atelier l'éducation de l'école, et en soumettant l'éducation de l'atelier lui-même à une discipline d'exercices raisonnés, il n'était pas possible de préparer l'apprentissage dans de meilleures conditions d'hygiène physique, intellectuelle et morale. On s'est demandé, d'un autre côté, s'il n'y aurait pas avantage à mettre l'enfant en mesure, dès l'école, de se rendre compte de ses aptitudes professionnelles en l'initiant aux travaux élémentaires de l'atelier, et si, quelle que fût la vocation de l'élève, il n'y avait pas lieu de chercher, dans l'alternance sagement ménagée du travail manuel avec l'étude, les moyens d'assurer le développement bien équilibré de toutes ses facultés.

L'école dans l'atelier, telle est l'expérience qui a été poursuivie à l'école de la rue Tournefort.

La création de l'établissement est due à l'initiative de M. Salicis, aujourd'hui inspecteur général de l'enseignement technique. C'est pour les élèves mêmes de l'école que l'atelier a été fondé. Ceux qui en suivent les exercices forment une classe distincte, où l'instruction générale est continuée concurremment avec l'éducation professionnelle.

Le cours normal est de trois années, comme à l'école du boulevard de la Villette. Les enfants participent tous, à tour de rôle, à tous les exercices. En troisième année, ils se livrent spécialement soit au modelage et à la sculpture, soit à la menuiserie et à l'ébénisterie, soit à la forge et à la mécanique. Même en troisième année toutefois, chaque semaine, et pendant une journée entière, les apprentis du modelage reviennent à la menuiserie et à la forge, les menuisiers et les tourneurs à la forge et au modelage, les forgerons au modelage et à la menuiserie.

Les ateliers sont ouverts, le matin de 9 heures et demie à 11 heures, le soir de 1 heure et demie à 5 heures. Tout élève a son livret de travail. De 1 heure à 1 heure et demie a lieu une leçon technique sur les matières premières, les outils, les assemblages, les éléments de la géo-

IX

Les syndicats n'ont pas tardé à suivre l'exemple. Depuis 1872 de grands efforts ont été faits dans toutes les industries pour fonder un enseignement professionnel. En 1873 la chambre syndicale des mécaniciens, chaudronniers et fondeurs adressait aux membres de la corporation la circulaire suivante : « Outre le grand intérêt social qu'il y a à élever le niveau moral et intellectuel des classes ouvrières, la Chambre pense qu'il est important de former des ouvriers honnêtes et habiles afin d'assurer la prospérité de l'industrie nationale....

métrie appliquée, avec croquis cotés des figures et des constructions. Le jeudi matin, les élèves sont exercés au dessin d'art ; l'après-midi, pendant la belle saison, on les mène visiter les usines et les ateliers.

Les programmes de l'instruction générale sont les mêmes que ceux du cours supérieur de toutes les écoles, avec addition des éléments des sciences physiques, chimiques et naturelles, et de l'histoire de l'industrie. La classe d'apprentis prend part, chaque année, aux examens du certificat d'études primaires, et le nombre des élèves admis n'est pas inférieur à celui des autres écoles.

L'atelier de la rue Tournefort, inauguré en 1873, a commencé avec 15 élèves. Il en comptait 27 en 1874, 37 en 1875, 45 en 1876, 40 en 1877. Aujourd'hui (1878) il en compte 44. Soit au total, pour cinq années, 138 élèves.

Sur les 94 qui sont sortis, 8 ont poursuivi leurs études dans les écoles primaires supérieures, où ils tiennent un bon rang ; 16 sont entrés dans l'industrie du bois, 20 dans l'industrie des métaux, 22 dans des industries diverses, 14 dans le commerce, à titre de commis ou de comptables. Les 17 autres sont restés sans rapport avec l'école.

Les renseignements que nous possédons sur le taux des salaires ne sont pas aussi précis que ceux qui ont pu être recueillis pour l'établissement du boulevard de la Villette. Ce qui paraît acquis, c'est que la durée de l'apprentissage ordinaire est diminuée, pour le plus grand nombre des élèves, d'un quart, pour quelques-uns de moitié. « Nos apprentis, dit le directeur de l'école, M. Laubier, étant tout de suite utilisables à l'atelier, sont moins employés à faire des courses, mieux traités, plus stables. Je pourrais citer des jeunes gens de quinze ans qui gagnent actuellement 2 fr. 50 c. et 2 fr. 75 c. par jour, et qui n'ont plus que six mois à faire pour être payés comme ouvriers. »

C'est dans ces vues qu'elle déclare vouloir créer, par ses ressources et celles qu'elle espère trouver dans toutes les classes de la société, une école d'apprentis destinée à recevoir des ouvriers pourvus des connaissances nécessaires à leur profession. Cette école sera un atelier, mais un atelier où l'enfant ne se trouvera en contact qu'avec des enfants de son âge et ne recevra de leçons que d'hommes choisis parmi les meilleurs instituteurs et les meilleurs ouvriers instructeurs. Le programme des études comprendra sept heures d'atelier et quatre heures de travail intellectuel par jour : français, mathématiques, mécanique, physique, chimie, dessin[1]. » Les Chambres des bijoutiers, des joailliers, des bronziers, des carrossiers, des charrons, des menuisiers en bâtiment, des ouvriers en ameublement, des tailleurs et scieurs de pierre tenaient le même langage.

1. Voici quels étaient les termes du programme provisoire préparé avec beaucoup d'intelligence par le syndicat : « Article premier. Il est fondé à Paris, par souscription publique et sous le patronage et la direction spéciale de la Chambre syndicale des mécaniciens, chaudronniers, fondeurs, producteurs et manipulateurs de métaux, une école d'apprentis internes destinée à former de bons ouvriers dans les branches suivantes de l'industrie : ajusteurs, tourneurs, mécaniciens, forgerons, chaudronniers en fer et en cuivre, fondeurs en fer et en cuivre, modeleurs. — Art. 2. Une commission formée de membres de la Chambre syndicale sera chargée de la haute surveillance de l'école et du maintien des principes qui ont inspiré sa création. — Art. 3. La durée de l'apprentissage est fixée à quatre années consécutives ; l'apprenti ne sera reçu qu'à l'âge de douze ans révolus. — Art. 4. L'admission des apprentis aura lieu à la suite d'un examen, et les premiers seront admis jusqu'à concurrence du nombre fixé chaque année. — Art. 5. Les parents de l'enfant devront, avant son entrée à l'école, signer un contrat d'apprentissage ; ce contrat sera signé par le directeur de l'école et par le président de la Commission syndicale. — Art. 6. Les parents de l'enfant contribueront à son entretien et à sa nourriture pour une somme de 10 francs par mois. — Art. 7. Afin d'alimenter le travail de ces ateliers, l'école prendra des travaux à façon ou à l'entreprise ; mais, afin de ne devenir jamais une concurrence pour l'industrie, elle ne prendra de commandes que pour les industriels mécaniciens, chaudronniers, forgerons, fondeurs et modeleurs ; et encore ne pourra-t-elle faire pour eux que des travaux qu'ils ont l'habitude de faire chez eux ou de faire faire à façon en dehors de leurs ateliers. — Art. 8. Afin que l'apprenti puisse subvenir à ses premiers besoins, en sortant de l'école, il lui sera donné un capital de sortie

Jamais le mouvement n'a été plus général ni plus suivi. La loi du 10 mai 1881 en a soutenu l'essor. Plus de vingt écoles ont été créées dans des conditions diverses : les unes sous forme de cours, les autres à titre d'établissements recevant à la fois des externes et des pensionnaires ; toutes dans le dessein arrêté de concourir au développement de la moralisation en même temps qu'au perfectionnement de l'instruction technique. Pour ne citer qu'un exemple, le 12 juillet 1880 la Société de l'école d'horlogerie de Paris se constituait pour créer un établissement d'apprentissage ; le 1er janvier 1881 l'école était ouverte ; le 6 mars l'inauguration en était faite avec 5 élèves ; en 1885 elle en comptait 60 ; aujourd'hui les places dont elle dispose sont insuffisantes, et ses règlements méritent d'être cités comme modèles [1].

constitué au moyen d'une solde de 0 fr. 10 c. par jour de travail. — Art. 9. Il sera délivré un livret d'apprentissage à chaque élève qui sortira de l'école après ses quatre années ; il sera en outre délivré des médailles (or, argent et bronze) et des prix en argent aux dix-sept premiers apprentis sortants. — Art. 10. Il y aura constamment à l'école une exposition publique des travaux exécutés par les élèves. » — Le Conseil supérieur de l'enseignement technique, dans sa séance du 13 février 1884, ajoute M. Barbéret, a approuvé le rapport présenté par M. Mignon relatif à la construction à Vanves de l'École de grosse chaudronnerie dont la création a été décidée en vertu de la loi du 10 mai 1881. (*Monographies professionnelles*, t. III, p. 496.)

1. Voir aux Annexes, n° VIII

LE PERSONNEL ENSEIGNANT

« Les meilleures lois, les meilleures institutions, les meilleurs livres, disait M. Guizot, sont peu de chose, tant que les hommes chargés de les mettre en œuvre n'ont pas l'esprit plein et le cœur touché de leur mission, et n'y apportent pas eux-mêmes une certaine mesure de passion et de foi.... Ce sont surtout les hommes qu'il faut former et animer au service des idées, quand on veut qu'elles deviennent des faits réels et vivants[1]. » Le recrutement des ouvriers intelligents et dévoués de l'instruction primaire, comme les appelle ailleurs l'auteur de la loi de 1833, a longtemps été, à Paris, une des difficultés de l'administration scolaire.

1

La création d'un enseignement normal pour les maîtres entrait dans le plan général de la constitution de

---

1. Guizot, *Mémoires pour servir à l'histoire de mon temps*, tome III, pages 74 et 75.

l'instruction publique présenté en 1791 à l'Assemblée Législative sur le rapport de Talleyrand. Par un décret du 9 brumaire an III (30 octobre 1794), la Convention, « voulant accélérer l'époque où elle pourrait faire répandre d'une manière uniforme dans toute la République l'instruction nécessaire à des citoyens français », avait décidé l'ouverture d'une « école normale d'instituteurs, centrale ou supérieure », dont le siège serait à Paris, et « d'écoles normales secondaires » qui devaient être établies dans chaque district de département. Il est vrai qu'à cette époque l'appellation d'instituteurs s'appliquait à tous les membres du personnel enseignant. Mais l'enseignement primaire tenait dans l'institution une place spéciale. Il s'agissait d'apprendre tout d'abord aux maîtres de l'enfance « à appliquer à l'enseignement de la lecture, de l'écriture, des premiers éléments du calcul, de la géométrie pratique, de l'histoire et de la grammaire française, les méthodes tracées dans les livres élémentaires adoptés par la Convention nationale et publiés par ses ordres ». Quinze ans plus tard, le décret de 1808, portant création de l'Université, édictait qu'il serait établi « auprès de chaque académie, dans l'intérieur des collèges et des lycées, une ou plusieurs classes normales, pour que l'art d'enseigner à lire, à écrire, et les premières notions du calcul, ne fussent exercés que par des maîtres éclairés »; et en 1815 Napoléon, sur la proposition de Carnot, avait résolu la fondation, à Paris, d'un établissement normal d'enseignement primaire qui, sous la dénomination d'*École d'essai*, devait former des maîtres d'après les procédés expérimentés avec succès dans les pays étrangers[1]. Un local avait été

---

1. « Notre Ministre de l'Intérieur, était-il dit dans le décret, appellera près de lui les personnes qui méritent d'être consultées sur les meilleures méthodes d'éducation primaire. Il examinera ces méthodes, décidera et

loué dans le faubourg Saint-Marceau ; les devis d'aménagement étaient approuvés ; le comité d'études, où siégeaient Fréd. Cuvier, de Gérando, l'abbé Gaultier, s'était réuni. Un jour que Carnot le présidait, on l'appelle, il sort un instant, puis, impassible, il reprend le cours de la discussion : il venait d'apprendre le désastre de Waterloo. Comme tous les projets antérieurs, l'*École d'essai* resta à l'état de conception.

La Restauration se borna à recommander « de favoriser, autant qu'il serait possible, dans les grandes communes, les réunions de plusieurs classes sous un seul maître et plusieurs adjoints, afin de former un certain nombre de jeunes gens dans l'art d'enseigner[1] ». Strasbourg seul s'était conformé dès l'origine au décret de 1808. De 1815 à 1828 quatre autres écoles furent fondées : à Heldefange (près Metz), à Bar-le-Duc, à Rouen, à Beauvais. Le parti libéral ayant repris la direction des affaires, M. de Vatimesnil, le 6 mai 1828, écrivait aux recteurs : « Je ne saurais trop vous prier de travailler à former dans une des principales communes de votre académie une classe normale, à l'imitation de celle qui a si bien réussi à Strasbourg ; je ne doute pas que vous ne soyez secondé en cela par les maires et les préfets, qui verront dans une pareille mesure le moyen de donner à l'enseignement primaire tout le développement et toute la perfection dont il sera susceptible ». Le 19 août il renouvelait les mêmes recommandations, et coup sur coup des établissements

dirigera l'essai de celles qu'il jugera devoir être préférées. — Il sera ouvert à Paris une *École d'essai* d'éducation primaire organisée de manière à pouvoir servir de modèle et à devenir école normale pour former des instituteurs primaires. — Après qu'il aura été obtenu des résultats satisfaisants de l'*École d'essai*, notre Ministre de l'Intérieur nous proposera les mesures propres à faire promptement jouir tous les départements des nouvelles méthodes qui auront été adoptées. »

1. Ordonnance du 29 février 1816, art. 39.

normaux s'ouvraient à Avricourt, à Toul, à Charleville, à Saint-Remy (Haute-Saône), à Courtefontaine (Jura), à Dijon, à Salers (Cantal), à Bourges, à Orléans, à Ajaccio. En 1830 on en comptait 14; en 1832, 36[1].

Cependant l'institution n'avait pas cessé de rencontrer « les méfiances et la mauvaise volonté des pouvoirs ». C'est M. Guizot qui le remarquait en exposant les motifs du projet de loi de 1833; et, après avoir rappelé les sacrifices qu'exigeait la loi nouvelle, il ajoutait : « Tous ces efforts seraient inutiles si nous ne parvenions pas à procurer à l'école publique un maître capable, digne des nobles fonctions d'instituteur du peuple;... et pour cela des écoles normales sont indispensables : aussi proposons-nous d'en faire une par département[2] ». L'essor était donné.

Paris devait, semble-t-il, être un des premiers à le suivre[3]. On objecta — ce qui étonne aujourd'hui — le manque de locaux et l'insuffisance des ressources. C'était en réalité des considérations morales qui pesaient sur les esprits : on redoutait pour la jeunesse le séjour de la grande ville. Lorsque M. Guizot quitta le ministère, il existait 74 établissements normaux; 38 avaient été ouverts en moins de trois ans; Paris n'avait pas le sien et ne devait décidément pas l'avoir : en 1835 le Conseil général de la Seine avait résolu d'entretenir simplement un certain nombre de bourses (quatre par promotion, soit en tout douze) dans l'école créée à Versailles en 1831.

---

1. Voir les ordonnances du 14 février 1830 et 10 juillet 1833, sur les écoles dites écoles-modèles.
2. « Tout département sera tenu d'entretenir une école normale primaire, soit pour lui-même, soit en se réunissant à un ou plusieurs départements voisins. » Art. 11.
3. Voir l'ordonnance du 11 mars 1831.

En 1850 les bourses furent supprimées. Si insuffisant que fût le contingent des jeunes gens formés pendant ces quinze ans, il fournissait du moins une élite. Cette élite venant à manquer, le recrutement du personnel se trouva livré à tous les hasards. Les jeunes gens qui subissaient l'examen du brevet de capacité devant la commission de l'Hôtel de Ville, comme on a appelé de tout temps la commission des examens de Paris, se portaient de préférence vers l'enseignement libre, dont les méthodes n'étaient pas asservies à la routine du mode mutuel. Lorsque, à partir de 1854, le mode simultané commença à être introduit dans les écoles publiques, on était réduit à admettre, sur des renseignements recueillis à distance, les maîtres qui se présentaient des départements voisins et qui, le plus souvent, ne venaient à Paris que parce qu'ils n'avaient pas réussi chez eux : tristes auxiliaires pour la plupart, et dont nous nous séparions promptement sans doute, mais à qui il avait suffi de quelques semaines passées dans nos classes pour y troubler la discipline et l'enseignement!

Les cours normaux dirigés par M. Sarazin et Mlle Sauvan en vue de former le personnel municipal subsistaient encore. Mais on sait quels en étaient le caractère et la portée. Le stage des élèves-maîtres dans les écoles normales de Suisse et d'Allemagne n'est nulle part de moins de trois ans : il est de quatre ans dans quelques-unes; en Saxe il va jusqu'à six ans. Les cours normaux duraient trois mois; il y en avait trois par an[1]. En trois mois on se flattait de faire l'éducation d'un maître; il est vrai qu'on ne se proposait que de lui inculquer les *procédés* de l'école mutuelle. Toutefois, si

---

1. Voir l'arrêté préfectoral du 10 juillet 1856.

l'enseignement de M. Sarazin et de Mlle Sauvan ne représentait pas l'esprit des vraies méthodes, du moins l'action morale qu'exerçait leur parole autorisée, surtout celle de Mlle Sauvan, suscitait quelques vocations et entretenait l'esprit de zèle. Or, à partir de 1860, ces conférences avaient elles-mêmes cessé; les maîtres étaient complètement à l'abandon.

L'idée d'une action pédagogique fut reprise en 1865. Des cours publics et gratuits furent ouverts à l'Hôtel de Ville par l'Administration scolaire, dans la pensée de donner une direction méthodique à la préparation aux examens du brevet de capacité. Elle en chargea des professeurs distingués, et en fixa le moment à une heure de la soirée qui n'entreprenait pas sur les occupations de la journée. Les aspirants ne répondirent pas à l'appel, et l'on dut supprimer les cours qui leur étaient destinés. Seules les aspirantes vinrent en grand nombre dès l'origine, et cette affluence alla toujours croissant.

Concurremment avec l'institution de ces cours, un arrêté du 27 janvier 1860, pris en conformité de l'article 35 de la loi du 15 mars 1850, avait créé les emplois d'élèves-maîtres et d'élèves-maîtresses. Appelés à seconder les adjoints et les adjointes dans les écoles nombreuses, ces jeunes auxiliaires devaient en même temps se préparer, sous la direction du chef de l'établissement, aux épreuves du brevet. Ils ne pouvaient avoir ni moins de 14 ans ni plus de 16 ans. Les emplois étaient conférés à la suite d'un concours; ils donnaient droit à un traitement gradué, suivant l'ancienneté et les notes, de 400 à 600 francs. Cette institution n'a pas trompé nos espérances. Les élèves-maîtres et les élèves-maîtresses ont rendu de véritables services. Il en est bien peu qui n'aient point persévéré dans la carrière. Plusieurs ont poussé leurs études jusqu'au brevet supérieur et tiennent aujourd'hui dans les écoles le premier rang[1].

1. L'idée de la création d'un corps d'élèves-maîtres avait été indiquée dès 1815 par Frédéric Cuvier. Partant de ce point que les écoles étaient trop dispersées, que par suite, tant pour la location des classes que pour l'entretien du personnel, elles coûtaient moitié trop cher, il proposait de réduire de 400 à 200 les écoles qui existaient et de répartir entre elles les 14 000 enfants qu'une statistique sommaire y avait relevés. Ces écoles ainsi doublées devaient être partagées en deux sections : la section des plus âgés, qui serait dirigée par l'instituteur, la section des plus jeunes, qui serait remise à un jeune maître placé sous la tutelle de l'instituteur. Et il ajoutait : « La réunion de deux classes et de deux maîtres dans la même école rendrait superflu l'établissement des écoles normales destinées à l'instruction de ces maîtres. En effet, il devient possible, en rapprochant deux classes, de confier les petits enfants à un jeune homme, élève de l'école même, qui, se formant petit à petit par un travail proportionné à ses forces et sous la surveillance immédiate de celui qui a dirigé son enfance, pourra achever son instruction et devenir lui-même titulaire ; sa vie se passera sous les yeux de ses chefs ; il en sera connu ; il remplira sans peine tous ses devoirs, parce qu'il en aura longtemps contracté l'habitude, et de la sorte les bonnes méthodes se transmettront et se perfectionneront même par cette succession continuelle d'instituteurs, tous formés par les mêmes principes et choisis au milieu d'un nombre considérable d'élèves. Que l'on parvienne actuellement à donner aux instituteurs de village une existence heureuse, les écoles des campagnes seront recherchées comme celles des villes, et, les parents choisissant toujours pour leurs fils les professions lucratives, ils consacreront quelques années de la jeunesse de ces enfants à l'apprentissage d'un métier qui devra un jour les faire vivre heureux au milieu de leur famille ; mais, pour que les instituteurs adjoints des villes voulussent passer instituteurs de village, il faudrait qu'ils trouvassent des avantages à ce changement, ce qui conduirait d'abord à fixer les traitements des uns, afin de le proportionner à celui que les autres obtiendront, puis à faire une obligation aux premiers d'enseigner, pendant un certain temps, dans les campagnes, pour devenir titulaires dans les villes. Le jeune homme quittant son apprentissage à seize ou dix-sept ans, et remplissant les fonctions d'adjoint pendant quatre ou cinq ans, aurait acquis une instruction suffisante, et serait assez âgé pour qu'on pût le charger en chef d'une école de campagne. Livré à lui-même pendant quatre ou cinq années encore, son jugement achèverait de se former par l'expérience et par l'âge ; et il deviendrait capable de passer titulaire dans les villes, et bientôt après de former à son tour des sujets destinés à lui succéder un jour, après avoir parcouru la carrière dont il vient d'atteindre le terme. La fixation du traitement de l'instituteur adjoint aurait aussi pour but d'encourager les jeunes gens de mérite à embrasser la carrière de l'enseignement ; car, en laissant régler ce traitement par l'instituteur titulaire, il serait à craindre qu'il n'y mît une parcimonie telle que nous retombassions dans le mal que nous avons

Mais ni l'organisation des cours de l'Hôtel de Ville, ni l'institution des élèves-maîtres ne pouvait tenir lieu de l'éducation méthodique, suivie, féconde par le rapprochement et par l'exemple, qui est l'effet de la vie commune d'une école normale. Si le brevet est, dans une certaine mesure, la garantie de l'instruction, l'instruction n'est pas toujours la garantie de l'aptitude professionnelle ni de la moralité. Et dans l'enseignement primaire, qu'est-ce que le savoir, si l'on n'y joint la connaissance pratique des méthodes qui serviront à le transmettre et les qualités de caractère qui peuvent seules en assurer dans l'esprit des enfants les bons effets? Le législateur, il est vrai, a prescrit de vérifier, par des questions sur les procédés applicables aux diverses matières comprises dans le programme, si le candidat est muni de quelques notions pédagogiques[1]; d'autre part, avant qu'il puisse exercer, la loi soumet sa vie entière à une enquête approfondie. Sages et utiles mesures, propres à écarter les sujets incapables ou indignes, mais insuffisantes pour former un corps de maîtres irréprochables et pour propager les meilleures doctrines d'enseignement. La profession d'instituteur ne saurait se passer de ce que l'on appelait autrefois d'un nom qui ne s'appliquait presque qu'aux appels d'ordre divin : la voca-

---

cherché à éviter et que nous ne trouvassions plus de jeunes instituteurs que parmi les sujets médiocres. Ce traitement devra varier suivant l'âge et le talent de l'instituteur. Dans les deux ou trois premières années, il pourra être, à Paris, de 500 à 600 francs, somme à laquelle s'élève le traitement des instituteurs de village dans les départements qui environnent Paris.» (*Projet d'organisation pour les écoles primaires*, chap. I, § 3 : *De la formation des instituteurs primaires*.)

[1]. Voir l'arrêté du 3 juillet 1866, art. 16 : « Des questions sur les procédés d'enseignement des diverses matières comprises dans le programme obligatoire pourront en outre être adressées aux candidats. » Ces prescriptions ont été confirmées et étendues par la législation nouvelle. (Décret du 18 janvier 1887, titre II, art. 106; arrêté du même jour, art. 184 et suiv.)

tion. Or, pour être sûre d'elle-même, la vocation a besoin d'être soumise à une épreuve prolongée. La pédagogie, de son côté, n'est pas chose qui s'apprenne en un jour et dans un cahier; elle est le fruit du recueillement de l'étude, de ce travail de retour sur soi-même et d'observation persévérante, qui d'une volonté généreuse et prête au dévouement fait une volonté éclairée et propre à la direction. Et c'est ce double apprentissage que l'institution des écoles normales a pour but d'assurer. Seules elles peuvent produire une élite de maîtres et de maîtresses, d'esprit solide et sain, sachant et aimant leur profession, pénétrés de l'idée du devoir, et n'oubliant jamais que de leurs leçons, de leurs exemples dépend l'avenir de ces générations d'enfants, objet à la fois de tant d'inquiétude et de tant d'espérance.

Le centre de Paris ne devait pas être, à notre avis, le siège de l'établissement destiné aux instituteurs. Il importait de soustraire les jeunes gens au contact trop immédiat de la population parisienne. Il n'importait pas moins de trouver un emplacement qui permît une organisation en rapport avec tous les besoins de l'enseignement : bibliothèque, laboratoires de physique et de chimie, ateliers de travail manuel, gymnastique, jardin, école annexe, etc. ; et c'est seulement dans une commune suburbaine ou sur un point rapproché de l'enceinte que nous pouvions espérer de trouver les conditions répondant à ce plan.

Le 1er octobre 1872, l'école normale des instituteurs était ouverte à Auteuil [1].

Au commencement de l'année suivante — 1er jan-

---

[1]. La création en avait été décidée par M. J. Simon en 1870, le 15 octobre, pendant l'investissement de Paris.

vier 1873 — l'école primaire supérieure de jeunes filles fut transformée en école normale d'institutrices.

Ce n'était pas la première fois que l'établissement changeait de nature et de titre.

Fondé en 1760, par l'abbé Guéret, dans le passage Saint-Pierre, près de l'église des Grands-Jésuites et de l'ancien cimetière des Innocents, il n'était alors qu'une institution de charité connue sous le nom de *Petite Communauté des Filles ouvrières*, une maison de refuge pour les orphelines de père ou de mère, qu'on y recevait gratuitement. Les éléments de la lecture, de l'écriture et du calcul, l'instruction religieuse et les travaux de couture, tel était le cercle très restreint des études.

L'Assistance publique, après avoir hérité de l'établissement à la Révolution, l'avait transmis, en 1841, à l'administration municipale, qui, pour donner satisfaction à la loi de 1833, l'érigea en école primaire supérieure. L'école semblait, à ce titre, spécialement destinée à faciliter aux jeunes filles, comme l'école Turgot aux garçons, l'accès des emplois de commerce. Cependant, dès le début, les élèves parurent se marquer à elles-mêmes une autre voie. Sur les quinze places que comprenait chaque promotion — le cours était de trois années, — la Ville entretenait dix bourses. Les dix premières boursières sortirent toutes avec le brevet de capacité et se vouèrent aux écoles. Sur 346 élèves ayant passé par la maison du 1er mai 1843 au 1er janvier 1868 — ce sont les seules dont il nous a été possible de suivre la destination, — 102 n'exerçaient aucune profession, 42 avaient pris des emplois de commerce, 181 étaient entrées dans l'enseignement.

En 1868, la Ville ayant résolu de transférer l'établissement dans un local plus spacieux, rue Poulletier, l'occasion en fut prise pour reviser les programmes. C'était le moment où les écoles professionnelles commençaient à prendre faveur. On divisa l'école en deux sections : l'une réservée aux jeunes filles chez lesquelles se révèlerait l'aptitude à l'enseignement, l'autre à celles qui viseraient les emplois de commerce, de comptabilité, de confection, etc. Le sentiment des élèves fut encore le plus fort. Parmi les 56 jeunes filles formées par l'école de 1868 à 1871, 5 s'étaient tournées vers le commerce, 9 étaient rentrées purement et simplement chez leurs parents, 42, munies du brevet de l'instruction primaire, en revendiquaient le bénéfice.

Ainsi ce que réclamait l'intérêt de l'enseignement public répondait au vœu des familles : grâce à une transformation qui n'était, à vrai dire, que la consécration d'une réforme accomplie, Paris se trouvait enfin muni, pour l'éducation du personnel de ses écoles, des deux organes nécessaires qui lui avaient fait si longtemps défaut.

II

Toutefois le nombre des maîtres élevés dans les établissements normaux est forcément restreint. Il n'est pas nécessaire qu'une élite soit nombreuse ; il vaut mieux qu'elle ne le soit pas. D'ailleurs, s'il est indispensable que nous formions nous-mêmes des maîtres tels que nous en concevons le type, il est utile que, ce type une fois proposé, les voies pour entrer dans les écoles restent libres. C'est le principe qui a toujours été appliqué au recrutement du personnel des établissements de l'État. Bonne aux individus, l'émulation est meilleure encore aux institutions, qu'elle préserve des alanguissements de la routine ou tout au moins du maintien trop exclusif des pratiques traditionnelles. Il y a là en même temps une suprême garantie d'équité. Les examens d'admission ont leurs chances, et est-il juste que la fortune d'une épreuve pèse à jamais sur l'avenir d'un jeune homme laborieux ? A ces divers titres, il convient que l'école publique soit accessible à tous les maîtres qui se sont rendus capables d'y prendre place, quelle que soit leur origine. De là, par suite, la nécessité que l'école soit pourvue d'une discipline propre, laquelle s'empare de ceux que les établissements normaux ont formés comme de ceux qui se sont formés en dehors d'eux et imprime à leurs efforts une direction commune.

La discipline de l'enseignement mutuel tenait les élèves à distance du maître. La classe avec ses dimensions sagement déterminées et ses effectifs limités peut seule créer entre l'instituteur et l'élève les rapports directs et personnels qui les attachent l'un à l'autre. Toutes les prescriptions édictées dans ces dernières années relativement à l'appel journalier, au bulletin de quinzaine, aux avis d'absence, ont eu pour but de fortifier ce lien, et elles y ont réussi partout où elles ont été appliquées avec diligence. Il n'est pas de mesure d'ordre, si simple qu'elle soit, qui n'ait ses effets salutaires sur la conscience de l'enfant. Lorsque, pour la première fois, nous avons demandé que l'appel nominal eût lieu chaque jour dans toutes les classes, on s'est récrié : la chose était impraticable, illusoire ; on s'en applaudit maintenant. Habituer l'enfant à entendre proclamer son nom, à occuper sa place, c'est lui apprendre à se connaître, à se distinguer des autres, à prendre charge de sa responsabilité morale. L'enfant, d'ailleurs, a le sentiment prompt et juste de l'attention dont il est l'objet. A moins d'être une nature foncièrement ingrate, il ne résiste guère à la bienveillance qui lui est témoignée. Les notes fournies sur son travail le mettent en éveil, et, du jour où il a cessé d'être indifférent, il est bien près d'être appliqué. De leur côté, les familles les plus insouciantes finissent par voir dans les communications qui leur sont faites autre chose qu'une vaine formalité : les retards et les absences ne passent plus inaperçus; on s'en préoccupe, et l'on hésiterait davantage à invoquer, pour les justifier, un prétexte frivole, une mauvaise raison. Les parents sentent, en un mot, que l'enfant n'est plus perdu dans une foule indistincte, qu'il est connu, apprécié, suivi. Il y a pénétration de l'école dans la famille et de la famille dans l'école. On a foi dans le maître, et son autorité s'en accroît.

Mais cette autorité n'a de caractère vraiment profitable qu'autant que ceux qui ont mission de l'exercer dans un même établissement travaillent à la maintenir du même cœur et dans le même esprit. Qu'il soit difficile d'assurer une entente complète entre tous les membres du personnel d'une école nombreuse, nous avons trop souvent encore, malheureusement, l'occasion de le reconnaître. Toutefois c'est à tort que les partisans de l'enseignement mutuel faisaient de la question des rapports des instituteurs entre eux une objection fondamentale à l'application des principes de l'enseignement simultané. Il n'est nullement impossible de concilier la mesure d'indépendance nécessaire au plus humble des maîtres avec les devoirs de subordination qui s'imposent à tous ceux qui participent à une commune entreprise. Les maîtres adjoints sont jugés d'après la direction de leur classe : la principale et la meilleure tâche de l'inspecteur est de reconnaître les progrès qui s'y font ; il appartient aussi aux directeurs et aux directrices de les signaler : c'est leur devoir, et ils le remplissent ; disons mieux, c'est leur privilège, et ils se font un honneur d'en user. Mais, en même temps qu'il travaille à assurer les résultats de son propre enseignement, chaque maître prépare ou complète ceux des maîtres qui le précèdent ou qui le suivent ; c'est ainsi que l'examen final du certificat d'études est considéré comme un succès dont tout le monde a sa part : une école est une œuvre collective, une association.

Quand l'esprit de solidarité ainsi compris règne dans un corps, il ne peut y avoir qu'avantage à fortifier le crédit de celui qui le dirige. L'instituteur a la responsabilité générale ; il doit avoir l'autorité générale. L'unité d'action, qui seule assure les résultats communs, n'est possible qu'avec lui et par lui. Soutenir et étendre ses prérogatives, c'est assurer la clef de voûte de l'édifice. Le maître adjoint n'est pas seulement intéressé à respecter, dans son chef les droits qu'il peut avoir à exercer un jour ; sa subordination hiérarchique lui facilite l'accomplissement de ses devoirs. L'harmonie bien réglée des volontés est une force dont chacun, à son degré, recueille le bénéfice.

C'est afin de mieux établir cette unité directrice qu'ont été créés, il y a deux ans, les emplois d'instituteurs et d'institutrices non chargés de classe. Affranchis des soins d'un cours spécial, libres de porter partout une surveillance tutélaire, ces instituteurs ont pour devoir d'assurer : dans l'école, l'exécution des prescriptions communes et la marche générale des exercices; hors de l'école, les rapports avec les familles et les autorités scolaires[1]. Ils doivent surtout se mêler à la vie des classes, éclairer, soutenir, encourager, au

[1]. Voici le règlement relatif aux instituteurs et aux institutrices non chargés de classe :

ARTICLE PREMIER. — L'institution des instituteurs et des institutrices d'écoles non chargés de classe a pour objet de surveiller la marche générale de l'enseignement, d'assurer l'observation des règles de la discipline et de faciliter les rapports du personnel enseignant, tant avec les familles qu'avec les autorités scolaires.

ART. 2. — Nul ne peut être nommé instituteur ou institutrice non chargé de classe, s'il ne compte cinq années de service, au moins, comme directeur ou directrice d'une école à Paris. L'école doit, en outre, comprendre au minimum 300 élèves et 8 classes.

ART. 3. — Le directeur ou la directrice non chargé de classe est présent à l'école depuis 8 heures du matin jusqu'à la sortie des élèves.

ART. 4. — Il fait connaître aux familles par un avis placardé à l'intérieur de l'école les jours où il est visible. Pendant la durée des classes il ne doit point recevoir le public ni s'éloigner de l'école, sauf pour les besoins indispensables du service. Sa place est soit dans les classes qu'il inspecte, soit dans le local rapproché des classes qui lui sert de bureau. Il tient un registre de l'emploi de ses journées.

ART. 5. — Il surveille l'arrivée et la sortie des élèves, préside à l'inspection de propreté et dirige tous les mouvements.

ART. 6. — Il prend ses repas avant les élèves, assiste à leur déjeuner et surveille la récréation.

ART. 7. — Tous les matins il contrôle l'appel dans chaque classe, reçoit la liste des absents, avise les parents et leur demande compte des motifs de l'absence. Chaque semaine il adresse à la famille le bulletin de l'élève donné par le maître de la classe et visé par lui ; ce bulletin lui est renvoyé signé par le chef de la famille.

ART. 8. — Il remplace le maître appelé au dehors pour les catéchismes, à moins qu'il ne juge utile de conduire lui-même les élèves à l'église.

ART. 9. — Les demandes de congé des maîtres adjoints, adressées au maire, sont visées par le directeur. Il supplée le maître qui est empêché par une indisposition ou par une cause imprévue, toutes les fois que l'absence ne doit pas durer plus de trois jours. Il avise immédiatement l'inspecteur primaire du service qu'il prend.

ART. 10. — Il tient le registre d'inscription et le catalogue de la bibliothèque scolaire. Chaque semaine il vise les registres d'appel et les journaux de classe.

ART. 11. — Il dirige les examens de passage et surveille le classement.

ART. 12. — Il emploie le temps des classes à surveiller l'enseignement des différents cours. Il s'assure notamment que tous les élèves sont

besoin redresser le personnel, le réunir en conférences, provoquer les observations contradictoires, soit sur des questions d'ensemble, soit sur les difficultés particulières à quelque point de discipline ou de méthode. Tout le monde gagne à ces rapprochements, lorsque chacun y apporte le sincère désir du bien.

Ajoutons que le règlement qui détermine le fonctionnement des instituteurs non chargés de classe fait aux adjoints leur place. Appelés à tour de rôle à assister leur chef, à surveiller à ses côtés les exer-

l'objet des soins du maître et que tous les devoirs sont exactement corrigés. L'inspection qu'il a faite dans une classe est constatée par une note inscrite au journal de classe.

Art. 13. — Il fait faire, chaque mois, dans chaque classe, une composition dont il fournit le texte ou le sujet. Il contrôle la correction et il arrête l'ordre de mérite. Les places obtenues par les élèves sont inscrites au registre d'appel. Toutes les compositions de l'année sont conservées pour être, au besoin, présentées aux autorités chargées de la surveillance de l'école.

Art. 14. — Il contrôle les punitions et veille à ce que les retenues soient utilement employées.

Art. 15. — Chaque mois il réunit tous les maîtres de l'école en une conférence, dont il fait connaître le jour et l'heure à l'Inspecteur primaire. Il signale les points de discipline ou d'enseignement qui ont laissé à désirer. Il recueille les observations et dirige, s'il y a lieu, la discussion. Le procès-verbal de chaque conférence est dressé par le plus ancien des maîtres adjoints. Le registre des procès-verbaux est conservé dans les archives de l'école.

Art. 16. — Il dresse la liste motivée des propositions de récompenses honorifiques ou pécuniaires qui peuvent être accordées aux maîtres.

Art. 17. — Au mois de juillet de chaque année il présente à l'autorité supérieure le maître qui, pendant la durée de l'année scolaire suivante, doit l'assister dans la surveillance générale de l'école et le suppléer en cas de maladie. Il désigne dans les mêmes conditions le maître qui doit être chargé de la 1re division du cours supérieur. Il fait connaître en même temps les modifications qu'il croit utile d'introduire dans l'organisation des classes, tant pour approprier les aptitudes des membres du personnel enseignant aux besoins du service, que pour former successivement tous les maîtres à la direction des diverses classes d'une école.

Art. 18. — Il seconde l'Inspecteur primaire dans la correction des compositions générales. Il expérimente ou étudie, sous son autorité, les améliorations proposées.

cices généraux, ils peuvent tout à la fois développer et signaler leurs aptitudes pour la direction.

A la force morale résultant de cette discipline établie entre les maîtres par les maîtres s'ajoute celle qu'a créée dans l'enseignement l'*Organisation pédagogique*. Dans l'école mutuelle, les tableaux succédaient aux tableaux; c'était un ordre immuable. Il fallait bien qu'il en fût ainsi avec des enfants chargés de diriger d'autres enfants. La substitution des livres aux tableaux a été un premier progrès dans la voie des méthodes raisonnées et vivantes. Mais on a abusé des livres, on en abuse encore; nous en avons trop. Il y a longtemps que Lhomond l'a dit : le meilleur livre, c'est la parole du maître. Nous ne demandons pas pour cela que l'on professe; ce mot malsonnant dans la langue de l'école éveille tout de suite l'idée d'un pédantisme solennel, et celui qui s'écoute a peu de chances de se faire écouter. Des explications simples et sobres, précédées et suivies de questions qui les éclairent, voilà ce que recommandait Lhomond, après Rollin et Port-Royal. Ainsi entendue, la direction d'une classe a, nous l'avons reconnu, ses difficultés et ses peines. Il faut préparer la leçon, en explorer par avance tous les tenants, se faire un plan bien arrêté et en même temps assez flexible pour laisser à l'imprévu son rôle, toujours si heureux. Il serait moins malaisé assurément de passer, comme autrefois, d'une récitation à une dictée, d'une dictée à une récitation et de faire travailler les enfants sans travailler avec eux. Mais aussi quelle différence dans l'autorité des maîtres, lorsque d'un degré à l'autre tous les efforts sont judicieusement concertés dans le même sens!

Cet accord dans la méthode n'exclut pas la variété

dans l'action. Aux différents cours correspondent des moyens de direction différents. Si, à tous les degrés, il faut proscrire les tâches artificielles, les devoirs de convention, tout ce qui occupe l'élève sans profit, la nature et l'intensité de l'application doivent se modifier avec le progrès des facultés. Dans le cours supérieur, le maître peut demander davantage à l'enfant : arrivé à cette période de croissance intellectuelle et morale, il est capable « de luicter un petit », comme disait Rabelais, et il n'est pas mauvais qu'il sente l'austérité du travail; c'est un premier apprentissage de l'existence qui l'attend. Dans les petites classes, au contraire, il suffit qu'on lui présente l'école sous l'image de la vie doucement régularisée. Qu'est-il possible, en effet, de demander à cet âge? Un peu d'attention et un peu de curiosité, c'est-à-dire la volonté et le désir d'apprendre. Mais ces directions diverses convergent vers un but commun : le développement gradué de l'intelligence de l'enfant. L'objet poursuivi dans la rédaction des programmes, c'est qu'en s'élevant d'un cours à un autre, l'enfant se sente soutenu et comme porté par un même esprit : ainsi la tâche devient pour le maître tout à fois plus sûre et plus féconde.

Nous augurons bien d'une innovation récemment faite dans cette pensée d'entente intime et de mutuel appui. En passant de la salle d'asile à l'école, le petit garçon le mieux doué, nous l'avons constaté plus d'une fois, éprouve une sorte d'arrêt. L'instituteur, le jeune instituteur surtout, représente la règle virilement; le plus souvent l'utilité des tempéraments lui échappe. C'est la classe qui demande le plus d'expérience, et d'ordinaire elle échoit à celui qui en a le moins. Nous avons entrepris de confier à des institutrices les classes élémentaires de garçons. La femme a l'instinct de l'éducation. Épouse et mère, elle est habituée au sacrifice. Elle trouve en elle-même, dans son intelligence ou dans son cœur, toute sorte de ressources. Ce qu'elle n'a pas appris, elle le devine. Jamais l'enfant ne s'ennuie avec elle, parce qu'elle ne s'ennuie jamais avec lui. Mme de Maintenon, qui s'y connaissait, disait un jour : « Il n'est personne qui ne puisse élever les enfants à partir de dix ans ; mais jusqu'à cet âge toutes les finesses des règles ne suffisent point ; et les hommes n'y entendent rien ».

Ce qui est une exception chez nous est chez d'autres peuples la règle. En Autriche et en Allemagne, toutes les petites classes sont dirigées par des femmes. Cette mesure, il est vrai, n'est pas précisément un hommage rendu à leur supériorité ; au contraire : on n'emploie les institutrices que faute de maîtres. Aux États-Unis, on sait que les garçons et les filles sont généralement réunis jusqu'à 15 et 16 ans sous la direction d'une institutrice ; mais, dès que la femme se marie, elle cesse par là même d'appartenir à l'enseignement ; au moment où il semble que la maternité achèverait de développer ses aptitudes éducatrices, elle perd le droit et le moyen de les appliquer[1].

Nous avons plus de confiance qu'on n'en témoigne en Allemagne dans l'action pénétrante et douce de la femme, et nous ne croyons pas, comme en Amérique,

---

[1]. Voici ce que nous trouvons touchant cette intéressante question dans le substantiel et instructif *Rapport sur l'instruction primaire à l'Exposition universelle de Philadelphie, en 1876*, présenté à M. le Ministre de l'Instruction publique, au nom de la Commission envoyée à Philadelphie, par M. Buisson, président de la Commission :

« Aux États-Unis, le corps enseignant compte une proportion considérable d'institutrices ; les classes de garçons de tout âge sont très souvent confiées à des institutrices. Les institutrices mariées sont une

que la mère de famille doive être systématiquement écartée des fonctions pour lesquelles la nature l'a merveilleusement préparée. La loi française, qui ne prescrit rien à cet égard, n'interdit rien non plus : elle tolère, et, partout où nous avons pu faire bénéficier les enfants de cette tolérance, nous avons constaté d'heureux résultats. Il est incontestable que le milieu de ces classes enfantines dirigées par des femmes est favorable à l'épanouissement des facultés de l'enfant. Si le système arrive à se développer, comme nous le pensons, il permettra peut-être un jour de remplacer, dans une certaine mesure, les instituteurs, dont le recrutement est devenu difficile, par des institutrices, qui de longtemps, à en juger par le nombre des candidatures, ne feront pas défaut. Il contribuera surtout à introduire dans l'école cette sorte d'esprit de famille qui est le plus ferme garant de l'autorité[1].

exception assez rare. » (Page 672). « L'enseignement ne constitue pas une carrière ; la plupart des écoles sont confiées à des *teachers* provisoires, ordinairement à des jeunes filles qui ne donnent à cette profession que deux ou trois années de leur adolescence. Elles sont facilement admises par les directeurs locaux, parce qu'elles n'exigent pas un salaire bien élevé. » (Page 596.) « La profession d'institutrice paraît une sorte de stage où la jeune fille attend un établissement conforme à ses goûts. Une fois mariée, elle renonce presque toujours à ses fonctions. L'opinion publique est en général tout à fait opposée au maintien des femmes mariées dans le personnel scolaire. Il y a même des villes où la question a été tranchée par des dispositions réglementaires : ainsi à New-York, en 1876. » (Page 45. Cf. page 663.)

1. C'est cet essai qui est devenu l'origine des classes enfantines, reconnues par les lois des 16 octobre 1881 et 30 octobre 1886. Ce n'est pas un de leurs moindres avantages que de pouvoir être annexées soit à l'école maternelle, dont elles forment la division supérieure, soit à l'école primaire, dont elles constituent la première section élémentaire : sous une forme ou sous une autre, elles permettent de laisser l'enfant à l'institutrice, à la mère, jusqu'à l'âge de huit ans.

III

Nous aimerions à voir l'enseignement libre prendre sa place dans le développement de nos institutions scolaires. Si le devoir de l'État est de créer des établissements qui représentent l'esprit national, dont il est lui-même l'expression, l'enseignement libre est une des manifestations les plus élevées de l'énergie d'un peuple. Ce n'est donc pas assez d'en respecter la légitime indépendance : il faut en faciliter l'expansion.

A Paris, l'enseignement primaire libre a toujours eu de la peine à prospérer. Il y a quelques années, on avait pensé à lui venir en aide en même temps qu'à décharger la Ville d'une partie du fardeau des constructions nouvelles, en répartissant entre les établissements du quartier les enfants indigents qui n'avaient pu trouver place dans les écoles publiques, — moyennant une indemnité par tête, fixée de gré à gré entre la municipalité de l'arrondissement et le chef de la maison. Ce n'était qu'un expédient. Ce qu'il a de profondément défectueux n'a pas tardé à se révéler. Il a pour première conséquence presque inévitable d'exposer l'Administration à des contestations où sa dignité peut être atteinte, la surveillance de l'exécution de ces sortes de contrats étant matériellement impossible, eu égard au nombre des établissements sur lesquels elle doit s'étendre et au détail du contrôle de chaque jour qu'elle exige. En outre, si l'enfant est placé dans une école peu aisée, ainsi qu'il arrive le plus souvent — puisqu'on se propose de soutenir les établissements qui ont besoin de soutien, — la famille se plaint, sous le prétexte qu'à l'école publique le local, les livres, l'enseignement, tout vaut mieux. Si l'école est bonne, le mélange avec les élèves communaux, comme on les appelle, déplaît aux parents qui, par un sentiment mal entendu, avaient placé leurs enfants dans une école payante en vue de les soustraire à ce rapprochement, et qui les retirent; si bien que, finalement, la chose tourne au détriment de l'instituteur libre et qu'il voit s'écarter de lui la meilleure partie de sa clientèle. Enfin, une inspection sérieuse est presque impraticable dans les établissements comprenant à la fois des élèves communaux et des élèves libres. La législation est essentiellement différente, suivant qu'elle s'applique aux uns ou aux autres. Comment faire la distinction entre les deux catégories d'enfants dirigés par un même maître? C'est une source de conflits.

Un mode d'encouragement plus simple a été mis en pratique et est encore en usage : il consiste à accorder des subventions à certains établissements. L'inconvénient est que le subside vient en aide à la personne plus qu'à la chose; ce ne sont point les enfants qui en profitent, ou du moins la subvention n'a pas pour effet certain d'assurer le bienfait de l'instruction à ceux d'entre eux qui en sont privés. D'ailleurs le patronage de l'Administration, étant nécessairement subordonné à certaines conditions, reste toujours, dans l'opinion, plus ou moins entaché d'une arrière-pensée de domination. Ainsi s'explique que jusqu'ici les établissements catholiques ou protestants, poursuivant un but de bienfaisance, soient les seuls qui y aient eu recours.

Il existe en divers pays, et notamment en Angleterre, des sociétés qui, ayant pris à cœur de fonder des écoles, s'imposent la charge de les soutenir par des contributions personnelles, en même temps que le devoir de les éclairer par une surveillance assidue, mais qui, n'étant pas assez riches de leurs propres fonds, reçoivent de l'État un concours financier. Ce concours ne met pas les écoles en rapport avec le pouvoir qui leur prête son appui ; les privilèges dont elles jouissent leur demeurent. C'est avec la Société que se traitent tous les intérêts, soit qu'il s'agisse d'augmenter le subside, soit qu'il faille le réduire, soit enfin qu'il y ait lieu de faire parvenir dans les écoles telles ou telles représentations.

La ville de Paris ne pourrait-elle inscrire à son budget un crédit destiné à faire appel sous cette forme à l'effort des particuliers? Ne conçoit-on pas des groupes d'hommes de bonne volonté s'associant, sans autre préoccupation que celle du bien public et s'offrant à admettre, à titre gratuit, un certain nombre d'enfants dans les établissements fondés sous leurs auspices? Dès lors, plus d'embarras dans la comptabilité, la Société ayant la responsabilité du contrôle. Plus de froissements de la part des familles, les enfants étant placés dans les écoles par la main de la Société, et la distinction entre les élèves payants et les élèves gratuits disparaissant sous cette tutelle commune. Plus de difficultés dans l'exercice de l'inspection de l'État, les écoles restant libres et conservant, à ce titre, tous leurs droits. Larges et accessibles à toutes les entreprises sérieuses, les conditions des contrats pourraient d'ailleurs se prêter, dans l'intérêt public, aux degrés ainsi qu'aux genres d'enseignement les plus divers : enseignement primaire proprement dit, primaire supérieur, professionnel, technique, écoles de garçons, écoles de filles, salles d'asile, sous la réserve expresse, mais unique, de l'observation de la législation spéciale à l'instruction publique et des lois générales du pays.

Il semble qu'un tel système n'offrirait que des avantages. Il affranchirait la Ville de l'obligation de créer indéfiniment des écoles, et en même temps il lui permettrait de contribuer, avec une certaine grandeur, à jeter les fondements d'un puissant enseignement libre; il fournirait à l'enseignement communal les éléments d'une concurrence éclairée; il modérerait le mouvement de centralisation administrative de l'instruction publique qui, dans les mauvais jours, peut devenir un instrument dangereux pour les passions des partis; enfin il mettrait les hommes soucieux de l'avenir du pays en demeure d'essayer, avec une aide effective, quelle peut être en France la fécondité de l'association pour une œuvre d'éducation [1].

1. Un crédit spécial a été inscrit pour cet objet au budget de 1872.

LES RÉSULTATS

Nous venons de passer en revue les diverses formes de l'enseignement que distribue la ville de Paris. Les efforts accomplis n'ont pas été sans sacrifices. Nous avons pu reconstituer la série des budgets municipaux de l'instruction primaire à partir de 1816[1], et l'histoire qu'ils permettent de résumer en quelques chiffres ne manque pas d'intérêt.

Elle peut se partager en trois périodes : celle qui est régie par l'ordonnance du 29 février 1816, celle de la loi du 28 juin 1833, et celle de la loi du 15 mars 1850.

On sait que l'ordonnance de 1816 ne faisait mention d'aucune ressource spéciale pour la création et l'entretien des écoles. L'instruction primaire n'avait point de crédits propres, ni au budget des communes, ni au budget des départements, ni au budget de l'État. L'ordonnance stipulait simplement, article 35, « qu'il serait fait annuellement, sur le Trésor royal, un fonds de 50 000 francs pour être employé par la Commission d'instruction

---

1. Voir aux Annexes, n° IX.

publique, soit à composer ou à imprimer des ouvrages propres à l'instruction populaire, soit à établir temporairement des écoles modèles dans le pays où les bonnes méthodes n'avaient point encore pénétré, soit à récompenser les maîtres qui se seraient le plus distingués par l'emploi de ces méthodes ».

L'ordonnance du 14 février 1830 témoignait d'une préoccupation à la fois plus libérale et plus pratique. « Chaque année, était-il dit article 2, il sera porté au budget de l'État une somme spécialement destinée à encourager l'instruction primaire, et pendant cinq ans, à partir du 1er janvier 1831, il sera prélevé pour le même objet le vingtième du produit de la rétribution universitaire établie par les articles 137 du décret du 17 mars 1808, 25 et suivant du décret du 17 septembre 1808. » Les fonds ainsi formés devaient être employés (art. 12), par le Ministre des Affaires Ecclésiastiques et de l'Instruction publique, d'après l'avis du Conseil royal : 1° à fournir des secours aux communes qui se trouveraient dans l'impossibilité absolue de se procurer des moyens d'enseignement, et principalement à fonder des écoles préparatoires[1]; 2° à faire composer, imprimer et distribuer des livres élémentaires; 3° à donner des encouragements et des récompenses aux instituteurs qui se seraient fait remarquer par leur aptitude, leur zèle et leur bonne conduite.

D'autre part, aux termes des articles 5 et 6 de la même ordonnance du 14 février 1830, les Conseils municipaux de toutes les communes du royaume étaient appelés à examiner, dans la prochaine session ordinaire du mois de mai, les moyens de pourvoir à l'établis-

[1]. Ces écoles représentaient le degré le plus élémentaire de l'instruction primaire.

sement et à l'entretien des écoles primaires dont ils auraient reconnu la nécessité. Les préfets devaient présenter aux Conseils généraux l'état des communes qui auraient voté les fonds suffisants pour couvrir les dépenses relatives à l'instruction primaire, et l'état de celles qui n'auraient pu se charger des mêmes dépenses. Vérification faite, les Conseils généraux délibéreraient sur les secours qu'il conviendrait d'accorder aux communes reconnues dans l'impossibilité de subvenir aux frais de leurs écoles, et voteraient les sommes qu'ils jugeraient devoir allouer à cet effet (art. 8 et 9).

Les principes étaient posés, mais les ressources n'étaient pas créées. Ce fut la loi du 28 juin 1833 qui les créa. On en connaît les bases et la nature : en première ligne, les fondations, dons ou legs; en seconde ligne, les revenus ordinaires; en cas d'insuffisance des revenus ordinaires, une imposition spéciale, votée par le Conseil municipal, laquelle ne pouvait excéder trois centimes additionnels au principal des contributions foncière, personnelle et mobilière; en cas d'insuffisance absolue des communes, une imposition spéciale, votée par le Conseil général du département, laquelle ne pouvait excéder deux centimes additionnels au principal des contributions; enfin, en cas d'insuffisance des ressources communales et départementales, subvention de l'État.

La loi du 15 mars 1850 ne fait que reproduire, dans son article 40, les dispositions financières de l'article 13 de la loi du 28 juin 1833.

La loi du 10 avril 1867 a autorisé, en outre, d'une part, l'imposition supplémentaire de quatre centimes communaux pour l'établissement de la gratuité absolue (art. 8); d'autre part, celle d'un troisième centime départemental pour favoriser la création de nouvelles écoles, élever le traitement du personnel enseignant et propager les cours d'adultes (art. 14).

Enfin une loi récente — 19 juillet 1875 — a autorisé la perception d'un quatrième centime départemental, destiné à porter les traitements des instituteurs au taux des nouveaux minima réglementaires[1].

Tels sont les principes qui, depuis 1816, ont réglé le budget de l'instruction primaire. Si l'on en cherche l'application dans la série des budgets, voici ce qui

---

1. On sait comment cette constitution financière a été modifiée par la loi du 16 juin 1881 — loi établissant la gratuité absolue dans les écoles publiques. Voici les principes de la loi :
1° Obligation, pour toutes les communes, des quatre centimes spéciaux créés par les lois des 15 mars 1850 et 10 avril 1867; — faculté pour les communes de s'exonérer de tout ou partie de ces quatre centimes, en inscrivant au budget avec la même destination une somme égale au produit des quatre centimes, somme qui pourra être prise soit sur le revenu des dons et legs, soit sur les produits quelconques de leurs ressources ordinaires et extraordinaires; détermination des prélèvements à effectuer en faveur de l'instruction primaire sur les ressources ordinaires des communes en vertu de l'article 40 de la loi du 15 mars 1850. Ces prélèvements portent exclusivement sur les revenus en argent des biens communaux, la part revenant à la commune sur l'imposition des chevaux et voitures et sur les permis de chasse, la taxe sur les chiens, le produit net des taxes ordinaires d'octroi, les droits de voirie et les droits de location aux halles, foires et marchés, et sont affectés jusqu'à concurrence d'un cinquième aux dépenses ordinaires et obligatoires afférentes à la commune pour le service de ses écoles publiques (exception faite pour les communes dans lesquelles la valeur des centimes additionnels au principal des quatre contributions directes n'atteint pas vingt francs, lesquelles sont exemptées de tout prélèvement).
2° Obligation pour les départements des quatre centimes spéciaux établis par les lois des 15 mars 1850, 10 avril 1867 et 19 juillet 1875, sauf la faculté de s'exonérer de tout ou partie de cette imposition en inscrivant à leur budget avec la même destination une somme égale au produit des centimes supprimés, somme qui pourra être prise soit sur les revenus des dons et legs, soit sur une portion quelconque des revenus ordinaires et extraordinaires en cas d'insuffisance des ressources communales et départementales.
3° Subvention de l'État.

ressort, quant à la progression générale des recettes et des dépenses.

Jusqu'en 1856 Paris a pourvu aux besoins des écoles sur ses ressources ordinaires. En 1835 le Conseil municipal vota un demi-centime sur les trois centimes de l'imposition spéciale autorisée par la loi du 28 juin 1833 ; mais le vote ne fut pas homologué. C'est en 1836 que les trois centimes spéciaux furent votés pour la première fois. En 1869 on y ajouta les quatre centimes créés par la loi du 10 avril 1867 comme conséquence de l'application de la gratuité, laquelle avait été dès l'origine la règle des écoles publiques. Les autres recettes proviennent exclusivement, d'une part, des dons et legs ; d'autre part, de la rétribution mensuelle payée dans les écoles supérieures ; les premières n'apparaissent au budget qu'à partir de 1839, elles avaient été détenues jusque-là par l'administration des hospices ; les secondes datent de la création du collège Chaptal et de l'école Turgot.

Pour les dépenses on peut distinguer cinq étapes : 1º de 1816 à 1830 ; 2º de 1830 à 1848 ; 3º de 1848 à 1860 ; 4º de 1860 à 1870 ; 5º de 1870 à 1878.

De 1816 à 1830, les prévisions des dépenses s'élèvent lentement de 52 000 à 116 000 francs.

De 1830 à 1848, elles sont presque décuplées et passent de 116 000 à 1 100 000 francs.

En 1859 elles atteignent 1 700 000 francs, soit une augmentation de près d'un tiers, et en 1860, par suite de l'annexion des communes suburbaines, elles arrivent au chiffre de 2 200 000 francs.

De 1860 à 1870, l'accroissement est du triple : les dépenses s'élèvent de 2 200 000 à 6 400 000 francs.

En 1878 les prévisions sont en augmentation d'un tiers sur celles du budget de 1870, soit en chiffres ronds 10 millions [1].

Les résultats ont-ils répondu à ces sacrifices ?

En matière d'éducation, les meilleurs effets sont les plus lents à se produire. C'est seulement lorsque la génération qui grandit aujourd'hui dans les écoles sera arrivée à l'âge mûr qu'on pourra reconnaître si le niveau des intelligences et des caractères s'est élevé; et bien des années se passeront, sans doute, avant que ces progrès soient définitivement entrés dans les mœurs.

Mais si les effets moraux de l'éducation primaire ne sauraient être immédiatement réalisables, il est permis dès aujourd'hui d'examiner dans quelle mesure l'enseignement populaire, tel qu'il est constitué à Paris, s'applique à ceux auxquels il est destiné, quel profit on en tire, et si ce profit est conforme aux besoins de la population qui le recueille.

On sait qu'à son entrée dans la salle d'asile, l'école ou les classes du soir, tout élève est immatriculé sur un registre où sont réunies les informations relatives à ses nom, prénoms, âge, ainsi qu'au domicile et à la profession de ses parents. En outre, l'an dernier (1877), au mois de mai, nous avons fait procéder dans toutes les

---

[1]. Le projet de budget pour 1888 s'élève à la somme de 23 034 683 fr. 40 c., laquelle se décompose de la manière suivante : dépenses du service général de l'instruction primaire, 1 084 303 fr. 40 c.; écoles maternelles, 2 106 030 fr.; écoles primaires, 13 693 200 fr.; classes d'adultes, 590 000 fr.; enseignement du chant, du dessin et de la gymnastique, 1 500 000 fr.; écoles primaires supérieures, 2 806 840 fr.; écoles professionnelles, 878 500 fr.; subventions et allocations diverses, 1 447 200 fr.

classes à un appel nominal sous le contrôle d'un inspecteur qui a pris note des absences et de leurs causes. Nous possédons ainsi, avec les garanties d'exactitude les plus complètes, des renseignements circonstanciés, non seulement sur le chiffre de nos effectifs d'admission et de fréquentation, mais encore sur la condition sociale des familles de ceux qui les composent.

Nous avons fait dresser, d'autre part, la statistique des examens du certificat d'études primaires depuis l'origine de l'institution, c'est-à-dire depuis 1869 jusqu'à ce jour (1878); et, aux derniers examens, les candidats, ayant eu, dans l'épreuve de la rédaction, à indiquer, les uns, l'emploi qu'ils comptaient faire, à leur majorité, des livrets de caisse d'épargne attribués aux élèves les plus méritants de chaque école ; les autres, la profession qu'ils se proposaient d'embrasser, nous avons pu apprécier, par leur propre déclaration exprimée à l'improviste, la direction de leurs sentiments et de leurs idées.

Les mêmes indications ont été recueillies au sujet des candidats aux bourses des écoles primaires supérieures.

Enfin les archives du collège Chaptal et de l'école Turgot nous ont fourni des documents précis sur la destination des élèves sortis de ces établissements depuis dix ans.

Il ne nous est donc pas impossible de nous rendre compte de la condition de ceux qui participent aux bienfaits de l'enseignement primaire, de l'empressement avec lequel on recherche cet enseignement et des résultats qu'il produit.

Ce qu'on est tout d'abord intéressé à savoir, c'est si les familles qui profitent des dépenses faites pour la création et l'entretien des établissements publics d'enseignement primaire élémentaire sont bien celles qui, en raison de leur condition de naissance, de domicile et de fortune, doivent en bénéficier.

Quand il s'agit de communes d'un rayon restreint, il y a peu de chances d'abus dans l'exercice des droits que donnent la naissance et le domicile. Le plus souvent ceux-là seuls habitent le territoire de la commune qui y sont nés, et les forains, comme on les appelle, sont l'exception. Il n'en est pas de même dans les grandes villes, ouvertes à tous les courants. On connaît la qualification de nomades appliquée aux Parisiens. Elle n'est rien moins que justifiée en ce qui touche la population qui recherche les avantages de l'enseignement primaire. Tandis que, pour les arrondissements suburbains de Saint-Denis et de Sceaux, par exemple, la proportion des élèves des salles d'asile et des écoles primaires nés dans la commune atteint à peine 50 pour 100, elle est, à Paris, de près de 80 pour 100.

Appliqué aux établissements d'enseignement primaire supérieur et aux classes d'adultes, le rapport ne diffère pas sensiblement.

Pour le collège Chaptal et les écoles supérieures réunis, il s'établit ainsi : 64,44 pour 100 d'élèves nés à Paris ; 5,64 pour 100 d'élèves nés dans le département de la Seine; 24,16 pour 100 d'élèves nés dans d'autres départements que celui de la Seine; et enfin, 5,79 pour 100 d'étrangers. Si l'on distingue le collège Chaptal des écoles supérieures, la proportion pour 100 des enfants parisiens de naissance n'est plus, pour Chaptal, que de 57,40, comme il fallait s'y attendre, l'internat puisant toujours ses éléments de recrutement dans un milieu plus étendu[1]. Elle s'élève, au contraire, pour les écoles supérieures, à 68,91 et atteint presque le chiffre relevé dans les salles d'asile et les écoles élémentaires

Dans les cours d'adultes, nous avons pris comme spécimen les classes de dessin, parce que le caractère plus stable de leur clientèle offre une base d'appréciation plus solide. Sur les 7794 élèves inscrits, hommes ou femmes, 70,91 pour 100 appartenaient à la ville de Paris par leur naissance, 3,34 au département de la Seine, 22,21 aux autres départements; 3,63 étaient nés à l'étranger.

On peut donc affirmer, d'après ces chiffres, que ce sont bien des Parisiens qui, en très grande majorité, jouissent des dépenses que la ville de Paris consacre au développement des établissements d'instruction dont elle a la charge.

Mais à quelles familles Parisiennes ces dépenses profitent-elles? Le relevé que nous avons fait sur ce point porte sur 2530 familles, — celles dont les enfants ont concouru soit pour les bourses des écoles supérieures, soit pour le certificat d'études primaires : ce sont les élèves dont le séjour à l'école a été le plus prolongé, et pour lesquels, conséquemment, la famille a fait le plus grand sacrifice de temps, le seul sacrifice qui lui soit demandé aujourd'hui, puisque les établissements

---

1. Voir plus haut, page 180.

d'instruction élémentaire de la ville de Paris sont entièrement gratuits. Les résultats de notre enquête, embrassant une sorte d'élite, sont, à plus forte raison, applicables à la masse. Il est peu vraisemblable, en effet, que les parents dont les enfants quittent l'école trop tôt pour recueillir tous les avantages des études qu'on y peut faire, soient dans une condition de fortune relativement plus aisée que ceux qui les laissent sur les bancs des classes jusqu'à l'âge normal de l'entrée en profession.

Ces 2530 enfants se partageaient en 581 garçons, candidats aux bourses dans les écoles supérieures, et 1949 filles ayant pris part aux examens du certificat d'études primaires. Or, parmi les 581 familles de ces jeunes garçons, 3 pour 100 environ exercent une profession dite libérale; le petit commerce et les emplois inférieurs dans les administrations publiques ou privées sont représentés, au contraire, par une proportion de 23 pour 100; les états manuels par une proportion de 74 pour 100.

Pour les 1949 jeunes filles, le chiffre proportionnel des parents qu'on peut faire rentrer dans la catégorie des professions libérales est de 5 pour 100, celui des employés subalternes ou des petits commerçants de 33 pour 100, celui des états manuels de 62 pour 100. Encore faut-il remarquer que les enfants des familles qui forment, en presque totalité, la catégorie des professions libérales, proviennent des écoles libres, c'est-à-dire des écoles payantes, comprises dans l'ensemble de ce relevé.

On est donc en droit de conclure aussi, sur ce point, que les dépenses scolaires de la ville de Paris sont appliquées aux enfants appartenant à la classe sociale pour laquelle l'école publique est faite.

Reste la troisième question. Ces dépenses sont-elles fructueuses? Ceux dont elles ont pour objet d'assurer l'éducation les mettent-ils à profit? On en pourra juger : 1° par la statistique de la fréquentation; 2° par les résultats des examens; 3° par la constitution des cadres des écoles.

A la suite de l'appel nominal qui a été fait dans toutes les classes au mois de mai 1877, sur un total de 93 157 élèves inscrits il a été constaté 3399 cas d'absences non justifiées par des raisons de force majeure, soit une moyenne proportionnelle de 3,64 pour 100. Le rapport établi séparément pour les écoles de garçons et les écoles de filles atteignait 4,21 pour 100 pour les filles; il n'était que de 3,13 pour 100 pour les garçons. Les filles n'avaient quelque avantage sur les garçons que dans quatre arrondissements, les 1er, 8e, 5e et 6e. Ce qui s'explique par les services que la jeune fille, dès qu'elle est arrivée à l'âge de raison, commence à rendre dans la maison domestique. Peut-être, toutefois, les familles de certains quartiers qui comptent au nombre des plus aisés poussent-elles jusqu'à un abus regrettable le parti qu'elles tirent de leurs enfants. Dans aucun arrondissement, d'ailleurs, le chiffre des absences non justifiées, soit pour les garçons, soit pour les filles, ne s'élevait au-dessus de 6,50 pour 100; c'est-à-dire que le nombre des présences était au minimum de 93 pour 100; et, dans la comparaison d'ensemble, les arrondissements de la périphérie ne tiennent pas le dernier rang.

Ce résultat, satisfaisant en lui-même, est meilleur encore quand on le compare à celui des communes suburbaines. Dans les arrondissements de Saint-Denis et de Sceaux, la proportion des absences non justifiées était, à la même époque, pour les écoles de garçons, de 8,54 pour 100, pour les filles, de 11,46, soit en moyenne 9,82.

Ces proportions sont bonnes à rapprocher des chiffres que fournit la statistique du vagabondage. Il y a quelques années, on évaluait à 10 000 le nombre des enfants qui étaient arrêtés annuellement sur les différents points de Paris. La destruction des archives de la Préfecture de Police ne nous a pas permis de vérifier l'exactitude de cette évaluation. Mais nous avons pu nous rendre compte avec précision du chiffre annuel des arrestations, de 1872 à 1877. En 1872 il avait été de 3004; il est descendu, en 1877, à 1716, soit une diminution de plus de 57 pour 100. Ajoutez que ce nombre embrasse tous les vagabonds de moins de seize ans et que les apprentis y sont confondus avec les enfants d'âge scolaire proprement dit. Mais ce qu'on doit noter surtout au point de vue de la moralité publique, c'est que la proportion des filles, qui est en général très inférieure à celle des garçons, s'est abaissée, depuis 1872, dans une mesure de près de 37 pour 100 [1].

[1]. On trouvera dans l'état ci-après le détail de cette statistique avec la distinction des sexes et l'indication des motifs de l'arrestation :

ANNÉES.	VAGABONDAGE.	MENDICITÉ.	VOL.	MOTIFS DIVERS.	ENFANTS DU SEXE		TOTAUX.
					masculin.	féminin.	
1872	1338	504	809	203	2543	461	3004
1873	1087	459	783	82	2092	319	2411
1874	722	340	607	71	1482	267	1749
1875	832	282	548	118	1568	212	1780
1876	788	235	689	75	1586	198	1784
1877	844	222	578	72	1547	169	1716

A Paris, comme dans les arrondissements suburbains, c'est naturellement sur les effectifs des cours élémentaires que porte le chiffre le plus considérable des absences, et surtout celui des absences non justifiées. Les enfants de cet âge n'ont pas encore pris goût à l'étude, et les familles les laissent plus aisément manquer la classe. Il y a progrès cependant dans leur assiduité, et ce progrès doit être en partie attribué à la première instruction acquise dans les salles d'asile. Arrivés à l'école, les enfants se trouvent dès l'abord dans des conditions meilleures pour en suivre les leçons. Les résultats de l'enseignement des salles d'asile ont été particulièrement marqués depuis cinq ans. En 1873, 1745 enfants en étaient sortis sachant lire; en 1874 on en comptait 1873; en 1875, 2196; en 1876, 2578; en 1877, 2754.

Dans le cours supérieur, les négligences de fréquentation sont une exception. Les élèves ont l'émulation de l'exactitude; ils en comprennent l'utilité; ils en éprouvent le besoin. S'ils sont arrêtés par un cas de force majeure, ils se tiennent au courant des leçons et des devoirs de la classe; ils sentent la gravité des lacunes. C'est le bénéfice des examens du certificat d'études qui tiennent les esprits en haleine et concourent ainsi à développer les habitudes de persévérance et de ponctualité dans le travail.

L'effet s'en retrouve dans les examens eux-mêmes. L'an dernier, sur les 14 105 élèves appartenant au cours supérieur, tant dans les écoles de Paris que dans les écoles suburbaines, 5236, soit environ 40 pour 100, ont pris part aux examens; et si l'on considère que, parmi ces 14 105 enfants, quelques-uns n'avaient pas tout à fait l'âge réglementaire pour prétendre au certificat, que d'autres en étaient déjà pourvus et n'étaient restés à l'école qu'en vue d'obtenir quelque récompense supérieure : prix d'excellence, livret de caisse d'épargne, etc., la proportion s'élève à près de 50 pour 100. C'est encore trop peu, sans doute, relativement à ce que nous devons obtenir, le certificat n'étant que la sanction des études régulières que tout élève d'intelligence moyenne peut arriver à mériter; c'est déjà quelque chose toutefois, si l'on remarque qu'en 1869, c'est-à-dire la première année où l'examen a eu lieu, le nombre des candidats n'était que de 2193.

Le progrès est particulièrement sensible dans les résultats de l'examen. Le rapport des admissions aux présentations était, en 1870, de 35,20 pour 100 (garçons et filles réunis); il est aujourd'hui de 63,95 pour 100 ou près du double. Les écoles de filles surtout se sont élevées dans l'échelle. Parties de 28,26 pour 100 en 1869, elles ont atteint 77,09 pour 100 en 1875 et elles se maintiennent, depuis cette époque, autour de 70 pour 100. Dans certains établissements il a pu être organisé deux divisions de cours supérieur, et l'on s'en trouve bien. Donner un but à l'activité de l'enfant, c'est doubler ses forces. Les concours qui ne s'adressent qu'à l'élite risquent de fausser la direction de l'émulation. Les examens qui intéressent l'ensemble des classes font pénétrer dans tous les rangs le salutaire besoin de l'effort[1].

La répartition des élèves entre les différents cours ne fournit pas des données moins intéressantes que la sta-

---

1. Conformément au même principe, des compositions générales ont été faites, cette année (1878), dans toutes les classes où l'enfant était capable de tenir une plume. Les compositions portaient sur l'écriture, l'orthographe et le calcul. L'orthographe a été meilleure, chez les filles surtout, que le calcul. Dans les classes des cours supérieurs il n'y avait pas de non-valeurs. Plusieurs classes des cours moyens étaient d'une éga-

tistique de la fréquentation et le relevé du résultat des examens.

En 1867 les cadres de quelques écoles présentaient des anomalies singulières. Certaines classes avaient un aspect de refuges. Je n'oublierai jamais l'effet que produisirent sur moi les espèces de *ragged-schools* du 11e, du 18e, du 19e et du 20e arrondissement; on y trouvait accumulés des enfants de tous les âges et qui n'avaient de commun qu'un même degré d'ignorance. C'était plus que de l'ignorance. La physionomie, l'attitude, tout trahissait en eux une misère morale profonde. L'expérience précoce qu'ils avaient faite de la vie rendait leur contact dangereux pour leurs camarades; on les rassemblait pour les isoler. Le plus souvent aussi on désespérait de leur éducation, et l'on ne pouvait arriver qu'à grand'peine à leur inculquer, avec les éléments de la lecture et de l'écriture, les principes de l'instruction morale et religieuse.

A côté de ces agglomérations déplorables, qui n'étaient qu'une exception, d'autres écoles — et le plus grand nombre — présentaient d'étranges disparates. Les inégalités de niveau dans le développement de l'intelligence des enfants réunis dans la même classe étaient telles, que l'homogénéité de l'enseignement paraissait presque impossible à établir. Ajoutez qu'on se faisait du cours supérieur l'idée d'un degré inaccessible. Cependant de 1867 à 1870 on s'est peu à peu rapproché de ce cours, et en 1870 la proportion des élèves qui

lité remarquable; la ligne si expressive du tracé graphique par lequel ont été figurés les résultats se maintenait ferme et droite. Elle fléchissait davantage dans certaines divisions élémentaires. Cependant l'effort déployé pour ne laisser aucun enfant s'attarder dans la paresse était sensible; partout, à peu d'exceptions près, il y avait eu travail et progrès.

pouvaient le suivre, relativement au nombre total des élèves inscrits dans les écoles, était de 8 pour 100. Dans le cours moyen, on était arrivé à 24 pour 100. Restait, pour le cours élémentaire, 68 pour 100. Le rapport entre les trois cours, qui, en 1875, avait été de 12,84 à 32,18 et à 54,97, était, en 1877, de 13,25 à 32,42 et à 54,32. Le contingent relatif des cours élémentaires peut encore diminuer, et, grâce au développement de l'enseignement préparatoire des salles d'asile, grâce aussi aux examens dirigés dans l'esprit que nous venons de faire connaître[1]; il diminuera certainement au profit des deux autres.

A ce classement répondent dès aujourd'hui des cadres conformes au progrès naturel des facultés de l'enfant. En considérant l'ensemble des enfants de 6 à 14 ans ou plus, inscrits dans les écoles de Paris au mois de mai 1877, voici ce que l'on constate :

C'est entre 7 et 13 ans que se masse le gros des élèves. Avant 7 ans, la fréquentation est incomplète, ainsi que nous l'avons déjà remarqué; après 14 ans, elle n'est plus qu'une exception.

De 7 à 13 ans, les enfants se répartissent régulièrement : de 7 à 9 ans, cours élémentaire; de 9 à 11, cours moyen; de 11 à 13 et au-dessus, cours supérieur. Ces catégories n'ont pas, sans doute, un caractère absolu; de l'une à l'autre, la limite est flottante; il y a des intelligences plus vives, des esprits plus appliqués; mais, pris dans leurs lignes générales, les cadres sont nets.

Chose non moins digne d'intérêt, le niveau est à peu près le même pour les filles que pour les garçons. Les

---

1. Voir plus haut, page 304, note 1.

filles arrivent peut-être moins vite au cours supérieur, mais elles y restent plus de temps ; le nombre proportionnel de celles qui fréquentent l'école après 14 ans est plus élevé, et cette différence est due, en partie, à l'institution des cours supérieurs de couture.

Point de distinction à faire entre les établissements laïques et les établissements congréganistes : la marche et la mesure de la progression des âges sont sensiblement les mêmes dans les unes que dans les autres.

Enfin, ce qui prouve que ce classement commence à entrer dans nos mœurs scolaires, c'est qu'il est d'une régularité presque aussi satisfaisante dans les communes suburbaines qu'à Paris. L'échelle des cours répond à celle des âges très correctement.

Ainsi, à quelque point de vue qu'on se place, que l'on examine la statistique de la fréquentation, le relevé des résultats des examens, ou l'état de la répartition entre les trois cours, il en ressort que les écoles sont suivies et suivies avec fruit.

II

Mais ce qu'il importe surtout de savoir, c'est quel est le fruit qu'on en retire ; quels sentiments, quelles idées cette éducation inspire aux enfants qui la reçoivent ; quelles sont les professions auxquelles se vouent les milliers d'élèves que, chaque année, l'enseignement primaire élémentaire ou supérieur livre à la vie publique.

Nous avons déjà touché cette intéressante question pour l'enseignement primaire supérieur. Nous la reprendrons ici, en rassemblant tous les renseignements qui s'y rattachent.

De 1867 à 1877, 6587 jeunes gens sont sortis du Collège Chaptal et des écoles primaires supérieures, après avoir parcouru, plus ou moins complètement, la série normale des études. C'est le propre et l'honneur de ces établissements, nous l'avons dit, que les élèves trouvent auprès de l'administration qui les dirige, non seulement des conseils éclairés, mais les appuis dont ils ont besoin pour être pourvus d'un emploi en rapport avec leurs aptitudes. Il nous est facile, par là même, de les suivre, quand ils ont quitté les bancs, dans les professions qu'ils embrassent.

Des études générales ouvrant les carrières du commerce et de l'industrie, avec toutes les variétés d'application que ces carrières comportent : écritures, comptabilité, vente de détail ou de gros, commission, fabrication, banque, administration, — tel est, on le sait, le caractère des programmes. Les intelligences d'élite se frayent elles-mêmes leur chemin. L'enseignement maintient sagement les autres dans l'esprit des professions auxquelles il les prépare.

Sur ces 6587 jeunes gens, 181, ou 3 pour 100 environ, n'avaient pas pris de parti définitif à la fin de leurs études, et le choix qu'ils ont fait depuis est resté inconnu; 122, ou 2 pour 100, ont embrassé des professions dites libérales; 879, soit 13 pour 100 — dont la plupart appartiennent au collège Chaptal, — ont concouru pour les grandes écoles du gouvernement ou sont allés à l'étranger continuer leurs études spéciales; 405, ou 7 pour 100, ont choisi des états manuels. Tous les autres, au nombre de 5000, soit une proportion totale de 75 pour 100, sont entrés dans le commerce, la banque, les administrations financières, publiques ou privées, l'industrie. Ainsi, sans arrêter et même en favorisant l'essor des élèves que la nature a doués d'aptitudes exceptionnelles, les études de nos écoles d'enseignement primaire supérieur atteignent bien le but qu'elles visent. Chaque année, elles renvoient, aux classes moyennes où elles se recrutent, une jeunesse laborieuse, modeste, d'esprit alerte et ouvert, capable de rendre, dans toutes les branches de l'activité industrielle et commerciale, en France et à l'étranger, d'intelligents services. Nos élèves savent très nettement eux-mêmes ce qu'ils veulent, et ce qu'ils veulent est conforme à l'intérêt public non moins qu'à leur propre intérêt : ils cherchent à s'élever dans leur sphère, mais non à en sortir.

Les classes de dessin spéciales aux adultes nous fourniront quelques renseignements propres à confirmer cette observation.

Le dessin est l'étude la plus accessible et en même temps la plus utile aux jeunes gens qui, au sortir de l'école primaire, s'engagent dans une profession manuelle; et c'est bien à eux, en effet, que profitent les classes entretenues ou subventionnées par la Ville. Sur les 7794 élèves, hommes ou femmes, qui les suivaient au mois de janvier 1878, 75 pour 100 environ étaient âgés de 14 à 18 ans, 10 pour 100 de 18 à 25, et 10 pour 100 de 25 à 30; au-dessus de cet âge on ne trouve plus que des unités éparses. Le dessin est donc, pour la grande majorité de ces élèves, un véritable complément d'éducation, et ce complément d'éducation, ils en rapportent manifestement l'objet à leur état. S'il en est, dans le nombre, qui n'ont pas d'état, à proprement parler, c'est une exception peu considérable (6,81 pour 100), et elle porte presque tout entière sur les jeunes filles appartenant à la classe bourgeoise, qui viennent chercher dans les écoles de dessin subventionnées les premières notions de l'art. Pour les autres, c'est-à-dire pour 93 pour 100 environ, on peut reconnaître deux catégories : la catégorie des états où le dessin est d'une utilité directe et dont la proportion est de 76 pour 100, celle où il est d'une utilité secondaire et dont la proportion est de 17 pour 100.

Or les élèves de la première catégorie, pour ne parler que de ceux là, ont un sentiment si vif de leurs besoins professionnels qu'ils seraient plutôt disposés à en abaisser qu'à en élever la portée. Tel était, du moins, l'esprit dans lequel, il y a peu d'années encore, certains d'entre eux arrivaient aux cours. On ne croyait pas à la nécessité d'un enseignement général ; on était en défiance contre les exercices préparatoires qui n'ont pour fin que l'éducation de l'œil et de la main ; on voulait aller droit aux imitations artistiques ou aux constructions géométriques d'une application immédiate. C'était la demande que l'on faisait en s'asseyant pour la première fois sur les bancs de l'école ; quelques exemples de ces naïves préoccupations de métier sont restées légendaires. Aujourd'hui on comprend mieux l'efficacité des études préliminaires ; on ne résiste plus aux lenteurs calculées des vraies méthodes ; on se laisse conduire. Mais si, par impossible, l'enseignement se trouvait entraîné dans une fausse direction, on ne se laisserait pas égarer. Ce qui fait que les cours sont suivis avec zèle, c'est qu'ils guident, soutiennent, élèvent l'ouvrier dans l'intelligence de l'art industriel ou mécanique qui constitue le fond de son état. Nous pourrions citer plus d'un apprenti qui, grâce à l'habileté de main qu'il a acquise, est devenu rapidement un maître ; et si tous n'ont pas réussi aussi bien ni aussi vite, nous n'en connaissons point que des visées ambitieuses aient détournés des voies du travail professionnel. Aidées par un enseignement qui s'inspire de leurs intérêts, leurs aptitudes se développent au grand avantage des industries dont ils secondent le progrès ; elles ne dévient point[1].

Mais ce sont les sentiments et les idées des enfants de l'école primaire proprement dite que nous voudrions surtout faire saisir. Leur pensée ne peut mieux être exprimée que par eux-mêmes. Aussi la tirerons-nous des travaux où ils ont été appelés à découvrir le fond de leur cœur. Non pas qu'il faille toujours se fier à ce témoignage. S'il a été préparé, il peut être trompeur. Mais quand, mis en demeure, à l'improviste, de développer un sujet qui le touche, l'enfant est laissé à son inspiration personnelle, on peut tenir quelque compte de son langage : vraisemblablement il est sincère ; et tel est bien le caractère des 4364 témoignages que nous avons recueillis, témoignages reposant pour la plupart sur les compositions dont nous avons parlé plus haut et que nous avons toutes lues.

On en connaît les sujets. Il s'agissait de dire, pour les uns, la profession à laquelle ils désiraient se livrer ; pour les autres, quel emploi ils feraient, à leur majo-

---

[1]. « Un grand nombre d'ouvriers sont parvenus, par leur intelligence, leur courage, leurs efforts persévérants, leur esprit d'économie et de prévoyance, à devenir chefs d'établissements. Dans la fabrication de l'article de Paris, notamment, presque tous les patrons sont d'anciens ouvriers. Beaucoup d'entre eux ont rencontré dans l'action coopérative de leur femme un puissant auxiliaire de leur fortune. » (*Enquête sur les conditions du travail en France pendant l'année* 1872, déjà citée.)

rité, du livret de caisse d'épargne qu'ils pouvaient gagner à la suite des examens du certificat. Chemin faisant, ils avaient à parler d'eux-mêmes, de leurs études, de leurs goûts, des incidents de leur vie scolaire. Ces questions, dans leur simplicité, ne laissaient pas d'être sérieuses ; et si l'on considère qu'elles étaient posées à des enfants de 12 à 13 ans, on ne peut s'étonner qu'elles n'aient pas toujours été nettement résolues. Mais pour un certain nombre de réponses insignifiantes, incomplètes, vagues ou sèches, combien l'on en trouve d'intéressantes et d'instructives, dès le moment que, passant sur les inévitables puérilités et les gaucheries naïves de la forme, on ne s'attache qu'à la situation morale qui s'y révèle !

De toutes les misères humaines, je n'en sais pas de plus touchantes que celles qui atteignent l'enfant. Trop souvent l'homme est responsable des malheurs qu'il subit, et il a toujours le moyen d'y remédier en travaillant. L'enfant est une victime innocente et impuissante. Quand, au cœur de l'hiver, dans les hauts quartiers de Paris, on voit s'acheminer vers l'école ces petits êtres chétifs, proprement tenus en général — car c'est une des règles de l'admission, — mais grelottants sous un vêtement insuffisant, le teint hâve, et portant toutes les marques d'une faiblesse native, on ne peut penser sans tristesse à l'inégalité des conditions de la vie. La commisération pour ces souffrances devient plus pénétrante encore lorsqu'on se rend compte que l'enfant en a conscience.

Bien des allusions, échappées à ces plumes novices, nous ont fait entrevoir des complications d'existence singulièrement douloureuses; allusions sans amertume:

les bienfaits des caisses d'écoles et des bureaux de bienfaisance ne sont point méconnus; mais ils ne peuvent parer à toutes les infortunes. Les témoignages que nous avons analysés ne sont, d'ailleurs, ni exagérés ni faussés par aucune idée romanesque. Les enfants de nos écoles ont l'imagination peu ouverte, et l'histoire qu'ils font « des coups de malheur » qui ont frappé leur famille est empreinte d'un incontestable caractère de réalité. Sur 1049 qui ont fourni des renseignements de famille, plus de 8 pour 100 sont orphelins de père ou de mère ou complètement orphelins, sans parler d'autres situations que certaines réticences révèlent en cherchant à les cacher. Sur 979, ou 50 pour 100, dont les études ont subi une interruption plus ou moins prolongée, 782, soit 39 pour 100, ont été arrêtés par la maladie personnelle ou par la maladie de leurs parents. Dès que le trouble est entré dans une maison, il s'y étend à fond. De chômage, il n'en est presque point question : quelques cas à peine. Mais les accidents de santé sont nombreux, et, aussitôt que le père est obligé de cesser son travail, celui de la mère est suspendu. Ces mauvais jours passés, l'enfant ne les oublie pas; il se souvient d'avoir entendu dire que toutes les économies étaient parties, et de n'avoir vu pendant longtemps autour de lui que des visages soucieux : certaines compositions représentent avec une simplicité saisissante ces intérieurs désolés. Il y a aussi la part des catastrophes : un incendie, un vol, dont les effets ont pesé, durant des années, sur la famille. Une petite fille s'étonne que pendant l'hiver sa mère n'ait plus porté de châle; elle n'apprend que plusieurs mois après que le châle a été déposé au Mont-de-Piété. Ces détails familiers, mais expressifs, montrent que l'enfant n'assiste pas avec indifférence à ce qui se passe autour de lui. Il comprend la peine et s'y associe. La vie a d'ailleurs ses moments heureux. Certaines émotions d'enfance, un séjour à la campagne chez les grands parents, une grande récompense obtenue à l'école, la première communion et les souvenirs qui s'y rapportent forment, dans quelques copies, comme un coin d'horizon riant. Mais c'est la pensée des jours difficiles qui l'emporte. Ne nous en plaignons point. Cette préoccupation, lorsqu'il ne s'y mêle aucune âpreté et lorsque la trace qu'elle laisse n'est pas trop profonde, ne peut être que saine et utile. Ainsi s'explique pour nous un double sentiment que nous avons trouvé presque partout : l'amour de la famille et l'intelligence de la loi du travail.

Témoin des efforts que ses parents font pour assurer son bien-être, l'enfant se transporte volontiers aux temps où il pourra leur rendre les soins qu'il en a reçus. Plus de 60 pour 100 de ceux qui avaient à faire connaître l'emploi de leur livret de caisse d'épargne se promettent d'en appliquer le bénéfice à leur père, à leur mère, à une sœur ou à un frère aîné qui les a élevés. Plusieurs, dans un mouvement d'exaltation généreuse, voudraient se faire leurs domestiques, afin de leur mieux témoigner leur gratitude. Ce que les jeunes filles paraissent redouter avant toute chose, c'est l'apprentissage. Elles se réjouissent d'apprendre le métier de leur mère auprès de leur mère. L'atelier les effraye, non pas seulement en raison des dangers qu'on leur a signalés, mais parce qu'il faudrait quitter la maison. Ce goût de la vie de famille est digne de remarque. Un exemple, qui en témoigne entre bien d'autres, nous a frappé par sa délicatesse. Pendant une maladie du père et de la mère, qui avaient dû être transportés tous les deux à l'hôpital, une enfant avait été recueillie par une voisine. La petite fille décrit dans sa composition le chagrin qu'elle ressentait tous les jours, au retour de l'école, en voyant fermée la porte de son logement, et la joie qu'elle éprouva lorsque, pour la première fois, elle retrouva cette porte ouverte.

Moins vive sans doute, l'intelligence de la loi du travail n'est pas moins générale. Sur les 4364 enfants auxquels la question était posée, 361 n'indiquent pas la profession qu'ils ont l'intention d'embrasser, soit qu'ils n'y aient pas réfléchi encore, soit qu'il y ait indécision dans leurs goûts; mais il n'en est pas un seul qui ait l'idée de se soustraire à une profession. Il y a bien de l'enfantillage dans les raisons pour lesquelles on se décide, et les bonnes raisons ne sont pas toujours désintéressées; quelques-uns ne seraient pas fâchés de gagner vite et beaucoup; comment ne seraient-ils pas de leur temps? mais tous ont la pensée de travailler et sont prêts à le faire.

Nous ne voulons tirer de ces renseignements aucune conséquence qui en dépasse la portée. Il serait téméraire d'en induire des conclusions sur les mœurs et les idées de la classe ouvrière. C'est d'ailleurs l'élite de nos élèves dont nous résumons ici le témoignage, puisqu'il s'agit des candidats au certificat d'études et aux bourses des écoles primaires supérieures; et, si sincère que soit l'expression de leur pensée, nous n'oublions pas que l'occasion dans laquelle on l'a provoquée était pour eux une occasion solennelle, et qu'ils étaient tout naturellement portés à ne mettre au jour que leurs meilleurs sentiments. Ce que nous constatons seulement, c'est qu'ils possèdent ces sentiments, qui, entretenus au delà de l'école comme ils le sont à l'école même, seraient pour la société une puissante sauvegarde.

La direction de leurs idées n'est pas moins juste que celle de leurs sentiments. On peut leur demander combien de temps ils ont donné à l'étude, quelles classes ils ont traversées, ce qu'ils ont le plus goûté, ce qu'ils veulent faire. Ils connaissent les côtés par où ils pèchent; ils ont l'intelligence de leurs aptitudes; et leurs observations sur eux-mêmes ne manquent ni de précision ni d'intérêt. Certains esprits ont déjà leur marque très franche. Il y a les esprits scientifiques et les esprits littéraires : les uns tiennent pour la lecture, l'histoire et les exercices de la composition; les autres pour le calcul et les applications du système métrique. La géographie plaît à tout le monde. On a moins de goût pour la grammaire; elle a trop de mystères, dit une petite fille, qui déclare avoir renoncé à la comprendre; c'est la traduction libre et un peu impatientée du mot profond de Quintilien : *Plus habet intus grammatica quam in fronte.*

A travers cette diversité de préférences, il est clair que généralement on aime l'école. Au moment de la quitter, on regrette de n'y plus revenir; ce n'est pas une simple formule de politesse pour les maîtres dont on se sépare : les effusions partent du cœur. Nous n'avons trouvé que 8 garçons et 3 filles qui se félicitent délibérément d'en avoir fini. On se promet aussi de relire ses livres de classe et de fréquenter les cours du soir. On sent le prix de l'étude, on a suivi ses aînés, et l'on a vu de quelle utilité sont dans la vie le savoir acquis et l'habitude de l'application. Cette sorte de maturité d'esprit est peut-être plus sensible chez les filles que chez les garçons.

C'est surtout dans l'indication des professions qu'elle se manifeste. Plus d'un choix, nous l'avons dit, ne repose pas sur des motifs bien sérieux. Tel veut être caissier ou comptable parce qu'il a eu des prix de calcul ; tel qui s'est de tout temps appliqué à la géographie entrera dans le commerce des denrées coloniales. Quelques écervelées seront couturières parce que c'est le moyen d'être toujours habillée à son goût. D'autres ne se préoccupent que d'avoir un métier propre ; ils retrouvent naïvement la raison qui a déterminé J.-J. Rousseau à faire de son élève un menuisier. Il y a des résolutions dont le motif est plus léger encore ; c'est un rapport de parenté ou de voisinage qui les inspire : on veut faire ce qu'a fait un cousin ou un camarade qui a réussi. Il y a enfin des choix de paresseux : on sait qu'il faut travailler, qu'il n'y a pas moyen de se dérober à cette nécessité ; mais on se fera employé, pour avoir plus de liberté et moins de peine. Certaines décisions, au contraire, se rattachent à une pensée grave. 42 enfants — 33 garçons et 9 filles — se proposent d'entrer dans la vie religieuse. « J'ai bien réfléchi, dit une jeune fille : soigner les malades, être la seconde mère des orphelins, le soulagement des pauvres, les consoler, leur parler du bon Dieu : je ne vois rien qui me plaise davantage. » « J'aimerais, dit un garçon, à verser mon sang pour la propagation de la foi. » « Je veux, écrit un autre avec une remarquable élévation de langage, partir soit comme soldat, pour défendre mon pays, tour à tour si abaissé et si fier, soit comme marin, pour aller découvrir quelque île nouvelle et enrichir la France d'une colonie. » Quelques-uns rêvent la renommée de l'ingénieur, du médecin, du savant, de l'artiste. Qui pourrait s'en étonner ou s'en plaindre? Plus d'une fois, grâce à Dieu, l'école a été le foyer d'une vocation généreuse, le berceau d'une héroïque existence. Le danger serait que, sous le couvert de ces brillantes exceptions, l'école fît naître communément des prétentions injustifiées et entretînt des illusions décevantes. Mais c'est ici précisément que se marque le ferme bon sens des familles et des enfants.

Sur les 4364 élèves qui ont été appelés à faire cette sorte d'examen de conscience, 2415 appartenaient aux écoles de garçons, 1949 aux écoles de filles.

Parmi les 2415 garçons, 581 étaient des concurrents aux bourses municipales dans les écoles supérieures, 1834 des aspirants au certificat d'études primaires.

Nous avons fait connaître dans quelles conditions on sort du collège Chaptal et des écoles Turgot. Il n'est pas moins intéressant de savoir dans quelles dispositions on y arrive. Sur 581 enfants, 174, soit 30 pour 100, n'accusent d'autre intention que celle de continuer leurs études, et sont encore indécis quant au parti qu'ils en tireront. 224, ou 38 pour 100, se proposent d'entrer dans le commerce, soit à titre de négociants proprement dits, soit à titre de comptables; 115, ou 20 pour 100, manifestent un goût décidé pour les états manuels; enfin 68, ou 12 pour 100, ont en vue les emplois d'administration dans la banque, les chemins de fer, etc. On peut donc dire que, si notre enseignement primaire supérieur reste bien conforme aux besoins sociaux qu'il a pour objet de servir, c'est en partie parce qu'il trouve dans l'esprit de l'enseignement primaire un excellent point d'appui.

La statistique des professions dont les candidats au certificat d'études primaires ont fait choix est encore plus significative. Parmi les 1834 garçons qui avaient à témoigner de leurs intentions, 42 seulement, soit 2 pour 100, ont répondu qu'ils ne savaient pas encore ce qu'ils feraient. Tous les autres ont une idée arrêtée: ce qui ne veut pas dire qu'ils n'en changeront pas, mais ce qui indique en quel sens pour le moment se porte leur pensée. Nous avons déjà signalé quelques ambitions d'un caractère élevé. Aux 42 enfants qui parlent de se vouer à la vie religieuse, si l'on ajoute les 73 qui veulent se consacrer à l'enseignement, ou pousser plus loin leurs études pour devenir médecins, chimistes, ingénieurs, naturalistes, on arrive à un total de 115, soit 6 pour 100, qui constituent ce qu'on peut appeler la part des professions libérales. Le reste se classe dans les états manuels, dans le commerce ou l'industrie. 422, ou 23 pour 100, ont nettement l'idée du commerce; 259, ou 15 pour 100, chercheront à se placer dans l'industrie; 996, ou 54 pour 100, c'est-à-dire plus de moitié, sont décidés à prendre un métier.

Le rapport est le même pour les filles. Tous les garçons dont nous venons de résumer les idées étaient élèves des écoles publiques. Parmi les 1949 jeunes filles qui ont pris part à la composition, 1433 venaient des écoles publiques, 516 des écoles libres. Ainsi s'expliquent certaines divergences de vues. Les écoles libres, étant fréquentées par des enfants dont les familles appartiennent à une classe plus aisée, fournissent naturellement aux carrières plus aléatoires un certain nombre de sujets. Telles les 83 jeunes filles, 4 pour 100 sur l'ensemble, qui comptent se livrer aux arts. Mais ce n'est point là le courant général. Dans les écoles libres, comme dans les écoles communales, on a des visées plus modestes et plus sûres. 202 enfants, ou 13 pour 100, doivent apprendre le commerce; 211, ou 10 pour 100, voudraient être institutrices; 62, ou 3 pour 100, sont indécises; 1331, soit 70 pour 100, se préparent à vivre du travail de leurs mains. Tous les corps d'état sont représentés dans ces derniers choix. Il s'y trouve des blanchisseuses, des cordonnières, des boulangères, des cartonnières, des jardinières, des doreuses et des polisseuses sur métaux, des plumassières, des fleuristes. Mais ce qui domine en proportion considérable, ce sont les métiers d'aiguille. Les couturières, à elles seules, sont au nombre de 1022, soit plus de 51 pour 100. Réunies aux lingères, aux modistes, aux giletières, aux passementières, aux piqueuses de bottines, etc., elles forment un total de 1195, c'est-à-dire 62 pour 100.

Et ces déterminations ne sont pas l'effet du caprice d'un moment. L'avenir de l'enfant a préoccupé tout le monde, père, mère, oncle, tante : on s'est demandé ce qui lui conviendrait le mieux, et généralement la discussion a été sage. L'imagination de la jeune fille l'aurait peut-être entraînée; les conseils de la famille l'ont retenue. Leur action se sent à travers certains regrets; elle se manifeste surtout par des protestations d'obéissance. Or c'est un acte de raison peu commun dans toutes les classes de la société que de profiter de l'expérience acquise. On suit rarement la profession de ses parents, parce qu'on en a vu de trop près les inconvénients. Ici c'est le sentiment contraire qui l'emporte. Sur les 1949 jeunes filles dont nous avons étudié le témoignage, 555, c'est-à-dire plus de 28 pour 100, se sont résolues à embrasser la profession de leur mère. De même pour les garçons : 40 pour 100 se montrent disposés à prendre le métier de leur père, uniquement parce que c'est le métier de leur père.

Ce qui achève de donner à ces déterminations une portée sérieuse, c'est qu'elles sont en rapport avec les conditions, les besoins et les avantages de l'industrie parisienne, tels que les fait connaître la dernière enquête de la Chambre de Commerce.

Pour nous en tenir à quelques données essentielles, nous ne prendrons que le groupe du vêtement et nous n'y relèverons que ce qui touche aux métiers des femmes. D'après les relevés de l'enquête, les femmes occupées par ce groupe étaient au nombre de 74 780 ouvrières, sur un effectif total de 174 437 recensées dans l'ensemble des dix groupes. A ces 74 780 ouvrières du vêtement si l'on ajoute les 17 914 femmes qui travaillaient dans les fils et tissus — métiers qui ont plus d'un point commun avec la fabrication du vêtement, — leur nombre s'élève à 92 694, c'est-à-dire à plus de la moitié de l'effectif total.

L'analyse détaillée du groupe du vêtement fournit des éléments d'information plus précis encore. Notons d'abord que ce groupe appartient pour les deux tiers aux femmes : 37 425 ouvriers, hommes ou jeunes gens, contre 74 780 ouvrières, femmes ou jeunes filles. En outre, dans ce nombre de 74 780, les ouvrières attachées aux métiers d'aiguille proprement dits, couturières et confectionneuses, lingères, tailleuses, modistes, casquetières, chapelières, corsetières, chausson-

---

1. *Enquête sur les conditions du travail en France pendant l'année* 1872.

nières, costumières, entrent pour un chiffre de 44 203, ou près de 65 pour 100.

L'examen des salaires ne conduit pas à des conclusions moins avantageuses pour ces métiers. On peut remarquer d'abord : 1° que le produit du salaire annuel des ouvriers appartenant aux dix groupes d'industries étant de 760 503 440 fr., la part afférente au groupe du vêtement est de 139 843 425 fr., c'est-à-dire près de 20 pour 100 ; 2° que le taux moyen du salaire journalier dans ce groupe est de 6 francs pour les hommes, de 3 fr. 20 c. pour les femmes, taux qui dépassent l'un et l'autre la moyenne des salaires dans les autres industries. En second lieu, à prendre séparément, dans le groupe du vêtement, les hommes et les femmes, on voit que le produit du salaire par an est de 67 620 300 francs pour les ouvriers, de 72 223 125 francs pour les ouvrières. Enfin, si l'on réunit les catégories où le travail de l'aiguille domine — couturières, confectionneuses, chapelières, corsetières, chaussonnières et costumières, — la part des bénéfices qu'elles prélèvent à elles seules est de 46 141 509 fr. : d'où résulte un salaire moyen par jour qui, pour aucune de ces spécialités, ne descend au-dessous de 2 fr. 50 c., qui s'élève pour quelques-unes, notamment pour les confectionneuses, à 4 francs, et dont la moyenne est de 3 fr. 50 c., chiffre supérieur de 30 à 40 c. à la moyenne commune au groupe du vêtement.

Ce n'est donc pas sans s'être rendu compte, soit par elles-mêmes, soit avec leurs parents, des chances de travail et de gain offertes par les différentes professions que les jeunes filles dont nous avons analysé les dépositions ont fait leur choix. Ces choix, justifiés par des explications de valeur fort inégale et d'ordre très divers, ne laissent pas de présenter dans leur ensemble un caractère net et singulièrement instructif. Nous ne sommes plus ici dans la sphère des sentiments, dont l'expression la plus sincère peut laisser en défiance. Il s'agit d'indications positives, d'arguments précis, de faits; et ces faits, réunis aux renseignements que nous a fournis l'étude de la statistique, ainsi que celle des concours et des examens, démontrent, à ce qu'il semble, que non seulement les écoles primaires de la ville de Paris profitent à ceux pour lesquels la dépense en est faite, mais que, par les sentiments et les idées qu'elles développent, par les goûts qu'elles inspirent, elles répondent bien à leur objet.

III

Ces conclusions sont-elles les seules que nous ayons à recueillir de cet examen; et ne porte-t-il pas en lui-même un autre enseignement? Nos études primaires sont-elles ce qu'elles doivent être? L'esprit en est-il, absolument conforme aux besoins que les témoignages des élèves révèlent?

Il y a cent ans, dans un essai d'éducation nationale remarquable à plus d'un titre, un réformateur de l'instruction publique pouvait écrire, sans que l'opinion s'en émût : « Le peuple même veut étudier.... Les Frères de la Doctrine chrétienne, qu'on appelle ignorantins, sont intervenus pour achever de tout perdre; ils apprennent à lire et à écrire à des gens qui n'eussent dû apprendre qu'à manier le rabot et la lime, mais qui ne le veulent plus faire.... Le bien de la société demande que les connaissances du peuple ne s'étendent pas plus loin que ses occupations. Tout homme qui voit au delà de son triste métier ne s'en acquittera jamais avec courage et avec patience. Parmi les gens du peuple, il n'est presque nécessaire de savoir lire et écrire qu'à ceux qui vivent pour ces arts ou que ces arts aident à vivre[1]. »

La société comprend aujourd'hui son devoir autrement que ne l'entendait le procureur de la Chalotais. Elle est à la fois plus humaine et plus prévoyante. Elle reconnaît à chacun de ses membres le droit de prétendre, dans la mesure de ses facultés, à ce que saint Augustin, commentant un texte de Platon, appelle le divin plaisir de connaître. Elle considère que la propagation de l'instruction primaire est « une dette de justice envers le peuple ». M. Guizot, à qui nous empruntons ce mot, ajoutait avec autorité : « et une nécessité pour le développement de la prospérité d'une nation ». Une statistique dressée en 1876 par les bureaux scolaires de l'Amérique du Nord plaçait en regard les États où l'instruction primaire était en retard et ceux où elle était en progrès; et ce tableau répondait avec une exactitude presque mathématique au tableau du mouvement du commerce et de l'industrie. La même concordance a été relevée dans l'Allemagne du Nord et en Autriche. La science perfectionne chaque jour les procédés et les outillages du travail; ce sont les instruments du progrès; mais ces instruments ne profitent qu'à ceux qui savent les manier. Aux justifications morales et aux arguments économiques se joignent les considéra-

1. *Essai d'éducation ou Plan d'études pour la jeunesse*, par Louis-René de Caradeuc de la Chalotais, procureur du roi au Parlement de Bretagne, 1763.

tions politiques tirées des conditions nouvelles de l'ordre social. « Le jour où la Charte fut donnée, disait Royer-Collard dès le commencement de ce siècle, l'instruction universelle fut promise, car elle fut nécessaire[1]. » Observation profonde que dans un récent rapport sur les écoles publiques des États-Unis l'évêque Fraser semblait commenter, lorsqu'il écrivait[2] : « Un peuple ignorant peut être gouverné; mais un peuple instruit peut seul se gouverner lui-même. On ne saurait donc accorder trop d'importance à l'éducation des futurs citoyens; car de la valeur particulière des électeurs dépend celle de nos législateurs. »

Ce qui a de tout temps fait envisager avec crainte par certains esprits le développement de l'enseignement populaire, c'est ce qu'on appelle le péril des déclassements. Tel était le fondement unique des réserves de la Chalotais. « On a, disait-il, établi des écoles à Brest et à Saint-Malo; et depuis on a peine à trouver des mousses ou de ces jeunes garçons qui servent dans un vaisseau et qui sont destinés à être matelots : dans trente ans d'ici on demandera pourquoi il manque des matelots ! » Les mousses n'ont pas plus manqué à Brest que ne manqueront à Paris, malgré la multiplication des écoles, les ouvriers et les ouvrières, ainsi qu'on vient de le voir. L'instruction, en pénétrant partout, répand partout la lumière; elle profite à toutes les classes, qui montent en même temps, et l'équilibre général demeure.

Quoi de plus juste, d'ailleurs, que le travail, cette

---

1. Discours à la distribution des prix du grand Concours (10 août 1818).
2. 1880.

loi commune, tourne à l'avantage de quiconque s'y soumet avec énergie et probité? Quoi de plus utile, dans une démocratie libérale, que ces grands courants d'activité intelligente qui, traversant toutes les couches, y renouvellent incessamment la force et la vie? Sur ce point aujourd'hui le sentiment public est unanime. Il ne refuse à personne le droit de s'élever. Il est bienveillant à ceux qui s'élèvent. Jamais la hiérarchie sociale ne s'est ouverte avec plus de souplesse à toutes les ambitions justifiées par le mérite. Jamais aussi elle n'a été moins troublée, parce que chacun n'y vise que ce qu'il peut atteindre. Ce que l'on cherche avant tout, c'est à se perfectionner dans son art, dans son métier : on a le désir de faire bien ce que l'on fait.

C'est à ce point de vue que des hommes, dévoués d'ailleurs à tous les sages progrès de l'éducation populaire, se demandent si notre enseignement n'a pas un caractère trop classique, et s'il n'y aurait pas intérêt, pour ceux qui en profitent, comme pour la société à laquelle le profit en doit être appliqué, à le rapprocher davantage des réalités de la vie, en y faisant place au travail manuel : « Il faut instruire les enfants du peuple, disent-ils ; mais il ne faut pas les exposer à perdre le goût du travail professionnel ; par conséquent il ne faut pas que l'instruction par l'esprit seulement soit trop prolongée.... Il serait nécessaire que tous les écoliers de douze ans eussent appris comment le feu amollit les métaux et comment l'eau froide les trempe, comment la chaux se délite et comment durcit le ciment, ce que c'est qu'un tour et ce qu'on en peut tirer, comment on fait un tenon simple et sa mortaise, comment se fabrique un clou et comment on l'enfonce[1]. »

Cette observation est-elle fondée ? et si elle est fondée, quelle part y a-t-il lieu de lui faire ?

La préparation à la vie, telle est aujourd'hui la formule commune à la définition de l'enseignement dans tous les pays. Mais que faut-il entendre par là? Herbert Spencer estime que la vie complète comporte cinq modes essentiels d'activité : 1° l'activité qui concourt directement à la conservation de l'individu; 2° l'activité qui contribue indirectement à sa conservation, en pourvoyant aux nécessités de l'existence; 3° l'activité qui a pour objet d'élever la jeune famille; 4° l'activité qui assure le maintien de l'ordre social; 5° l'activité de genre varié, employée à remplir les loisirs, c'est-à-dire à donner satisfaction aux goûts et aux sentiments[2]. C'est à l'éducation des classes moyennes plutôt qu'à celle des classes ouvrières qu'il entend appliquer ces règles. En réalité, elles conviennent aux unes comme aux autres. Les mêmes besoins, les mêmes droits engendrent les mêmes nécessités, les mêmes devoirs ; ce n'est qu'une question de mesure.

Ceux qui, mus par une louable préoccupation des besoins immédiats des classes populaires, veulent que dans les cadres de l'école il soit fait une place prépondérante au travail manuel, sont-ils bien résolus, comme ils le disent, à retrancher de l'enseignement quelqu'une des matières qu'il comprend? Car c'est ainsi

1. *Enseignement primaire et apprentissage*, par G. Salicis, ancien élève de l'École Polytechnique, inspecteur général du travail manuel dans les écoles normales.
2. *De l'Éducation*.

que se pose tout d'abord la question. Le temps que l'enfant consacre à son éducation est limité : à peine y trouvons-nous place pour tout ce qu'il est indispensable de lui apprendre. Ce n'est qu'au prix d'un sacrifice qu'il serait possible d'introduire dans une large mesure les exercices manuels. Quel sera donc l'objet de ce sacrifice? Laissons de côté les connaissances qui composaient tout le programme d'avant 1789 : lecture, écriture, calcul. Supprimera-t-on l'étude de la langue maternelle, dont le P. Girard, avec un sens pédagogique si juste, voulait faire le fond de l'instruction élémentaire, et alors que, par un entraînement opposé, d'autres désirent qu'à l'étude de la langue maternelle s'ajoute celle d'une langue étrangère? Ou bien sera-ce l'étude de la géographie, dont les données se rattachent de si près aux intérêts industriels et commerciaux sur lesquels vivent les classes ouvrières? Sera-ce enfin l'étude de l'histoire nationale, cette grande école d'expérience si nécessaire à tous, aujourd'hui que tous ont le droit de prononcer sur les destinées du pays? Combien d'erreurs n'ont d'autres causes que l'ignorance! En 1870, alors qu'on discutait en plein vent les chances d'une sortie qui nous avait été fatale, je me souviens d'avoir entendu un apprenti de seize ans expliquer dans un groupe, en s'appuyant du souvenir du siège de Paris sous Henri IV, qu'une ville assiégée ne pouvait se délivrer qu'avec l'appui d'une armée de secours. On se moquait de son pédantisme. Avec un peu plus de savoir, on aurait applaudi à son bon sens. Tout ce qui s'apprend à l'école ne demeure pas dans l'esprit, sans doute, pas plus que ce qui s'apprend au collège. Mais, est-il besoin de le redire? indépendamment de leur intérêt propre, l'objet de ces connaissances générales est de contribuer à former le jugement; et c'est ce qui en reste pour toute la vie, lorsque vient s'y joindre l'expérience de la vie même. Or s'il n'est rien qui ne puisse servir à cette éducation de l'intelligence, l'enseignement de la langue, celui de l'histoire et de la géographie sont, avec l'enseignement moral, les seuls dans les classes primaires qui permettent d'ouvrir quelques horizons plus larges à l'esprit de l'enfant et préparent en lui l'homme et le citoyen. Ni les cours d'adultes, ni les bibliothèques populaires ne peuvent refaire ce fonds de savoir essentiel, lorsqu'il n'a pas été acquis à l'école, dans l'âge où les souvenirs se gravent. Toute l'activité de l'enfant, plus tard celle de l'homme, en est atteinte, même cette activité appliquée à remplir les loisirs de la vie dont parle Spencer. Le goût des lectures sérieuses, des distractions saines ne vient pas tout seul ; il est le produit d'un certain degré d'instruction qui élève l'intelligence, parfois à son insu, et lui fait trouver sa récréation dans un ordre de jouissances supérieures.

Même en se plaçant exclusivement au point de vue de l'instruction professionnelle, celui-là court le risque de rester dans une infériorité manifeste, dont l'esprit n'a pas reçu cette préparation générale. Les industriels en fourniraient aisément le témoignage : l'apprenti, muni d'un ensemble de notions élémentaires bien digérées, prend vite le pas sur celui qui n'apporte à l'atelier, pour tout bagage, que quelques habitudes de travail manuel. La loi du 19 mai 1874, qui oblige les enfants de moins de 12 ans employés dans les ateliers et les manufactures à suivre les exercices de l'école concurremment avec le travail de la fabrique, a pour objet soit de prévenir, soit de détruire certains abus. Elle a créé ou plutôt régularisé une tolérance. Il serait funeste d'en tirer un principe d'éducation. C'est un pis-aller, bien loin d'être un idéal. L'école d'abord, et aussi longtemps qu'elle est nécessaire au développement des forces physiques, intellectuelles et morales de l'enfant ; l'apprentissage ensuite, avec la continuation et l'extension d'études qu'il comporte : tel est l'ordre naturel et logique. Du jour où la pratique des métiers, sous la forme d'exercices professionnels, aura pris dans l'école la place du travail rationnel de l'école, les bancs des classes seront prématurément désertés. Mal conseillés par l'intérêt, pressés peut-être par le besoin, les parents voudront mettre immédiatement à profit pour le plus mince salaire l'habileté de main que l'enfant aura acquise tant mal que bien ; ils le feront renoncer à toute étude, j'entends même à toute étude professionnelle intelligente ; ils le voueront à un métier qu'il exercera par routine; ou s'il triomphe un jour de son ignorance, ce ne sera qu'au prix d'énormes sacrifices de temps, de peine et de gain qu'une meilleure direction, dès le principe, lui aurait épargnés.

Ainsi consacrer à l'apprentissage une partie du temps que la loi a sagement réservé aux études primaires proprement dites, ce ne serait pas seulement appauvrir ce fonds de connaissances éducatrices qu'il importe aujourd'hui plus que jamais de fortifier; ce serait porter à l'éducation professionnelle elle-même un coup funeste, l'éducation professionnelle ne pouvant rien édifier de solide pour l'avenir de l'enfant qu'autant qu'elle repose sur les assises régulièrement établies d'une bonne éducation générale. Bien plus, par cette confusion de deux éducations également nécessaires, qui peuvent se préparer l'une par l'autre, mais qui ne doivent pas être confondues l'une avec l'autre, on n'aboutirait le plus souvent qu'à les mutiler toutes deux, l'enfant ne restant pas assez de temps à l'école, ni pour y faire des études sérieuses, ni pour s'y former sérieusement à un métier.

IV

Mais est-ce à dire qu'il n'y ait aucun compte à tenir des faits mis en lumière par la statistique morale que nous venons de résumer? Sans cesser de conserver dans ses méthodes le caractère général qui convient à l'éducation des facultés, l'enseignement primaire ne peut-il point, par l'esprit, par le choix et par la direction de ses exercices, s'accommoder davantage aux intérêts de la vie qui saisira l'enfant au sortir de l'école? Qu'on nous permette d'exposer, sur cette question qui préoccupe avec raison l'opinion publique, les résultats de notre expérience.

Les premiers législateurs de notre instruction publique avaient un sentiment exact des caractères nécessaires de l'enseignement primaire. « On enseignera aux enfants dans les écoles, disaient-ils, tant à lire dans les livres manuscrits que dans les livres imprimés; à écrire, et les exemples d'écriture leur rappelleront leurs droits et leurs devoirs; les premiers éléments de la langue française, soit parlée, soit écrite; les règles de l'arithmétique simple; les éléments du toisé; les noms des villages du canton, ceux des cantons, des districts et des villes du département avec lequel le pays a des relations plus habituelles; les principes de la religion; les premiers éléments de la morale, en s'attachant surtout à faire connaître les rapports de l'homme avec ses semblables; des instructions simples et claires sur les devoirs communs et sur les lois qu'il est indispensable à tous de connaître; des exemples d'actions vertueuses qui les toucheront de plus près, et, avec le nom du citoyen vertueux, celui du pays qui l'a vu naître; les principes du dessin géométral; les premières notions des objets naturels qui les environnent et de l'action naturelle des éléments; pendant les récréations, des jeux propres à fortifier et à développer le corps.... On les rendra souvent témoins des travaux champêtres et des ateliers; ils y prendront part autant que leur âge le leur permettra. Toutes les instructions données aux filles dans les maisons d'éducation publique tendront particulièrement à les préparer aux vertus de la vie domestique et aux talents utiles dans le gouvernement d'une famille[1] ». Les programmes de l'enseignement primaire ont été déterminés depuis cette époque avec plus de précision; mais à quelques mots près, qui sont du temps, l'esprit n'en a jamais été mieux défini; et parmi les législations étrangères auxquelles nous nous référons aujourd'hui comme modèles, plus d'une s'est manifestement inspirée de ces principes.

Or nul doute qu'on n'ait, en tout temps, cherché à les faire effectivement pénétrer dans l'enseignement. Mais cet effort est particulièrement sensible aujourd'hui. Toutes les réformes apportées à l'outillage scolaire ont pour but de rapprocher l'enfant des réalités de la vie, en traduisant à ses yeux, sous des formes sensibles, ce qu'il voit, pour le lui rendre plus saisissable, et ce qu'il ne voit pas, pour lui en donner une idée exacte.

---

1. Projet de décret de septembre 1791, décret de vendémiaire an II. Cf. dans notre *Recueil de la législation de l'enseignement primaire en France*, les lois et projets de loi de 1816, 1830, 1833 et 1848.

D'excellents livres de lecture transportent sa pensée sur tous les objets qui forment le fond ou le cadre de son existence : la maison d'école et ses alentours, le village ou la ville, les habitations et les monuments qui les remplissent, le commerce ou l'industrie qui les fait vivre[1]. Les ouvrages de nos bibliothèques scolaires ont été choisis dans les mêmes vues[2]. A ces lectures viennent s'ajouter des excursions qui en sont le commentaire. L'année dernière, pendant les congés de la Pentecôte, les meilleurs élèves du 9e arrondissement ont été conduits à Dieppe et à Rouen. A l'époque des grandes vacances, ceux des écoles du 18e arrondissement ont visité, sous la direction d'un maître et d'après un programme tracé par le maire, les monuments artistiques ou industriels de Paris et des environs de Paris. Des cours de topographie sont annexés à l'enseignement de la géographie; les enfants vont, sur le terrain, relever des plans, tracer des croquis, étudier les conditions de la viabilité d'un chemin ou de la pente des eaux, le mécanisme des barrages et des écluses. Enfin la place faite aux exercices manuels proprement dits, dessin linéaire et dessin d'ornement, couture pour les jeunes filles, a été, depuis quelques années, toujours s'élargissant. On peut donc le dire sans crainte d'être démenti par les faits : dès aujourd'hui une part considérable est attribuée, dans l'école, aux moyens de développer le sens des choses de la vie, ainsi qu'à l'éducation de l'œil et de la main, ces deux outils par

---

1. *Leçons de choses et lectures à l'usage des écoles primaires et des cours d'adultes*, par Paul Rousselot, ancien professeur agrégé de philosophie, inspecteur de l'Académie de Nancy; *Petit-Jean*, de Joanne; *Francinet*, de Bruno; *le Ménage*, de Fabre, etc.

2. Voir notamment la *Vie de Stephenson*, la *Vie d'Oberlin*, la *Vie de Franklin*, les *Chemins de fer*, la *Houille*, l'*Eau*, le *Savant du foyer*, la *Basse-Cour*, l'*Histoire de l'Industrie*, l'*Histoire d'une Maison*, l'*Histoire d'une Chandelle*, etc.

excellence du travail ouvrier dans tous les genres d'industrie.

Toutefois, nous ne ferons pas difficulté de le reconnaître, les programmes de l'école restant intacts, il n'est pas impossible que l'enseignement s'accommode mieux encore à la destinée des enfants qui le reçoivent, et que leurs facultés soient plus particulièrement exercées en vue de l'application qu'ils ont à en faire.

Ce ne sont pas seulement les leçons de lecture qui doivent fournir un texte solide à l'explication des premiers éléments de l'éducation professionnelle; les exercices de langue, de calcul, de rédaction peuvent aussi servir à y intéresser l'enfant. Il suffit, pour cela, à l'occasion — soit qu'elle se produise d'elle-même, soit qu'on la fasse naître, — d'indiquer avec précision, en quelques mots, précédés ou suivis de la représentation de l'objet, l'origine de tels ou tels matériaux, leurs propriétés essentielles, leurs usages. Pour ces objets seulement, je voudrais que les élèves fussent chargés de les procurer eux-mêmes à la classe : un morceau brut ou travaillé de bois, de pierre, de fer, d'étain, de plomb, la moindre étoffe de coton, de laine, de fil ou de soie, apportés de l'atelier du père ou de la mère, voilà le meilleur sujet de ces explications pratiques. A l'intérêt de la chose s'ajoutera celui de sa provenance. Ce sera honorer la profession dépendant de l'objet pris en exemple, que de montrer de quels éléments il se compose, comment il se traite, quelle transformation lui fait subir le travail de la main humaine, quels services la société en recueille. Ainsi peut se former, dans chaque école, une sorte de musée technologique, variable suivant les industries locales. On encourage avec raison chez les enfants le goût des collections; rien n'est plus propre à développer l'esprit d'observation et de méthode, l'habitude de l'activité raisonnée et utile. Ce fonds que les élèves auront créé, qu'ils ne demanderont qu'à entretenir et à renouveler, le maître le complétera, le perfectionnera, l'organisera. Il n'est pas nécessaire qu'il soit bien considérable, encore moins qu'il soit savamment disposé. Ce qui importe, c'est d'en tirer parti. Franklin considérait les connaissances technologiques élémentaires comme un premier degré d'apprentissage.

Il y a plus : dans une certaine mesure, on peut directement commencer, dès l'école, l'éducation professionnelle des enfants, sans porter préjudice aux études générales. Ce qui a été fait, sous le nom de cours de taille et d'assemblage, pour développer chez les jeunes filles le goût et l'habitude de la couture, est applicable aux garçons sous forme d'ateliers de travail manuel. Rien n'empêche en effet qu'ils soient exercés, en dehors des heures de la journée scolaire, au maniement des outils en usage dans toutes les industries. Ils ne sont point occupés, comme les filles, au détail de la vie domestique, ils ont des loisirs dont leurs familles sont souvent embarrassées et que le plus souvent ils n'emploient pas à bien. C'est ce temps-là qu'il y aurait lieu d'utiliser. Précisons davantage. La leçon de gymnastique qui suit la classe du soir se termine à 5 heures, et elle n'a lieu que trois fois par semaine. De 4 à 6 heures, ou de 5 à 6, les jours de gymnastique, les élèves du cours supérieur passeraient à l'atelier, par fractions de vingt, de façon que chacun suivît les exercices quatre heures au moins par semaine. En outre, le jeudi, pendant la partie de la journée laissée disponible par le dessin, l'atelier serait ouvert à ceux dont les aptitudes seraient plus particulièrement signalées. Il n'en résulterait aucun surcroît de fatigue, les exercices physiques étant un repos après le travail intellectuel. Ceux-là même qui n'en auraient pas le goût y trouveraient un complément d'éducation utile : savoir se servir de ses doigts, disait J.-J. Rousseau, est une supériorité dans toutes les conditions de la vie. Quant aux autres, c'est-à-dire à la grande majorité, comme nous l'avons vu, cet enseignement ne remplacerait pas l'apprentissage assurément, mais il le préparerait. Lorsque, récemment encore, le Parlement émettait le vœu, bien des fois exprimé, que l'agriculture fût introduite dans les programmes des établissements normaux, pour pénétrer de là dans les écoles primaires, on ne songeait pas, sans doute, à enseigner à l'école ce qui ne peut s'apprendre qu'à la ferme et aux champs. Ce qu'on demandait simplement à l'instituteur, c'était d'intéresser les enfants à la vie rurale par des lectures, des explications, des textes de devoirs bien choisis, d'ajouter pour les plus âgés quelques exercices d'horticulture et de donner, pour ainsi dire, à leur éducation agricole une première façon.

Cette sage préoccupation de la destination des enfants aurait en même temps pour effet de ramener l'attention des maîtres sur l'utilité des connaissances usuelles indispensables. Dans son discours sur l'élévation morale des classes ouvrières, Channing, après avoir montré que tous les travaux de l'industrie dans les grandes villes ont un lien intime avec les applications de la mécanique et de la physique, exprimait le vœu qu'on propageât le goût de ces connaissances chez les apprentis, « rien ne pouvant mieux contribuer à ennoblir un métier aux yeux de ceux qui l'exercent, que l'étude de ses rapports avec les lois de la nature ». Et il n'est pas aujourd'hui, dans les pays étrangers, un seul programme d'enseignement primaire élémentaire où les notions scientifiques applicables aux usages de la vie n'aient leur place. L'enseignement de l'économie domestique et du ménage est réglementaire dans les écoles de l'Angleterre et de la Russie. En Russie, le directeur actuel du musée pédagogique, le général Kokowski, a créé tout un système d'appareils pour la démonstration des préceptes fondamentaux de l'hygiène. Je sais bien que, si nous ne consultons que les textes de notre législation, ils ne sont pas moins riches que les autres en prescriptions de cette nature. J'ajouterai même que des efforts ont été tentés, à différentes époques, pour en assurer l'exécution dans les classes. En 1836 notamment, le Comité central de la ville de Paris avait établi dans les écoles de garçons et de filles un enseignement régulier de l'hygiène[1]. Un traité spécial avait été rédigé à l'usage des instituteurs, sous la direction d'Orfila. Telle est aujourd'hui la multiplicité des matières d'études, qu'on aurait quel-

---

1. RÈGLEMENT *pour l'enseignement hygiénique dans les Écoles municipales*, 16 avril 1836.

Le Comité central de la ville de Paris,

Vu l'article 1ᵉʳ de la loi du 28 juin 1833, qui porte, après avoir énuméré les enseignements dont se compose l'instruction primaire élémentaire ou supérieure, que, selon les besoins et les ressources des localités, elle pourra recevoir les développements qui seront jugés convenables;

Vu le règlement du 12 novembre 1835 sur l'emploi du temps dans les écoles mutuelles, lequel règlement (art. 5) affecte chaque jour, à l'instruction morale et religieuse, une heure, dont la première demi-heure est employée à des instructions qui sont données tantôt sous forme de lecture et d'explication, tantôt sous forme d'interrogation;

Considérant que, jusqu'à présent, il n'a été fait dans les écoles municipales aucun enseignement spécialement consacré à l'hygiène, et qu'il importe que cette lacune soit comblée, non moins dans l'intérêt national que dans l'intérêt individuel;

Considérant qu'un tel enseignement, en même temps qu'il a pour objet la conservation de l'existence et de la santé, tend à démontrer

que peine à introduire dans les programmes un nouvel enseignement suivi. Mais de quoi s'agit-il? De donner à l'enfant l'éveil sur ces questions. Qu'il contracte des habitudes d'ordre et de propreté; plus tard il entrera dans l'esprit des règles qu'il aura commencé par observer; à douze ans, il suffit de lui en démontrer la nécessité et de lui en inculquer le besoin. Ainsi en est-il des notions de sciences. On ne peut songer à créer un cours de physique dans les classes primaires; mais est-il impossible de faire saisir aux enfants, par quelques explications sensibles, les grandes lois de la pesanteur,

aux élèves, autant que leur âge le comporte, l'importance physiologique et morale d'une vie régulière et des soins physiques qu'ils doivent prendre d'eux-mêmes, et que, sous tous ces rapports, il se rattache essentiellement à l'instruction morale et religieuse;

ARRÊTE :

ARTICLE PREMIER. — Il sera fait, dans toutes les écoles municipales, un enseignement spécial de préceptes d'hygiène.

ART. 2. — Cet enseignement aura lieu une fois par semaine, et plus souvent si le besoin de la classe le réclame, dans la première demi-heure de l'heure consacrée à l'instruction morale et religieuse.

A cet effet, l'instituteur expliquera à toute la classe, à l'aide de raisonnements et de faits de nature à être compris des enfants, un ou plusieurs desdits préceptes d'hygiène. Après ces explications, il adressera aux élèves des questions qui auront pour but de commander leur attention et de s'assurer qu'il a été compris.

ART. 3. — Une fois par semaine, et plus souvent s'il est nécessaire, ces préceptes d'hygiène seront, suivant les procédés ordinaires de la méthode actuelle :

1° Donnés en lecture courante aux élèves des septième et huitième classes;

2° Dictés en leçon d'écriture aux mêmes élèves ;

3° Appris par cœur au préau par les élèves des six premières classes.

ART. 4. — Les mêmes préceptes d'hygiène seront enseignés dans les écoles simultanées pendant une demi-heure par semaine, suivant le mode indiqué dans l'article ci-dessus.

Ils seront en outre, au moins une fois par semaine, donnés en lecture courante, dictés en leçons d'écriture et appris par cœur, suivant les procédés usités dans la méthode simultanée.

ART. 5. — Le présent règlement sera imprimé et adressé, pour son exécution, aux comités locaux, aux délégués de M. le Préfet pour l'inspection des écoles, ainsi qu'aux instituteurs.

ART. 6. — M. le Préfet de la Seine est invité à ordonner qu'il soit rendu applicable aux écoles communales de filles.

Signé : ORFILA.

de la chaleur et de la lumière? On y arrive dans les pays voisins au moyen d'appareils très élémentaires et peu coûteux. Commencé à l'école, cet enseignement se continuerait dans les classes d'adultes. L'expérience en a été faite, cette année même, à l'école de la rue Morand, et des examens sérieux ont démontré qu'il était possible d'obtenir des résultats. L'histoire naturelle trouverait certainement aussi son contingent d'élèves parmi les femmes vouées aux métiers de luxe : plumes, fleurs, bijoux. L'économie domestique enfin n'est-elle pas un corollaire des cours de comptabilité qui ont été ouverts, depuis quelques années, en faveur des femmes? Ainsi superposées aux études fondamentales, ces études, dont l'école aurait, pour ainsi dire, ébauché l'idée dans l'esprit de l'enfant, compléteraient l'éducation de l'école, et elles rendraient à l'apprenti le service inappréciable de le maintenir dans un régime d'application intellectuelle qui contribuerait à le préserver des mauvaises suggestions de l'oisiveté du soir en même temps que des envahissements de la routine professionnelle.

Il n'est donc pas nécessaire, on le voit, de troubler l'économie des programmes de l'instruction primaire pour commencer à préparer utilement l'enfant à la vie. Il suffit d'employer à des exercices élémentaires de travail manuel le temps disponible que peut laisser le développement normal de ces programmes et de l'initier aux connaissances pratiques que l'enseignement complémentaire des classes du soir achèvera plus tard de lui assurer.

V

Mais ce que nous voudrions surtout, c'est que l'enseignement général se pénétrât lui-même de plus en plus des besoins propres à l'enfant des écoles. A notre sens, ce n'est pas sans fondement qu'on reproche à nos études primaires d'être trop classiques, au sens que la tradition attache à ce mot. Qu'il s'agisse d'histoire, de géographie ou de langue, nous nous complaisons dans les exercices qui conviennent à une éducation de loisir; il semble que nous ne considérions pas assez les conditions spéciales du savoir que l'école a pour objet de fournir, et qui doit être pour ceux qui l'ont suivie le viatique de toute leur existence. Quelques mots suffiront pour indiquer notre pensée.

En Angleterre, dans les établissements primaires, on commence l'étude de l'histoire par l'époque contemporaine, afin de bien asseoir l'intelligence de l'enfant dans les idées du temps où il est appelé à vivre. Notre inflexible esprit de logique se refuserait à remonter ainsi le cours des choses ; nous ne savons pas procéder à rebours; nous aimons à déduire régulièrement les causes et les conséquences. Mais, sans intervertir l'ordre naturel des faits, ne pourrait-on accorder nos habitudes de méthode avec les nécessités de direction qui s'imposent à l'éducation des classes populaires? N'est-il pas profondément regrettable que les enfants quittent les bancs, aussi bien les meilleurs que les moins laborieux, sans avoir aucune notion des grands événements de leur siècle, et qu'alors qu'ils sont appelés à les juger, en jugeant ceux que leur suffrage doit appeler à y prendre part, ils soient réduits à ne les connaître que par les polémiques passionnées de la presse journalière? On a introduit l'histoire contemporaine dans l'enseignement secondaire, sans qu'il en soit résulté aucun des inconvénients de critique partiale dont s'étaient émus quelques esprits. Serait-il moins utile que les programmes de l'enseignement primaire comprissent quelques tableaux sommaires établissant la filiation des faits qui ont si profondément modifié, de nos jours, la carte du monde? N'y aurait-il avantage à donner une large place aux siècles dont le dix-neuvième siècle procède directement? C'est dans cette pensée qu'ont été disposés les cadres des programmes de l'*Organisation pédagogique*. Mais, au lieu d'arriver promptement à la période moderne, on s'attarde aux origines, aux âges quasi héroïques de nos annales nationales, domaine de l'érudit et du philosophe où il n'est indispensable de transporter l'esprit des enfants de l'école primaire que pour leur faire saisir, par quelques traits caractéristiques, le lien qui rattache le présent au passé. Le temps manque ensuite pour insister, autant qu'il conviendrait, sur ces époques plus rapprochées dont la vie est mêlée à notre vie, sur ces aïeux immédiats dont nous sommes la chair et le sang.

Bien plus, tout occupé d'assurer dans la mémoire de l'élève la trame générale des faits, on néglige l'explication des institutions qui ont modifié l'état social. La législation française n'admet pas dans l'éducation publique ce qu'on appelle à l'étranger l'instruction civique[1]. Le nom importe peu. Mais le bon sens réclame qu'au respect des traditions nationales, qui est la base

---

1. Les lois des 28 mars 1882 et 30 octobre 1886 ont introduit dans les programmes l'enseignement civique et l'histoire contemporaine.

du patriotisme éclairé, se joigne dans l'esprit des enfants arrivés, comme on dit, à l'âge de raison la connaissance des lois générales de la vie publique de leur pays. Ce que nos élèves savent le moins, c'est ce qu'ils auraient, pour eux et pour tout le monde, le plus d'intérêt à savoir. Que d'enfants pourraient tant bien que mal expliquer ce qu'étaient en leur temps les maires du Palais, qui seraient fort embarrassés de définir les attributions du maire de leur village? Et si ces notions ne leur sont pas enseignées à l'école, comme elles peuvent l'être, comme elles le sont dans tous les pays qui nous entourent, où et comment les apprendront-ils? Hors de l'école, le travail leur laisse peu de temps pour achever de s'instruire; mais ce qui leur manque bien plus encore, c'est l'incitation à le faire. Nous voudrions déposer dans leur esprit les germes de cette utile curiosité. Quelques indications générales qui les mettent sur la voie de la réflexion, il n'en faut pas davantage à l'école primaire. Plus tard, de saines lectures venant avec l'expérience féconder ce souvenir, cela suffira peut-être pour soustraire leur jugement au mirage des théories funestes.

Ce même caractère pratique, usuel, si j'ose dire, peut se retrouver dans l'enseignement de la géographie. Nos maîtres ne définissent plus les accidents géographiques en l'air, ils les font vérifier sur la carte et observer, quand il se peut, sur le terrain. Tel est le mouvement naturel des choses, qu'on est même arrivé à donner une importance trop considérable à l'étude de la configuration physique du sol; nous touchons presque sur ce point au superflu. Il est d'autant plus facile de faire la place au nécessaire. Ce que l'enfant destiné au travail professionnel a besoin de connaître avant tout, c'est la vie agricole, industrielle et commerciale des différentes régions de la France et du monde civilisé, leurs richesses naturelles, les voies de communication qui permettent les échanges. Si au moyen de collections, qu'avec un peu de goût et de zèle il est facile de réunir, l'instituteur peut placer entre les mains des élèves quelques échantillons des produits exotiques ou nationaux, la leçon fournira le plus attrayant en même temps que le plus solide des enseignements. Lorsqu'il y a quelques années, sur notre demande, des notions d'économie industrielle furent ajoutées au programme des écoles primaires supérieures, on n'était pas sans défiance. Aujourd'hui on en apprécie les effets salutaires. Les problèmes économiques tiennent le premier rang parmi les difficultés sociales de notre temps; et trop souvent l'ignorance, l'intérêt mal entendu, les passions en décident. N'est-ce pas donner au bon sens quelques chances de plus, que d'ouvrir de bonne heure l'intelligence des enfants à ces vérités naturelles qui se dégagent d'un enseignement raisonné de la géographie, et qui ont sur les intérêts vitaux des classes ouvrières une action si profonde? « A qui grêle sur la tête, dit un vieux proverbe, il semble que le ciel choit en la terre entière. » Les indications de la météorologie, recueillies à la campagne comme à la ville, ont appris à plus d'un paysan que les mouvements de l'atmosphère ont leurs règles. Lorsque quelques notions très élémentaires des conditions et des lois du travail permettront à l'ouvrier de se rendre compte des causes, tantôt locales, tantôt générales, des crises, on doit espérer que, si elles ne bannissent pas absolument de son esprit toutes les chimères, elles contribueront du moins à le prévenir contre certaines illusions. Au seul point de vue du développement général des facultés de l'enfant, combien l'enseignement ne gagnerait-il pas à chercher un aliment dans ces notions vivifiantes?

L'étude de la langue doit aussi chercher à s'y fortifier. Sur ce point, sans doute, comme sur les autres, nos méthodes sont en progrès. Les exercices barbares de cacologie et de cacographie sont absolument proscrits des classes. On s'attache à la décomposition et à la recomposition des familles de mots; rien n'est plus propre à enrichir le vocabulaire des élèves, en même temps qu'à développer chez eux l'esprit d'analyse. On commence aussi à se faire une idée plus juste de la portée des devoirs d'invention et de composition. Toutefois les études de langue sont encore trop subordonnées à des exercices de pure scolastique. Bernardin de Saint-Pierre disait, avec plus d'agrément que de justesse, « que nous n'apprenons pas plus à parler par les règles de la grammaire que nous n'apprenons à marcher par les lois de l'équilibre ». Non, il n'est pas exact que, s'il suffit de se mouvoir pour démontrer le mouvement, suivant le mot du philosophe de l'antiquité, il suffise d'ouvrir la bouche pour s'exprimer conformément aux lois du langage. Ce qui est vrai, c'est que la grammaire, telle qu'elle s'enseigne à l'école, consiste trop exclusivement dans l'art d'orthographier, non dans l'art de parler et d'écrire, qui est pourtant, suivant la commune définition qu'on en donne, son objet propre. Dans un trop grand nombre de classes, corriger une dictée, c'est examiner successivement les formes de chaque mot et la syntaxe de chaque membre de phrase, en s'aidant d'une épellation psalmodiée qui rend le travail encore plus monotone. L'enfant ne saisirait-il pas mieux les règles de ces formes et les secrets de cette syntaxe si, après les avoir observés sur les exemples de la dictée, il était amené à les expliquer sur des exemples trouvés par lui? Cette logique qu'on s'efforce de lui faire tirer d'une idée, qui trop souvent lui est ou tout à fait étrangère ou peu familière, jaillira, pour ainsi dire, tout naturellement de son esprit, qui l'aura créée. Or, parmi les thèmes d'invention qu'il convient de lui proposer, quoi de plus riche que la description des choses de la vie qui l'entourent! Pour les plus jeunes enfants, la classe elle-même peut fournir une ample matière à des observations clairement exprimées soit de vive voix, soit par écrit; la classe dans son ensemble d'abord, puis le mobilier de la classe : tables, bancs, cartes, papier, plume, crayon, tout ce qui se voit, tout ce qui se touche, tout ce dont l'usage a un intérêt pratique et immédiat. Viendront ensuite, pour les filles, les objets du ménage et de la couture; pour les garçons, les outils et les instruments de l'atelier. Dans les écoles de Suisse et d'Allemagne, on a coutume de suspendre des tableaux qui représentent les différentes saisons de l'année avec les travaux qui s'y rapportent, et ces tableaux sont l'objet d'entretiens entre le maître et l'enfant. Que d'enseignements utiles peuvent sortir de ces exercices sur les origines, les habitudes, les avantages, les dangers de telles ou telles professions; sur les améliorations que l'humanité et la science y ont introduites pour le bien de ceux qui les exercent! C'est ainsi que l'étude de la langue peut, elle aussi, concourir à donner à l'enfant le goût raisonné du travail auquel il est réservé, et lui en faire apprécier par ses propres réflexions l'utilité sociale.

Tel est pour nous le véritable moyen d'approprier les études de l'école à la destination de l'enfant, sans sacrifier le caractère de ces études. Hâtons-nous cependant d'ajouter, avant de conclure, que si, en rapprochant, pour ainsi dire, l'instruction primaire des intérêts auxquels elle est liée on ne la fait pas tourner par-dessus tout à la culture du sens moral; ces efforts pour la préparation à la vie qu'on se propose seront frappés d'impuissance. Le P. Girard distinguait quatre éléments nécessaires à l'enseignement régulier de la langue maternelle, et il personnifiait ces éléments sous la forme de quatre maîtres travaillant à une œuvre commune : le grammairien, le logicien, l'éducateur et le littérateur; mais, dans sa pensée, le travail des deux premiers maîtres n'était qu'un travail de prédisposition, celui du dernier un travail de perfectionnement : l'éducateur, tel était, à ses yeux, le maître souverain, celui qu'il considérait comme l'agent essentiel du développement de l'enfant. Or c'est de toutes les matières d'études que doit sortir l'action moralisatrice; ou plutôt il n'est rien, dans la vie d'une école, qui ne puisse servir à cet enseignement, supérieur à tous les autres enseignements, pour peu que le maître en ait la préoccupation constante : explication des textes de lecture, choix des devoirs, attitude des enfants, fautes commises ou succès obtenus, punitions et récompenses. Le respect de Dieu, le sentiment des devoirs envers la patrie, l'amour des parents, le culte de la vérité et de la justice, l'effort sur soi-même, sont des vertus qu'il est facile d'exercer chez l'enfant, en le tenant toujours en éveil sur ses actions et sur les motifs qui les ont déterminées, en excitant sa conscience et sa volonté au bien. Plus on accordera à la préoccupation légitime de le munir, dès l'école, pour la vie professionnelle, plus, du même coup, le devoir s'imposera de tenir haut son cœur.

L'école même ne saurait à elle seule conduire à bonne fin cette œuvre d'éducation : elle ne fait que préparer le développement des habitudes intellectuelles et morales auxquelles la pratique de la vie donne une direction décisive. C'est aux patrons qui reçoivent l'enfant au sortir des classes et qui mettent à profit son travail en l'en faisant vivre lui-même, c'est à la famille, c'est à tous ceux qui exercent quelque influence par la parole, par la plume, par l'exemple, de n'oublier jamais que telle ils feront cette innombrable jeunesse, tel sera l'avenir du pays.

ANNEXES

I

Du plan suivi dans le développement des salles d'asile et des écoles primaires (1875). (Voir page 81.)

Quel est l'ordre d'urgence dans lequel s'impose la création des établissements d'enseignement primaire, salles d'asile maternelles et écoles primaires élémentaires ? Pour essayer de le déterminer, nous considérerons sous ses divers aspects la situation des vingt arrondissements de Paris, dans ses rapports avec les intérêts de la population scolaire.

On peut d'abord se demander quels sont les arrondissements où le nombre des enfants ayant l'âge scolaire est relativement le plus élevé.

D'après le dénombrement général de 1873, la proportion moyenne des enfants de 2 à 6 ans pour 100 habitants est de 5,79, celle des enfants de 6 à 14 ans, de 10,27.

Dans les deux tableaux ci-après, nous avons classé les arrondissements dans l'ordre où chacun d'eux se place, soit au-dessus, soit au-dessous de cette moyenne.

Poussant plus loin cet ordre de recherches, nous avons examiné quelle est, dans chaque arrondissement :

1° La proportion exacte des enfants de 2 à 6 ans et de 6 à 14 ans pour 100 habitants ;

2° La proportion pour 100 des enfants de cet âge qui fréquentent les salles d'asile et les écoles publiques ou libres.

Afin de rendre plus sensible le résultat, nous l'avons figuré sur quatre cartes teintées. Les arrondissements y sont divisés en quatre catégories et classés, suivant leur moyenne, dans chacune de ces catégories.

Voici d'abord les deux tableaux :

ENFANTS DE 2 A 6 ANS. — (SALLES D'ASILE)
Moyenne pour 100 habitants, 5,70.

ARRONDISSEMENTS.	Au-dessus de la moyenne.	ARRONDISSEMENTS.	Au-dessous de la moyenne.
14ᵉ Observatoire.......	8.64	5ᵉ Panthéon.......	5.26
13ᵉ Gobelins........	8,34	10ᵉ Saint-Laurent....	5.00
19ᵉ Buttes-Chaumont...	8.14	3ᵉ Temple.......	4.86
20ᵉ Ménilmontant.....	7.44	4ᵉ Hôtel-de-Ville....	4.81
18ᵉ Montmartre......	6.60	7ᵉ Palais-Bourbon...	4.74
12ᵉ Reuilly........	6.37	2ᵉ Bourse.......	4.50
11ᵉ Popincourt......	6.34	6ᵉ Luxembourg.....	4.37
15ᵉ Vaugirard.......	6.28	8ᵉ Élysée.......	4.10
17ᵉ Batignolles......	6.20	1ᵉʳ Louvre.......	4.00
16ᵉ Passy.........	5.02	9ᵉ Opéra........	3.77

ENFANTS DE 6 A 14 ANS. — (ÉCOLES)
Moyenne pour 100 habitants, 10,27.

ARRONDISSEMENTS.	Au-dessus de la moyenne.	ARRONDISSEMENTS.	Au-dessous de la moyenne.
20ᵉ Ménilmontant....	14.26	3ᵉ Temple.......	10.12
19ᵉ Buttes-Chaumont...	13.87	4ᵉ Hôtel-de-Ville....	9.46
12ᵉ Reuilly........	13.00	7ᵉ Palais-Bourbon...	9.44
15ᵉ Vaugirard.......	12.48	14ᵉ Observatoire.....	8.01
16ᵉ Passy.........	12.00	8ᵉ Élysée.......	8.47
11ᵉ Popincourt......	11.71	2ᵉ Bourse.......	8.41
18ᵉ Montmartre.....	11.54	1ᵉʳ Louvre.......	8.17
13ᵉ Gobelins.......	11.23	10ᵉ Saint-Laurent...	7.42
17ᵉ Batignolles.....	10.33	9ᵉ Opéra........	7.30
5ᵉ Panthéon.......	10.33	6ᵉ Luxembourg....	7.00

Voici, d'autre part, les cartes teintées :

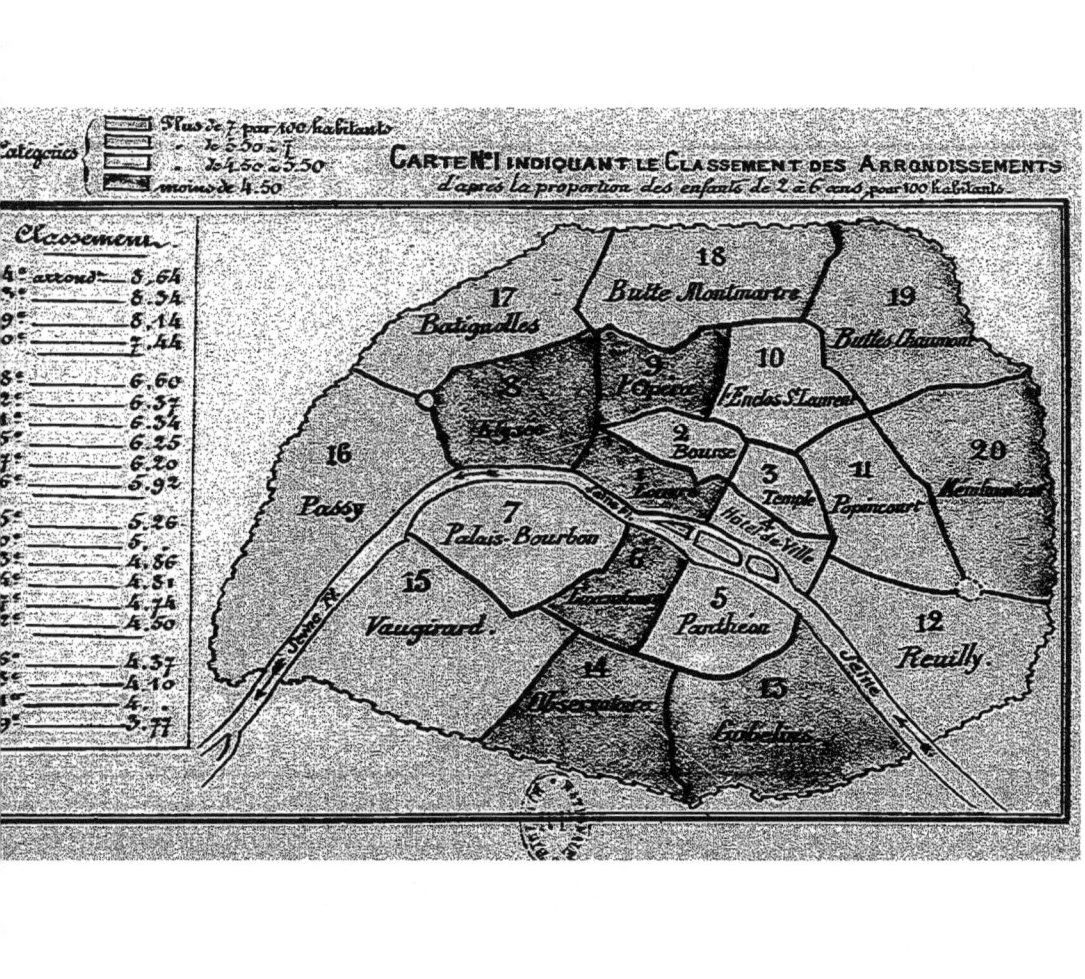

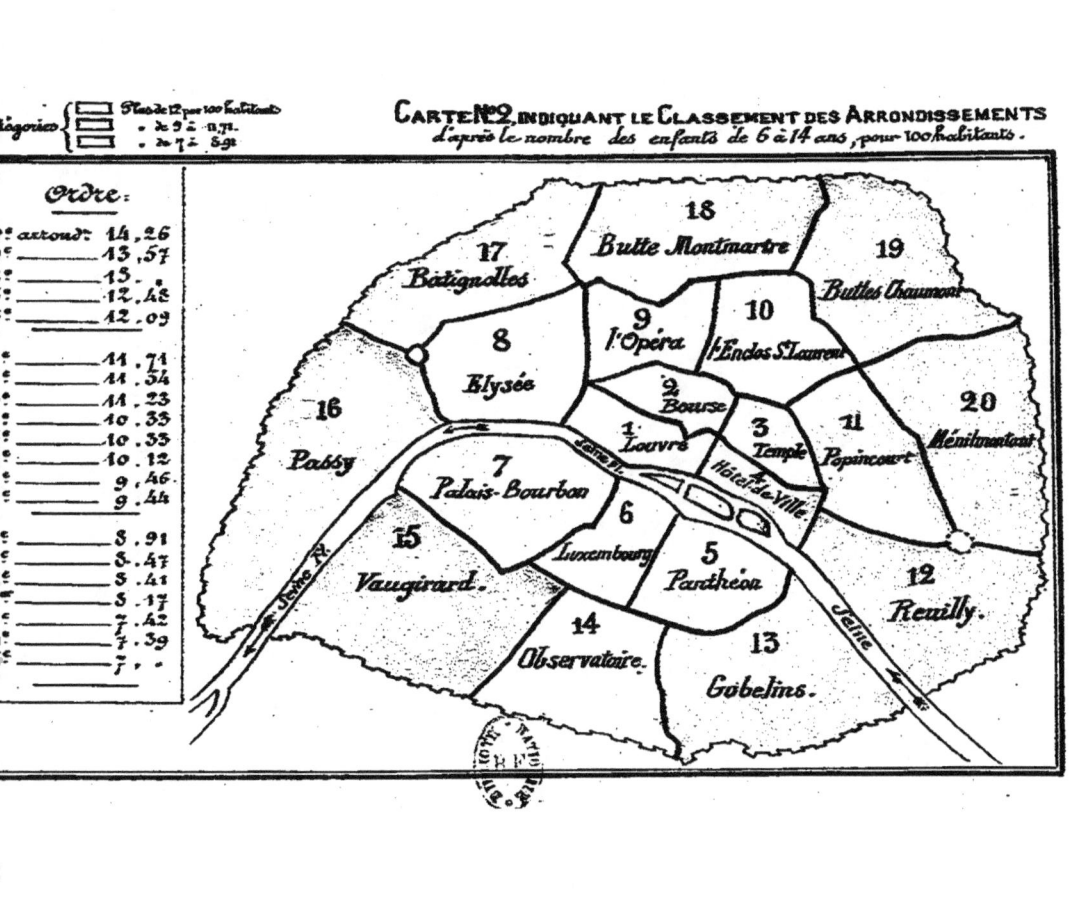

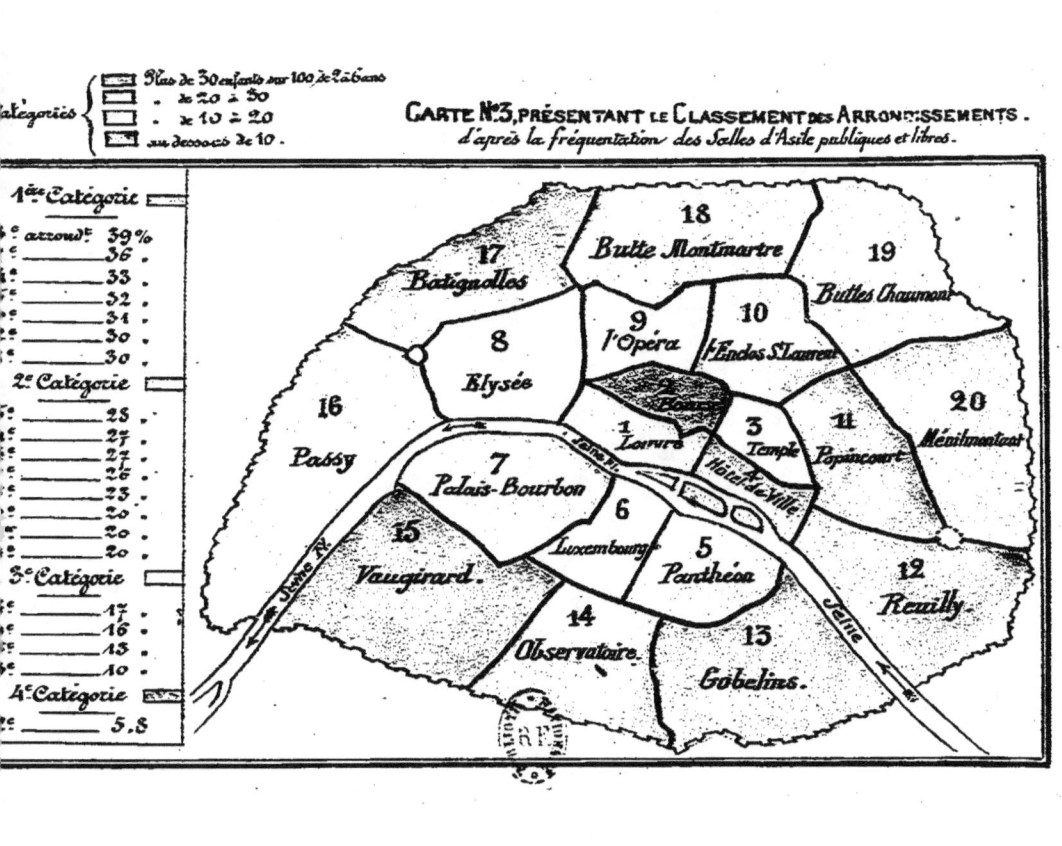

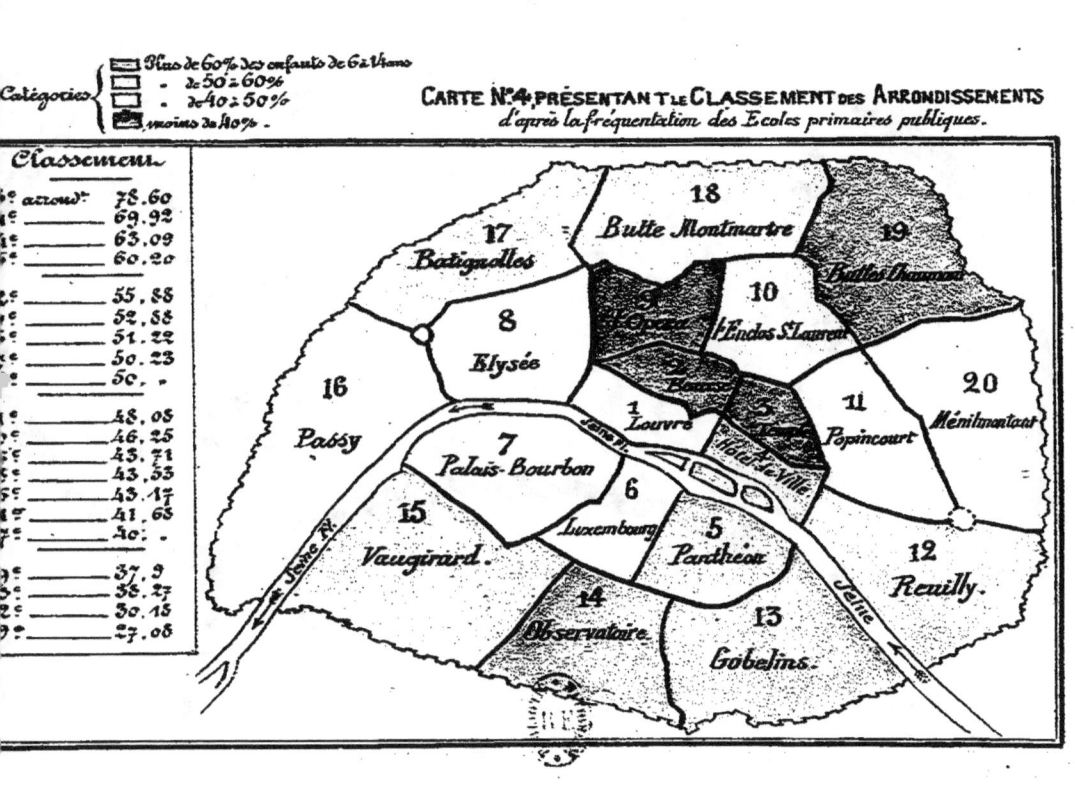

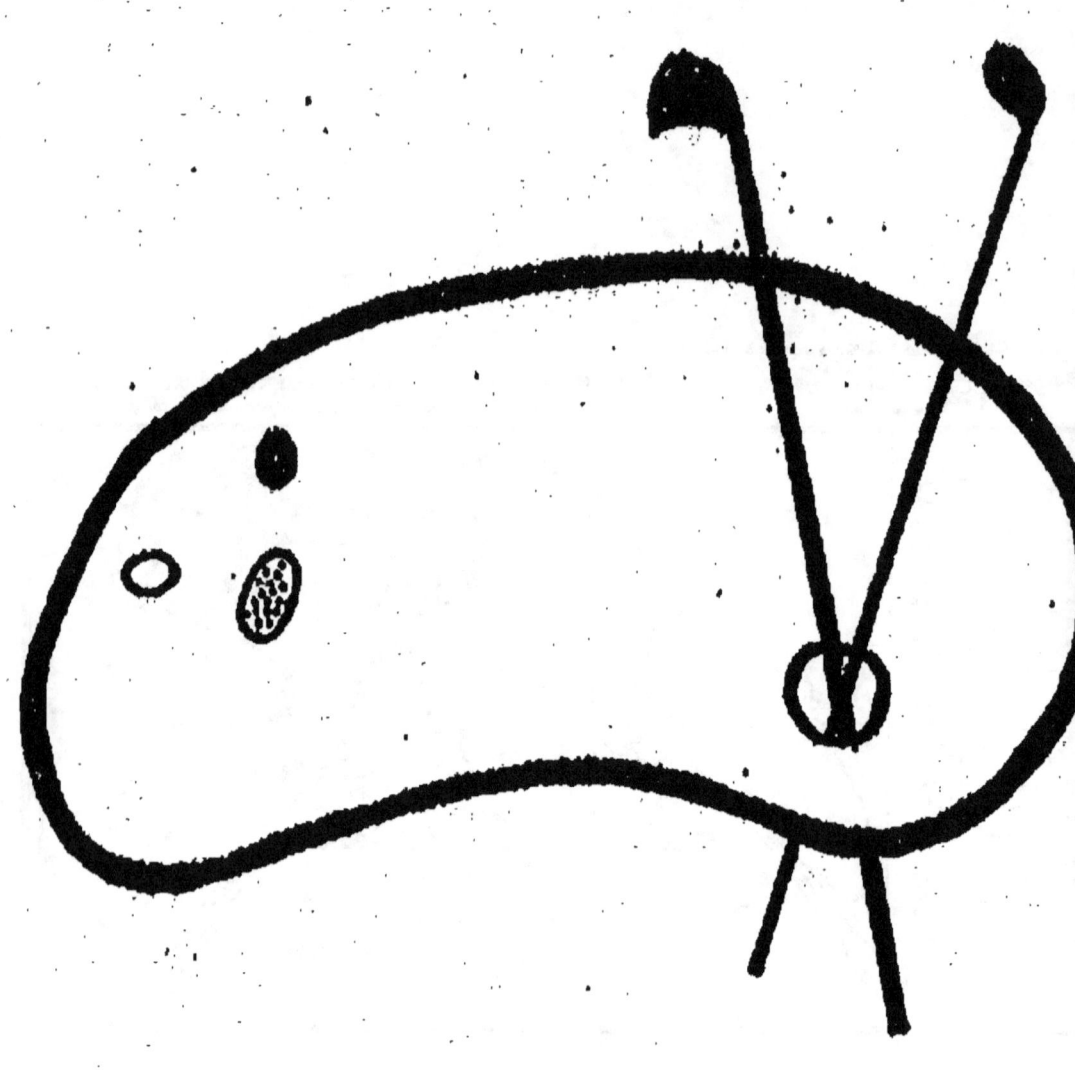

FIN D'UNE SERIE DE DOCUMENTS EN COULEUR

On voit que, pour les enfants de 2 à 6 ans, tous les arrondissements situés à la périphérie, y compris le 11ᵉ, qui s'y rattache par le caractère de sa population, ont une moyenne relativement élevée au-dessus de la moyenne générale, et que, si le 10ᵉ, dont la population a tant d'analogie avec celle du 11ᵉ, se trouve parmi ceux dont la moyenne est au-dessous du niveau moyen, il s'en rapproche de bien près.

Même caractère pour la moyenne générale des enfants de 6 à 14 ans. Neuf arrondissements de la périphérie, le 11ᵉ compris, tiennent la tête avec une forte moyenne. Le 5ᵉ arrondissement occupe la place du 14ᵉ, son voisin, lequel est un peu au-dessous du niveau moyen.

Il faut d'ailleurs faire observer ici, une fois pour toutes, que dans les arrondissements qui sont situés à la périphérie ou qui y confinent, le déplacement d'un atelier de travaux suffit pour produire un déplacement de la population ouvrière; qu'il y a lieu conséquemment de ne pas tenir compte de ce qui peut n'être qu'une sorte d'accident résultant du moment où le dénombrement a été opéré, et de ne s'attacher qu'aux situations qui présentent un caractère persistant.

Un résultat à peu près identique s'accuse, si l'on considère l'ensemble de Paris, au point de vue des mouvements qui se sont produits dans la population générale de chaque arrondissement entre le dénombrement de 1866 et celui de 1873. Il est résumé dans ces tableaux.

ARRONDISSEMENTS EN AUGMENTATION

ARRONDISSEMENTS.		AUGMENTATION pour 100 habitants.
10e	Saint-Laurent.	16.2
11e	Popincourt	10.8
15e	Vaugirard.	7.3
12e	Reuilly.	7.2
17e	Batignolles.	7.2
14e	Observatoire	5.7
18e	Montmartre.	4.8
8e	Élysée	4.5
20e	Ménilmontant.	4.2
19e	Buttes-Chaumont.	3.2
16e	Passy.	1.1

ARRONDISSEMENTS EN DIMINUTION

ARRONDISSEMENTS.		DIMINUTION pour 100 habitants.
1er	Louvre.	9.8
7e	Palais-Bourbon	9.6
6e	Luxembourg	8.0
2e	Bourse.	7.9
5e	Panthéon.	7.4
4e	Hôtel-de-Ville.	6.2
13e	Gobelins	4.8
3e	Temple.	3.2
9e	Opéra.	2.2

Ainsi 11 arrondissements sont en augmentation, 9 en diminution; et si l'on examine l'ordre dans lequel chacune de ces séries est classée, on constate que c'est encore à la périphérie que se produisent très sensiblement les augmentations, tandis que les diminutions se manifestent dans les arrondissements du centre.

On remarquera en outre que l'augmentation du 10e arrondissement est, à elle seule, presque aussi forte que celle de cinq autres arrondissements réunis, et qu'à elle seule également l'augmentation du 11e compense celle de deux arrondissements.

On peut tirer une autre lumière de la situation scolaire proprement dite, telle qu'elle ressort de l'étude des tableaux précédents.

En comparant, en effet, le nombre total des enfants de 2 à 6 ans et celui des enfants de 6 à 14 ans, avec le nombre de ceux qui sont inscrits actuellement dans les salles d'asile et dans les écoles publiques ou libres, les vingt arrondissements se classent, selon que le nombre de places qui s'y trouve disponible est supérieur ou inférieur au nombre des places qui serait nécessaire, dans un ordre instructif.

Cet ordre, il est vrai, ne doit être accepté que sous réserve, le tableau embrassant la masse de la population appartenant à l'âge scolaire, sans déduction des enfants que leur condition de famille appelle à recevoir l'instruction en dehors des établissements communaux.

Pour plus de clarté, nous faisons un compte à part pour les salles d'asile et pour les écoles.

ENSEIGNEMENT PRIMAIRE.

Voici d'abord le tableau pour les salles d'asile, où les places font défaut dans tous les arrondissements :

ARRONDISSEMENTS		ENFANTS de 2 à 6 ans.	NOMBRE des enfants inscrits dans les salles d'asile publiques et libres.	NOMBRE des places qui feraient défaut.
11e	Popincourt.	10 532	3 199	7 333
18e	Montmartre	9 196	2 509	6 687
19e	Buttes-Chaumont.	7 152	1 490	5 662
10e	Saint-Laurent	6 722	1 594	5 328
20e	Ménilmontant	6 799	2 115	4 684
14e	Observatoire.	5 988	1 620	4 359
3e	Temple	4 366	471	3 895
17e	Batignolles.	6 169	2 288	3 880
12e	Reuilly.	5 361	1 644	3 717
5e	Panthéon	5 078	1 419	3 659
13e	Gobelins.	5 602	2 218	3 384
6e	Luxembourg	3 936	530	3 420
9e	Opéra	3 912	630	3 282
15e	Vaugirard	4 648	1 494	3 154
2e	Bourse.	3 319	194	3 125
4e	Hôtel-de-Ville.	4 452	1 486	2 966
8e	Élysée.	3 005	513	2 492
7e	Palais-Bourbon.	3 233	843	2 390
1er	Louvre.	3 018	638	2 380
16e	Passy	2 524	593	1 931
	Total.	105 331	27 207	78 034

ANNEXES.

Voici maintenant pour les écoles le même tableau, divisé en deux parties, selon que les places sont en défaut ou en excédent.

ARRONDISSEMENTS DANS LESQUELS LES PLACES FONT DÉFAUT

ARRONDISSEMENTS.	ENFANTS de 6 à 14 ans.	NOMBRE des enfants inscrits dans les écoles publiques et libres.	NOMBRE des places qui feraient défaut.
11° Popincourt.	19 447	12 906	6 541
19° Buttes-Chaumont.	12 418	7 945	4 473
18° Montmartre	15 750	11 839	3 911
20° Ménilmontant	13 032	9 263	3 769
3° Temple	9 079	6 510	2 639
9° Opéra	7 658	5 381	2 277
15° Vaugirard	9 279	7 310	1 969
2° Bourse	6 198	4 538	1 660
10° Saint-Laurent	11 042	9 916	1 126
1er Louvre	6 028	4 915	1 113
12° Reuilly	10 953	9 856	1 097
17° Batignolles	10 287	9 252	1 035
5° Panthéon	9 964	9 050	914
8° Élysée	6 200	5 474	726
13° Gobelins	7 842	7 835	7
TOTAL	154 677	121 720	33 157

ENSEIGNEMENT PRIMAIRE.

ARRONDISSEMENTS DANS LESQUELS LES PLACES SONT EN EXCÉDENT

ARRONDISSEMENTS.		ENFANTS de 6 à 14 ans.	NOMBRE des enfants admis dans les écoles publiques et libres.	NOMBRE des enfants qui seraient en excédent.
6°	Luxembourg.	6 302	7 117	815
7°	Palais-Bourbon.	6 442	7 177	737
4°	Hôtel-de-Ville.	8 760	9 367	607
14°	Observatoire.	6 150	6 716	562
16°	Passy.	5 158	5 256	98
	Total.	32 816	35 633	2 819

Encore une fois, nous ne cherchons ici qu'une indication. Le compte des places qui feraient défaut, tant dans les salles d'asile que dans les écoles, n'est ici qu'un compte brut.

Mais du rapprochement de ces chiffres il résulte que, pour les enfants de 2 à 6 ans, c'est encore dans les 11°, 18°, 19°, 10°, 20°, 17° arrondissements que le déficit des places se manifeste le plus sensiblement.

Pour les enfants de 6 à 14 ans, une sorte d'anomalie frappe tout d'abord l'attention.

Dans cinq arrondissements, les 6°, 7°, 4°, 14° et 16°, le nombre des élèves inscrits dans les écoles serait en excédent sur le nombre des enfants recensés. L'anomalie s'explique sans peine. Les écoles protestantes et israélites du 4° arrondissement attirent naturellement des arrondissements voisins les enfants dont les familles appartiennent à ces cultes et qui ne sont pas pourvus d'écoles confessionnelles. La population scolaire de la région ouest du 5° déborde dans les écoles du 6°. De même pour celles du 7° et du 14°

qui reçoivent un certain nombre des enfants du 15°. De même pour celles du 16°, où sont admis quelques enfants venus du 8°, du 17° et aussi d'une section de la commune de Neuilly (Sablonville), qui n'a pas encore d'école. Il ne faut pas oublier, d'ailleurs, que du 10 mai 1873, date du dénombrement général que nous avons pris comme base, jusqu'au 1er mai 1875, date de notre statistique, la situation de ces cinq arrondissements a pu se modifier dans une certaine mesure, et que l'équilibre peut ainsi se trouver rétabli entre le nombre des enfants inscrits en 1875 et celui des enfants recensés en 1873. Le 14° et le 16° sont certainement en augmentation, et les 4°, 6° et 7° ont dû regagner ce qu'ils avaient perdu après le siège.

Cette situation expliquée, si l'on considère la liste des arrondissements où se remarque le déficit, dans les dix qui forment la tête on trouve le 3°, le 9°, le 2°, le 1er. Mais les arrondissements de l'Opéra, de la Bourse, du Louvre, sont évidemment ceux qui fournissent, soit à l'instruction secondaire, soit à l'éducation domestique, le plus fort contingent d'élèves. Le 15°, qui se trouve dans la même catégorie, compte aussi un certain nombre d'établissements importants d'enseignement secondaire libre. Quant aux autres arrondissements, où les besoins sont le plus sensibles, ils sont encore les mêmes, à savoir : les 11°, 19°, 18°, 20°, 10°, etc.

L'ordre des travaux à exécuter s'établirait donc, à tous les points de vue, ainsi qu'il suit :

En première ligne :

11° arrond., quartiers Saint-Ambroise. — Ste-Marguerite.
10°   —   —   Porte-Saint-Denis.
17°   —   —   Batignolles. — Épinettes.
18°   —   —   Clignancourt. — Grandes-Carrières.
4°   —   —   Hôtel-de-Ville.
19°   —   —   Amérique. — Combat.

En deuxième ligne :

15° arrond., quartier Saint-Lambert.
9°   —   —   Saint-Georges.

En troisième ligne :

3ᵉ arrond., quartier Saint-Avoie. — Enfants-Rouges.
16ᵉ   —   —   Les Bassins.
8ᵉ   —   —   Champs-Élysées.
2ᵉ   —   —   Gaillon[1].

[1]. Sur le détail de ce plan on nous permettra de nous référer à nos mémoires de 1871 et de 1875. Nous n'avons voulu que donner ici une idée des difficultés qu'il y avait à résoudre pour arriver à un développement progressif des écoles en rapport avec les besoins les plus urgents de la population.

II

La progression de la population scolaire de 1801 à 1875.

(Voir page 83.)

On ne juge bien que par comparaison. Nous aurions voulu établir un parallèle, au point de vue de la progression de la population scolaire, entre Paris et quelques-unes des grandes capitales de l'Europe et de l'Amérique. Les documents que nous avons pu consulter sont trop divers pour qu'il soit possible d'en faire sortir des conclusions satisfaisantes. La façon dont ils ont été relevés d'ailleurs ne nous est pas suffisamment connue. Les années mêmes des recensements diffèrent avec les pays. En outre, dans les écoles bourgeoises de l'Allemagne et dans les écoles de grammaire des États-Unis, il y aurait à faire la ventilation des élèves qui appartiennent exclusivement à l'ordre des études primaires, et de ceux qui n'y doivent être que temporairement compris, un grand nombre d'enfants ne faisant que traverser les écoles pour se préparer à un enseignement plus élevé.

Toutefois, par le simple rapprochement du chiffre de la population générale avec le nombre des écoles et le nombre des élèves qui les fréquentent, à Genève, Vienne, Pesth, Dresde, Hambourg, Brême, Boston, Chicago, Washington, New-York, on verra que, dans le développement de l'instruction primaire, Paris ne paraît pas occuper le dernier rang.

ENSEIGNEMENT PRIMAIRE.

TABLEAU indiquant comparativement avec Paris : 1° le chiffre de la population générale ; 2° le nombre des établissements d'instruction primaire et le nombre des élèves qui les fréquentent, dans quelques-unes des grandes villes de l'Europe et de l'Amérique.

INDICATION DES VILLES.	DATE DU DOCUMENT.	CHIFFRE de la POPULATION totale.	NOMBRE des ÉCOLES PUBLIQUES.	NOMBRE des ÉLÈVES inscrits dans les écoles publiques.
Genève	1875	46 774	11	2 778
Vienne	1873	676 791	93 (a)	45 164
Buda-Pesth	1875	300 000	53	40 547
Dresde	1872	95 000	38	15 361
Hambourg	1872	370 000	40	11 527
Brême	1872	85 000	16	6 374
Boston	1874	357 284	416 (b)	18 433
Chicago	1872	300 000	11 (c)	38 035
Washington	1875	73 731	61 (d)	4 214
New-York	1875	940 000	97 (e)	41 886
Paris	1873	1 818 710	273 (f)	90 865 (g)

(a) Ce nombre se décompose ainsi : 18 écoles bourgeoises ou écoles primaires supérieures; 75 écoles primaires élémentaires.
(b) Plus 49 écoles de grammaire qui représentent une forme d'enseignement intermédiaire entre l'enseignement primaire supérieur et l'enseignement classique, et qui reçoivent 25 865 enfants. Les 416 écoles primaires sont, en réalité, 416 classes.
(c) Plus 10 écoles de grammaire. Le compte des 38 035 élèves comprend les élèves des écoles primaires proprement dites et les élèves des écoles de grammaire.
(d) Plus 8 écoles de grammaire recevant 521 élèves.
(e) Plus 100 écoles de grammaire recevant 51 878 élèves.
(f) Ces 273 écoles forment 1304 classes.
(g) A ce nombre doit être ajouté celui des salles d'asile, soit 100 établissements, dans lesquels sont inscrits 24 810 enfants et celui des établissements d'enseignement primaire supérieur ou professionnel qui reçoivent 1605 élèves d'âge primaire, soit, en totalité, 117 280 enfants de 2 à 6 ans et de 6 à 14 ans.

Mais c'est surtout Paris qu'il peut y avoir intérêt à comparer avec Paris.

Nous avons recherché les résultats des dénombrements généraux de la population de Paris qui ont été faits depuis le commencement de ce siècle ; et en rapprochant le chiffre de la population scolaire, calculée d'après ces dénombrements généraux, du chiffre, tant des établissements publics d'instruction primaire que des élèves qui y étaient inscrits aux différentes époques, nous sommes arrivés à établir comparativement la moyenne du nombre des élèves fréquentant les écoles publiques pour 100 enfants, à chacune des périodes de dénombrement.

La population scolaire, suivant la règle vérifiée par l'expérience, a été calculée, pour les enfants de 2 à 6 ans, sur le pied de 2/10 de la population générale, et, pour ceux de 6 à 13 ans, sur le pied de 1/10.

Les résultats de la statistique du 1ᵉʳ mai 1875 ont confirmé une fois de plus cette règle, au moins pour les écoles. Calculé d'après la base de 1/10 de la population générale, le nombre des enfants de 6 à 14 ans serait de 185 179 ; celui de la statistique est de 186 695. Pour les salles d'asile, la différence est un peu plus sensible. Le calcul donnerait 92 580 enfants ; la statistique en a relevé 105 331.

Nous ne mentionnons que pour mémoire les quatre premières périodes de 1801 à 1831. C'est la loi du 28 juin 1833 qui a rendu l'entretien des écoles obligatoires pour les communes. On ne peut donc faire d'étude sérieuse qu'à partir de cette époque.

On trouvera dans le tableau ci-après tous les éléments de la comparaison :

ENSEIGNEMENT PRIMAIRE.

TABLEAU présentant l'état comparatif d'après les dénombrements géné- établissements d'instruction primaire publics, salles d'asile et écoles; ques, pour 100 enfants, à chacune des périodes de dénombrement.

DATE DE DÉNOMBREMENT.	POPULATION TOTALE.	POPULATION SCOLAIRE			NOMBRE des établissements.		
		ENFANTS de 2 à 6 ans.	ENFANTS de 6 à 14 ans.	TOTAL.	SALLES D'ASILE.	ÉCOLES.	TOTAL.
1801	546 856	27 345	54 685	82 023	»	24 (a)	24
1811	622 036	31 132	62 263	93 395	»	»	»
1817	713 066	35 609	71 396	107 005	»	132 (b)	132
1831	795 802	39 293	78 586	117 870	8 (c)	117	125
1836	899 313	44 906	89 931	134 807	23 (d)	109	132
1841	955 222	46 763	93 526	140 289	21	113	134
1846	1 055 807	52 695	105 389	158 084	31	115	146
1851	1 053 202	52 003	105 526	157 080	36	122	158
1856	1 174 350	58 717	117 434	176 151	42	135	177
1861	1 606 141 (e)	84 807	169 614	254 421	03	186	249
1866	1 827 274	91 304	182 727	274 061	88	234	322
1872	1 851 702	103 331	186 693	292 024	64	247	311
1875	1 851 702 (f)	103 331	186 693	292 024	109	273	382

raux de la population, de 1801 à 1872 : 1° de la population scolaire; 2° des
3° la moyenne des élèves fréquentant les salles d'asile et les écoles publi

NOMBRE des élèves.			MOYENNE des élèves pour 100 enfants.	OBSERVATIONS.
SALLES D'ASILE.	ÉCOLES.	TOTAL.		
»	2 400	2 400	2,02	(a) Rapport manuscrit au Préfet de la Seine sur la situation des 24 écoles primaires de Paris an IX (septembre et octobre 1800).
»	»	»	»	
»	15 000	15 000	14,00	(b) Rapport de M. Levasseur sur l'instruction publique de l'Exposition universelle de Vienne en 1873. Le chiffre de M. F. Cuvier dans son *Projet d'organisation pour les écoles primaires* (1815) est de 14 000.
800	18 886	19 686	16,67	
5 225	22 921	28 146	20,86	(c) L'ordonnance royale qui a créé les salles d'asile date du 22 décembre 1837. Jusqu'à cette époque, les salles d'asile étaient subventionnées par le budget municipal, mais n'étaient pas des établissements municipaux.
4 790	24 137	28 927	20,02	
6 010	25 812	31 822	19,94	(d) Ces chiffres sont tirés des *Études sur l'administration de la ville de Paris et du département de la Seine*, par Horace Say, membre du conseil général du département de la Seine (1846); et ils ont été contrôlés avec ceux qui sont fournis par les budgets.
4 924	26 161	31 085	19,67	
6 104	32 102	38 206	21,68	
9 654	44 112	53 766	21,14	(e) L'accroissement de population considérable qui apparaît en 1861 s'explique par l'annexion.
14 080	61 609	75 678	27,03	(f) Le désaccord qui existe pour quelques chiffres entre ce tableau et le tableau du budget (voir plus bas, Annexe IX) s'explique par la raison que le chiffre des élèves pris pour base dans la préparation du budget est toujours nécessairement plus élevé que celui de la réalité.
17 222	71 990	89 212	30,84	
24 810	90 803	115 684	30,61	

De ce tableau il ressort qu'en 1836 la proportion des élèves pour 100 enfants atteint 20,86, soit une augmentation de 6,81 relativement à 1817, et de 4,19 relativement à 1831, bien que le nombre des établissements ne se soit pas accru : d'où il faut conclure que les établissements avaient une plus grande importance et des proportions plus considérables.

En 1846, au contraire, la proportion s'abaisse à 19,94 pour 100, non que le nombre des établissements et des enfants admis dans ces établissements ait diminué ; il s'est, au contraire, augmenté. Mais cette augmentation n'a pas été proportionnelle à celle de la population, et par conséquent à celle du nombre des enfants de 2 à 14 ans.

De 1846 à 1856, la proportion se relève, et en 1856 elle atteint 21,68 pour 100. Le nombre des établissements, qui n'était que de 146 en 1846, s'est élevé à 177.

En 1861 la proportion s'abaisse à 21,14 pour 100. Cela tient à ce que les communes de la banlieue annexée en 1860 n'ont pas apporté un contingent d'établissements en rapport avec leur population.

A partir de 1861, l'accroissement devient régulier. De 27,63 pour 100 en 1866 il arrive à 30,54 pour 100 en 1872.

Aujourd'hui (1878) la proportion des élèves pour 100 enfants est de 39,61 pour 100. En trois ans elle a gagné 9,07 pour 100.

III

TABLEAU indiquant la répartition des apprentis et des adultes hommes, des apprenties et des adultes femmes, au mois de janvier 1878, entre les trois cours, supérieur, moyen et élémentaire des classes du soir. (Voir page 117.)

ARRONDISSEMENTS	ADULTES HOMMES						ADULTES FEMMES					
	ADULTES			APPRENTIS			ADULTES			APPRENTIES		
	Cours supérieur.	Cours moyen.	Cours élémentaire.	Cours supérieur.	Cours moyen.	Cours élémentaire.	Cours supérieur.	Cours moyen.	Cours élémentaire.	Cours supérieur.	Cours moyen.	Cours élémentaire.
1er	10	»	20	24	45	37	»	»	35	»	45	»
2e	05	20	62	34	20	69	»	12	33	»	35	22
3e	»	116	47	»	78	223	»	28	20	»	54	13
4e	»	146	87	»	80	87	»	64	60	»	72	81
5e	»	55	30	»	62	55	»	46	27	»	75	44
6e	60	20	16	24	04	53	2	10	12	17	35	15
7e	7	141	52	16	60	55	0	6	22	0	24	21
8e	»	68	20	»	74	38	»	»	»	»	»	»
9e	»	»	»	»	»	»	»	17	13	»	10	10
10e	44	33	42	31	62	44	»	72	63	»	80	70
11e	58	206	42	67	181	317	4	60	73	18	105	90
12e	33	106	125	11	127	189	68	79	07	44	77	125
13e	75	30	42	21	88	100	51	130	07	28	75	122
14e	22	»	32	26	82	40	80	09	120	39	03	80
15e	»	50	30	8	53	30	»	33	64	»	2	8
16e	25	44	»	8	36	»	»	16	8	»	20	8
17e	»	30	71	»	74	113	20	28	17	17	36	4
18e	»	106	40	»	135	178	»	47	40	»	»	85
19e	7	64	34	25	120	100	10	7	10	13	46	62
20e	40	108	»	»	140	245	13	27	70	51	102	157
Totaux	481	1320	810	285	1602	2064	212	743	881	236	970	1054

2629   3951   1808   2240

6580   4108

ENSEIGNEMENT PRIMAIRE.

TABLEAU indiquant la répartition des adultes femmes dans les

ARRONDISSEMENTS.	ÉCOLES.	DIVISIONS DE L'ENSEIGNEMENT.
1er	Rue Molière............	Degré élémentaire, 1re année. — 2e —
2e	Rue Tiquetonne.........	— 1re — — 2e —
3e	Rue Volta..............	— 1re an. { 1re div. 2e — — 2e année. Degré supérieur..........
4e	Rue Geoffroy-Lasnier....	Degré élémentaire. — 1re an. { 1re div. 2e — 2e année.
5e	Rue Monge.............	Degré élémentaire, 1re année. — 2e —
6e	Rue du Jardinet........	— 1re — — 2e —
7e	Avenue de Lamothe-Piquet.	— 1re — — 2e —
8e	Faubourg Saint-Honoré...	— 1re an. { 1re div. 2e — — 2e année.
9e	23, avenue Trudaine.....	— 1re an. { 1re div. 2e — — 2e année. Degré supérieur..........
10e	Rue de Chabrol.........	Degré élémentaire, 1re année. — 2e —
11e	Rue Keller.............	— 1re — — 2e —
13e	Place Jeanne-d'Arc......	— 1re — — 2e —
14e	Place de Montrouge.....	— 1re — — 2e —
15e	149, rue de Vaugirard...	— 1re — — 2e —
16e	Rue de Passy...........	— 1re — — 2e —
17e	Rue Boursault..........	— 1re — — 2e —
19e	Rue Tandou............	— 1re — — 2e —
20e	Rue de Tlemcen........	— 1re — — 2e — Degré supérieur..........
		Total...... » ....

ours industriels et commerciaux au 1er janvier 1887. (Voir page 123.)

NOMBRE DES ÉCOLES. Moyenne des présences.	TOTAL.	NOMBRE DES CLASSES.	OBSERVATIONS.
42 31	73	2	Toute élève, pour être admise, doit être âgée de 14 ans révolus ou, si elle n'a pas atteint cet âge, produire le certificat d'études primaires.
26 34	60	2	
46 34 27 19	126	4	
31 27 27	85	3	»
33 24	57	2	»
38 22	60	2	»
20 17	37	2	Subventionné par la Caisse des écoles du 7e arrondissement.
41 29 24	94	3	Subventionné par la Chambre de Commerce et la Caisse des écoles du 8e arrondissement.
53 42 45 26	166	4	Subventionné par la Chambre de Commerce et la Caisse des écoles du 9e arrondissement.
28 19	47	2	
39 27	66	2	»
28 23	51	2	»
44 29	73	2	»
31 22	53	2	»
46 23	69	2	»
30 22	52	2	»
38 19	57	2	»
42 27 14	83	3	»
	1309	43	

TABLEAU présentant, par année scolaire et par catégorie de cours, jusqu'à 1878.

ANNÉES SCOLAIRES.	RÉPARTITION DES ÉLÈVES					TOTAL
	ANNÉE préparatoire.	1re ANNÉE.	2e ANNÉE.	3e ANNÉE.	ANNÉE complémentaire.	
1839-1840	96	»	»	»	»	96
1841	»	103	63	»	»	166
1842	»	93	58	11	»	164
1843	»	70	49	9	»	158
1844	38	73	36	9	»	162
1845	58	95	36	10	»	211
1846	75	100	58	21	»	254
1847	72	128	54	30	»	284
1848	97	107	75	30	»	309
1849	95	112	75	39	»	321
1850	75	95	76	34	»	281
1851	79	92	72	31	»	273
1852	86	104	80	30	»	301
1853	118	115	89	38	»	360
1854	159	139	94	43	»	435
1855	170	135	93	50	»	451
1856	171	142	104	51	5	476
1857	168	149	110	54	8	489
1858	154	201	110	65	11	511

ANNEXES.

V

le nombre des élèves de l'école Turgot, depuis sa fondation (Voir page 153.)

ANNÉES SCOLAIRES.	RÉPARTITION DES ÉLÈVES					TOTAL
	ANNÉE préparatoire.	1re ANNÉE.	2e ANNÉE.	3e ANNÉE.	ANNÉE complémentaire.	
1859	142	212	113	39	15	511
1860	137	212	121	51	47	568
1861	156	276	113	61	12	618
1862	163	276	118	58	10	625
1863	170	290	116	65	10	660
1864	175	307	113	62	18	687
1865	163	307	143	60	18	691
1866	166	301	145	78	25	715
1867	161	308	145	85	23	722
1868	170	320	148	90	21	755
1869	200	290	190	90	18	788
1870	216	318	190	90	20	834
1871	236	300	166	60	13	775
1872	240	372	210	84	11	911
1873	238	360	220	100	12	930
1874	228	360	220	110	27	945
1875	200	339	227	129	32	927
1876	236	318	212	117	32	915
1877	181	350	202	101	22	856
1878	181	352	236	114	26	870

VI

TABLEAU présentant l'état des recettes et des dépenses de l'École Turgot de 1840 à 1877. (Voir page 150.)

ANNÉES.	NOMBRE DES ÉLÈVES.	RECETTES.	DÉPENSES.	EXCÉDENT DES DÉPENSES.	EXCÉDENT DES RECETTES.
1840	96	17 160	21 200	4 040	»
1841	166	23 508	26 000	3 000	»
1842	164	23 452	31 800	8 348	»
1843	158	22 165	33 100	10 935	»
1844	152	23 881	34 300	10 419	»
1845	211	31 460	35 700	4 240	»
1846	254	38 324	36 000	»	2 324
1847	284	41 613	39 200	»	2 413
1848	309	44 045	43 830	»	215
1849	321	43 758	46 980	3 222	»
1850	281	39 611	44 330	4 719	»
1851	273	40 183	42 280	2 097	»
1852	301	45 474	43 130	»	2 344
1853	360	54 054	44 480	»	9 574
1854	435	63 635	47 240	»	16 395
1855	451	65 494	52 000	»	13 494
1856	476	68 211	54 900	»	13 311
1857	489	82 865	59 540	»	23 325
1858	511	85 965	72 955	»	13 010
1859	511	89 265	78 605	»	10 660
1860	568	97 350	88 420	»	8 930
1861	618	102 135	98 977	»	8 158
1862	623	103 620	93 962	»	9 658
1863	660	111 210	97 262	»	13 948
1864	687	113 025	101 200	»	11 825
1865	691	115 335	104 000	»	11 335
1866	715	118 800	110 062	»	8 738
1867	722	119 625	112 690	»	6 935
1868	755	127 215	113 056	»	14 159
1869	788	132 000	123 906	»	8 094
1870	834	122 490	144 302	21 812	»
1871	755	102 570	114 508	11 938	»
1872	911	149 475	144 955	»	4 519
1873	930	152 730	154 879	2 149	»
1874	958	151 725	166 944	15 219	»
1875	927	177 804	172 707	»	5 096
1876	975	177 336	178 107	771	»
1877	967	171 008	186 266	15 158	»

VII

Du plan suivi dans le développement des Écoles primaires supérieures. (Voir page 150.)

Des quatre écoles que nous possédons aujourd'hui, les écoles Turgot et Colbert sont les seules qui occupent des locaux définitifs.

L'école Turgot, rue de Turbigo (3º arrondissement), a été complètement terminée au mois d'octobre 1874.

Les événements de 1870 ont arrêté l'achèvement de Colbert, rue Château-Landon (10º arrondissement); les travaux terminés, l'école, construite suivant un plan très étudié, offrira une sorte de type des dispositions générales propres à un établissement d'enseignement primaire supérieur [1].

L'école Lavoisier, qui a si rapidement pris pied sur la rive gauche, rue Denfert-Rochereau (5º arrondissement), est installée dans un immeuble en location très resserré : l'ouverture de la rue de l'Abbé-de-l'Épée en permettra bientôt, nous l'espérons, l'indispensable extension.

L'école d'Auteuil, rue du Buis (16º arrondissement), est dans des conditions qui faciliteront tous les agrandissements si, comme il y a lieu de le penser, elle demeure dans les locaux municipaux de la rue du Buis, lorsque la question relative à la translation de l'École Normale sera décidée [2].

Mais l'organisation de ces quatre écoles n'est que le commencement de l'application du système d'ensemble que nous avons proposé. Un temps viendra, sans doute, où chacun des vingt arrondissements de Paris sera pourvu d'une école Turgot. En attendant que ce développement de l'enseignement primaire supérieur, conforme aux principes posés dans la loi de 1833, puisse être réalisé, quelles sont les créations nouvelles qu'il y aurait, quant à présent, le plus d'intérêt à poursuivre?

Pour déterminer les emplacements avec quelque certitude,

1. Le projet a été réalisé (1878).
2. Le projet est accompli (1878).

ENSEIGNEMENT PRIMAIRE.

il faut commencer par se rendre compte des conditions du recrutement des écoles actuelles. C'est le travail que nous avons cherché à faire, arrondissement par arrondissement, en réunissant à la clientèle des écoles Turgot celle du collège Chaptal. On en trouvera le résultat résumé dans le tableau suivant.

ARRONDISSEMENTS.	COLLÈGE CHAPTAL				ÉCOLE TURGO.	ÉCOLE COLBERT.	ÉCOLE LAVOISIER.	ÉCOLE D'AUTEUIL, demi-pensionnaires et externes.
	PENSIONNAIRES.	DEMI-PENSIONNAIRES.	EXTERNES.	TOTAL.				
1er Louvre	20	25	15	60	85	10	3	»
2e Bourse	34	31	23	88	128	7	»	1
3e Temple	11	7	5	23	183	5	1	»
4e Hôtel-de-Ville	7	2	1	10	88	»	1	»
5e Panthéon	6	2	1	9	23	»	125	»
6e Luxembourg	8	1	1	10	27	2	78	1
7e Palais-Bourbon	7	3	2	12	15	2	11	7
8e Élysée	56	50	63	169	6	2	»	»
9e Opéra	88	55	60	203	20	9	»	2
10e Saint-Laurent	34	13	3	50	110	178	»	1
11e Popincourt	14	4	1	19	132	20	»	»
12e Reuilly	7	3	1	11	44	3	8	1
13e Gobelins	11	»	»	11	5	»	25	»
14e Observatoire	9	1	»	10	13	»	34	»
15e Vaugirard	16	3	2	21	7	»	10	5
16e Passy	22	17	8	47	5	»	»	63
17e Batignolles	21	31	44	96	0	2	»	3
18e Montmartre	9	20	41	70	7	93	»	»
19e Buttes-Chaumont	11	8	6	25	20	71	»	»
20e Ménilmontant	7	2	3	12	29	10	»	»
Arrondissements de Sceaux et de Saint-Denis	35	14	13	62	48	31	14	23
TOTAUX	430	292	296	1027	1092	445	310	107

La carte suivante donnera de cette répartition une idée encore plus sensible.

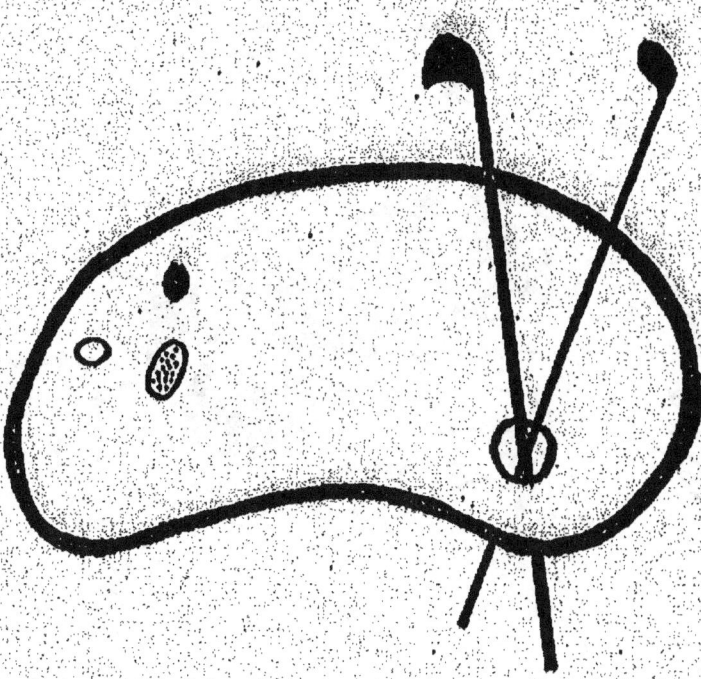

ORIGINAL EN COULEUR
N° Z 43-120-8

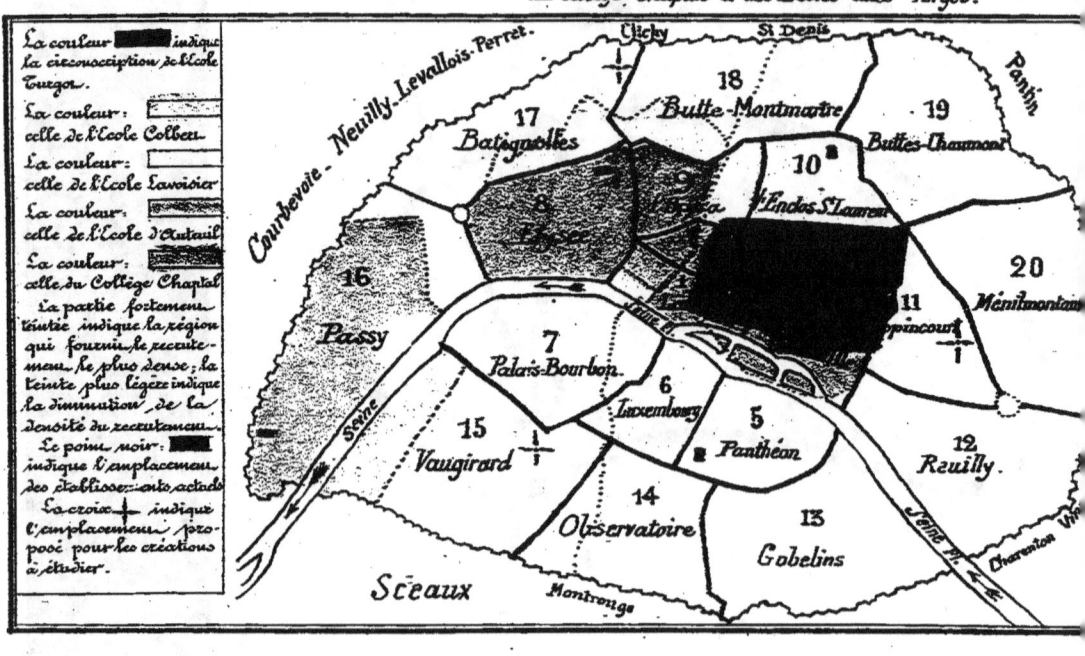

ANNEXES.

Si l'on examine ce tableau et cette carte, voici la situation qu'il est facile d'y reconnaître.

On remarque d'abord que non seulement Turgot reçoit encore des élèves des vingt arrondissements de Paris, mais qu'il attire de la banlieue 48 élèves, dont beaucoup devraient aller à Colbert ou à Lavoisier.

Ces 48 élèves se répartissent entre les communes de l'arrondissement de Saint-Denis, de l'arrondissement de Sceaux et du département de Seine-et-Oise.

ARRONDISSEMENT de SCEAUX.		ARRONDISSEMENT de SAINT-DENIS.		DÉPARTEMENT de SEINE-ET-OISE.	
Charenton	2	Aubervilliers	2	Chatou	1
Gentilly	2	Bagnolet	2	Crosne	1
Ivry	3	Clichy	3	Marnes	1
Maisons-Alfort	1	Nanterre	1	Meudon	1
Montrouge	1	Neuilly	8	Nogent-s.-Marne	1
Montreuil	1	Pantin	2	Raincy	1
Rosny	2	Romainville	2	Sèvres	1
Saint-Maur	1	Saint-Denis	2		
Saint-Mandé	2	Suresnes	1		
Vincennes	2				
Villejuif	1				
TOTAL	18	TOTAL	23	TOTAL	7

L'ancienneté de l'école, les habitudes prises, les affinités de parenté ou de relations, l'existence de l'année complémentaire, qui n'est pas encore organisée dans les autres écoles, fournissent l'explication de ce fait. On aurait pu croire que l'ouverture de Colbert, puis celle de Lavoisier, devaient déterminer des changements de courant plus prompts. Quoi qu'il en soit, le classement se fait d'année en année, et il ira toujours en s'accentuant.

Les 1er, 2e, 3e et 4e arrondissements sont, en réalité, le domaine propre de Turgot. Le 10e était autrefois une de ses meilleures sources de recrutement. Aujourd'hui il se partage entre Turgot et Colbert, en inclinant davantage vers Colbert, ainsi que la distribution des voies publiques l'y porte. Le 11ᵉ, par sa position et par la direction de ses voies principales, s'écoule naturellement vers Turgot, au moins pour sa partie nord; tout le sud est attiré par l'école commerciale Saint-Paul, ancienne école des Frères de la rue des Francs-Bourgeois, établie aujourd'hui rue Saint-Antoine. Enfin, l'extrémité nord du 12ᵉ arrondissement aboutit également à Turgot par les boulevards. Hors de ces limites, la clientèle qu'il peut avoir est une clientèle d'accident.

Le 10ᵉ, où est situé Colbert, lui donne son plus fort contingent, en même temps qu'il fournit encore à Turgot 110 élèves. Les appoints du 1ᵉʳ, du 2ᵉ, du 3ᵉ, du 11ᵉ arrondissement s'expliquent par la direction des grandes voies, les boulevards de Sébastopol et de Strasbourg, la rue du Faubourg-Saint-Martin, le boulevard de la Villette, la rue de la Butte-Chaumont, etc. Le 9ᵉ donnerait davantage si nous n'y rencontrions la concurrence de l'École de Commerce de l'avenue Trudaine.

L'école Lavoisier a été très heureusement placée, au point d'intersection des 5ᵉ, 6ᵉ, 13ᵉ et 14ᵉ arrondissements. Le 5ᵉ et le 6ᵉ lui fournissent déjà beaucoup; les 13ᵉ et 14ᵉ contribueront chaque année davantage. La banlieue deviendra aussi plus productive avec le temps. Il est évident que les élèves de Montrouge, de Gentilly, d'Ivry, qui viennent à Turgot, s'arrêteront un jour à Lavoisier, de même que ceux d'Aubervillers, de Saint-Ouen, de Saint-Denis seront naturellement portés vers Colbert par le chemin de fer du Nord.

Le 16ᵉ arrondissement appartient à l'école d'Auteuil. Bien qu'Auteuil et Passy ne soient pas habités par le petit commerce et la petite industrie, qui sont partout la base de notre recrutement, on doit croire qu'ils donneront davantage lorsque les habitudes seront prises; le grand pensionnat des Frères de la rue Raynouard est en possession d'une clientèle considérable, mais qui n'a point de caractère local : c'est un internat. On peut attendre aussi un certain nombre d'élèves des communes de Boulogne, Neuilly, Puteaux.

Aux 107 externes et demi-pensionnaires relevés pour l'école d'Auteuil dans le tableau ci-dessus, s'ajoutent 50 internes. Sur ce chiffre, 37, Parisiens d'origine, viennent à peu près de tous les quartiers de Paris; 13 appartiennent soit à l'arrondissement de Saint-Denis, soit à la province.

Enfin, c'est dans les 8ᵉ et 9ᵉ arrondissements que Chaptal recueille sa clientèle, de beaucoup la plus nombreuse; il puise aussi assez largement dans le 17ᵉ et le 18ᵉ d'une part; d'autre part, dans le 1ᵉʳ et le 2ᵉ. Il n'est pas un seul arrondissement, d'ailleurs, qui ne lui fournisse quelque élément.

On le voit : trois régions sont plus particulièrement déshérités de toute ressource d'instruction primaire supérieure : le Nord, le Sud-Ouest et l'Est. Les points indiqués pour les écoles nouvelles seraient donc :

1° Dans le 15ᵉ arrondissement, au-dessous du boulevard de Grenelle, vers l'extrémité de la rue Lecourbe; l'établissement ainsi situé recevrait les élèves du 15ᵉ arrondissement, du 7ᵉ et de la partie ouest du 14ᵉ; en même temps il desservirait Montrouge et le canton de Sceaux;

2° Dans le 17ᵉ arrondissement, vers le débouché des rues Marcadet et Championnet; l'établissement desservirait le 17ᵉ et le 18ᵉ arrondissement; il recevrait en outre les contingents de Levallois-Perret, de Neuilly, de Clichy, où la classe ouvrière est considérable;

3° Dans le 11ᵉ arrondissement, vers le point d'intersection de l'avenue des Amandiers et du boulevard Ménilmontant; l'établissement desservirait le 11ᵉ, le 20ᵉ, le 12ᵉ arrondissement et cette partie du 19ᵉ qui se trouve entre les Buttes-Chaumont et la rue de Belleville; en même temps il serait à la portée des cantons de Pantin, de Vincennes et de Charenton. C'est le réseau de Paris et du département de la Seine le moins favorisé sous le rapport des établissements d'enseignement primaire supérieur. Aussi est-ce par cette création qu'il paraîtrait équitable de commencer.

On remarquera qu'ainsi placé au centre des quartiers les plus industriels du 11ᵉ, du 15ᵉ et du 17ᵉ arrondissement, —

Saint-Ambroise, les Batignolles, Grenelle — chacun de ces établissements nouveaux se trouverait en situation de devenir l'école supérieure de l'arrondissement, si un jour tous les arrondissements de Paris devaient être pourvus d'une école.

Dans le plan que nous venons de tracer, nous avons fait entrer en ligne de compte la clientèle des communes des arrondissements de Saint-Denis et de Sceaux. C'est que nous avons pensé que le département pourrait unir ses ressources à celles de Paris, pour créer ces établissements, dont les familles de la banlieue profiteraient dans une mesure presque égale à celle de Paris, si l'on s'arrêtait aux emplacements que nous avons déterminés.

VIII

Règlement de l'École d'Horlogerie de Paris.

(*Reconnue d'utilité publique par décret du 12 juillet 1883.*)

(Voir page 206.)

DE L'ENSEIGNEMENT

Art. 1. — L'enseignement de l'École d'Horlogerie de Paris comprend : le travail manuel et les études théoriques.

Il est fait en vue :

1° De former des ouvriers habiles dans les diverses branches de la fabrication de la montre, de la pendule et de l'horlogerie de précision ;

2° De procurer une bonne instruction professionnelle et scientifique aux jeunes gens qui se destinent à la pratique de l'art de l'horlogerie ;

3° De permettre aux jeunes ouvriers et apprentis, ayant déjà fait un apprentissage, de se perfectionner théoriquement et pratiquement dans la fabrication de la pièce détachée, le réglage et le repassage.

Art. 2. — L'année scolaire commence le 1er août.

Art. 3. — La durée de l'apprentissage est de quatre années.

Art. 4. — Les cours théoriques sont obligatoires pour tous les élèves.

Art. 5. — L'enseignement pratique comprend :

1° L'outillage ;
2° La fabrication de la pendule et du régulateur ;
3° La fabrication complète de la montre ;
4° La chronométrie.

Art. 6. — L'enseignement théorique comprend :

1° Le français ;

2° L'arithmétique, la géométrie et la mécanique appliquée à l'horlogerie;
3° La première partie de l'algèbre;
4° La trigonométrie rectiligne;
5° Les éléments de physique et de chimie;
6° La cosmographie;
7° La tenue des livres;
8° Le dessin linéaire et le dessin industriel;
9° La théorie et la construction de l'horlogerie.

Art. 7. — Des examens généraux ont lieu à la fin de chaque année en présence des professeurs. Le jury des examens est présidé par le Président du Conseil d'administration.

Art. 8. — A la suite de ces examens il sera dressé un tableau de classement.

On tiendra compte, pour ce classement :
1° De la conduite de l'élève pendant les leçons théoriques et pendant les travaux pratiques;
2° Du mérite du travail exécuté par lui pendant l'année;
3° Des résultats de l'examen général.

Art. 9. — Le classement déterminera : ceux des élèves qui sont aptes à passer dans une division supérieure ; ceux qui, à raison de l'insuffisance de leurs connaissances, seront appelés à redoubler; enfin ceux qui, pour une raison quelconque, auraient encouru l'exclusion.

Une distribution de prix aura lieu chaque année, à la suite des examens. Les prix consisteront en médailles, livres, outils ou livrets de la Caisse d'épargne.

Des vacances seront accordées aux élèves après cette distribution de prix. La durée en sera fixée chaque année par le Conseil.

Art. 10. — Le Conseil d'administration délivrera des certificats d'étude à ceux des élèves de quatrième année qui en seront jugés dignes.

Art. 11. — Les certificats d'étude indiquent e degré d'habileté de l'élève comme ouvrier horloger, avec mention de la spécialité à laquelle il s'est plus particulièrement adonné pendant son séjour à l'École.

DES MAÎTRES DE L'ÉCOLE.

Art. 12. — L'administration de l'École est exercée par un directeur.

Les maîtres théoriques et pratiques sont nommés par le Conseil et sur la présentation du directeur.

Art. 13. — Il est expressément interdit aux maîtres de se livrer, dans l'intérieur de l'École, à un travail personnel. La présence des maîtres dans les ateliers est obligatoire pendant toute la durée du travail des élèves.

Art. 14. — Les maîtres adresseront au directeur toutes leurs demandes, plaintes ou réclamations.

Art. 15. — Le directeur transmettra au Conseil, par l'entremise de son président, toute demande d'admission d'élèves qui lui sera adressée.

Art. 16. — Le directeur fera chaque mois au Conseil un rapport verbal sur la marche de l'École.

Art. 17. — A la fin de l'année scolaire, le directeur, assisté du président du Conseil et du trésorier, fera l'inventaire des marchandises, des outils et du matériel.

ADMISSION DES ÉLÈVES.

Art. 18. — Pour être admis comme élève à l'École d'Horlogerie, il faut :

1° Avoir 13 ans révolus ;

2° Adresser une demande au président du Conseil d'administration ;

3° Posséder une instruction correspondant au programme complet des écoles primaires ;

4° Accepter les règlements de l'École.

Art. 19. — Tout élève mineur doit, avant son admission, fournir comme garant une personne domiciliée à Paris, qui sera responsable envers le Conseil.

Les parents, ou tuteurs des élèves mineurs, devront acquiescer par écrit aux règlements de l'École. Ils seront responsables personnellement des dommages qui pourront être causés par les élèves aux meubles et aux outils qui leur sont confiés.

Art. 20. — Les jeunes gens ayant fait au moins deux ans d'apprentissage dans une autre école, et les ouvriers qui désirent se perfectionner dans quelques-unes des branches enseignées à l'École d'Horlogerie de Paris, peuvent être admis, pour une année au moins, dans les ateliers de l'École.

Art. 21. — Le Conseil peut, par une décision et à titre d'exception, autoriser l'admission d'un jeune homme n'ayant pas 13 ans.

Art. 22. — L'écolage est fixé à 300 francs par an et payable par trimestre.

Art. 23. — Dans le cours des trois premiers mois, le président du Conseil avertira les parents ou tuteurs si l'élève n'est pas apte à continuer son apprentissage.

Art. 24. — En souscrivant le contrat d'apprentissage, il sera versé par chaque élève une somme de 75 francs, imputable sur les trois derniers mois d'apprentissage. En cas de renvoi de l'élève, ou s'il quitte l'École pour une cause quelconque avant le terme de son contrat, cette somme sera acquise de plein droit à l'École.

RÉGIME INTÉRIEUR DE L'ÉCOLE.

Art. 25. — Le travail des élèves aura lieu tous les jours, à l'exception des dimanches et jours fériés, aux heures suivantes :

Du 1er octobre au 1er avril :

Travaux d'atelier : De 8 h. à midi.
De 1 h. 1/2 à 4 h. 1/2.

Cours théoriques : De 4 h. 1/2 à 7 h. du soir.

Du 1er avril au 1er octobre :

Travaux d'atelier : De 9 h. à midi.
De 1 h. 1/2 à 5 h. 1/2.

Cours théoriques : De 7 h. 1/2 à 9 h. du matin.
De 5 h. 1/2 à 7 h. du soir.

Le samedi soir il n'y aura pas de cours théoriques. Ils seront remplacés par un nettoyage, par tous les élèves, du gros outillage et des ateliers.

Art. 26. — Les élèves devront être au travail exactement aux heures fixées.

Art. 27. — Les élèves ne pourront quitter leur travail sans une permission du maître.

Art. 28. — Les demandes de permissions moindres d'une demi-journée sont accordées par le professeur surveillant, avec l'autorisation des professeurs pratiques ou théoriques.

Toute demande excédant une demi-journée devra être adressée, par écrit, au directeur de l'École.

Toute permission accordée par le directeur sera notifiée aux maîtres et au professeur surveillant.

Art. 29. — Les élèves externes qui, sans autorisation, manqueraient soit au travail d'atelier, soit aux cours, ne seront reçus à l'École que sur la présentation d'une lettre de leurs parents ou correspondants mentionnant la cause de leur absence.

Art. 30. — Il est expressément interdit aux élèves de se présenter chez M. le président du Conseil sans l'autorisation du professeur surveillant. L'entrée du secrétariat est interdite aux élèves.

Art. 31. — Les gros outils appartiennent à l'École.

Ils sont prêtés gratuitement aux élèves.

Art. 32. — Les petits outils sont vendus par l'École aux élèves, afin de conserver une uniformité complète de l'outillage.

Art. 33. — Les travaux des élèves appartiennent à l'École.

Art. 34. — L'éclairage et le chauffage sont payés par l'École.

Art. 35. — Il sera tenu compte, sur le registre de l'École, de la conduite, de l'assiduité et des progrès des élèves, tant dans le travail manuel que dans les cours théoriques.

Art. 36. — Tous les mois il sera délivré des bulletins de conduite qui seront envoyés aux parents ou aux correspondants de l'élève.

Art. 37. — Les élèves devront se présenter à l'École dans une tenue convenable. Le costume d'atelier est de rigueur.

Art. 38. — Pendant le travail, les élèves doivent observer le plus profond silence, avoir la tête découverte. Il est expressément défendu de fumer dans les ateliers, dans les corridors ou dans les dépendances de l'École.

Art. 39. — Chaque soir les établis doivent être rangés, les outils enfermés dans les tiroirs Les établis doivent être constamment entretenus dans un état de propreté parfaite.

Art. 40. — Le service intérieur de l'École et l'entretien du gros outillage sont faits par les élèves eux-mêmes, à tour de rôle.

Art. 41. — Les élèves qui donneraient lieu à des plaintes seront passibles des punitions suivantes :

1° Retenue le samedi soir ;
2° Retenue le dimanche ;
3° Comparution devant le directeur ;
4° Comparution devant le Conseil ;
5° Avertissement aux parents ou tuteurs ;
6° Renvoi temporaire de l'École ;
7° Renvoi définitif.

Art. 42. — Il est donné des exemptions tant pour les cours théoriques que pour le travail pratique.

Ces exemptions peuvent servir à lever les punitions. Les exemptions obtenues pour le travail pratique ne peuvent servir pour les punitions données par les professeurs théoriques et réciproquement. Des exemptions générales accordées chaque mois par le directeur peuvent servir indistinctement pour lever toutes les punitions.

Art. 43. — A la distribution des prix, un prix spécial sera attribué à l'élève ayant obtenu et conservé le plus d'exemptions générales.

BOURSES ET DEMI-BOURSES.

Art. 44. — Le Conseil d'administration pourra accorder chaque année, après concours, des bourses et des demi-bourses.

Le nombre de ces places gratuites et le programme du concours pour les obtenir seront fixés par le Conseil.

INTERNAT.

Art. 45. — Le prix de l'internat, installé dans le local de l'École, est fixé à 85 francs par mois et payable d'avance. Il comprend : le logement, la nourriture, le blanchissage, le chauffage et l'éclairage.

Art. 46. — A son entrée à l'internat, l'élève devra fournir un trousseau qui comprendra :

2 paires de draps ;
3 taies d'oreiller ;
1 couverture de laine ;
1 couverture de coton ;
6 chemises de jour ;
3 — de nuit ;
6 serviettes de table ;
6 — de toilette ;
3 blouses d'atelier ;
18 mouchoirs ;
6 paires de chaussettes ;
2 paires de chaussures ;
1 paire de pantoufles sans talons ;
1 boîte de toilette contenant : 1 savonnette, 1 éponge, 1 peigne, brosses à habit, à cheveux et à chaussures ;
1 couvert ;
1 timbale ;
1 couteau ;
1 rond de serviette.

Art. 47. — Le linge de corps est changé deux fois par semaine.

Le linge de table est changé une fois par semaine. Les draps sont changés une fois par mois.

Le blanchissage supplémentaire est payé par les élèves.

Art. 48. — En dehors du prix fixé ci-dessus, chaque élève devra verser, chaque année, 20 francs pour l'entretien de son lit.

Art. 49. — Le professeur surveillant indique par des coups de cloche l'ouverture et la fermeture des cours pratiques et théoriques.

Un médecin, attaché à l'École, visite les élèves tous les mois.

VISITE A L'ÉCOLE.

Art. 50. — Toute personne qui voudra visiter l'École devra en faire la demande au directeur ou se faire accompagner d'un membre du Conseil d'administration.

Cette mesure ne s'applique ni aux autorités civiles ou scolaires ni aux parents des élèves.

Paris, 7 juillet 1884.

IX

TABLEAU présentant la série des budgets municipaux de l'instruction primaire (prévisions de recettes et de dépenses), de 1816 à 1875. (Voir page 291.)

ANNÉES.	PRÉVISION DES BUDGETS.		EXCÉDENT des dépenses sur les recettes.
	RECETTES SPÉCIALES.	DÉPENSES.	
1816	»	52 200 » (a)	»
1817	»	52 200 »	»
1818	»	52 200 »	»
1819	»	58 200 »	»
1820	»	62 200 »	»
1821	»	78 000 »	»
1822	»	71 080 »	»
1823	»	75 180 »	»
1824	»	82 060 » (b)	»
1825	»	77 080 »	»
1826	»	76 980 »	»
1827	»	84 980 »	»
1828	»	93 030 »	»
1829	»	97 060 »	»
1830	»	116 600 »	»

(a) Voici le détail sommaire de ces dépenses, tel qu'il figurait au budget de 1816 :

Écoles dites d'ancienne fondation.	Traitement des 12 instituteurs primaires..	14 400
	Id. des 12 institutrices primaires..	14 400
Distribution des prix et gratifications........................		2 200
Appointements de la directrice du bureau de placement des maîtresses d'études dans les écoles de filles.................		1 200
Établissement d'écoles élémentaires (écoles d'enseignement mutuel)...		20 000
TOTAL...................		52 200

Cette classification des dépenses se reproduit, sans modifications importantes, dans tous les budgets communaux, jusqu'en 1831.

On voit, par le détail qui précède, que la ville ne concourait à l'entretien des écoles dites d'*ancienne fondation* qu'en rétribuant les instituteurs et les institutrices de ces écoles, alors au nombre de 24. — Ces écoles n'étaient donc pas, à proprement parler, des écoles communales; elles avaient plutôt le caractère d'écoles libres, auxquelles la ville allouait une subvention, sous forme de traitement payé à l'instituteur.

Il n'en est pas de même en ce qui concerne les écoles d'*enseignement mutuel*, que la ville a commencé à créer en 1816. — Ces écoles sont entièrement communales, et les frais de leur entretien, matériel et personnel, sont supportés par le budget municipal.

(b) Les dépenses des écoles d'*enseignement mutuel* entrent dans ce chiffre pour 43 000 fr. — Ces dépenses avaient donc plus que doublé de 1816 à 1824.

ENSEIGNEMENT PRIMAIRE.

IX (suite).

ANNÉES.	PRÉVISIONS DES BUDGETS		EXCÉDENT des dépenses sur les recettes.
	RECETTES SPÉCIALES.	DÉPENSES.	
1831	»	160 310 »	»
1832	»	183 080 » (c)	»
1833	»	192 918 » (d)	»
1834	»	203 438 »	»
1835	» (e)	282 207 »	»
1836	»	371 888 » (g)	»
1837	»	587 884,87 (h)	»
1838	»	782 124 »	»
1839	45 067,37 (i)	838 154 »	793 086,63

(c) Les dépenses des écoles élémentaires *d'enseignement mutuel* s'élèvent à 107 980 fr. — Celles des écoles dites *d'ancienne fondation* sont réduites à 10 800 fr. — Un certain nombre d'établissements de cette dernière catégorie avaient disparu et avaient été remplacés par des écoles d'enseignement mutuel.

Pour la première fois, en 1832, la ville vient en aide aux écoles des cultes dissidents. — Une subvention de 6000 fr. pour les écoles *israélites* de garçons et de filles est inscrite au budget de cet exercice et des exercices suivants.

(d) Une subvention de 4000 fr. est accordée aux salles d'asile fondées à Paris par l'initiative privée.

(e) Le Conseil municipal, usant de la faculté accordée aux communes par la loi du 28 juin 1833, s'impose d'un demi-centime additionnel au principal des quatre contributions directes; mais ce vote n'est pas homologué.

(f) Une subvention de 5400 fr. est accordée aux écoles de l'Église réformée et de l'Église de la confession d'Augsbourg.

(g) La ville prend à sa charge, en 1836, les écoles d'enseignement simultané dirigées par des instituteurs et des institutrices congréganistes. Ces écoles avaient été jusqu'alors entretenues par l'administration des hospices.

(h) Les salles d'asile deviennent, en 1837, des établissements communaux. Elles figurent au budget de cet exercice pour une dépense de de 80 870 fr.

(i) Cette recette provient :

1° De la rétribution mensuelle payée par les élèves des deux écoles d'enseignement primaire supérieur ouvertes en 1839, savoir :

École primaire supérieure de garçons, rue Neuve-Saint-Laurent (cette école est aujourd'hui installée rue Turbigo, sous le nom d'école Turgot).. 20 000 fr. »

École primaire supérieure de jeunes filles, passage Saint-Pierre, transférée depuis rue Fouilletier, puis boulevard des Batignolles, où elle a été transformée en école normale.. 10 000 »

2° Du produit des dons et legs en faveur de l'enseignement primaire.. 15 067 37

Total.............. 45 067 fr. 37

Ces dons et legs avaient été jusqu'alors au compte de l'administration des hospices, qui remit en 1839 à l'administration municipale les titres de rentes provenant des libéralités applicables aux écoles.

IX (suite).

ANNÉES.	PRÉVISIONS DES BUDGETS.		
	RECETTES SPÉCIALES.	DÉPENSES.	EXCÉDENT des dépenses sur les recettes.
1840	35 874 »	858 654 »	822 780 »
1841	39 230,83	880 261 »	841 030,17
1842	59 877,30	934 847 »	874 060,70
1843	59 967,30	928 856 » (j)	868 888,70
1844	60 074,36	968 967 »	908 892,64
1845	46 054,30	969 181 »	923 126,70
1846	46 018,50 (k)	1 024 385 »	978 339,70
1847	50 688,30	1 070 850 »	1 020 161,70
1848	65 388,30	1 101 505 »	1 036 116,70
1849	66 788,30	1 227 242,68	1 160 454,38
1850	66 888,30	1 212 920 »	1 146 031,70
1851	66 888,30	1 265 686 »	1 198 797,70
1852	70 424 » (l)	1 304 346 »	1 233 922 »

(j) Cette prévision de dépenses était établie pour un chiffre de 31 720 élèves d'enseignement primaire élémentaire, ainsi répartis :

	Nombre des écoles.	Nombre des élèves.
Écoles d'ancienne fondation	3	340
Écoles du mode mutuel	51	9 780
Écoles simultanées (congréganistes)	60	13 451
Salles d'asile	21	6 110
Classes d'adultes du mode mutuel		1 330
— simultané		1 700
Total	135	31 720

(k) L'école François Ier (aujourd'hui collège Chaptal) devient établissement communal en 1846. — Jusqu'à 1853 elle ne figure que pour mémoire aux budgets des recettes, les dépenses de l'établissement excédant le produit des rétributions payées par les élèves.

(l) Les prévisions de dépenses sont établies pour un chiffre de 40 280 élèves d'enseignement primaire élémentaire, savoir :

Écoles mutuelles	13 283 élèves
Écoles simultanées	15 067
Classes d'adultes	14 384
Salles d'asile	7 500
Total	50 280

ENSEIGNEMENT PRIMAIRE.

IX (suite).

ANNÉES.	PRÉVISIONS DES BUDGETS.		
	RECETTES SPÉCIALES.	DÉPENSES.	EXCÉDENT des dépenses sur les recettes.
1853	79 611 » (m)	1 369 828 »	1 290 217 »
1854	90 930 »	1 403 883 »	1 312 926 »
1855	101 874 »	1 440 092 »	1 338 218 »
1856	707 415,60 (n)	1 404 902 »	697 486,40
1857	810 343 »	1 549 732 »	733 389 »
1858	850 129 »	1 638 911 »	788 782 »
1859	880 729 »	1 684 713 » (o)	803 984 »
1860	1 020 240,03 (p)	2 277 603,65 (q)	1 257 363 »
1861	1 040 089 »	2 349 013,45	1 308 924,45
1862	1 064 010 »	2 487 724,50	1 423 714,50
1863	1 115 286 »	2 024 750 »	1 809 464 »
1864	1 164 785 »	3 641 992 »	2 477 207 »
1865	1 197 085 »	4 473 101 »	3 276 016 »

(m) Les bénéfices du collège Chaptal entrent dans les prévisions des recettes de 1853 pour une somme de 8000 fr. — A dater de 1857 et jusqu'en 1867, ces bénéfices, étant entièrement appliqués aux travaux d'agrandissement du collège, cessent de figurer dans les budgets municipaux.

(n) Conformément aux dispositions de la loi du 15 mars 1850, la ville de Paris demande et elle est autorisée, en 1856, à s'imposer de 3 centimes additionnels, spécialement applicables aux dépenses de l'enseignement primaire. — Le produit de ces centimes spéciaux est compris, dans les prévisions de recettes du budget de 1856, pour une somme de 600 875 fr.

(o) Le budget de 1858 (dernier budget avant l'annexion des communes de la banlieue) est établi en prévision d'un chiffre de 47 616 élèves inscrits dans les établissements communaux d'enseignement primaire élémentaire, savoir :

Écoles laïques..	15 000	élèves.
Écoles congréganistes...............................	17 500	
Classes d'adultes......................................	6 116	
Salles d'asile..	9 000	
Total...............	47 616	

(p) Par suite de l'annexion des communes de la banlieue, le produit des 3 centimes spéciaux s'élève à 900 000 fr.

(q) Les prévisions de dépenses du budget de l'exercice 1860 sont calculées pour un chiffre de 66 992 élèves inscrits dans les établissements communaux d'enseignement primaire élémentaire, savoir :

Écoles laïques..	22 000	élèves.
Écoles congréganistes...............................	23 745	
Classes d'adultes......................................	7 847	
Salles d'asile..	13 400	
Total...............	66 992	

IX (suite).

ANNÉES.	PRÉVISIONS DES BUDGETS.		
	RECETTES SPÉCIALES.	DÉPENSES.	EXCÉDENT des dépenses sur les recettes.
1866	1 282 285 »	5 207 309 »	3 925 024 »
1867	2 159 025 » (r)	5 925 332 »	3 766 307 »
1868	2 211 346,43	6 100 831 »	3 889 584,57
1869	3 989 294,28 (s)	6 192 107,89	2 202 813,61
1870	4 173 059,67	6 412 878,86 (t)	2 239 819,19
1871	4 173 059,67	6 412 878,86 (u)	2 239 819,19
1872 (v)	4 140 414,63	8 180 077,70	4 039 663,07
1873	4 458 094,22	9 298 727,79	4 840 633,57
1874	4 795 153,24	9 764 719,06	4 969 565,82
1875	4 905 895,81 (x)	9 761 678,25	4 855 782,44

(r) L'augmentation des prévisions du budget, en 1867, tient à ce que le collège Chaptal, qui jusqu'alors avait eu son budget spécial, est inscrit, à dater de cette année, pour la totalité de ses recettes et de ses dépenses au budget général. — Les recettes de cet établissement sont évaluées, en 1867, à 837 000 fr., les dépenses à 760 650 fr.

(s) En 1869, la ville, usant de la faculté accordée aux communes par la loi du 10 avril 1867, s'impose de 4 nouveaux centimes additionnels au principal des 4 contributions directes. Le nombre des centimes spéciaux applicables aux dépenses de l'enseignement primaire est ainsi porté à 7. — Le produit de ces 7 centimes est évalué, en 1869, à 2 980 723 fr. 28 c.

Une nouvelle école primaire supérieure de garçons, l'école Colbert, est ouverte la même année.

(t) Le nombre des élèves appelés à fréquenter les établissements scolaires communaux d'enseignement primaire élémentaire était évalué, au budget de 1870, à 91 690, savoir :

Écoles laïques..	26 860	élèves.
Écoles congréganistes...................................	35 400	
Classes d'adultes...	12 840	
Salles d'asile..	16 590	
TOTAL...............	91 690	

(u) Il n'a pas été dressé de budget spécial pour 1871, — on a appliqué à cet exercice les prévisions du budget de 1870.

(v) Ouverture, en 1872 et 1873, de deux nouvelles écoles primaires supérieures de garçons ; en 1872, l'école Lavoisier, rue d'Enfer ; en 1873, l'école de la rue du Buis, à Auteuil.

(x) Le produit des 7 centimes spéciaux figure, dans ces recettes, pour une somme de 3 448 927 fr. 81 c.

IX (fin).

A titre de renseignement complémentaire, voici comment, de 1870 à 1886, s'est établi le budget.

ANNÉES.	CRÉDITS ouverts par les budgets ou par décisions spéciales.	DÉPENSES constatées.	RECETTES résultant du produit des centimes spéciaux.	
			NOMBRE des centimes.	PRODUIT.
1876	9 681 343,87	9 169 234,49	7	3 513 802,71
1877	10 069 384,28	9 971 366,76	7	3 548 938,03
1878	10 500 677,01	10 402 840,07	7	3 580 512,57
1879	15 064 700 »	15 063 604,44	7	3 621 422,90
1880	13 218 302,51	12 725 072,93	8	4 060 358,01
1881	15 586 410 »	14 719 138,47	8	4 202 793,02
1882	21 069 733,46	18 115 203,64	4	2 102 220,22
1883	23 357 954,71	20 792 500,40	4	2 208 426,10
1884	24 674 674,90	22 023 005,07	4	2 253 416,11
1885	25 008 356 »	22 579 034,22	4	2 298 311,69
1886	32 467 215,40	» »[1]	8	4 707 800 »

1. Le compte de 1886 n'est pas encore fait.

X

Notices nécrologiques.

§ 1.

MM. Henne, Poiseuille, Meyer,
Inspecteurs de l'enseignement primaire.

L'inspection primaire du département de la Seine vient de faire, dans la personne de M. Meyer, une nouvelle perte. C'est la troisième en moins de deux ans. M. Meyer a suivi, à quelques mois d'intervalle, M. Poiseuille, qui nous avait été lui-même enlevé si peu de temps après M. Henne.

Ni M. Henne, ni M. Poiseuille, ni M. Meyer n'appartenaient, par choix de carrière et par vocation proprement dite, à l'enseignement primaire; ils y étaient venus de points très opposés; mais, à des titres divers, ils y ont tenu un rang distingué. Il nous a été permis de rendre à M. Henne et à M. Poiseuille un dernier hommage sur leur tombe. Nous n'avons pas pu nous acquitter du même devoir envers M. Meyer. Nous voudrions les réunir ici dans un commun souvenir [1].

I

M. Henne (Désiré-Joseph), né le 26 août 1812, à Cambrai, était entré le 4 novembre 1832 dans l'enseignement public

---

1. Je reproduis ici ces notices comme un souvenir de gratitude pour les hommes distingués et dévoués avec lesquels pendant près de quinze ans j'ai soutenu le poids de la direction de l'enseignement primaire de Paris : quand j'en ai pris la charge, le corps de l'Inspection, qui comprend

par un emploi de maître d'études au collège de Metz. Admis à l'École Normale supérieure en 1834, reçu agrégé de philosophie peu après sa sortie, et successivement professeur aux collèges de Pau, de Montpellier, de Bourges, d'Orléans, il avait, en 1840, quitté l'enseignement pour l'administration. D'abord inspecteur de l'Académie d'Angers, puis recteur départemental dans les Pyrénées-Orientales, dans les Côtes-du-Nord et dans le Morbihan, de 1849 à 1854, — c'est au moment où l'instruction primaire passait aux mains des préfets qu'il vint, à Paris, prendre place dans les rangs de l'inspection.

Il y apportait les facultés exercées d'un homme qui, comme le plus grand nombre des membres de l'Université, avait dû s'ouvrir les voies par le travail, sans autres ressources qu'une volonté énergique et éclairée. La forte discipline de l'École Normale supérieure et douze ans d'un enseignement élevé avaient achevé de le former. M. Henne était de ceux d'ailleurs qui, jaloux de se trouver toujours au niveau de leurs fonctions, travaillent incessamment à s'y rendre supérieurs ; tout en professant, il poursuivait ses études. Il en a laissé de notables souvenirs dans plusieurs articles du *Dictionnaire des sciences philosophiques*, rédigé sous la direction de M. Ad. Franck, et surtout dans deux thèses soutenues, en 1843, devant la Faculté de Paris.

La thèse latine avait pour objet *César historien*; la thèse française était une exposition critique de l'*École de Mégare*. Ce n'est point un hasard de curiosité qui avait conduit M. Henne à s'occuper de l'histoire de l'École de Mégare. Il était, par tempérament, de la secte des éristiques ; il avait, au sens antique du mot, et comme l'entendaient les Mégariques, l'esprit de dispute. L'importance des considérations générales n'échappait pas à son intelligence vraiment philosophique ; mais il s'attardait volontiers à la discussion minutieuse des points de fait. C'est ainsi que, dans sa thèse latine,

---

aujourd'hui vingt-cinq membres, en comptait cinq, dont l'un était exclusivement chargé du service de l'hygiène.

En me rattachant à ceux qui sont morts, j'aime à rappeler aussi les noms de ceux qui ont fourni une brillante carrière : MM. D'Altenheym, Brouard, Cadet, Ebrard, devenus inspecteurs généraux de l'enseignement primaire, Lenient, directeur de l'École normale de Paris, Pinet, Pichard, secrétaires, l'un de la Faculté de Médecine, l'autre de la Faculté de Droit, etc

il passe successivement en revue : 1° les ouvrages faussement attribués à César; 2° les parties des *Commentaires* où la sincérité ne peut être suspectée; 3° les faits omis à dessein; 4° les faits présentés sous de fausses couleurs; 5° les faits exagérés; 6° les faits mensongèrement affirmés; 7° les erreurs. S'enfermant tour à tour dans chacune de ces catégories, il presse tous les mots du texte de son auteur, en fait jaillir la critique, se crée des objections pour y répondre, et prolonge l'argumentation comme à plaisir. C'est ainsi encore que dans sa thèse française, conçue, ainsi que le comportait le sujet, sur un plan plus large, il consacre de prédilection plusieurs chapitres à la description des procédés dialectiques d'Euclide et à la distinction des diverses branches de l'École Mégarique. Cette direction d'esprit avait également, au témoignage de ses élèves, marqué son enseignement. M. Henne savait développer, fortifier, nourrir les facultés des jeunes gens; il aimait particulièrement à les aiguiser.

De telles études, jointes à l'expérience des affaires administratives, avaient préparé de haut M. Henne aux fonctions qu'il était appelé à remplir dans le département de la Seine. Une des meilleures preuves peut-être qu'il ait données de sa valeur, c'est qu'il comprit dès l'abord l'importance de l'éducation populaire et prit sérieusement goût à tous les intérêts qu'elle embrasse. L'inspection de l'enseignement primaire à Paris, en raison du nombre et de la nature des établissements auxquels elle s'applique, exige l'activité de l'esprit et du corps, la rectitude du jugement, la solidité du savoir, le sentiment exact des vrais caractères de l'autorité. M. Henne, qui, jusqu'à la crise qui l'emporta, a conservé la verdeur de la jeunesse, était toujours prêt; dans les affaires qui intéressaient l'ensemble du service, il mettait son honneur à répondre le premier, et ses rapports substantiels, précis, concluants, étaient ceux d'un homme qui s'était rendu compte. Si ses appréciations n'étaient pas exemptes de passion, en général elles portaient sur le fond des questions de vives lumières. D'autre part, nul ne lui refusait la variété des connaissances, la sûreté de la mémoire, l'esprit de méthode. Sa compétence en certaines matières était presque redoutée; il n'était pas sans le savoir et parfois sans en jouir. Il aimait l'autorité; il ne lui déplaisait pas de la faire respecter; il croyait moins utile de la faire aimer. Mais cette espèce d'attitude de combat, que trahissait l'extérieur même de sa personne, se détendait en présence de toute observation justifiée, sincère, et qui savait se faire accepter. Retenu par une main amie sur la pente où il risquait d'être entraîné, il revenait aisément, dans ses jugements, à cette bienveillance éclairée qui n'est pas moins que la fermeté une partie essentielle de la justice. On ne faisait jamais vainement appel à l'intelligence de M. Henne. Pris de ce côté, le commerce de tous les jours devenait avec lui intéressant, fructueux, facile; il n'avait dans la pensée rien d'effacé; et les sympathies que cette portée d'esprit avait une fois conquises lui demeuraient aisément fidèles.

Ces incontestables mérites avaient valu à M. Henne toutes les récompenses universitaires : le titre de recteur honoraire, qui était la consécration légitime de ses services antérieurs, les palmes d'officier de l'instruction publique, la croix de chevalier de la Légion d'honneur. Une seule distinction lui avait longtemps manqué, et c'était, comme il arrive, celle à laquelle il tenait le plus; je veux dire l'un des sièges attribués aux inspecteurs primaires dans le Conseil départemental de l'instruction publique. Lorsqu'il l'obtint enfin, il eut comme une explosion d'amour-propre satisfait. « L'honneur est sauvé! » m'écrivait-il en me remerciant de sa nomination. Hélas! il n'en devait pas jouir longtemps. L'année même où il avait pris séance, une maladie de cœur aggravée par des soucis de famille attaqua sourdement sa santé.

Il tint bon tant qu'il put; il n'était pas homme à fléchir. Mais le mal devint rapidement le plus fort. Ses derniers jours furent douloureux. Je le vois encore, je le verrai longtemps s'affaissant chaque jour sous l'étreinte de la mort qui peu à peu l'envahissait, et ne vivant plus que par le regard d'où jaillissait encore par moments l'éclair de sa vive intelligence. Deux pensées cependant le soutinrent jusqu'à la dernière défaillance, le désir d'aller hâter sa guérison dans une petite maison de campagne aux environs de Barbizon, où il passait d'ordinaire ses vacances, et l'espoir de reprendre avec un redoublement d'énergie ses fonctions, qu'il aimait. Un de ses collègues dans la Commission des examens, devenu l'un de ses amis, M. l'abbé Bourquart, l'entretenait pieusement dans cette confiance. « Tous mes médecins, médecin de l'âme, médecin du corps, me trouvent mieux, me disait-il la surveille de sa mort; avant peu, je serai plus que jamais à vous, c'est-à-dire à nos écoles. » Courageuse illusion dans laquelle il peignait une dernière fois lui-même cette intelligente préoccupation du devoir, dont il avait, pendant trente-six ans, offert l'exemple !

II

Le même sentiment du devoir animait M. Poiseuille, et les dix ans qu'il a donnés à l'instruction primaire peuvent être comptés, à bon droit, parmi les meilleurs souvenirs de sa carrière, remarquable à plus d'un titre.

Né en 1798, M. Poiseuille (Jean-Marie-Léon) touchait à l'âge ordinaire de la retraite lorsque en 1860 il aborda les fonctions publiques par un emploi dans l'inspection des écoles de Paris. Jusqu'à cette époque il s'était presque exclusivement voué à la science. Reçu à l'École Polytechnique après de brillants examens, il faisait partie de cette promotion de 1816 dont le brusque licenciement a été une des fautes de la Restauration. Comme une partie de l'élite de la jeunesse de son temps, il se tourna vers les études médicales, qui assuraient à la vie sa légitime indépendance, à la pensée ses franchises nécessaires.

En 1828 il passait sa thèse de doctorat. Elle lui donnait le droit de s'essayer à la pratique de la médecine; mais il sentit de bonne heure qu'il n'était pas né pour y réussir, et, après un exercice de dix ans à peine, il devait y renoncer. « Une maladie était pour moi un problème, me disait-il un jour avec cette honnête et piquante vivacité de langage qui était un des attraits de son caractère; le cas posé, je n'avais pas de cesse que je n'eusse trouvé la solution; quand la solution m'apparaissait mauvaise, il m'était impossible de la cacher, et j'en souffrais. » On ne peut guère faire un métier d'un art où l'on porte à la fois tant de conscience et tant de cœur.

M. Poiseuille était, avant tout, un homme d'étude. Tandis qu'il suivait les cours de la Faculté de Médecine, il n'avait pas abandonné les mathématiques; il s'était fait répétiteur-préparateur à l'École Polytechnique, et les jeunes gens appréciaient hautement la lucidité originale de son esprit.

Sa thèse de doctorat, intitulée *Recherches sur la force du cœur aortique*, était une œuvre de doctrine scientifique. Discutant les évaluations de Borelli, de Keil, de Hales sur la force du cœur, il était arrivé, à l'aide d'un appareil de son invention, l'hémodynamomètre, à calculer la pression du sang déterminée par l'intensité des contractions du cœur gauche; et, contrairement à l'hypothèse de Bichat, qui voulait que la puissance du cœur diminuât au fur et à mesure qu'on s'éloigne de cet organe et fût nulle au moment où le sang arrive dans les capillaires, il concluait que la moyenne des pressions est la même, toutes choses égales d'ailleurs, dans tous les points du système artériel, quels que soient le diamètre de l'artère et sa distance du centre. Ce travail, plein de faits, ultérieurement enrichi de nouvelles observations par un mémoire sur *l'action des artères dans la circulation artérielle*, et présenté à l'Académie des Sciences pour le concours de physiologie expérimentale, avait obtenu en 1829 la médaille d'or de l'Institut. Deux ans après, un nouveau mémoire sur *les causes du mouvement du sang dans les veines* avait remporté la même récompense, qui devait encore, en 1845, couronner des *recherches expérimentales sur l'écoulement des liquides considéré dans les capillaires vivants*.

Une distinction plus haute avait précédé cette dernière médaille. En 1835 l'Académie des Sciences avait décerné à M. Poiseuille le prix de physiologie expérimentale, et, dès cette époque, son nom faisait autorité. Collaborateur de Magendie, il avait fourni, tant aux *Annales de Chimie et de Physiologie* qu'aux *Comptes rendus de l'Académie des Sciences*, d'importantes observations sur les résultats de diverses expériences appliquées à l'économie animale. Élu membre de l'Académie de Médecine, décoré de la croix de chevalier, puis de la croix d'officier de la Légion d'honneur, qu'il avait reçues — il aimait à le rappeler, — la première, des mains de M. Chomel, la seconde, de celles de M. Andral, il avait été enfin deux fois de suite présenté pour l'Institut par la section de Médecine et de Chirurgie.

M. Poiseuille honorait donc le corps de l'Inspection primaire de la Seine en y entrant, et il s'est honoré lui-même par les services qu'il y a rendus. C'est des questions d'hygiène qu'il avait été d'abord spécialement chargé. Mais il n'était pas dans sa nature de rien faire à demi, et il ne tarda pas à se donner tout entier à ses écoles.

Ce qu'estimaient particulièrement les juges de ses travaux scientifiques, c'était la justesse du point de vue dans la direction des recherches, l'ingénieuse simplicité des moyens d'observation, l'exactitude de la méthode, la parfaite clarté des conclusions. On reconnaissait aisément ces habitudes d'esprit dans les soins que M. Poiseuille apportait à l'examen des affaires. Très réservé par caractère, timide même, comme il arrive souvent aux vieillards, il se laissait difficilement pénétrer; mais, du jour où l'on était entré en possession de sa confiance, on trouvait vite en lui le fonds solide et pur de l'honnête homme. Tout, dans sa personne, jusqu'à cette vivacité d'humeur qui s'échappait parfois en brusques saillies, tout portait la marque de la droiture de l'esprit et du cœur. M. Poiseuille accomplissait ses devoirs professionnels avec simplicité, probité, scrupule, n'avançant rien qu'il n'eût vérifié, dont il ne fût sûr. Les lenteurs qu'on était tenté de lui reprocher dans les examens tenaient le plus souvent aux exigences d'une conscience rigoureuse : il avait besoin de peser sa note, et il était rare qu'il se trompât.

La vieillesse cependant ne pouvait lui être indéfiniment indulgente, et, dans l'intérêt du service en même temps que pour lui-même, l'autorité supérieure dut un moment se préoccuper de ne pas le laisser aller jusqu'au bout de ses forces. Mais il tenait à honneur de vivre d'une vie utile jusqu'au dernier jour. En présence de cette bienveillante menace de repos, il rassemblait l'énergie de son intelligence et redoublait d'activité; tout récemment il avait remis sur le métier un petit ouvrage de géométrie pratique destiné aux écoles. Suivant son vœu, il est mort debout.

III

La perte de M. Meyer, qui vient de s'ajouter si prématurément à celle de MM. Henne et Poiseuille, est d'autant plus douloureuse qu'elle a été imprévue ; ses amis ne savaient même pas qu'il fût malade, quand ils ont appris qu'il était mort.

Né en 1814, à Nancy, M. Maurice Meyer était d'un âge qui ne lui interdisait pas encore le *long espoir*, et un passé activement rempli semblait autoriser ses *vastes pensées* : j'aime à répéter ce qu'il disait si volontiers lui-même. Comme M. Henne, il avait commencé par exercer dans l'enseignement secondaire. Professeur de rhétorique à Toul et à Tarbes (1835-1839), ramené en Lorraine comme maître d'humanités, il n'avait quitté la chaire de seconde qu'il occupait à Metz que pour remplir diverses missions littéraires, et diriger un service spécial au Bureau des travaux historiques du Ministère de l'Instruction publique (1841-1845).

Les loisirs relatifs que lui assuraient ces fonctions temporaires lui avaient permis de pousser à leur terme ses thèses de doctorat. Sa thèse latine, qu'il a depuis traduite et imprimée dans un de ses recueils d'articles de *Critique ancienne et moderne*, avait pour sujet *Ovide, ou les Lectures publiques et privées sous Auguste*. C'était le moment où M. D. Nisard venait de faire paraître sa piquante histoire de la déclamation à Rome sous l'Empire. La dissertation de M. Meyer en était comme la préface. « J'ai voulu, dit-il, montrer l'origine de cet usage qu'on a dépeint ailleurs vers son milieu et à son déclin. » Sa thèse française, sur les *Atellanes*, n'était aussi qu'une sorte de canevas des *Études sur le théâtre latin*, qui devaient être l'origine de sa notoriété littéraire.

L'accès de l'enseignement supérieur lui était ouvert. La chaire de poésie latine du Collège de France s'étant trouvée momentanément vacante, il y fut appelé en qualité de suppléant. En 1848 il dut aller à la Faculté de Poitiers prendre le cours de littérature ancienne, dont il devint titulaire en 1849, et qu'il conserva jusqu'en 1855. Une nouvelle suppléance le remit en possession de la chaire de poésie latine du Collège de France. A l'issue de cette seconde et heureuse épreuve, le titre de Doyen de Faculté lui fut offert en province. C'est alors qu'il choisit les fonctions de l'inspection primaire à Paris qu'on lui avait proposées en même temps.

L'emploi avait surtout, à ses yeux, l'avantage de lui permettre de conserver des relations littéraires qui étaient devenues une habitude de sa vie. Il espérait aussi se ménager des heures de travail et de liberté. Son premier volume d'*Études sur le théâtre latin* avait été accueilli avec faveur. Il s'était engagé à donner le second. En attendant, il aimait à se retrouver auprès de la chaire qu'il n'avait pas renoncé à considérer comme sienne, à discuter avec ses anciens collègues les conclusions de leurs leçons, à leur communiquer les matériaux qu'il avait amassés, à s'entretenir des choses du jour. Aux connaissances exactes du philologue M. Meyer joignait le goût exercé de l'humaniste. Sa curiosité toujours en éveil ne lui permettait pas d'approfondir tout ce qu'il touchait, mais il aimait à toucher tout ce qui le tentait.

<blockquote>Je suis chose légère, et vole à tout objet,</blockquote>

disait-il en s'appliquant d'autres vers de La Fontaine; et les recueils de ses articles, qui portent sur les matières les plus diverses, son style alerte, sa conversation aisée, parfois hardie, volontiers malicieuse, confirment son appréciation. Par un contraste qui n'a de singulier que l'apparence, la mobilité de l'intelligence s'alliait, chez M. Meyer, presque dans une égale mesure, au goût de la décision souveraine. Dans toute question il prononçait, moins soucieux, semblait-il, de mettre ses divers jugements d'accord entre eux et avec des principes généraux, que de s'ériger, au fur et à mesure, sur chaque cas, en arbitre suprême. Cette instabilité d'esprit qui, dans l'ordre des choses de l'imagination, peut se jouer impunément avec grâce, cette promptitude délibérée de jugement qui, en matière littéraire, au risque de quelques contradictions inoffensives, donne à la critique l'attrait de l'imprévu, ne sont pas toujours de mise aussi heureusement dans les affaires administratives, auxquelles se rattachent tant d'intérêts graves, compliqués, délicats, qui ne peuvent être équitablement traités qu'à force de tact et de suite. Quelque bon vouloir qu'il en eût, M. Meyer avait peine à se maintenir dans les voies qui lui étaient tracées. Il l'avouait ingénument; et ne serait-ce pas méconnaître sa pensée, presque trahir sa mémoire, que de chercher à attacher son nom, fût-ce par l'éloge, à des fonctions où il n'avait voulu que passer? Il aspirait à rentrer dans l'enseignement du Collège de France. Peut-être allait-il toucher son but. Une vacance paraissait devoir se produire et, par un privilège de nature, M. Mayer goûtait déjà, comme tant de fois en sa vie, la pleine jouissance de ce qu'il espérait.

Il aura du moins gagné parmi nous la décoration de la Légion d'honneur à laquelle il attachait tant de prix; et dans toutes les parties du service où, par la culture de son esprit, il s'était fait une place à part, il laisse un vide difficile à remplir. Ajouterai-je que la mort lui a épargné, en le frappant, de patriotiques douleurs? Le 22 janvier 1871, lorsque nous le conduisions à sa dernière demeure, l'esprit tout plein de nos fréquents entretiens sur la littérature latine, le cœur ému à la pensée qu'il était d'origine lorraine, nous ne pouvions secouer le souvenir des pages éloquentes de Cicéron félicitant Crassus, de Tacite félicitant Agricola d'avoir échappé, par une fin prématurée, aux malheurs publics dont le pressentiment avait désolé leurs derniers jours.

(*Extrait du Bulletin de l'Instruction primaire*, 1ᵉʳ février 1871.)

§ 2.

M. MARGUERIN

Administrateur général des écoles primaires supérieures.

Émile Marguerin, né le 14 octobre 1820, est mort à Paris le 4 octobre 1784. Ses parents, d'humble origine et sans fortune, ne ménagèrent aucun sacrifice pour lui assurer le bienfait d'une éducation élevée. Il justifia dès le début leurs espérances. Placé dans une pension qui suivait les cours du collège Bourbon (aujourd'hui lycée Condorcet), M. Marguerin, sans être ce qu'on appelle un élève à succès, comptait parmi les meilleurs esprits de sa classe. « Il était de ceux, a dit un des amis de sa jeunesse, M. H. Baudrillart, que les maîtres remarquent et que leurs camarades classent entre eux au premier rang. Indépendamment des avantages de sa personne et d'un air de distinction naturelle, on était frappé par son ouverture d'esprit; sa passion de lecture s'en prenait aux livres de tout genre : aucun d'entre nous, en rhétorique ou en philosophie, n'était plus au courant de ce monde intellectuel qui comprend les poètes, les romanciers, les historiens et les philosophes. » Ses goûts l'attiraient surtout vers l'histoire. C'est à cet ordre d'enseignement qu'il avait l'ambition de se consacrer (1841). Cependant, tout en préparant ses examens, il lui fallait venir en aide à sa famille. Cette préoccupation de la famille — nous empruntons encore cette observation aux souvenirs de M. Baudrillart, — M. Marguerin devait, de tout temps, la porter jusqu'au dévouement : dévouement pour sa mère d'abord, qu'il entoura pendant trente ans des soins les plus tendres, dévouement pour les parents qui tenaient à sa mère par quelque lien. Il partageait son temps entre des leçons particulières, qui étaient sa seule ressource pour lui et les siens, ses études propres et la vie du monde, dont il goûtait les plaisirs délicats. Reçu licencié ès lettres en 1843, il fut, l'année suivante, chargé au collège Bourbon des cours spéciaux qui venaient d'être fondés par M. Villemain, et il conserva cet emploi jusqu'en 1852, mûrissant son savoir et perfectionnant son talent. En 1853, les emplois de chargés de cours ayant été supprimés à Paris, M. Marguerin, qui n'avait pu affronter encore le concours de l'agrégation, fut pourvu d'une chaire dans un lycée de province. Il ne crut pas devoir l'accepter. Presque au même moment, la direction de l'école municipale Turgot était devenue vacante : obéissant à une sorte de vocation secrète, il sollicita le poste et l'obtint. Il y trouva l'intérêt et l'honneur de sa vie.

« C'est à la tête de l'école Turgot, disais-je en lui rendant sur sa tombe un dernier hommage, que j'ai trouvé M. Marguerin, il y a vingt ans. Les circonstances ne nous avaient pas rapprochés jusque-là. Nous avions l'un et l'autre dépassé l'âge où l'on se lie uniquement par sympathie. Mais, dès nos premiers entretiens, je me trouvai porté vers lui par un sentiment d'estime profonde pour son esprit judicieux et son caractère loyal, pour les habitudes de devoir et de dévouement au bien public dont il était pénétré si sincèrement. J'étais presque surpris de trouver un tel homme dans cet obscur emploi.

« Je savais qu'il avait eu une jeunesse brillante ; qu'appelé à professer l'histoire et la littérature dans les cours ouverts aux jeunes gens qui s'étaient détachés des études classiques, il avait donné à cet enseignement un relief inaccoutumé; qu'il s'était fait remarquer, en outre, dans des suppléances difficiles; que les élèves de rhétorique recherchaient sa critique solide et fine, tout à la fois bienveillante et sévère, sévère pour les choses, bienveillante pour les enfants, comme elle le fut plus tard pour les hommes. J'avais entendu dire qu'il tenait sa place dans un salon comme dans une classe. M. V. Cousin m'avait raconté lui-même enfin qu'en 1848 il se proposait de lui ouvrir les voies de la diplomatie; et nul doute que les ressources de son intelligence, sa puissance d'observation et de travail, sa rare sagacité, ne s'y fussent déployées avec éclat.

« Il ne me fallut pas longtemps pour voir ce qu'était devenue entre ses mains cette fonction qui n'avait de modeste que l'apparence. L'un des traits les plus marqués de l'esprit de M. Marguerin était de se donner sans réserve à ce qu'il faisait : c'est ainsi qu'il a appartenu pendant près de trente ans aux grandes écoles de la ville de Paris. L'opinion publique n'était pas encore bien fixée sur la valeur de l'enseignement destiné à la petite bourgeoisie et à l'élite des classes ouvrières, dont MM. Guizot, Cousin, Saint-Marc Girardin, de Salvandy venaient de marquer la place entre l'enseignement primaire supérieur et l'enseignement classique. Nul peut-être n'en avait dès l'abord plus justement senti que M. Marguerin le caractère et la portée. Il a fait mieux que de le comprendre, on peut dire qu'il l'a créé.

« Aujourd'hui que les établissements municipaux sont largement dotés de tous les moyens de travail, on oublie ce qu'il a fallu d'efforts persévérants, d'esprit d'organisation, d'habileté dans le maniement des hommes, pour arriver à fonder dans l'étroite enceinte des classes de la rue du Vert-Bois une école supérieure modèle. Maîtres et méthodes manquaient alors. Les maîtres, M. Marguerin allait les chercher partout; et quand il sentait qu'il avait mis la main sur un de ceux qu'il pouvait utilement associer à son œuvre, il s'en emparait, le pénétrait de son esprit, l'animait de sa flamme, prêchant lui-même d'exemple et payant de sa personne, au préau, dans la classe, à l'étude, tour à tour surveillant et professeur, professeur surtout; car il avait transporté à Turgot ces qualités de bon sens, de mesure et de verve qui avaient si vite consacré son autorité au collège Bourbon. Grâce à cette activité industrieuse et féconde, il eut bientôt réuni autour de lui une pléiade d'hommes de valeur habitués à ne compter ni leur temps ni leur peine : Barreswill, Morin, Michel, Porcher, de Montmahou, Félix Hément et bien d'autres. Les maîtres faits, les livres ont suivi : livres où chacun avait à cœur de fixer le meilleur de son savoir et auxquels M. Marguerin mettait le sceau de son expérience pédagogique si lumineuse et si sûre. C'est ainsi que, lorsque en 1865 intervenait la loi sur l'enseignement secondaire spécial, l'école Turgot, qui ne devait rien qu'à elle-même, à son chef, à ses professeurs, était en mesure, avec Chaptal, de fournir à tout le monde les instruments du succès.

« L'action de M. Marguerin ne se bornait pas à l'impulsion générale. L'esprit d'ensemble qu'il portait dans toutes ses vues ne le rendait indifférent à aucun détail; il savait qu'en matière d'éducation, les meilleurs principes ne valent qu'autant qu'on en suit, jour par jour, l'intelligente application. Du premier au dernier, il connaissait à fond ses élèves. Un jour, à l'école J.-B. Say — alors que, les infirmités commençant à le gagner, il aurait pu éprouver un peu de découragement ou de fatigue, — il me disait : « J'aime l'enfant comme le paysan aime la terre ». L'enfant était sa chose en effet, son bien. Il n'y avait pas de nature qui le rebutât. Les difficultés l'attiraient presque, ou du moins le succès chèrement acquis ne lui déplaisait point. Je ne crois pas que jamais personne ait su plus habilement traiter une petite conscience malade, y réveiller les bons instincts, en faire jaillir un regret généreux. J'ai assisté quelquefois à ses consultations; il était impossible de s'y montrer, suivant le cas, plus ferme ou plus souple, plus ingénieux ou plus pressant. Les punitions étaient inconnues à Turgot; M. Marguerin personnifiait toute la discipline; ses observations en étaient la sanction unique et admirablement respectée. La gravité froide, parfois même un peu hautaine, que lui avait donnée le long exercice de l'autorité, s'alliait chez lui à toutes les tendresses de l'éducateur. Si les grands établissements d'industrie et de commerce recherchaient les élèves de Turgot, ce n'est pas seulement parce qu'on était assuré qu'ils apporteraient dans la maison une intelligence ouverte et pourvue d'un ensemble de connaissances judicieusement mesuré, c'est aussi parce qu'on les savait façonnés à cette discipline morale, sensibles à l'honneur, dociles à la raison.

« A travers les enfants M. Marguerin voyait et atteignait les familles. Il ne se contentait pas de les tenir au courant par des bulletins hebdomadaires; il allait à elles, il les faisait venir à lui, il étudiait avec elles les aptitudes de l'élève, préparait son avenir et souvent en décidait. Ses conseils étaient toujours si bien justifiés qu'il eût été difficile de ne pas les suivre. Et de ces entretiens prolongés ou renouvelés autant qu'il était nécessaire, combien les parents ne remportaient-ils pas pour eux-mêmes de suggestions utiles et de sages directions! Le bien que M. Marguerin a fait autour de lui sous cette forme est incalculable. Ce sont ces petites vertus de tous les jours, propagées et entretenues dans les plus modestes ménages, qui font les sociétés fortes et saines.

« Quelque jaloux qu'il fût de se réserver à son école, M. Marguerin ne s'y enfermait pas étroitement; on n'ignorait pas qu'on pouvait en toute occasion faire appel à son dévouement pour les intérêts généraux de l'instruction populaire, et on ne se faisait pas faute d'en user. Pendant plus de quinze ans, il a été l'un des promoteurs les plus actifs des cours de l'Association polytechnique. L'Association formée pour la protection des jeunes apprentis, la Société Franklin, les nombreuses commissions dont il était membre, lui durent aussi plus d'une mesure sage et utile. C'est à lui, l'un des premiers, qu'on eut recours lorsque furent établis dans le 3e arrondissement les écoles professionnelles pour les femmes; il en discuta les programmes et les plans. Tout récemment encore, les comités du collège Sévigné et de l'école Monceau étaient venus le chercher dans sa retraite, et il s'y montra une fois de plus ce qu'il avait été partout, un appui, un guide, un inspirateur. Son expérience n'avait rien de banal, et l'accent personnel dont ses moindres conseils étaient relevés ajoutait encore à l'autorité de sa haute raison. Il aimait surtout à voir les œuvres sortir de terre et s'épanouir; il en eût volontiers restreint le développement : il redoutait les entraînements du succès. Quand Turgot, qu'il avait reçue des mains de M. Pompée avec trois cents élèves, en compta plus de huit cents, il n'eut pas de cesse qu'il n'obtînt la fondation de quelques colonies.

« Il eut la satisfaction de voir s'élever entre ses mains Colbert, Lavoisier, J.-B. Say, Arago. Au titre d'administrateur général des écoles supérieures de la ville de Paris, qui lui avait été conféré, étaient attachées de laborieuses fonctions, qu'il remplissait avec un zèle toujours égal. Un moment vint où la charge fut trouvée insuffisante. On lui demanda d'y ajouter la direction d'un de ces établissements qu'il avait contribué à fonder; il dut accepter, et fit bientôt de J.-B. Say ce qu'il avait fait de Turgot. Mais, cette tâche accomplie, il se retira.

« En 1881 l'Institut consacra ses éminents services en lui décernant le prix Halphen, prix attribué « à ceux qui, par leur action personnelle et par leurs travaux, ont le mieux servi les progrès de l'instruction primaire ». Au mois de juillet dernier il avait été promu dans l'ordre de la Légion d'honneur, promotion tardive à notre gré et qu'il eût dû recevoir sur le champ de bataille où il avait si vaillamment combattu. Cette croix d'officier, si bien méritée, je n'ai même pas eu le bonheur de la lui remettre; elle n'a paré que son cercueil. Mais, aux témoignages qui lui arrivèrent de toutes parts lorsque parut le décret, M. Marguerin put reconnaître qu'il n'était pas oublié et que cette distinction était ratifiée par le sentiment public. C'est du sentiment public aussi que je suis sûr d'être l'interprète en disant que la ville de Paris n'a pas eu de serviteur plus éclairé ni plus dévoué; son nom est inséparable de celui de l'école Turgot. »

Pour ceux qui l'ont connu de près, le souvenir qu'il laisse est encore supérieur à son œuvre. M. Marguerin possédait au plus haut degré le goût des choses de l'esprit. Toute sa vie, il avait beaucoup lu, et, comme il ne lisait guère que le crayon à la main, réfléchissant et méditant au fur et à mesure sur chaque page, ses lectures laissaient dans son esprit une trace profonde. Sa conversation était substantielle, attachante, suggestive. Doué d'une pénétration historique peu commune, il savait se transporter dans les époques auxquelles il s'attachait. Il n'avait pas seulement le respect du passé, il l'aimait. La vie patriarcale et recueillie du moyen âge avait touché son imagination, presque séduit son bon sens. Il connaissait mieux encore peut-être le dix-huitième siècle; il en pratiquait presque également les œuvres graves et les œuvres légères : c'était un historien moraliste et un lettré raffiné. Il aimait à juger, et d'ordinaire il jugeait bien. Lorsque la passion l'entraînait, il n'était pas nécessaire de l'avertir, il en avait lui-même conscience ; mais il y avait plaisir à le contredire, tant on le savait en fonds d'arguments !

Ses premiers essais — les articles qu'il donna au *Courrier français* de mai à novembre 1844 — contiennent en germe toutes les qualités que la vie, cette maîtresse supérieure, devait développer en lui : le besoin de voir clair, la justesse, la portée, et cette sorte d'originalité qui est le fruit d'un sentiment sincère. Il y traite du roman et de la poésie, de la politique et de l'histoire. Si dans sa vieillesse il a eu occasion d'y revenir, il nous semble qu'il dut se retrouver surtout dans ses observations sur les œuvres d'imagination et le goût de l'idéal.

« N'est-il pas vrai, écrivait-il dans une jolie page datée du 19 novembre, n'est-il pas vrai qu'un roman, quand il est bon, est pour l'esprit une récréation charmante ! Ne craignons pas de le dire ! Heureux les lecteurs du roman ! ils s'arrachent, pour un temps, aux misères de la réalité, aux lâches accommodements auxquels la raison amène le cœur, aux tristes concessions que la tyrannie des circonstances impose à l'âme qui se soumet en s'indignant, quand elle a la force de s'indigner. Les uns se soumettent sans combattre ; les autres se révoltent et luttent ; on dit que les premiers sont les plus sages ; pour moi, j'aime mieux les seconds. Mais qu'on se résigne à une existence incomplète et mutilée ou qu'on la subisse, au moins il nous est donné à tous de voir, comme par une échappée, de plus douces perspectives : cette échappée, c'est le rêve, c'est l'idéal, c'est l'infini, c'est le roman ! Pauvre roman ! combien n'a-t-on pas déclamé, ne déclame-t-on pas contre lui ! Par quelles calomnies les Basiles bourgeois ne se sont-ils pas acharnés à le noircir ! Quelles persécutions les tyrans domestiques lui ont-ils épargnées ! N'approchez pas de ces sources empoisonnées, on y puise la mort. Ils crient si fort qu'ils effrayent. Et contre toutes les sottises, les médiocrités, les pruderies ameutées, le roman n'a pour lui que quelques natures aimantes et timides ; ce ne sont pas celles qui font le plus de bruit. Autrefois le jour était aux persécuteurs, mais la nuit au roman ; aujourd'hui on ne lit plus, on ne rêve plus, on s'endort. A peine trouveriez-vous dans quelque solitude discrète, éclairée d'une lumière douteuse, à l'heure faite pour le sommeil et le néant, une jeune fille qui demande furtivement au livre persécuté et chéri de douces émotions, de saintes ardeurs, de nobles enthousiasmes. Bois, jeune fille, cette rosée de l'âme, bois l'amour, bois la vie; ton lendemain ne viendra que trop tôt. »

Quiconque n'a pas suivi chez M. Marguerin cette veine de sentiment ne l'a pas connu tout entier. L'article que je viens de citer ne m'a été communiqué qu'après sa mort; mais, en le lisant, il m'a semblé que je l'avais déjà lu. Sous les feux amortis de l'âge mûr, j'avais plus d'une fois senti cette flamme de jeunesse. Elle a échauffé et illuminé jusqu'aux derniers jours de sa vie.

Ses deux ouvrages principaux sont le *Rapport sur l'éducation des classes moyennes en Angleterre* et les *Grandes époques de l'histoire de France*.

Le *Rapport sur l'éducation des classes moyennes en Angleterre*, qui date de 1864, a ouvert, pour ainsi dire, la série des grandes enquêtes pédagogiques dont notre temps s'honore à juste titre. Le document est riche en faits bien étudiés, en considérations intéressantes. C'est à la demande du Conseil municipal de Paris que M. Marguerin, accompagné d'un jeune professeur distingué, M. Motheré, avait accompli ce voyage scolaire. Tout ce qu'il avait rapporté d'observations utiles n'a pas trouvé place dans son livre, mais il s'en est inspiré dans son administration. Lorsqu'il entreprenait quelque réforme, il aimait à remonter jusqu'à la source où il avait puisé l'idée première. Son esprit didactique se complaisait dans ces exposés abondants qu'il faisait pour lui-même et pour les autres sur toutes les questions qu'il était appelé à examiner. L'étude de l'Angleterre avait produit dans son intelligence comme une évolution, et il y avait plaisir à le voir, dans ses entretiens ou dans ses notes de service, travailler à se ressaisir à ce point de départ.

Les *Grandes époques de l'histoire de France* ont été cependant, et de beaucoup, son œuvre de prédilection. C'est avec M. Hubault qu'il l'avait entreprise. M. Marguerin aimait le travail en collaboration. C'était presque un besoin de son esprit. Il excellait à faire un plan, à concevoir le dessein d'un ouvrage, d'un chapitre, d'un article; le chapitre ou l'article écrit par un autre, il le critiquait supérieurement. Ses amis, les grands amis de sa jeunesse, Thiers, Mignet, Guizot, Cousin, ont plus d'une fois pensé à lui confier la direction d'un journal; il y aurait certainement réussi. Le travail de la rédaction proprement dite le trouvait plus gêné; il se plaignait d'avoir la main lourde, le tour pénible, l'expression embarrassée et sans éclat. Chez moi, disait-il, la pâte ne monte jamais bien. Il lui fallait le levain des qualités ou même des défauts d'autrui. L'idée des *Grandes époques* était particulièrement heureuse. Il s'agissait de retracer la suite des événements mémorables de l'histoire de France en les faisant revivre comme dans une série de médaillons, indépendants les uns des autres, mais enfermés dans un même cadre. On a plus d'une fois essayé d'écrire sur ce plan notre histoire nationale, en élaguant les faits de second ordre qui ne font qu'encombrer la mémoire sans profit pour le jugement; on n'a pas encore mieux fait que MM. Hubault et Marguerin. En décernant aux *Grandes époques* un des prix réservés aux ouvrages les plus utiles aux mœurs, l'Académie française, par l'organe de M. Villemain, en louait la composition sobre et bien liée, l'intérêt pittoresque, la haute et patriotique moralité.

Dans les dernières années de sa vie, lorsque la retraite eut accru ses loisirs, M. Marguerin essaya de revenir à ces études historiques que l'observation des révolutions politiques et sociales auxquelles il avait assisté lui rendait, disait-il, plus chères. Il avait commencé un *Précis de l'histoire d'Orient*; mais la lecture des textes lui fatiguait la vue, qu'il avait toujours eue délicate, et il ne se sentait plus les forces nécessaires pour suivre un travail de longue haleine. Ses lectures si riches lui fournissaient des matériaux tout prêts pour un *Recueil de morceaux choisis* dans le genre de ceux qu'il avait autrefois publiés avec un professeur de l'école Turgot, M. Michel. Il s'était mis à l'œuvre avec entrain, presque avec passion. Les deux volumes qu'il a eu le temps de mettre au jour témoignent de son goût littéraire remarquablement pur et de l'aisance avec laquelle il savait entrer dans tous les besoins intellectuels de la jeunesse. Il s'était ainsi trouvé ramené au sein de l'école où il avait passé les meilleures années de sa vie. Sur notre conseil, il avait consenti à écrire l'histoire de Turgot, sous la forme de notes détachées, comme elles lui viendraient à l'esprit. C'est un de nos plus vifs regrets qu'il n'ait pas eu le temps de rassembler ses souvenirs. Cette autobiographie, car c'est presque son histoire que M. Marguerin eût racontée, aurait été pour notre littérature pédagogique ce que sont en Suisse et en Allemagne les écrits du P. Girard et de Pestalozzi, à un degré supérieur par la clarté et l'ampleur des vues.

§ 3.

M. EBRARD

Inspecteur général honoraire de l'instruction primaire.

Le 5 juin 1885, l'Université perdait un de ses membres les plus honorables et les plus dévoués : M. V. H. Ebrard, inspecteur général honoraire de l'Instruction primaire, chargé de l'Inspection des Maisons de la Légion d'honneur. Une délégation des élèves des établissements de Saint-Denis, d'Écouen et des Loges assistait aux funérailles. M. le Grand-Chancelier s'était fait représenter par M. le général Rousseau, secrétaire général. On remarquait dans le nombreux cortège : M. Le Royer, président du Sénat; M. Jules Simon; M. Faure, député de la Marne; M. le vice-recteur Gréard; MM. les directeurs Zevort et Buisson; M. Himly, doyen de la Faculté des Lettres; MM. les inspecteurs généraux Berger, Cadet, Brouard, Hément; MM. les inspecteurs primaires de l'enseignement de la Seine, etc.

Au cimetière Montparnasse où le corps a été inhumé, M. le général Rousseau a prononcé le discours suivant :

« Mesdames, Messieurs, je crois répondre à vos sentiments en venant, au nom du Grand-Chancelier et des Maisons d'éducation de la Légion d'honneur, adresser ici quelques paroles d'adieu à l'homme de bien qui vient de s'éteindre après une carrière si laborieuse et si honorablement remplie. Vous savez tous avec quelle ardeur M. Ebrard s'était attaché à l'œuvre de réorganisation de nos Maisons, et quel collaborateur dévoué le Grand-Chancelier avait trouvé en lui. Mais ce que je ne saurais trop vous rappeler, c'est ce zèle qui ne s'est pas démenti un seul instant et cette infatigable activité qui a fini par avoir raison d'une constitution déjà bien éprouvée par les luttes de la vie. A côté de ces qualités brillantes, M. Ebrard en avait une entre toutes qui lui conciliait tous les cœurs : c'était sa bienveillance inaltérable et un désir d'obliger qui ne le faisait reculer devant aucune difficulté. On aurait pu dire de lui : si c'est possible, c'est fait ; si c'est impossible, cela se fera.

« Qui de nous n'a pas ressenti les effets de cette bienveillance active à laquelle on n'a jamais fait appel en vain ? M. Ebrard a été attaché à l'enseignement des Maisons de la Légion d'honneur dès 1881, et, depuis quatre ans, il avait consacré toute sa force et toute son intelligence à seconder le Grand-Chancelier dans l'œuvre qu'il avait entreprise. Je suis ici son interprète en proclamant, devant tous, les grands services rendus par M. Ebrard à l'enseignement dans les Maisons d'éducation de la Légion d'honneur. Nous pouvions espérer le conserver longtemps encore comme notre collaborateur. Mais Dieu, qui a marqué les jours de chacun ici-bas, l'a rappelé à lui. Inclinons-nous devant ses arrêts et conservons toujours le souvenir de cet homme honorable et vraiment digne de l'estime, de l'affection et des regrets de tous. Cher monsieur Ebrard, adieu, mon cher collaborateur, adieu ! »

Ce témoignage si justement rendu à la dernière œuvre de M. Ebrard était applicable à l'ensemble de sa carrière. Pendant quarante ans, il s'est donné sans compter.

Ses débuts dans l'enseignement secondaire à Compiègne, à Amiens, au collège Rollin, lui avaient mérité le patronage de Saint-Marc Girardin et de M. Désiré Nisard, qui dès ce moment l'admettaient dans l'intimité de leurs travaux et de leur vie. Nul doute qu'une fois ses grades conquis, il ne se fût élevé promptement dans la hiérarchie de l'enseignement secondaire : aux solides connaissances du grammairien M. Ebrard joignait le tact littéraire de l'humaniste.

La révolution de 1848, qui donnait satisfaction à ses convictions républicaines, semblait devoir lui ouvrir l'essor. Même alors qu'il était le plus absorbé par les emplois qu'il avait à remplir, M. Ebrard ne perdit jamais le souci des grands intérêts du pays. La vie politique l'attirait. Jusqu'à ses derniers jours presque, il entretint l'ambition, justifiée par le plus sincère patriotisme, d'apporter aux affaires, soit dans les conseils locaux, soit au Parlement, le concours de son expérience et de son zèle du bien public.

La réaction de 1850 le toucha au cœur. A la suite de discours qu'il avait tenus dans un cercle d'amis, il fut révoqué. Il emporta dans sa retraite prématurée l'estime de tous ceux qui avaient pu apprécier la droiture de son caractère. « Je regrette d'autant plus d'avoir le pénible devoir de vous faire connaître cette décision, lui écrivait le directeur du collège Rollin, que j'étais heureux des progrès que vos élèves faisaient sous votre habile direction et que votre collaboration m'était infiniment précieuse ; ce dont je puis répondre, c'est que ce n'est pas dans l'intérieur du collège que vous avez démérité et c'est un témoignage que je m'empresse de vous rendre. »

Éloigné de l'enseignement public, M. Ebrard se voua à l'enseignement libre. Inspecteur des études à l'institution Jauffret de 1851 à 1857, il prit, en 1857, la direction de l'institution Bellaguet, et il la conserva pendant dix ans. Les relations qu'il noua pendant cette période de sa vie avec les familles qui lui confiaient leurs enfants lui sont restées fidèles. Il exerçait sur les jeunes gens une influence profonde. Sa parole abondante, chaleureuse, originale, les enveloppait, les échauffait, les secouait jusqu'à ce qu'il les eût pénétrés du sentiment de leur faute. Il était tout dans sa maison : professeur, répétiteur, directeur de conscience ; il avait des éclairs de sagacité et des coups d'autorité dont se souviennent ceux qui, pour leur bonheur, en ont été l'objet. Parvenus aux plus hautes charges de l'État, quelques-uns de ses élèves se faisaient un plaisir de reconnaître tout ce qu'ils lui devaient.

En 1870, la République le trouva prêt à le servir. L'enseignement primaire avait de tout temps excité son intérêt. Dans une allocution de distribution de prix au collège Rollin, le 11 août 1848, s'adressant à M. Boulay, de la Meurthe, représentant du peuple, membre du Conseil municipal de Paris, qui présidait la cérémonie, il disait : « Grâce au triomphe des idées généreuses dont plus que personne vous avez hâté l'avènement, tous recevront bientôt le degré d'instruction nécessaire pour connaître leurs droits et leurs devoirs. Cette instruction première et indispensable ira chercher l'enfant du plus pauvre pour moraliser ses sentiments en éclairant sa raison. Au nom de la loi et du devoir, elle le prendra pour l'instruire de force, s'il le faut; tant sont grands, souverains et sacrés les droits de l'État sous un gouvernement de tous par tous et pour tous ! »

Nommé inspecteur de l'enseignement primaire à Paris, il trouva dans cette fonction nouvelle comme un rajeunissement d'activité. Il eut successivement comme circonscription les 1er, 2e, 3e, 12e et 13e arrondissements. Il y a laissé le souvenir d'une ardeur infatigable, d'une préoccupation intelligente des intérêts les plus élevés de l'éducation, d'une vive sollicitude pour le personnel. Il aimait l'action et plus encore la parole. Il se répandait en interrogations, en conseils, en exhortations. L'homélie scolaire, — c'était le mot dont il se servait parfois, — ne lui déplaisait point. Il s'y abandonnait jusqu'à ne pas se réserver le loisir de rédiger les notes ou les rapports nécessaires; mais, partout où il avait passé, on était sûr qu'il laissait un sillon de lumière et que les cœurs étaient plus haut.

Il se proposait d'écrire un jour ce qu'il avait observé dans les écoles. Le plan du livre était tracé; l'épigraphe en était trouvé : Dieu, la Patrie, la Famille. Ces trois mots renferment tous les sentiments qui ont animé sa vie.

Le mal auquel il a succombé prit tout de suite un caractère dont la gravité ne lui échappa point. Il en subit les crises douloureuses avec une énergie rare et une résignation presque souriante. « Le nouveau régime qui m'a été prescrit par la consultation nouvelle, écrivait-il à un de ses meilleurs amis, le 6 mai, produit de bons effets. Je me sens un peu mieux; je reprends quelques forces; de sorte qu'au lieu de m'en aller au galop, je ne m'en vais plus qu'au trot; mais, d'une façon ou de l'autre, je m'en vais.... »

M. Ebrard était né le 5 décembre 1817. Officier d'Académie du 20 décembre 1860, officier de l'Instruction publique du 31 décembre 1862, il avait été nommé chevalier de la Légion d'honneur le 25 juillet 1876, et promu au grade d'officier le 6 juillet 1882.

(Extrait du *Bulletin de l'Instruction publique* du 15 août 1885.)

TABLE DES MATIÈRES

L'ÉDUCATION DE LA PREMIÈRE ENFANCE

La salle d'asile ou école maternelle.

I. *Les jardins d'enfants* de Frœbel. — Origine de cette appellation. — Les préaux fleuris. — L'enfant plante humaine. — L'action personnelle de Frœbel. — L'esprit philosophique de la méthode. — La psychologie de l'enfant. — Comment Frœbel en a reconstitué les principes. — Ses maîtres : Comenius, Grüber, Pestalozzi. — La part de l'esprit français. — J.-J. Rousseau et ses ancêtres. — La science livresque et l'observation. . . . 1

II. Origine des salles d'asile en France : le pasteur du Ban de la Roche et Mme de Pastoret. — James Buchanan : les *Infants schools*. — Le Comité central : M. Cochin. — La loi du 28 juin 1833 et l'ordonnance du 22 décembre 1837. — La progression du nombre des salles d'asile. — M. de Salvandy et la fondation du cours pratique. — Le décret de 1855 ; les programmes. — Le *Manuel des salles d'asile* et la méthode. — Mme Mallet et Mme Pape-Carpantier. — M. Carnot : les écoles maternelles. — Oberlin et la tradition française. 9

III. L'insuffisance des résultats obtenus ; leurs causes. — L'étendue démesurée des classes. — Le nombre des élèves. — Les inégalités d'âge et d'intelligence. — Le rôle passif de l'enfant : le matériel de classe. 18

IV. Les effets à attendre de la meilleure application de nos propres règlements. — Les constructions nouvelles. — Le partage des enfants en deux sections. — L'appropriation du matériel de classe. — Ce qui peut résulter de la méthode Frœbel mal comprise. — L'abus des travaux d'imitation. — L'abus du vocabulaire géométrique. — La prédominance de l'esprit scientifique. — Le caractère plus mesuré de la méthode française. 22

V. Les programmes de 1855. — Leur simplicité efficace. — Jusqu'où ils peuvent conduire l'enfant. 26

VI. Les résultats de l'expérience commencée. — Les maîtresses. — Les enfants. — L'habitude de l'attention et de l'observation; l'esprit d'analyse. 31

L'ÉCOLE

I. L'enseignement mutuel à Paris en 1867. — Ses origines. — Les causes de sa popularité sous la Restauration. — Son caractère politique. 35

II. L'enseignement simultané et l'enseignement individuel. — Le manque de maîtres dans les écoles laïques. — Les facilités pédagogiques du système de Lancaster. — Ses avantages financiers. — L'importance sociale qu'y attachaient ses partisans. — Son organisation : la hiérarchie des moniteurs. 30

III. La valeur de la méthode. — Les moniteurs. — L'éducation de l'esprit; les *procédés*. — L'éducation du caractère. — L'ordre matériel. — La discipline morale. — L'abus du sentiment de l'honneur et les dangers de l'exercice de l'autorité. . . 50

IV. Les services rendus par l'enseignement mutuel. — La multiplication rapide des écoles; l'augmentation du nombre des élèves; le recrutement des écoles normales. — Le mouvement d'opinion. — L'insuffisance des moyens d'action et la pauvreté des résultats. — La méthode jugée à l'étranger en 1830. — La persistance de sa popularité en France. — L'inégalité entre les écoles laïques et les écoles congréganistes. — L'organisation des écoles congréganistes. — Le régime des écoles laïques. — Les modifications apportées à ce régime en 1853 : l'école de la rue Ferdinand-St-Maur. — La lenteur des transformations. — La situation comparée, au 1er octobre 1867, des écoles laïques et des écoles congréganistes. — La nécessité d'une *organisation pédagogique*. 55

V. Les principes mis en lumière par l'application du *Monitorial System*. — La nécessité de trouver pour chaque enfant un niveau dans une classe; la nécessité de donner à l'enseignement un caractère collectif. — Comment ces deux principes doivent être appliqués. — La limitation des divisions des matières de l'enseignement primaire. — La limitation du nombre des élèves formant une classe. 65

VI. Les règles de la division organique des matières de l'enseignement. Les trois cours : élémentaire, moyen, supérieur. — La possibilité d'appliquer cette répartition à toutes les écoles. — Ses avantages. — Les règles du groupement des élèves. — Le cadre des différents cours. — Les premières difficultés d'exécution. — Le principe commun à toutes les classes. — La constitution normale d'une école.. 68

VII. L'organisation matérielle. — Le mobilier scolaire. — Intérêt de la question au point de vue de l'hygiène. — Son importance pour la direction pédagogique. — Les chaires et les bancs dans les écoles mutuelles. — La table du maître et la table de l'élève dans les écoles nouvelles. — Le mobilier d'enseignement. — Le tableau noir. — Les cartes murales. — La collection des solides géométriques et des appareils du système métrique. — La bibliothèque scolaire.. 75

VIII. L'enseignement. — La distribution trimestrielle et mensuelle des matières. — La progression des cours. — Le caractère concentrique des trois divisions de l'*organisation pédagogique*. — L'esprit différent des trois cours : le cours élémentaire. — Le cours moyen. — Le cours supérieur. — Les examens de passage et le certificat d'études. — Les dangers du concours. . . 80

IX. La méthode. — L'objet de l'éducation primaire. — La méthode courte et facile de Fénelon. — Ses applications à l'école. — L'éducation des facultés : le bon sens et le sens moral. — Usage et abus de la mémoire : l'imagination, le sentiment, le raisonnement. — L'activité de l'enfant : comment se forme le jugement. — L'éducation du sens moral. — Le P. Girard et Pestalozzi : la grammaire et l'arithmétique. — Dans quelle mesure toutes les matières de l'enseignement se prêtent à cette éducation. — Les exercices d'invention et de composition. — Ce qui reste des études bien faites. 86

LES CLASSES D'ADULTES

I. Le premier projet d'organisation des cours d'adultes à Paris : J.-B. de la Salle et l'abbé de la Chétardie ; Philipon de la Madeleine et « l'éducation du peuple depuis la sortie des écoles jusqu'au mariage. » — Les décrets des 22 frimaire et 11 prairial, an I. — Les cours de 1816. — L'impulsion donnée par la loi de 1833. — Le nombre des élèves en 1820, en 1837, en 1841. — Les projets de loi de 1847 et de 1848. — La loi du 15 mars 1850 et le désaveu de l'institution ; la protestation de Boulay de la Meurthe. — Le ministère de M. V. Duruy et la loi du 10 août 1867. — L'essor des cours. — La réduction de la subvention de l'État en 1874. — La situation des cours à Paris. — Leur développement, leur décadence. — La nécessité d'une réorganisation (1875). 99

II. Le dénombrement opéré au cours de l'hiver de 1874. — Le nombre réel des présences. — La clientèle des cours. — La disproportion d'âge. — La diversité des provenances. — L'inégalité des connaissances et des aptitudes. — Comment les instituteurs étaient intéressés à remplir les bancs. — La médiocrité des résultats. — Les principes de la réorganisation et l'arrêté du 10 août 1877. — Le classement des adultes et des apprentis au 1ᵉʳ janvier 1878. 106

III. Les cours de femmes. — Les couturières et les comptables. — La couture à l'école. — Les classes de coupe et d'assemblage. — Les cours de comptabilité ; leur organisation, leur développement, leurs résultats. — Les avantages offerts aux élèves. — La création de cours similaires à l'étranger 118

IV. Les classes de dessin. — L'enseignement du dessin dans les écoles de garçons ; dans les écoles de filles. — Les cours d'adultes et les classes subventionnées. — La statistique en 1875 ; le discours de M. Guillaume. — La méthode ; M. Viollet-le-Duc. — De l'accord de cette méthode avec les principes de l'*organisation pédagogique*. — Le zèle des élèves et les fondations. — La création des cours supérieurs. — Les difficultés de discipline intellectuelle. — Comment les adultes en ont eux-mêmes reconnu les avantages 124

V. Les lectures historiques et littéraires. — Leur caractère simple et familier : les vertus journalières 135

L'ENSEIGNEMENT PRIMAIRE SUPÉRIEUR

I. L'enseignement primaire supérieur à Paris en 1867. — Goubaux et la pension Saint-Victor. — L'école primaire supérieure François Iᵉʳ. — Le collège Chaptal. — Son organisation comparée à celle de la Realschule de premier ordre. — L'organisation de l'enseignement : les cinq années d'études normales et l'année complémentaire. — Les professeurs généraux. — La prospérité de l'établissement et ses causes. 139

II. L'école Turgot. — Son origine. — Ses cadres. — Sa discipline. — Ses budgets. — Les résultats de l'enseignement. — Les progrès à poursuivre : l'insuffisance de la scolarité pour la majorité des élèves. — Les moyens d'action : le placement des élèves. — L'esprit d'initiative ; les méthodes fondées ou accréditées par l'école. — Les améliorations nouvelles : les cours de perfectionnement ; les voyages d'instruction. — Le caractère général de l'enseignement primaire supérieur : en quoi il répond aux besoins des classes moyennes et de la classe ouvrière. 151

LA QUESTION DE L'APPRENTISSAGE

I. La statistique de l'apprentissage à Paris. — La gravité générale du mal : ses causes et ses effets. — L'apprenti. — Le patron. — La famille. — La législation. — Son impuissance. — L'industrie : ses souffrances. — Les plaintes des patrons et des ouvriers. — Résumé. 173

II. Les efforts de l'initiative privée. — Les pensionnats et les externats d'apprentis. — Les œuvres de patronage — Les écoles professionnelles pour les jeunes filles. — Les institutions d'encouragement. — Du bien qu'elles produisent. — Leur insuffisance. 192

III. Les institutions municipales. — Les prix d'apprentissage : le concours, le contrat, la surveillance du contrat. — L'importance exagérée donnée aux prix d'apprentissage. — Les effets du concours. — La transformation des prix en bourses. — Les modifications utiles. — Les dispositions regrettables. — Leur effet sur l'émulation dans les écoles. — L'éducation morale des boursiers d'apprentissage. — Leur éducation professionnelle. — Leur éducation générale. — Comment l'institution aurait pu être fortifiée. — Pourquoi elle est délaissée. 208

IV. L'école d'apprentissage. — Les objections faites à l'institution. — La nécessité de l'éducation de l'atelier. — Le danger de maintenir l'apprenti en tutelle. — Le régime d'administration. — La solution proposée : l'organisation de l'enseignement au Conservatoire, dans les Écoles d'arts et métiers, dans les écoles primaires supérieures. — En quoi les objections ne répondent point à la question : le caractère de l'enseignement du Conservatoire, des écoles des arts et métiers, de Chaptal et de Turgot. — L'éducation technique de l'apprenti : l'école d'apprentissage n'est qu'une école préparatoire à l'atelier. — Comment toutes les industries se prêtent à un enseignement préparatoire. — Le témoignage de M. Guémied. — Les avantages d'un enseignement général ; les changements de métier. — L'éducation morale de l'apprenti : l'école et la famille. 212

V. Les institutions d'apprentissage à l'étranger. — Les institutions d'apprentissage en France. — Quatre systèmes : l'école primaire dans l'atelier ; l'atelier dans l'école primaire ; l'école primaire et l'atelier juxtaposés ; l'école d'apprentissage. — Discussion de ces systèmes. — Les principes qui leur sont communs. — Pourquoi ils doivent tous être encouragés. — L'école d'apprentissage est le type qui peut le mieux être appliqué à une institution municipale. 224

VI. Les deux modes d'administration applicable à l'école d'apprentissage : l'administration avec le concours des patrons : l'administration directe par la municipalité. — Les avantages et les inconvénients des deux systèmes. — L'importance d'une direction commune. — L'évaluation des charges dans le système de l'administration directe. — Pourquoi elle est préférable. — Le choix des métiers auxquels doit être appliquée l'école. — La statistique des industries de Paris. — Les besoins de l'apprentissage. — Les industries du fer et du bois. 237

VII. L'organisation de l'école d'apprentissage et les cadres du budget. — Les principes. — Les programmes. — La direction de l'enseignement et la direction morale. — L'évaluation du budget. — Le budget de fondation. — Le budget d'entretien. 245

VIII. La fondation de l'école du boulevard de la Villette. — Les premiers résultats (1875). — L'enseignement général. — L'enseignement technique. — La répartition hebdomadaire des exercices. — Le système disciplinaire. — Les difficultés du début. — Le développement physique des élèves. — La tenue morale. — Les résultats de l'éducation professionnelle. — Les premières promotions. — Le résultat d'une nouvelle expérience triennale (1875-1878). — La régularité de la fréquentation. — La progression du recrutement. — Le salaire moyen des apprentis placés. — Le classement des élèves à l'école. — La prédominance de la catégorie des ajusteurs. — La nécessité de développer l'enseignement de la petite mécanique. — Conclusion. 251

IX. Les efforts des syndicats depuis 1872. — L'appel de la chambre syndicale des mécaniciens et son règlement. — Développement des cours professionnels. — La fondation de l'école d'horlogerie 264

LE PERSONNEL ENSEIGNANT

I. L'importance du recrutement des maîtres et ses difficultés. — Le projet de Talleyrand et le décret du 9 brumaire an III. — Le décret de 1808 et les classes normales. — L'*École d'Essai* de 1815 et Carnot : Waterloo. — La Restauration. — Les écoles normales créées de 1808 à 1815; de 1815 à 1828. — L'article 11 de la loi du 28 juin 1833. — Paris n'a pas d'école normale : les bourses entretenues à l'école de Versailles. — Les effets de la suppression de ces bourses à partir de 1850. — Les cours normaux de M. Sarazin et de Mlle Sauvan. — Les cours préparatoires aux examens du brevet de capacité créés en 1865. —

Les emplois d'élèves-maîtres et d'élèves-maîtresses. — La nécessité de la création de deux écoles normales. — Leur ouverture en 1872 et 1873. 207

II. Pourquoi les écoles normales ne suffisent pas et ne doivent pas suffire à assurer le recrutement. — La discipline de l'école. — L'autorité morale des maîtres : les mesures d'ordre ; les rapports des maîtres avec les enfants et avec les parents. — Les rapports des maîtres entre eux : les devoirs réciproques de la hiérarchie. — La mesure d'indépendance nécessaire aux maîtres adjoints. — La part qui leur est propre dans l'œuvre commune. — L'autorité prépondérante de l'Instituteur-directeur. — Les instituteurs non chargés de classe. — L'accord résultant de la direction de l'enseignement ; les pratiques de la routine ; l'abus des livres ; la parole du maître et les efforts concertés. — Les moyens d'action différents, suivant le degré des cours ; l'unité du but. — Les classes élémentaires de garçons dirigées par des institutrices. — Le rôle de l'institutrice dans la loi française et dans les législations étrangères. . 277

III. L'enseignement libre ; nécessité d'en favoriser l'expansion. — La répartition des enfants indigents entre les établissements du quartier, moyennant pension. — Les inconvénients financiers, moraux et légaux de ce système. — Les subventions accordées aux chefs d'établissements : en quoi elles n'atteignent pas leur objet. — Les Sociétés fondées en Angleterre ; leur mode d'action ; ses avantages. — Proposition d'appliquer cette forme de subside. 287

LES RÉSULTATS

Les sacrifices faits par la ville de Paris pour le développement des institutions d'instruction primaire. — Les budgets municipaux de l'instruction primaire de 1816 à 1878. — Les trois périodes de progression des revenus spéciaux. — L'ordonnance du 29 février 1816. — L'ordonnance du 14 février 1830 et la loi du 28 juin 1833. — La loi du 15 mars 1850 ; la loi du 10 avril 1867 et la loi du 10 juillet 1875. — Les dépenses ; leur progression : de 1816 à 1830 ; de 1830 à 1848 ; de 1848 à 1850 ; de 1850 à 1870 ; de 1870 à 1878. — Les résultats répondent-ils à ces sacrifices ? — La difficulté d'apprécier les effets immédiats de l'éducation. — L'enquête morale à laquelle nous avons procédé. . . 291

I. Les conditions de naissance et de fortune des familles qui bénéficient des dépenses faites pour la création et l'entretien des établissements publics d'enseignement primaire.

Les conditions de naissance. — Les élèves des salles d'asile et des écoles primaires élémentaires. — Les élèves des établissements d'enseignement primaire supérieur et des cours d'adultes.
Les conditions de fortune. — La proportion pour 100 des professions des familles dont les enfants fréquentent les établissements d'instruction primaire.
La statistique de la fréquentation. — Le maximum des présences dans les écoles de Paris comparé au maximum des présences dans les écoles des communes suburbaines. — La statistique du vagabondage. — Comment se répartissent les absences entre les trois cours. — Les cours élémentaires ; les effets de la première éducation de la salle d'asile. — Les cours supérieurs ; les résultats des examens du certificat d'études. — La progression du nombre des candidats. — La progression du nombre des admissions. — La répartition des élèves entre les trois cours. — Les *Ragged-Schools* en 1867. — Les agglomérations de classes. — L'instruction acquise base du classement. — La proportion pour 100 des effectifs des cours. — L'âge moyen des élèves dans les trois cours : Paris et les communes suburbaines. . . . 208

II. **Les fruits de l'éducation reçue dans les établissements publics d'enseignement primaire, élémentaire et supérieur.**
La destination des élèves sortis du Collège Chaptal et des écoles primaires supérieures, de 1867 à 1877. — La profession des élèves adultes des classes supérieures de dessin. — Le complément d'éducation qu'ils viennent chercher dans ces classes.
Les enfants sortis de l'école primaire proprement dite. — Leur témoignage. — Les situations qui s'y révèlent. — La direction des sentiments. — L'amour de la famille. — L'intelligence de la loi du travail. — La direction des idées. — Les enfants jugés par eux-mêmes. — Le goût de l'école. — Le choix des professions. — Les choix d'exception. — Les choix généraux. — Les garçons. — Les candidats aux bourses du collège Chaptal et des écoles Turgot. — Les candidats au certificat d'études primaires. — Les jeunes filles. — Le caractère réfléchi des déterminations. — Leurs rapports avec les conditions et les besoins de l'industrie parisienne. — Le groupe de l'alimentation et du vêtement. — La part des femmes dans le groupe du vêtement. — Les métiers d'aiguille. — Les salaires. — Conclusion 307

III. **De l'esprit des études primaires.** — Les anciens préjugés contre le développement de l'instruction. — La justice et la nécessité de la diffusion de l'instruction primaire. — Le péril des déclassements. — Le sentiment moderne. — De l'introduction du travail manuel dans les programmes de l'école. — L'objet de l'instruction primaire : la préparation à la vie complète. — Le danger qu'il y aurait à restreindre les études générales de l'école : 1° au point de vue de l'éducation de l'homme et du citoyen ; — 2° au point de vue de l'éducation professionnelle proprement dite. 323

IV. Dans quelle mesure il est possible de préparer l'enfant, dès l'école, aux professions manuelles. — Les prescriptions des premiers législateurs de l'instruction primaire en France. — Ce qui a été fait dans l'esprit de ces prescriptions. — Ce qu'on peut faire de plus. — Le Musée technologique formé par les élèves. — Les exercices de travail manuel. — L'enseignement dans les classes d'adultes des notions scientifiques applicables aux usages de la vie. 331

V. Du caractère trop classique des études générales faites à l'école. — Comment il y a lieu de les mieux approprier à la destinée des enfants qui les suivent. — L'étude de l'histoire nationale ; la part à faire à l'histoire contemporaine et aux siècles les plus rapprochés du nôtre. — L'instruction civique. — La géographie ; l'utilité des notions de géographie industrielle et commerciale. — L'étude de la langue : en quoi elle peut concourir à l'éducation professionnelle. — Conclusion : la fin de l'éducation. 340

ANNEXES

I. Du plan suivi dans la création des écoles. 349

II. La progression de la population scolaire de 1801 à 1875. . 350

III. Tableau indiquant la répartition des apprentis et des adultes hommes, des apprenties et des adultes femmes, au mois de janvier 1878, entre les trois cours, supérieur, moyen et élémentaire, des classes du soir. 365

IV. Tableau indiquant la répartition des adultes femmes dans les cours industriels et commerciaux au 1er janvier 1887. . . 367

V. Tableau présentant, par année scolaire et par catégorie de cours, le nombre des élèves de l'école Turgot depuis sa fondation jusqu'en 1878 368

VI. Tableau présentant l'état des recettes et des dépenses de l'école Turgot de 1840 à 1877. 370

VII. Du plan suivi dans le développement des écoles primaires supérieures. 371

VIII. Règlement de l'École d'Horlogerie de Paris. 377

IX. Tableau présentant la série des budgets municipaux de l'instruction primaire (prévision de recettes et de dépenses) de 1816 à 1878. 385

X. Notices nécrologiques. — § 1. MM. Henne, Poisouille et Meyer, inspecteurs de l'enseignement primaire. — § 2. M. Marguerin, administrateur général des écoles primaires supérieures. — § 3. M. Ebrard, inspecteur-général honoraire de l'instruction primaire. 391

18197 — PARIS. — IMPRIMERIE A. LAHURE
9, rue de Fleurus, 9

www.ingramcontent.com/pod-product-compliance
Lightning Source LLC
Chambersburg PA
CBHW071100230426
43666CB00009B/1767